图书在版编目(CIP)数据

中国公共文化服务发展报告.2014～2015/刘新成，张永新，张旭主编.—北京：社会科学文献出版社，2015.12
（文化蓝皮书）
ISBN 978-7-5097-8128-9

Ⅰ.①中… Ⅱ.①刘… ②张… ③张… Ⅲ.①公共管理-文化工作-研究报告-中国-2014～2015 Ⅳ.①G123

中国版本图书馆CIP数据核字（2015）第232831号

文化蓝皮书
中国公共文化服务发展报告（2014～2015）

主　　编／刘新成　张永新　张　旭

出 版 人／谢寿光
项目统筹／邓泳红　任文武
责任编辑／高　启　王凤兰　王　颉

出　　版／社会科学文献出版社·皮书出版分社（010）59367127
地址：北京市北三环中路甲29号院华龙大厦　邮编：100029
网址：www.ssap.com.cn
发　　行／市场营销中心（010）59367081　59367090
读者服务中心（010）59367028
印　　装／北京画中画印刷有限公司

规　　格／开　本：787mm×1092mm　1/16
印　张：24.75　字　数：376千字
版　　次／2015年12月第1版　2015年12月第1次印刷
书　　号／ISBN 978-7-5097-8128-9
定　　价／98.00元

皮书序列号／B-2007-074

本书如有破损、缺页、装订错误，请与本社读者服务中心联系更换

版权所有 翻印必究

U0929102

权威·前沿·原创

皮书系列为

“十二五”国家重点图书出版规划项目

文化蓝皮书

BLUE BOOK OI
CHINA'S CULTUR

中国公共文化服务发展扌
（2014~2C

ANNUAL REPORT ON DEVELOPMENT OF CHINA'S
SERVICES OF CULTURE (2(

主　编／刘新成　张永新　张　旭

《文化蓝皮书·公共文化服务》
编委会

主　　任　刘新成　张永新　张　旭

编委会成员　（以姓氏笔画为序）

亢清泉　毛少莹　尹寿松　卢　娟　白雪华
毕绪龙　朱　渤　刘小琴　闫晓东　关红雯
孙凌平　巫志南　李　宏　李国新　杨永恒
陈向红　陈彬斌　周广莲　周庆富　钟　华
陶东风　彭泽明

目 录

加快构建现代公共文化服务体系（代序言） …………………… 雒树刚 / 001

𝔹 Ⅰ 总报告

𝔹.1 中国公共文化服务体系建设的新进展
…………………… 李国新 巫志南 罗云川 金武刚 叶晓新
冯 佳 刘 亮 陈 慰 / 001

𝔹 Ⅱ 宏观视野

𝔹.2 对现代公共文化服务体系的几点理解 …………………… 蒯大申 / 037

𝔹.3 现代公共文化服务体系的战略定位 ………… 陶东风 蒋 璐 / 048

𝔹.4 关于现代公共文化服务体系建设中工具
激活的思考 ………………………………………………… 王列生 / 070

𝔹.5 公共文化服务体系建构：内涵与模式 ……… 耿 达 傅才武 / 087

𝔹.6 我国公共文化服务均等化指数研究报告 ………………… 魏鹏举 / 100

𝔹.7 基本公共文化服务保障标准研究 ……………………… 阮 可 / 118

B.8 底线保障，反弹琵琶
——2014年贫困地区公共文化服务体系建设发展报告
…………………… 刘 洋 唐任伍 龙希成 黎 川 李 冲 / 130

B.9 积极引导和鼓励社会力量参与公共文化服务
…………………… 吴理财 王 前 贾晓芬 庄飞能 / 146

B.10 公共文化服务群众需求导向及机制建设 …………… 毕绪龙 / 164

B.11 公共数字文化的创新实践与未来发展
…………………… 李 宏 张新红 罗云川 / 176

B.12 公共文化服务立法初探 …………………… 吕 芳 程 名 / 192

B.13 中国文化志愿服务发展研究 …………………… 李 蓁 / 211

BⅢ 地方实践

B.14 辽宁省广泛开展文化志愿服务的实践与思考
…………………… 佟 昭 康尔平 王筱雯 / 223

B.15 构建现代公共文化服务体系的安徽实践
——农民文化乐园建设 …………………… 安徽省文化厅 / 232

B.16 浙江大力推进农村文化礼堂建设打造新时期
农民群众精神家园 …………………… 毛炳聪 梁 贵 / 241

B.17 重庆图书馆对视障人士服务方式、内容与机制研究
…………………… 王宁远 刘晓景 易 红 / 250

B.18 深圳培育文化类社会组织发展的经验与启示 ………… 杨立青 / 257

B.19 衢州市“文化加油站”的地方实践 …………………… 王建华 / 265

B.20 无锡新区公共文化服务社会化的实践报告 …………… 李建秋 / 273

B.21 基层文化“小网格”助推公共文化“大服务”
——张家港市网格化公共文化服务研究报告 ……… 陈世海 / 283

B.22 运用现代信息技术服务基层群众文化
——郫县公共文化服务管理数字化探索实践
…………………………………… 四川省成都市郫县文广局 / 292

BⅣ 他山之石

B.23 西方发达国家公共文化服务制度的当代建构与改革态势
——以国家艺术理事会制度为例 ………………… 陈　鸣 / 299

B.24 美国公共文化政策探析 ……………………… 李怀亮　方　英 / 313

B.25 美国文化机构的非营利观念与理事会制度 ………… 高迎刚 / 329

BⅤ 大事记

B.26 2013 年公共文化服务建设大事记 ……………………… / 342

B.27 2014 年公共文化服务建设大事记 ……………………… / 352

B.28 后　记 ……………………………………………… / 363

Contents ……………………………………………… / 364

皮书数据库阅读使用指南

加快构建现代公共文化服务体系（代序言）*

雒树刚**

党的十八大以来，以习近平同志为总书记的党中央站在时代高度，对现代公共文化服务体系建设做出了一系列重要部署。党的十八大将公共文化服务体系建设作为全面建成小康社会的重要内容，明确提出了到2020年“公共文化服务体系基本建成”的战略目标。党的十八届三中全会将构建现代公共文化服务体系和促进基本公共文化服务标准化、均等化作为全面深化改革的重点任务之一。紧紧围绕“四个全面”战略布局，加快构建覆盖城乡、便捷高效、保基本、促公平的现代公共文化服务体系，是当前各地各级文化部门的重要战略任务。

一 深刻认识构建现代公共文化服务体系的重大意义

加快构建现代公共文化服务体系，对于协调推进“四个全面”战略布局、建设社会主义文化强国、实现“两个一百年”奋斗目标和中华民族伟大复兴中国梦具有重大而深远的意义。

全面建成小康社会的必然要求。习近平同志多次指出，全面建成小康社会，是“国家物质力量和精神力量都增强，全国各族人民物质生活和精神生活都改善”的全面小康，是经济、政治、文化、社会和生态文明协调发

* 本文曾发表于《人民日报》2015年7月6日，略有改动。

** 雒树刚，文化部党组书记、部长。

展的全面小康。没有文化的小康，全面建成小康社会就无从谈起。当前，随着我国经济社会快速发展，人民群众的精神文化需求呈现快速增长态势，并且日趋多样化，但还存在公共文化产品和服务供给水平不高、城乡区域文化发展差距大、公共文化服务均等化水平亟待提高等问题。构建现代公共文化服务体系，必须围绕全面建成小康社会的奋斗目标，推进基本公共文化服务标准化、均等化，补齐发展短板，切实保障公民享受文化成果、参与文化活动、从事文化创作等文化权利，满足人民群众日益增长的精神文化需求，大力提高文化民生保障水平。

全面深化改革的重要内容。创新是文化发展的不竭动力，也是中国特色社会主义先进文化的精神特质。近年来，在中央的科学决策和正确领导下，我国文化体制改革由点到面逐步推开，取得了重大突破和阶段性成果。特别是“构建公共文化服务体系”作为重要的理论创新和制度创新，已成为社会各界的普遍共识，公共文化服务的制度框架初步建立。党的十八届三中全会将加快构建现代公共文化服务体系纳入全面深化改革全局，为在新的起点上加快文化改革发展指明了前进方向。这就要求我们必须进一步解放思想，创新体制机制，努力在重要领域和关键环节改革上取得新突破，解放文化生产力，优化文化发展环境，增强和激发蕴藏在人民群众之中的创新活力，为文化发展开辟广阔空间。

国家治理体系和治理能力现代化是现代化的组成部分。推进国家治理体系和治理能力现代化，必然包括推进文化治理体系和文化治理能力现代化。现代公共文化服务体系是现代国家治理体系的组成部分，是现代国家治理能力的必备要素。当前，随着世界多极化、经济全球化和科技发展的日新月异，文化建设面临前所未有的发展局面。文化民生、文化权利、文化善治等现代理念与思想融入文化建设实践，深刻改变着文化建设的内容、要素和实现方式。构建现代公共文化服务体系，要求各级政府必须适应时代变化，按照建设服务型政府的要求，切实转变职能，不断强化政策调节、市场监管、社会管理、公共服务职能，创新行政管理方式，把工作重点放在基础保障和创造良好发展环境上来，着力构建兼顾公平和效能的制度体系，完善法律法规，做到科学管理、依法管理、有效管理。

提高国家文化软实力的重要任务。文化软实力是综合国力的重要组成部分。提高文化软实力、在日趋激烈的综合国力竞争中赢得主动，已经成为我国的重大发展战略。构建现代公共文化服务体系，必须以社会主义核心价值观为指导，进一步强化导向意识、阵地意识，旗帜鲜明地弘扬主旋律、传播正能量，发展先进文化，创新传统文化，扶持通俗文化，引导流行文化，改造落后文化，抵制有害文化。通过现代公共文化服务体系建设，可以加强中国梦的宣传和阐释，传播和弘扬社会主义核心价值观，切实提高全民族文明素质，引导人民群众坚定中国特色社会主义道路自信、理论自信、制度自信，为中国特色社会主义事业提供坚强的思想保证、强大的精神动力、有力的舆论支持和良好的文化条件，为不断扩大中华文化国际影响力、形成与我国国际地位相称的文化软实力奠定基础。

二　全面把握构建现代公共文化服务体系的主要任务

构建现代公共文化服务体系，是满足人民群众基本精神文化需求和保障人民群众基本文化权益的主要途径，是中国特色社会主义文化发展道路的重要内容。按照中央关于构建现代公共文化服务体系的一系列战略部署，当前需要着重抓好以下六项重点任务。

大力弘扬社会主义核心价值观。社会主义核心价值观是兴国之魂，是社会主义先进文化的精髓。构建现代公共文化服务体系，要把弘扬社会主义核心价值观作为主线，贯穿于文化工作各方面，贯穿于文化建设全过程，贯穿于精神文明建设各环节，融入人们的日常生活。加强对中华优秀传统文化的挖掘和阐发，努力实现中华传统美德的创造性转化和创新性发展，把跨越时空、超越国度、富有永恒魅力、具有当代价值的文化精神弘扬起来，把既继承优秀传统文化又弘扬时代精神、既立足本国又面向世界的当代中国文化创新成果传播出去，充分发挥文化引领风尚、教育人民、服务社会、推动发展的作用。

切实提高基层公共文化服务能力。构建现代公共文化服务体系的重点在基层，难点也在基层。要坚持重心下移、资源下移、服务下移，进一步完善覆盖城乡的基层公共文化设施网络。重点推动基层公共文化设施资源整合、共建共享，统筹建设集宣传文化、党员教育、科学普及、普法教育、体育健身等多功能于一体的基层公共文化服务中心。坚持建管并用，推动基层公共文化设施切实提高服务效能、发挥综合效益。加快实施重点文化惠民工程，进一步丰富基层文化资源。把建设高素质基层文化人才队伍作为公共文化服务体系建设的关键环节，深入实施人才兴文战略，加强公共文化服务队伍教育培训，提高基层公共文化从业人员的职业道德、职业素养和专业技能，夯实公共文化服务体系建设的基础。

丰富公共文化产品和服务供给。为人民群众提供内容丰富、形式多样、健康向上、品质优良的公共文化产品和服务，是构建现代公共文化服务体系的出发点和落脚点。要坚持以人民群众基本文化需求为导向，加强对公共文化产品创作生产的引导，实施文艺精品战略，建立优秀传统文化传承体系，切实提高公共文化产品质量。调动政府、市场、社会等各方面力量参与公共文化产品创作生产和供给。增强服务意识，建立健全群众文化需求跟踪反馈机制，开展菜单式、订单式服务，提供更多群众喜闻乐见、充满正能量的优秀文化产品和服务，努力实现公共文化服务“适销对路”，让群众真正喜欢文化、参与文化、创造文化。

推动公共文化服务社会化发展。促进公共文化服务社会化，是调动社会力量参与积极性、激发全社会文化创造活力的内在要求。目前，我国公共文化建设还主要依靠政府的力量，但政府主导不等于政府包办，光靠政府也不可能满足日趋丰富的多元文化需求。这就要求改变政府大包大揽的传统做法，探索创新政府、市场和社会良性互动、共建共赢的模式。要进一步简政放权，吸引社会资本投入公共文化领域。积极探索将财政投入以直接拨款为主转为购买服务、项目补贴、以奖代补、基金制等多种方式，形成竞争机制，使资源配置从文化系统“内循环”逐步转为面向市场和社会的“大循环”。培育和发展多元化的社会服务主体，充分发挥文化非营利组织、文化志愿者等在公共文化服务中的作用。

创新公共文化服务管理体制机制。构建现代公共文化服务体系需要以充满生机与活力的体制机制为依托，实现资源的优化配置和有效整合。要按照政事分开、政社分开的原则，推动政府职能转变，理顺政府、公益性文化事业单位和行业协会之间的关系，建立文化行政部门宏观管理和行业微观管理相结合的公共文化管理体制。建立健全公共文化服务体系建设协调机制，充分调动各部门的积极性，合理配置文化资源，实现优势互补。按照国家分类推进事业单位改革的要求，突出公益属性、强化服务功能、增强发展活力，推动公益性文化单位人事、收入分配和社会保障制度改革，建立事业单位法人治理结构，完善绩效考评机制，健全民意表达和监督机制，增强公益性文化事业单位的发展活力。

促进文化与科技深度融合发展。构建现代公共文化服务体系，必须紧跟现代科技发展趋势，积极推动高新技术在文化领域的应用。要深入实施国家文化科技创新工程，推动文化领域共性技术、文化产品生产服务技术、文化传播信息技术等实现重点突破，促进传统文化事业、文化产业提质增效升级。把完善公共数字文化服务体系作为重点任务，加大云计算、大数据等现代科技在公共文化服务中的应用，发挥“互联网 +”的创新驱动作用，整合文化信息资源，建设统一服务平台，优化网络服务环境，提高公共文化的覆盖率和服务效能，让人民群众享受丰富、高效、便捷的公共文化产品和服务。

总 报 告

General Report

B.1

中国公共文化服务体系建设的新进展

李国新 巫志南 罗云川 金武刚 叶晓新 冯 佳 刘 亮 陈 慰*

2013～2014年，我国的公共文化服务体系建设围绕着完善服务体系、提高服务效能和构建现代公共文化服务体系两大主题稳步推进。2012年11月，党的十八大报告要求扎实推进社会主义文化强国建设，突出强调公共文化服务体系建设要着力完善服务体系、提高服务效能。2013年11月，党的十八届三中全会审议通过了《中共中央关于全面深化改革若干重大问题的决定》，在推进文化体制机制创新的部署中，提出

* 李国新，国家公共文化服务体系建设专家委员会主任，北京大学教授；巫志南，国家公共文化服务体系建设专家委员会委员，上海社会科学院研究员；罗云川，国家公共文化服务体系建设专家委员会委员，文化部全国公共文化发展中心主任助理；金武刚，国家公共文化服务体系建设专家委员会委员，华东师范大学副教授；叶晓新，中央文化管理干部学院助理研究员；冯佳，上海社会科学院助理研究员；刘亮、陈慰，北京大学博士研究生。

了构建现代公共文化服务体系的时代任务，开启了公共文化服务体系建设新的发展阶段。

一　发展概况

1. 公共文化服务设施体系进一步完善

截至2014年末，全国共有公共图书馆3117个，比上年末增加5个；文化馆（站）44423个，比上年末增加163个；博物馆3658个，比上年末增加185个；非物质文化遗产保护机构2645个，比上年增加120个。全国公共图书馆实际使用房屋建筑面积达1231.60万平方米，比上年末增长6.3%，平均每万人拥有公共图书馆建筑面积90.0平方米，比上年末增加4.9平方米。全国群众文化机构实际使用房屋建筑面积3686.39万平方米，比上年末增长8.8%，平均每万人群众文化设施建筑面积269.51平方米，比上年末提高20.42平方米。2013年末，全国博物馆实际使用房屋建筑面积达1700.50万平方米，比上年末增加229.45万平方米，其中展览用房面积达849.40万平方米，比上年末增加140.49万平方米。

2. 公共文化服务经费投入持续增加

2014年，全国文化事业费（不含基本建设财政拨款和行政运行费）583.44亿元，比上年增加52.95亿元，增长10%，占财政总支出的比重为0.38%，与上年基本持平。全国人均文化事业费42.65元，比上年增加3.66元，增长9.4%。中央补助地方文化专项资金46.53亿元，比上年增长0.72%。

全国文化事业费中，县以上文化单位292.12亿元，占50.1%，比重比上年降低了1.3个百分点；县及县以下文化单位291.32亿元，占49.9%，比重比上年提高了1.3个百分点。东部地区文化单位文化事业费242.98亿元，占41.6%，比重比上年下降了2个百分点；中部地区文化单位文化事业费133.46亿元，占22.9%，比重比上年提高了0.3个百分点；西部地区文化单位文化事业费171.15亿元，占29.3%，比重比上年提高了0.6个百分点。

2014 年全国文物事业费 247.87 亿元，比上年增加 16.12 亿元，增长 7%；文物事业费占财政总支出的比重为 0.17%，比重与上年基本持平。

3. 公共文化资源和服务更加丰富多彩

截至 2014 年末，全国公共图书馆图书总藏量 79092 万册，增长 5.6%；电子图书 50674 万册，增长 34.2%。全国人均拥有公共图书馆藏书 0.58 册，比上年增加 0.03 册；全国人均购书费 1.24 元，比上年增加 0.02 元。全国公共图书馆共为读者举办各种活动 103586 场次，增长 13.2%；参加人数 5015 万人次，增长 13.7%。

2014 年，全国文化馆（站）开展各类活动 147.20 万场次，比上年增长 13.8%；服务人数 50668 万人次，增长 14.7%。其中组织文艺活动 84.54 万次，比上年增长 14.2%；举办训练班 46.93 万班次，增长 20.1%；举办展览 13.17 万个，减少 4.7%；组织公益性讲座 2.56 万次，增长 8.1%。

截至 2014 年末，全国文物机构拥有文物藏品 4063.58 万件，比上年末增加 222.77 万件，增长 5.8%。其中博物馆文物藏品 2929.97 万件，比上年末增加 210.81 万件，增长 7.8%，占全国文物机构文物藏品总量的 70.8%。2014 年全国文物机构共安排基本陈列 9996 个，比上年增长 19.1%；举办临时展览 11174 个，增长 15.8%；接待观众 84256 万人次，增长 12.8%。其中博物馆接待观众 71774 万人次，占文物机构接待观众总人次的 85.2%；文物保护管理机构接待观众 12182 万人次，占 14.4%。参观人群中未成年人 22403 万人次，比上年增长 10.7%，占参观总人数的 26.6%。

2014 年，全国非物质文化遗产保护机构共举办展览 16042 次，接待观众 3390 万人次，分别比上年增长 14.0% 和 9.9%；举办演出 34703 场，观众 3795 万人次，分别比上年增长 31.8% 和 23.6%；举办民俗活动 12982 次，观众 3884 万人次，分别比上年增长 5.0% 和 5.7%；举办培训班 20946 次，培训人数 137 万人次，分别比上年增长 19.3% 和 13.2%。

4. 新闻出版广播影视事业公共服务水平继续提升

截至 2014 年末，全国共开设广播电视播出机构 2564 个，广播电视传输发射台站 21000 多个，广播综合人口覆盖率 97.99%，比上年增长 0.2 个百分点；电视综合人口覆盖率98.6%，比上年增长0.18个百分点。广播电视村村通工程统筹有线、无线、卫星三种方式，至2014年末已完成81万个“盲村”建设任务，实现“十二五”规划任务的98%，预计2015年底将全部完成建设任务。

2014年农村电影放映工程建设数字院线252条、放映队约5万支，年放映800万场，年观众人次约15亿。全国已有1287个县级城市拥有数字影院，覆盖率达到60.2%，拥有数字银幕超过7200块，已有10个省（区、市）实现了县城数字影院全覆盖。

截至2013年末，全国共有各类出版物发行单位12万多家，发行网点17万多处；共建成农家书屋60万家，覆盖了全国有基本条件的行政村，农民人均图书拥有量达到1.13册，人均报刊拥有量达到0.65份；全国各地已建设城乡公共阅报栏（屏）7.2万余个，包括传统阅报栏3万余个，电子阅报屏4.2万余个。

2013年全年制作译制少数民族广播和电视节目时间分别达到10万小时和4万小时。目前，每年提供2000集电视剧和36000分钟动画片供主要少数民族地区译制播出，每年推荐80部影片（其中故事片60部、科教片20部）作为少数民族语言译制片目并提供译制素材供少数民族地区译制播映；使用少数民族文字的群众人均可消费少数民族文字图书2.39册、少数民族文字报纸7份、少数民族文字期刊0.42册，都比“十一五”期间年均品种数量有了大幅增加。

5. 公共文化专业人才队伍规模稳中有升

截至2014年末，全国公共图书馆从业人员56071人，比上年末增加249人。其中具有高级专业技术职称的人员5479人，比上年末增加157人，占从业人员的9.8%；具有中级专业技术职称的人员18146人，增加279人，占32.4%。

截至2014年末，全国文化馆（站）从业人员170299人，比上年末增加5944人。其中具有高级职称的人员5633人，占3.3%；具有中级职称的人员16605人，占9.8%。

截至2014年末，全国文物机构有从业人员14.81万人，比上年末增加1.09万人。其中博物馆从业人员比上年末增加4634人。

6. 存在的主要问题

公共文化服务机构的发展水平和保障条件不均衡仍然是存在的主要问题。据2013年的统计数据，每万人公共图书馆建筑面积超过100平方米的主要在东部地区，差距最大的是中部一些人口大省。每万人文化馆（站）建筑面积，上海、浙江超过500平方米，江苏、广东、北京等超过300平方米，而广西、河南、海南等省不到150平方米。人均文化事业费排名前三位的上海、北京和西藏超过100元，排名后三位的河南、河北和安徽不足20元。人均公共图书馆藏书，东部地区普遍较高，其中上海人均3册，达到了国际一流水平，天津、北京、浙江在1册上下，贵州、西藏、安徽、河北、河南等地人均不到0.3册。①

二　促进基本公共文化服务标准化、均等化

1. 基本公共文化服务标准体系

促进基本公共文化服务标准化、均等化，是构建现代公共文化服务体系的主攻方向。公共文化服务标准化建设，是要构建一个包括保障标准、业务和技术标准、评价标准在内的标准体系，按标准实施公共文化服务，从而达到普遍均等、惠及全民的目的。

基本公共文化服务保障标准，是指各级政府按照最低公益原则，根据群众需求和财政能力，为群众提供基本公共文化服务，保障每个公民都享有这一基本权利。国家负责制定国家层面的标准，各级地方政府根据国家标准，结合当地实际，制定高于国家标准的地方标准，从而形成基本公共文化服务保障标准体系。

① 本部分所用数据均据文化部财务司2015年5月发布的《中华人民共和国文化部2014年文化发展统计公报》以及文化部编《中国文化文物统计年鉴（2014）》（国家图书馆出版社，2014）和《中国文化文物统计年鉴（2013）》（国家图书馆出版社，2013）。

公共文化服务业务和技术标准，主要包括设施建设标准和管理服务标准两类。设施建设标准主要对公共文化硬件建设提出刚性要求；管理服务标准主要是软件建设，重在提高公共文化机构的服务效能和水平，目的是规范行为、优化流程、固化指标，提高公共文化机构的服务质量。

公共文化服务评价标准，主要用于衡量地方政府、公共文化机构和重点文化惠民工程开展公共文化服务的实际效果。一是制定绩效考核标准，重点评估公共文化服务设施建设、服务供给、资金投入等基础工作的完成情况；二是建立评价评优标准，对公共文化服务管理、服务的质量进行评价；三是建立社会评价标准，由社会第三方独立开展公众满意度评价。

2. 编制《国家基本公共文化服务指导标准》

为落实党的十八届三中全会的要求，文化部于2014年初开始牵头编制《国家基本公共文化服务指导标准》。2014年内，该标准先后通过国家公共文化服务体系建设协调组、中宣部文化体制改革与发展领导小组、国务院常务会议、中央全面深化改革领导小组第七次会议和中央政治局常委会审议修改，2015年新年伊始，作为中共中央办公厅、国务院办公厅《关于加快构建现代公共文化服务体系的意见》的附件予以公布。这是我国第一份明确国家基本公共文化服务内容和种类、体现政府保障责任的“底线标准”，被称为公共文化领域的“义务教育标准”。该标准涵盖基本服务项目、硬件设施和人员配备三大类别14个方面，共提出22项基本公共文化服务指导标准，主要规范了目前阶段我国基本公共文化服务的内容和种类，发挥在全国范围内保障基本、统一规范的作用。按照建立基本公共文化服务标准体系的顶层设计，各地要根据国家指导标准，制定与当地经济社会发展水平相适应、具有地域特色的地方实施标准，以县为基本单位推进落实，逐步形成既有基本共性又有特色个性、上下衔接的标准指标体系。

制定和颁布《国家基本公共文化服务指导标准》，进而建立基本公共文化服务标准体系，标志着党的十八届三中全会提出的以公共文化服务的标准化促进均等化的战略思想已经化为实际行动，体现了现代公共文化服务体系的鲜明特色，在我国公共文化服务体系建设进程中具有划时代意义。

3. 开展“公共文化服务标准化试点”

文化部在全国文化系统部署开展“公共文化服务标准化试点”，是促进基本公共文化服务标准化、均等化的又一重要举措。2014 年 7 月，文化部办公厅发出《文化部办公厅关于开展公共文化服务标准化等试点工作的通知》，经过各省（区、市）自主申报、专家评审，最终确定浙江省、内蒙古自治区鄂尔多斯市、江苏省苏州市、安徽省马鞍山市、福建省厦门市、湖北省襄阳市、湖南省长沙市、广东省东莞市、重庆市沙坪坝区、四川省成都市等 10 个省市作为国家级公共文化服务标准化试点地区。

试点工作的总体思路是以制定标准、组织实施标准、对标准实施进行监督评估为主要内容，以实现公共文化服务管理规范、质量良好、公众满意度高为目标，推动建立以国家标准为基础、地方标准和行业标准为补充的标准体系，探索制度化、系统化的标准实施模式，形成运转顺畅、协调高效的标准化工作机制，通过试点开展，引导各级政府和公共文化机构科学、规范地开展公共文化建设，切实提高服务效能，推动公共文化服务均等化。

试点工作的目标是到 2015 年底，围绕制定实施保障标准、技术标准和评价标准，在国家和试点地区两个层面，初步建立科学、规范、适用、易行的标准体系，形成一批适合不同地方特点的工作模式，推动全国公共文化服务标准化工作全面深入开展。

4. 基层公共文化服务标准化创新实践

2013 年浙江省启动“农村文化礼堂”建设，通过科学规划，合理布局，整合原有文化活动中心、农家书屋、农村电影放映、未成年人春泥计划、文化信息资源共享等宣传文化资源于一体，健全政策宣传、文体娱乐、知识普及等服务功能与项目，建成功能完备、管理有序、共建共享的农村文化综合体。在文化礼堂建设过程中，浙江省把设施建设作为基础，制定“五有三型”（有场所、有展示、有活动、有队伍、有机制；学教型、礼仪型、娱乐型）

标准，推动各地立足实际，因地制宜，建一个成一个。2013～2014 年，浙江省共建成农村文化礼堂 2300 多家，计划用 3～5 年时间实现全省中心村“文化礼堂”全覆盖。①

自 2013 年起安徽省实施“农民文化乐园”建设工程。当年确立了 20 个省级试点中心村，2014 年扩至 100 个，计划到 2016 年建成 500 个。试点工作围绕在全省中心村实现公共文化服务均等化覆盖，形成多级联动、布局合理、设施集聚、功能配套、供需衔接的农村公共文化服务体系这一目标，在服务内容、功能定位、资源整合、资金投入和运行管理五个方面进行标准化建设，取得了良好成效，探索出一条农村公共文化服务标准化、均等化建设的新路子。②

自 2009 年起广西壮族自治区结合新农村建设和扶贫开发等工作，开始在全区行政村推进建设以 1 个舞台、1 个篮球场、1 栋综合楼、1 支文艺队和 1 支篮球队为主体的“五个一”村级公共服务中心，形成了以文化为主导、汇集多项功能的村级公共服务综合平台。截至 2013 年底，广西完成村级公共服务中心建设项目 4079 个，累计投入经费 14.58 亿元，推动了群众文化活动的全面展开。③

三　群众文化活动的新特点、新趋势

1. 持续推进群众文化活动创新

浙江省坚持“送种结合、以种为主”的原则，把优质文化资源的输送与涵养、提升基层社区农村群众的文化活动能力结合起来，并且以“文化走亲”活动促进在“种文化”中获得的丰硕成果跨区域交流。湖南长沙在原有百镇千村大组织、大竞演以及推出“千村竞技·百团选优·十佳巡演”

① 葛慧君：《打造弘扬核心价值观新阵地——关于浙江省农村文化礼堂建设的实践与思考》，《今日浙江》2014 年第 15 期，第 8～10 页。

② 汪家驷：《力推农村基层公共文化服务标准化》，《学习时报》2014 年 4 月 14 日，第 10 版。

③ 莫曲：《广西：群众文体娱乐活动有声有色》，《中国文化报》2014 年 7 月 3 日，第 1 版。

活动品牌的基础上，尝试拓展“一人一艺、全民参与”群众文化活动新思路，开始把活动重心由“村”进一步下移到“人”，以大培训、大体验、大活动带动全民文化艺术素养的提升。江苏苏州、北京朝阳、广东东莞、浙江宁波和杭州，结合城市多元群体的实际需求，对群众文化活动的结构进行了优化，重点加大了外来务工人员、城市白领文化活动组织开展的力度，苏州市“新苏州人文化俱乐部”，杭州市下城区“楼宇文化、白领社团”，东莞市长安镇“民间协会、民办社团”成为群众文化活动新的亮点。河北邯郸传统知名品牌“欢乐乡村”进一步向纵深发展，市、县、镇、村四级群众活动体系日臻完善。浙江嘉兴“文化有约”、上海嘉定“公共文化云”把群众文化活动纳入公共数字文化服务，活动信息随处可查、活动供需无缝对接、活动状态一目了然、活动评价双向互动。

2. 群众文艺创作有了惠民实效

近年来，全国群众文艺创作显现出百花齐放、精品迭出、英才涌现的新局面。2013 年第十届中国艺术节期间，文化部组织开展了 2012 ~ 2013 年度“群星奖”评奖工作，全国共报送 884 件群众文艺作品、157 个公共文化项目和 117 个“群文之星”候选人。经过初选、复赛和决赛等环节，共评选出 220 个作品类“群星奖”、110 个项目类“群星奖”和 100 位“群文之星”，另有 131 件作品获得第十届中国艺术节优秀演出奖，山东省文化厅等 6 家单位获得第十届中国艺术节“群星奖”优秀组织奖。本届“群星奖”获奖作品的最大特点是“接地气”，内容题材丰富、形式短小精悍、风格活泼健康，生活气息浓郁、时代特征显著、民族风情和地域特色鲜明，对普通百姓日常生活的观察、提炼和描绘细致入微，生活中真善美正能量得到充分表达。

为全面展示“群星奖”丰硕成果，充分发挥获奖作品惠民效应，文化部于 2014 年开展“群星奖”获奖作品大巡演。全国巡演由文化部公共文化司主办，各省（区、市）文化厅（局）、巡演城市人民政府以及文化部全国公共文化发展中心共同承办。同时，要求各省（区、市）自主开展省内巡演、结对开展省际交流或区域联动。本次巡演活动贯穿全年、覆盖全国，达到了优秀群众文艺创作成果尽可能持续普惠全民的初衷。

3. 群众文化活动出现趋势性变化

近年来，群众文化活动不仅有数量增长、范围扩大之“实”，更有质量提升、机制变化之“势”，这一趋势性变化主要表现在以下几个方面。一是由“政府主办、机构主体”向“政府主导、群众主体、社会主干”转变。2013 年末，第一批国家公共文化服务体系建设示范区验收时，长沙、苏州等地为全国提供了以人民为主体，深入开展群众文化活动，推动群众文化活动体系化，促进和带动基本文化服务均等化、城乡文化一体化，提高基层群众参与度和满意度的重要经验。2014 年，上海覆盖全市、贯穿全年的“市民文化节”，把“以人民为主体”作为办节新思路、新举措，一改以往节庆运行方式，深入基层、群众为主，重心下移、贯穿全年，实现了“百个社区大展示、万支团队大竞技、社会各界齐参与、千万市民共享受”的预期目标，群众文化活动成为公共文化“春风化雨、普润申城”的有力抓手。二是由“大水漫灌、以供定需”向“需求导向、精准服务、提升能力”转变。事前开展需求调研，事中听取反馈意见，事后吸纳群众参与评估，“菜单式”或“订单式”提供文化产品和服务，基层特色文化产品纳入采购对象，开始成为各地群众文化活动的“新常态”。三是由“因人而异、随机运行”向“标准引领、体系支撑、有序发展”转变。浙江杭州、湖南长沙探索建立群众文化活动“标准”，正在改变以往那种“我演啥，你看啥”、“我会啥，你学啥”，以决策者喜好、业务干部特长为决定性因素的群众文化活动方式，服务标准化、产品结构化、活动体系化，正在有效推进群众文化活动有序发展。四是由“区域分割、孤岛运行”向“区域联动、示范带动、主体互动”转变。江苏吴江“区域文化联动”、张家港“长江文化艺术节”的联动机制，浙江海盐文化馆总分馆服务体系实践得到有效推广，文化部关于推进区域文化联动、构建群众文化服务体系的倡议和部署，开始成为各地文化部门和机构的自觉行动。五是由“自生自长、良莠难辨”向“价值引领、涵养特色、品牌带动”转变。各地灵活采取行业指导、业务培训、专业服务、以奖代补等方式方法，把核心价值观的引领作用，有机融入“一村一特”“一镇一品”特色群众文化品牌建设和群众文化团队星级评定活动，初步形成“繁荣、有序”新格局。六是由“创作评奖、获奖入库”向“群众举荐、民意参评，奖后惠民”转变。群众参与文艺创作，文艺创作为了群众，优秀作品群众举荐，作品评奖群众参加，获奖作品惠及群众，是这几年发生的可喜变化。创作为民、获奖惠民，优秀作品大会展、大巡演，基本打破了“创作为了评奖，获奖进入仓库”格局。

四 公共数字文化建设新进展

1. 数字文化惠民工程深入推进

以全国文化信息资源共享工程、数字图书馆推广工程和公共电子阅览室建设计划为代表的公共数字文化惠民工程深入推进。截至2014年底，文化共享工程累计资源总量达到412TB，地方特色资源项目613个，内容包括舞台艺术、民间文化、文物古迹、地域文化、文化名人、少数民族文化、红色文化等方面。推出了心声·音频馆、大众美育馆、社区文化生活馆、戏曲动漫等数字文化资源系列产品，社会公众可以通过互联网或进入城市社区、乡镇综合文化站等公共文化场所便捷获取。数字图书馆推广工程已完成与34家省市级图书馆的专网骨干网建设，通过数字图书馆专用网络，国家图书馆向各地图书馆开放了总量超过130TB的中外文数字资源，包括100余万册中外文图书、700余种中外文期刊、7万多个教学课件、1万多种图片，18万多份档案全文以及3000多种讲座和地方戏曲等，全国各地读者在当地图书馆就可以享受到国家数字图书馆丰富的数字资源。公共电子阅览室建设计划已建成55918个标准化电子阅览室，其中乡镇公共电子阅览室31377个，街道/社区公共电子阅览室21332个。新疆利用公共电子阅览室服务网络在春节期间为返乡农民工开办免费订票服务，重庆开展新市民技能培训，苏州开展“扶老上网计划”。

在已建文化共享工程服务点和公共电子阅览室基础上，我国沿边沿海的18个省份和新疆生产建设兵团启动了“边疆万里数字文化长廊”建设项目，重点提升乡镇综合文化站的数字资源采集、移动服务和流动服务能力，并通过在边贸集市、草原牧场、边境口岸、边防哨所（连队、班）、海疆岛屿等地设立数字文化驿站，消除服务盲点。截至2014年底，已开展810个乡镇、3104个数字文化驿站的建设。内蒙古服务农牧民20万余人次；海南在三沙市建立文化共享工程支中心，设立边疆万里数字文化长廊南海第一站，为驻岛官兵提供丰富多彩的数字文化服务；黑龙江制定并实施《边防驻军公共文化服务体系建设实施方案》，实现文化共享工程服务边防哨所全覆盖；山东省文化部门与武警边防总队联合实施“万里海疆·万里书香”项目，在全省边防辖区开展建设试点。

2. 启动国家公共数字文化平台建设，拓展新媒体传播渠道

国家公共文化数字支撑平台于2012年启动建设。该平台以解决数字文化资源建设分散、数字化系统缺乏互联互通为主要目标，通过云管理、资源共享、网络分发、应用集成、评估管理等系统建设，将国家和各省份数字资源纳入统一资源目录，实现各地特色应用的集成整合，建立统一服务入口。截至2014年底，国家公共文化数字支撑平台已在24个省份开展建设，集成推出了浙江“文化通”、湖北“长江讲坛”、上海“数字文化地图”等一批特色文化应用系统。浙江“文化通”可以实现全省公共文化服务设施、场所的地图定位导航，对数字资源内容进行分类展示服务，用户只要下载APP客户端就可以实现文化资源畅通浏览。该服务推出不到一年的时间，用户量已经超过了10万。上海推出的“嘉定文化云”，上线半年的用户量突破30万，2015年春节期间用户量激增了10万。

依托互联网、广播电视网、移动通信网等传输网络，文化部全国公共文化发展中心联合中国国际广播电台、中国网络电视台等单位推出了“全国文化信息资源共享工程·中国文化网络电视”，利用IPTV、互联网电视、双向数字电视等新媒体渠道，以“入户”模式、“入站”模式、“入手”模式推进文化共享工程进村入户。截至2014年底，累计入户数达到600万，入站数达到4100个。云南将中国文化网络电视与“农文网培学校”相结合，为边防官兵和基层群众提供集成化的数字文化服务。在原文化共享工程主站基础上，发展中心推出了国家数字文化网，定位于公共文化信息服务的门户

网站，提供文化新闻资讯、数字资源服务、公共文化工作交流三大功能，整合提供文化讲座、电影、戏剧、动漫、地方特色文化、群星奖等各类数字资源，开展“中国梦·文化情第二届文化共享杯全国群众摄影艺术作品征集大展”等网络赛事，对公共文化服务体系示范区建设等工作进行动态跟踪报道。其中，心声·音频馆通过国家数字文化网已点击访问1970万次。

3. 数字文化服务引入新手段、探索新模式、拓展新领域

现代科技融合公共文化服务，为文化需求与服务供给架构起互通的桥梁，形成互动的平台。主动预约、按需供给，评价反馈、对接需求，成为现代公共文化服务的新常态。

浙江省嘉兴市于2011年7月建立“文化有约”公共文化服务平台，将图书馆、文化馆、博物馆、美术馆等公益性文化场馆举办的展览、培训、演出、亲子阅读等各类活动，全方位、多层面供城乡居民自由选择。[①] 2013年7月，“文化有约”公共文化服务平台全面改版，整合现代信息技术成果，引入团购式服务供给界面，将所有活动资源包装成文化产品统一上架，社会公众通过预约方式参与相关活动。而且，产品来源多元化，青少年宫、科技馆、工人文化宫、妇女儿童活动中心等场馆纷纷加盟，将各自的公共文化活动项目推送到“文化有约”平台，民办琴艺馆等社会力量也开始积极参与。[②] 2014年12月，“文化有约”平台再次改版，在网页布局优化的同时，从网站底层开始设计和建模实现管理的高效、服务的优质和资源的整合，并新增十大服务功能，如在活动资源稀缺项目上推出自动摇号功能，设立用户积分管理功能改善用户体验，培养用户参与活动的积极性和有效性，移动互联功能方便公众随时选择等。[③]

北京市东城区于2013年5月建成并开通“东城区公共文化服务导航

① 《文化有约》，http：//jswhyy. jxcnt. com/。

② 耿俪洳：《嘉兴“文化有约”项目新添“补给站”》，《嘉兴日报》2014年7月24日，第2版。

③ 耿俪洳：《嘉兴“文化有约”平台推出3.0版本，十大新功能带来“非一般”的感受》，《嘉兴日报》2015年1月4日，第3版。

网”，设有文化资源、文化活动、书香东城、文化志愿者服务、非物质文化遗产保护、文化面对面、文化直播间、数字电影、名家讲坛、文化信鸽等栏目，提供东城区各类公共文化服务的信息发布、公共数字资源的欣赏利用以及文化演出免费入场券随机抽取活动等各类服务，从而方便社会公众快捷获取公共文化服务，实现文化供给与文化需求的对接与交流互动。①

重庆市北碚区文化馆建设五大数字平台，包括基础数字平台、公共数字文化辅导培训教学平台、数字文化体验平台、多媒体移动终端 APP 多元平台、公共文化资源平台。其中数字文化体验平台在 600 余平方米空间上引入十二大功能区域，把音乐、舞蹈、戏曲、表演、书法、美术、非物质文化遗产保护等文化艺术内容运用灯光显示、人机交互等数字技术，实现多维展示和互动体验，为我国数字文化馆建设进行了开拓性探索。到馆人数因此成倍增加，群众参与体验热情高涨。

内蒙古自治区图书馆依托“边疆万里数字文化长廊”建设，实施“数字文化走进蒙古包”项目。该项目通过在乡镇（苏木）设立一级数字加油站，在行政村（嘎查）设立二级数字加油站，在自然村（游牧蒙古包群）建立三级（便携移动式）数字加油站，综合利用互联网、无线 Wifi 和 3G 网络，实现数字资源的远程更新和移动服务。目前，该项目已累计服务农牧民 20 余万人，服务网络覆盖的地域面积达 42000 平方公里。同时面向科技、信息、金融等领域开展综合性“一站式”服务。

苏州市公共文化中心建立了网上文化馆、名人馆发现之旅、文化苏州数字点播系统、远程指导网络等服务项目。其中名人馆的发现之旅项目，在 1500 平方米陈列之内，以苏州历史名人、状元宰相、两院院士等 447 人为展示对象，采用传统和现代相结合的手段，把苏州名人对苏州乃至全国的影响展示出来，成为苏州形象的展示窗口，也成为苏州文化之旅的亮点，外地观众络绎不绝。

上海市嘉定区于 2014 年 12 月正式推出了“文化嘉定云”公共文化服

① 《文化东城》，http：//culture. bjdch. gov. cn/n11892200/index. html。

务平台，集知识服务、艺术欣赏、文化传播、交流互动为一体，涵盖资源展示、场馆虚拟、数据共享、活动预告、场地预约等数字文化服务。[①] 社会公众只要在手机、电脑终端安装相应软件或访问其官方网站，便可随时随地了解文化活动信息，享受文化服务，解决了公共文化活动信息不对称、设施资源利用率不高等问题。[②]

4. 公共数字文化发展的新趋势

加强公共数字文化顶层设计，加大统筹协调力度。根据构建现代公共文化服务体系的总体要求，结合信息化发展趋势，开展公共数字文化服务体系的总体规划设计，制定统一规范标准，统筹协调公共数字文化基础设施和数字资源建设，有效消除信息孤岛，在更大范围和更高水平上实现共建共享。

构建互联互通的公共数字文化服务管理平台，发展公共数字文化服务新形态。依托已有公共数字文化服务设施网络，以国家公共文化数字支撑平台为基础，在地市级、县级范围内建立公共文化综合服务与管理的统一数字平台，统筹资源整合、集成服务供给、量化评估管理，与智慧城市、智能社区建设相结合，向社会公众提供综合性、一站式、移动化公共文化服务。

创新公共文化设施的体验空间、传播形态和服务方式，研发应用于数字空间的专用装备，突出加强公共文化空间的多终端服务能力、互动体验能力。在广场、车站、机场、码头等具体条件的公共场所，设置公共数字文化接入点，提供数字文化服务导航，方便社会公众利用个人数字终端访问获取。

广泛开展社会化合作，探索社会化购买服务新模式。鼓励、引导社会力量、社会资本参与公共数字文化建设，在资源产品供给、数字平台构建、新媒体网络传播、服务空间设立、服务项目实施等环节探索社会化购买与社会化合作新模式，培育和促进文化消费。

---

① 《文化嘉定云》，http：//www. whjd. sh. cn/。

② 洪伟成、魏国歌：《上海市首个公共文化服务云平台“文化嘉定云”上线运行》，中国文化传媒网，http：//www. ccdy. cn/xinwen. . /gongong/xinwen/201412/t20141223_ 1039760. htm。

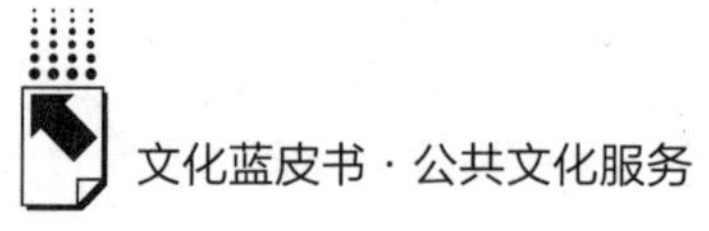

五　全民阅读深入推进

1.“书香中国”引领全民阅读活动

2014 年，国家新闻出版广电总局在多年倡导并组织开展建设“书香中国”的基础上，确定了 2014 年继续深入开展全民阅读活动八大重点工作：第一，推出一批优秀主题出版物，广泛开展形式多样的主题读书活动；第二，充分发挥优秀出版物的引领作用，加强优秀出版物的推荐和引导；第三，组织开展“书香中国”系列活动，办好具有地域特色的读书节活动，培育和巩固知名阅读活动品牌，将书博会、书展、书市等各种行业展会与全民阅读活动有机结合起来，吸引广大读者积极参与；第四，充分利用农家书屋、职工书屋、社区书屋、连队书屋、城乡阅报栏（屏）等平台开展各种形式的读书活动，深入推动全民阅读进农村（牧区）、进社区、进校园、进军营、进企业、进机关、进家庭；第五，进一步完善全民阅读公共服务体系，加强阅读设施建设，开展全民阅读志愿服务；第六，继续推动《全民阅读促进条例》《国家全民阅读中长期规划》的起草、制定工作，推动全民阅读工作常态化、制度化；第七，营造“书香中国”浓厚氛围，做好宣传推广工作；第八，建立健全全民阅读活动组织领导机构，推动设立全民阅读指导委员会，统筹服务网络建设，指导开展全民阅读工作。

2. 编制“书香城市”指标体系，推动全民阅读持续发展

2012 年 11 月，张家港市发布了《“书香城市”建设指标体系（试行）》，全国首个以推动“书香城市”建设为目标的指标体系诞生。该指标体系包括阅读设施、阅读资源、阅读组织、阅读活动、阅读环境、阅读成效及保障条件等 7 个一级指标、44 个二级指标和 87 个三级指标，涵盖广泛、体系完整，是一个建设阅读保障条件、推动阅读活动开展、提升阅读成效的目标性指标体系。

2014 年 4 月，苏州市制定并颁布《“书香苏州”建设指标体系》。该指标体系参考和借鉴了张家港的经验和做法，由 7 个一级指标、56 个二级指

标、82 个三级指标构成，涵盖了“书香苏州”建设的硬件和软件，涉及了全民阅读活动的发起、组织、推广、参与、考核、反馈的全过程。该指标体系还与苏州地方特色文化建设全面融合，将评弹书场、书院、书香公园、书香茶苑、特色书店等文化机构，苏州地方文化精品出版物、“苏州记忆”资源等全面融入“书香苏州”建设之中。

当前，江苏省正在酝酿制定“书香江苏”指标体系和书香系列建设推选管理办法，促进全省全民阅读活动深入开展。2014 年，中国图书馆学会专项资金资助研究制定《书香城市（县级）标准指标体系》和《书香社区标准指标体系》，书香城市的标准化建设走向深入。

六　提升公共文化服务效能的新举措

1. 深化公共图书馆总分体系建设

公共图书馆总分馆服务体系是解决城乡公共阅读服务发展不均衡、实现共建共享、互通互联，提升服务效能的有效方式。2011 年开始的第一批国家公共文化服务体系示范区（项目）创建工作，把“市、县图书馆以总分馆等多种形式形成服务体系，实现通借通还”列入东部、中部省份示范区创建标准。从 2013 年底第一批示范区（项目）创建验收评审结果看，东、中部 20 多个城市（如苏州、东莞、宁波、厦门、长沙、大连等）及西部多个城市（成都、重庆渝中区、宝鸡、克拉玛依等），均建立起了公共图书馆总分馆服务体系，不少地区结合实际，创造出了有特色的公共图书馆总分馆制实现形式。如嘉兴市完善并推进了“政府主导、统筹规划、多级投入、集中管理、资源共享、服务创新”的“中心馆—总分馆”“图书馆联盟”“社会资源整合”三重服务体系；[①] 东莞市以集群管理技术为纽带将全市公

① 章明丽、金武刚、陆晓曦：《嘉兴市城乡一体化公共图书馆服务体系管理体制、协同机制、城乡统筹机制研究》，参见《嘉兴市图书馆，打破“篱笆墙”的图书馆：城乡一体化公共图书馆服务体系嘉兴模式》，2013 年 11 月。

共图书馆联成网络，打造无障碍、无差别服务；[①②] 大连市由少儿图书馆以总分馆形式向基层、农村中小学校延伸，统筹公共图书馆与学校图书馆发展，实现"少儿图书资源全域共享"，提升少儿馆服务效益；[③④] 宝鸡市开创了"馆点线制"总分馆服务体系，[⑤] 克拉玛依市开创的"图书馆联建共享服务体系"等。[⑥]

2013年第二批示范区（项目）创建工作开始，又有20多个城市将建立和完善公共图书馆总分馆服务体系列入创建规划，公共图书馆总分馆制建设孕育着新的发展。

2. 试点推进文化馆总分馆体系建设

文化馆实行总分馆制，是我国现代公共文化服务体系建设中的新生事物，旨在解决基层群众文化活动指导不力、能力不足、服务与需求不能有效对接等瓶颈问题，实现文化馆服务上下（各级机构）、左右（同级机构）、内外（体制内外机构）的共建共享、互通互联，从而提升服务效能。

国内较早开展文化馆总分馆服务体系试点探索的是重庆市大渡口区。其基本做法如下。大渡口区文化馆作为总馆，各镇街文化站作为分馆，若干基层服务点作为分馆的延伸或补充，形成"一个总馆 + 多个分馆 + 若干服务点"的模式，其中外部建设要素（人员、经费、设施）按"领域合一"原则、内部建设要素（产品、活动、服务、平台和产业）按"领域分离"原

---

① 李晓辉：《城市图书馆公共服务体系均等化的实现——以东莞图书馆实践为例》，《图书馆理论与实践》2014年第11期，第67～70页。

② 李东来、刘磊、王素芳：《区域图书馆整体协同发展网络信息技术支撑研究》，《图书馆理论与实践》2012年第1期，第69～73页。

③ 《大连少儿图书馆建65所分馆方便全市孩子阅读》，北国网－半岛晨报，http：//ln. sina. com. cn/edu/news/2013－04－09/10576055. html。

④ 王春燕：《市少儿图书馆建成65个分馆，其中农村47个》，《大连晚报》2013年4月9日，http：//dalian. runsky. com/2013－04/09/content_ 4633108. htm。

⑤ 熊伟、索新全、陈碧红、段小虎、李清：《西部地区公共图书馆"馆点线制"服务体系建设研究——以宝鸡市公共图书馆服务体系建设的制度设计为例》，《中国图书馆学报》2013年第4期，第16～25页。

⑥ 李超平、李军：《公共图书馆建设的克拉玛依样本》，《中国文化报》2012年10月15日，第8版。

则，构建起分馆业务接受总馆统一管理的文化馆服务网络体系[①],[②]。

初创于2013年，并在2014年逐步走向完善的浙江省嘉兴市文化馆中心馆—总分馆建设，将文化总分馆服务体系建设推向新高度。嘉兴市以县域为基本单元构建文化馆总分馆体系，在“大嘉兴”的范围内，以市文化馆为中心馆，联结各县域总分馆体系，形成城乡一体的“中心馆—总分馆”服务体系。中心馆除了履行现有地区性场地设施服务之外，以行业、业务的“组织、规划、指导、评价”为切入点，具体负责编制全市文化馆事业发展规划，制定辖区内各级文化馆（站）、村（社区）文化礼堂的服务规范，编制和发布全市文化馆（站）资源、产品、服务提供的指导目录，推动全市及各县（市、区）之间文化交流联动、展示竞赛及品牌建设，统筹全市文化馆（站）系统的数字文化资源建设和搭建综合服务平台，并且统一全市文化馆（站）标识系统。县域范围内的总分馆体制，以县（市、区）文化馆为总馆，镇（街）综合文化站为分馆，村（社区）文化活动中心（文化礼堂）为支馆，形成“人员互通、设施成网、资源共享、服务联动”的服务体系。在总分馆体系中，以“两员”调配为切入点，即由县总馆向镇（街）分馆委派1名“下派员”，村（社区）支馆配备1名专职“文化管理员”，实现所在县（市、区）域群众文化艺术服务的统筹、协调、规范和均等，从而完善了服务体系，提高了服务效能[③④⑤]。

江苏省张家港市在“文化网格”的基础上建立的文化馆总分馆服务体系也颇具特色[⑥]。它以市文化馆作为总馆，各区镇和镇办事处的文化站作为

---

① 孙道进：《重庆大渡口实施文化馆总分馆制》，《中国文化报》2013年4月24日，第7版。

② 彭泽明等：《重庆市大渡口区文化馆总分馆制探索》，《上海文化》2013年第2期，第24～32页。

③ 王学思：《嘉兴着力构建文化馆总分馆服务体系》，《中国文化报》2014年12月12日，第8版。

④ 巫志南：《文化馆“完善体系，提高效能”在嘉兴破题》，《中国文化报》2014年12月12日，第8版。

⑤ 顾金孚、王显成、刘靖：《嘉兴市文化馆总分馆服务体系研究》，《上海文化》2014年第8期，第46～51页。

⑥ 杨芳、陈世海：《小网格，大服务》，《群众》2012年第9期，第46～47页。

分馆，文化网格作为服务点，形成“三级节点、一体运行”的机制，从而有效整合市、镇（办事处）、村（社区）各级文化馆（站）和文化网格资源，推动文化馆服务城乡一体，公共文化共建共享①。

3. 创新理念，再造流程，促进服务效能跨越式提升

2014年5月，内蒙古自治区图书馆推出“彩云服务计划”，与新华书店等图书经销机构合作，建立统一平台，把书店作为图书馆外借服务的延伸。读者在书店可以直接借阅新书，归还时作为馆藏书籍入藏。该计划的实施，颠覆了过去图书馆传统的资源建设与服务流程，把读者从传统服务模式末位前置到最前位，让读者直接参与图书馆的文献资源建设，节约了图书馆的成本，缩短了读者的等待时间，实现了图书馆新购普通图书100%的流通率②。

苏州市图书馆结合本地公共文化服务体系建设的阶段性特点，把全面提升服务效能作为当前和今后一段时期的首要工作。2014年，苏州图书馆设计了“10个100%”行动计划，谋求在未来3年内，实现苏州图书馆服务效能跨越式提升，率先进入世界一流图书馆行列，相关指标率先冲击国际先进水平。“10个100%”包括：（1）城乡覆盖率100%，指公共图书馆设施按照国际先进标准覆盖城乡所有区域、所有人群；（2）市民持证率100%，指所有市民均持有可以在苏州图书馆总分馆体系借阅书刊、音像资料，以及通过计算机和手机远程获取苏州图书馆数字资源的证件；（3）有效持证读者三年增加100%；（4）年人均到馆次数三年增长100%；（5）当年新增普通图书外借率100%；（6）网站访问量年增100%；（7）“掌上苏图”利用人次年增100%；（8）全民阅读活动公众参与率三年增长100%；（9）全民阅读活动数量三年增长100%；（10）“悦读宝贝计划”覆盖率100%。“悦读宝贝计划”是苏州图书馆受市政府委托，向市区新生婴儿赠送阅读礼包、指导家长开展亲子阅读的阅读推广活动。

---

① 孙建忠、严小娟：《江苏张家港探索实施文化馆总分馆制——网格化整合城乡公共文化资源》，《中国文化报》2014年10月1日，第2版。

② 杜洁芳：《内蒙古图书馆与新华书店联手：读者选新书，图书馆买单》，《中国文化报》2014年5月16日，第8版。

七 国家公共文化服务示范区创建

1. 第一批示范区创建成效显著

2011 年 5 月，第一批创建示范区（项目）名单公布，共有 31 个单位获得示范区创建资格。经过两年的创建，2013 年 9 月，第一批 31 个创建国家公共文化服务体系示范区通过验收评审，获得示范区称号。在两年的创建周期内，各创建城市将创建工作作为推动文化大发展大繁荣的重要途径、转变发展方式的重大举措、构建和谐社会的重要抓手，在资金投入、设施建设、体制机制改革等方面重点推进，推动当地公共文化服务体系实现了跨越式发展。

一是文化经费投入大幅度增加。据估算，中央财政 3.05 亿元示范区创建补助资金撬动了地方财政资金投入超过 150 亿元，31 个创建示范区均以创建为契机，推动落实了中央关于“保证公共财政对文化建设的增长幅度高于财政经常性收入增长幅度”的政策要求。其中，内蒙古鄂尔多斯市创建以来已累计投入公共文化建设资金 52.3 亿元；江苏省苏州市投入创建资金 42.75 亿元；广东省东莞市投入创建资金 13.3 亿元，并设立了五年每年 10 亿元的“文化东莞工程”专项资金，保障了公共文化服务体系建设的可持续发展。

二是公共文化设施建设取得跨越式发展。通过创建示范区城市，尤其是中西部创建示范区城市修订完善了其“十二五”发展规划，许多原未列入规划的重大公共文化设施项目得以开工建设，公共文化设施建设至少提速 5 年，实现了跨越式发展。按照创建指标要求，各地还采取了一系列“固强补弱”的措施，推动了文化设施合理布局、均衡发展，体系化水平进一步提高。如北京市朝阳区、上海市徐汇区、湖南省长沙市、安徽省马鞍山市、重庆市渝中区等 12 个创建示范区建成了“十五分钟城市公共文化服务圈”或“十分钟城市公共文化服务圈”，天津市和平区建成了“五分钟城市公共文化服务圈”。长期制约公共文化服务体系建设的突出矛盾和问题得到了集中解决。

三是长期存在的乡镇文化站人员编制问题和村（社区）文化管理员的问题得到了有效解决。吉林省长春市在创建开始时，全市乡镇综合文化站人员编制仅为80人，经过2年创建，在市委、市政府的高度重视下，通过多种方式调剂，人员编制增加至208人，实现了每个文化站至少3个编制的创建目标。

四是创建示范区对公共文化服务社会力量的参与、绩效考核评估等难题进行了制度设计研究，并上升为政府文件，形成长效机制。江苏省苏州市出台了《关于加强苏州市公共文化机构服务标准化建设的意见》，在公共文化标准化体系建设方面为全国做出了示范；北京市朝阳区首创"文化居委会"，实现了基层文化自治，保障了人民群众的文化主体地位；等等。

此外，人民群众的精神文化需求得到了有效满足。各地在示范区创建过程中通过实施文化惠民项目，较好地满足了人民群众的精神文化需求，使人民群众真正享受到了创建带来的文化惠民成果，示范区创建工作因此被各地群众亲切地誉为"最走群众路线"的项目。

2. 第二批示范区（项目）创建亮点频频

2013年10月，第二批创建示范区（项目）名单公布，共有32个地区和57个项目获得创建资格。一年多来，各地高度重视创建工作，探索建立可持续发展的长效机制，创建工作普遍进展顺利。

2010~2013年，北京市东城区公共财政对文化建设投入年均增长幅度达19%，东城区还结合示范区创建设立了9亿元文化发展专项资金。针对中心城区面积小、人口密度大的特点，东城区打破社区行政区划，按照服务人口和服务半径，着手建设100个左右规模合理、效益较高的文化社区，群众可以就近享受更加方便、快捷、优质的公共文化服务。

河南省洛阳市通过深化改革，引领文化建设转型升级。比如，开展了互联网上网服务试点，推进综合文化站服务改革，积极探索乡镇文化站与互联网上网服务行业合作模式，一方面拓展上网服务企业服务范围，另一方面弥补乡村计算机资源及管理人才的不足，不断增强基层文化站和文化中心的服务功能。

宁夏回族自治区石嘴山市把加强公共文化服务体系建设作为推进产业转型、生态转型、民生转型的主要抓手，努力探索并实践以文化引领资源型城市转型升级的发展之路。

八　公共文化社会化发展稳步推进

作为中国特色社会主义事业总体布局的一项重要内容，近几年我国公共文化服务的社会事业性质逐步明确、社会化发展思路日益清晰、社会化管理运行和监督评价机制逐步建立，各地在鼓励和引导社会力量参与公共文化服务方面，出现了许多具有示范意义和借鉴价值的实践经验。

1. 公共文化社会化发展的重要理论创新和政策创新

党的十八届三中全会明确提出“推动公共文化服务社会化发展”[①]，这一论断是我国公共文化领域十分重要的理论创新，是推动公共文化服务体系建设与社会主义市场经济体制相适应的一次具有标志性意义的思想解放。随着改革开放日益深化和社会主义市场经济体制的逐步确立，我国社会基本结构已然发生深刻变化，社会需求日益多样化，利益主体日渐多元化，文化产品供给日趋多渠道化，必然导致原有计划经济条件下形成的社会文化事业由政府大包大揽的“供给制”模式与经济社会快速发展形势不相适应，与人民群众文化需求的快速变化态势不相适应，与社会不同区域、不同群体的需求偏好不相适应，公平和效率双重递减已是必然趋势。推动公共文化服务社会化发展，在明确政府公共文化服务主导职责的同时，转变政府履行公共文化服务职能的方式，政府重在保基本、促公平，为市场和社会所不能为，而具体事务则更多地让市场和社会充分发挥作用。

党的十八届三中全会对推动公共文化服务社会化发展做出了一系列具体的决策部署。一是推广政府购买服务。凡属事务性管理服务，原则上都要引

① 《中共中央关于全面深化改革若干重大问题的决定》，新华网，2013 年 11 月 15 日。

入竞争机制，通过合同、委托等方式向社会购买。二是鼓励社会力量、社会资本参与公共文化服务体系建设，培育文化非营利组织，形成全社会参与格局，增强公共文化发展动力。三是推进政事分开、管办分离，明确不同文化事业单位的功能定位，建立法人治理结构，完善绩效考核机制，推进公共文化领域现代治理。四是推动公共图书馆、博物馆、文化馆、科技馆等组建理事会，吸纳有关方面代表、专业人士、各界群众参与管理，实现公共文化机构社会“参与式”治理。这些部署和要求，为公共文化社会化发展的政策制定和制度建设提供了基本遵循原则。

2. 各地积极推进公共文化社会化发展的创新实践

2013年初，浙江省慈溪市启动“引导和鼓励社会力量参与公共文化服务研究”，结合本地捐资助学传统和社会力量踊跃参与文化服务的现实，对吸引社会力量参与公共文化服务的重要性和必要性、存在问题、重点领域、激励机制等作了较为系统的分析研究，在基金支持、荣誉激励等方面体现出独到之处。

2013年，江苏省无锡市新区率先采用公开招标办法，遴选专业服务企业托管公共图书馆和文化馆，经过一年多试运行，已初步证明此举有利于新建公共文化设施以较快速度投入运行，有利于提高公共文化设施的专业化运行水准，有利于提高政府投入绩效和公共文化设施运行效能。上海市浦东新区利用浦东综合配套改革先行先试的优势，在土地、政策、资金等方面出台一批激励、配套措施，引导社会资本在浦东新区兴建公共文化场馆，鼓励民办非企业文化组织发展，支持专业从事公益性文化服务的社会组织和企业创建品牌、创新发展。这几年在浦东，社会力量逐步成长为公益性文化服务的重要方面军。

江苏省江阴市多渠道引导、支持民间力量自发兴办文化实体，自觉参与全民阅读活动，企业捐资兴办的“香山书屋”持续多年，读者广为受益，社会反响良好。民办“三味书咖”与公共图书馆建立伙伴关系，居民在身边的咖啡馆里就能够获得办证、借阅服务。

浙江省宁波市鄞州区曾在全国率先出台政策，鼓励民办博物馆发展，

2013年出台《关于进一步引导和鼓励社会力量参与公共文化服务的若干意见》，力度继续加大，亮点更加突出。

内蒙古自治区呼和浩特市结合老工业遗产的开发利用，采取政府提供基础设施和安防设备的办法，为社会各界民间藏品公益展示创造条件。

3. 社会力量参与公共文化服务的路径逐步清晰

一是社会组织参与政府购买服务。一方面，各地政府逐步扩大开放，逐步面向各类主体购买公共文化服务，北京市朝阳区、上海市浦东新区、深圳市福田区、江苏省苏州市、广东省东莞市、浙江省宁波市等地还有意识地提高社会组织经由政府采购承接公共文化服务项目的比重。另一方面，一些地区的企业和社会组织发展较快，专业化服务水准不断提高，参与政府竞争性购买公共文化服务的意识和能力快速增强。在江苏省无锡市，社会力量通过竞争获得政府委托设施管理；在上海市嘉定区，软件企业通过竞争获得"公共文化云"设计研发业务；在浙江省嘉兴市，网络企业通过竞争获得"文化有约"管理运行业务。

二是社会组织参与基层社区农村公共文化服务项目。一些地区针对基层社区农村缺乏专业服务人员、管理运行人员的实际情况，积极探索镇、村文化设施的连锁管理新业态。上海市出现由高等院校教师发起的社区专业文化服务组织，已承接并正在谋求大量承接社区文化中心连锁化管理业务；浙江省嘉兴市由嘉兴市图书馆组建专业服务组织，与各镇（街）、行政村合作承接数十家图书馆分馆连锁外包业务。按照这一发展趋势，可以预料，不久的将来，将会出现一批有经济实力、有专业能力、有服务品牌、有管理经验的公益文化服务社会组织或企业。

三是社会力量兴办文化实体。由于政府不断放宽与社会力量参与公共文化服务相关的土地、资金、税收政策，各地社会力量投资兴办文化实体的热情得到激发，民办博物馆、图书馆等文化设施，民办文艺团体、群众社团、专业服务组织等文化机构，如雨后春笋般涌现。上海市嘉定区已建成和列入近期计划的民办博物馆约百家，湖南省长沙市群众文艺团体数以千计，仅浙江省杭州市下城区楼宇白领团体就有30多家。

四是社会力量捐赠赞助公益文化活动。近年来，各地大型公益文化活动不再是政府唱独角戏，一些地区文化活动开始显现出群众活动、企业展示的双重效应。企业赞助已是吉林省吉林市“荷灯节”办节经费的重要来源；浙江省嘉兴市南湖区“南湖合唱节”，成为众多企业争相奉献社会的重要渠道。通过“文企联姻”，文化获得了企业捐赠、赞助，增强了发展动力，企业在冠名的同时，获得了展示、推介的超值平台，实现了以社会效益为主，社会效益和经济效益并重，以公益文化促进文化消费，带动相关产业发展的理想结果。

五是社会力量设立基金会参与公共文化服务。近年来，上海市浦东新区由民间资本出资设立的“上海真爱梦想公益基金会”“上海喜马拉雅文化艺术基金会”“上海回向文化发展基金会”在各类文化活动中扮演了重要角色，成为特色艺术、高雅艺术惠民服务的一支生力军。浙江省慈溪市为数不少的村，由村内企业家筹资设立村文化基金，用于支持本村及周边地区公益文化服务，在保护发展地方特色文化、弥补村级文化建设投入相对不足方面发挥了难以替代的作用。

文化领域社会力量的健康成长，开始为现代公共文化服务体系建设注入新的动力。但总的来看，我国目前公共文化社会化发展仍在起步阶段。具体表现在：制度建设相对滞后，部分地区公共文化服务项目还没有正式纳入采购项目；社会力量参与公共文化服务全过程中必然涉及的信息充分度、标准明确性、程序规范性、竞争公开性还有待提高；评价监督机制缺位，公共文化领域多部门多头管理，一些部门与“脚下”社会组织关系复杂，使监管“名实难副”；文化类社会组织发育迟缓、总量不足，一时还难以适应公共文化领域社会化发展需要；部分已设立的文化类社会组织，往往定位不准确、机构不健全、人员不专业、运作不规范、服务意识差、服务能力弱、资源无积累、经费无来源。因而，推动公共文化社会化发展的路还很长，需要各级党委、政府提高认识、高度重视，进一步完善社会力量参与公共文化服务的制度环境、监管措施和激励机制。

九 深化公共文化体制机制改革创新

1. 建立公共文化服务体系建设协调机制

建立公共文化服务体系建设协调机制，是党的十八届三中全会部署构建现代公共文化服务体系时提出的重点任务之一。2014 年，中央文化体制改革和发展工作领导小组将建立公共文化服务体系协调机制列为积极推进的改革任务。2014 年 3 月 19 日，国家公共文化服务体系建设协调组第一次全体会议在北京召开，这标志着国家层面的公共文化服务体系建设协调机制正式运转。协调组由文化部牵头，组成单位包括中宣部、中央编办、中央文明办、国家发展改革委、教育部、科技部、财政部、人力资源和社会保障部、国家质检总局、国家新闻出版广电总局、国家体育总局、国家文物局、国务院扶贫办、全国总工会、共青团中央、全国妇联、中国残联、中国科协、国家标准委等 25 个中央部委办局，主要工作目标是围绕构建现代公共文化服务体系的总任务，按照分工协作、共建共享，科学规划、服务基层，循序渐进、完善体系，重点突破、整体推进的工作原则，建立部门职责明确、分工协作、目标清晰、统筹有力、运转有效的公共文化服务协调机制。当前，协调组的主要任务：一是协调重大公共文化服务法律法规和政策规划的制定、实施和考核；二是协调推进基本公共文化服务标准制定、实施和考核；三是协调建立稳定的公共文化服务投入保障机制；四是统筹推进基层文化设施和文化项目的建设与管理；五是协调推进公共文化服务重大惠民项目；六是协调推进公共文化人才队伍建设；七是协调推进公共文化服务社会化；八是统筹推进公共文化服务体系建设重大事项。国家公共文化服务体系建设协调机制建立以后，在研究制定《关于加快构建现代公共文化服务的意见》《国家基本公共文化服务指导标准（2015～2020）》《公共文化服务保障法》等重大政策方面发挥了重要的统筹协调作用。

国家公共文化服务体系建设协调组的成立，为地方各级政府建立协调机制提供了示范，促进了地方性公共文化服务统筹协调机制的建立和深化。2014 年，省级公共文化服务体系建设协调机制开始启动。截至 2014 年底，已有山东、江西、吉林、四川、广东等省成立了省级公共文化服务体系建设协调组。另外，国家公共文化示范区创建城市充分发挥当地党委政府的作用，统筹当地公共文化服务建设和发展的机制，成为统筹协调实践的成功样本。公共文化服务体系建设协调机制的建立，为解决长期以来存在的公共文化服务多头管理、条块分割、分散投入、缺乏统筹等问题提供了现实可能性，在促进公共文化服务形成党委统一领导、党政齐抓共管、相关部门分工负责的工作机制方面发挥了重要作用，为形成政府、社会、市场共同参与的公共文化服务格局奠定了基础。

2. 公共文化机构建立法人治理结构

建立法人治理结构，实行理事会制度，是公共文化机构内部管理机制改革的突破口，是理顺政府和公共文化机构关系、落实公共文化机构法人自主权的有效形式。党的十八届三中全会通过的《中共中央关于全面深化改革若干重大问题的决定》明确要求推动公共图书馆、博物馆、文化馆、科技馆等组建理事会，中央文化体制改革和发展工作领导小组将这一任务列入 2014 年稳妥推进的改革试点任务。2014 年 7 月，文化部办公厅发出《关于开展公共文化服务标准化等试点工作的通知》，正式部署了在全国开展公共文化机构法人治理试点工作。按照试点工作方案的要求，在 2014 年 9 月至 2015 年底期间，各省（自治区、直辖市）文化行政部门分别确定 8 ~ 10 个单位，作为本省的试点单位；文化部在各省申报的基础上，经专家工作组评审，确定 10 个单位作为国家公共文化机构法人治理结构试点单位。2014 年 9 月，文化部公布了国家试点单位名单（见表 1）。试点工作的目标是，逐步构建以公益目标为导向、内部激励机制完善、外部监管制度健全的规范合理的现代管理体制和运行机制，实现决策、监督和保障的科学化、规范化，提高服务效能。2014 年 11 月 18 ~ 19 日，文化部公共文化司在北京召开“公共文化机构法人治理工作研讨会”，10 个国家级试点单位交流了推进建立法人治理结构的做法和设想，国家公共文化服务体系建设专家委员会的专家进行了分析点评，提出了意见和建议。这次会议对促进和规范试点单位的工作起了重要作用。

表1 国家公共文化机构法人治理结构试点单位名单

序号	试点单位	责任部门
1	河北省唐山市丰南区图书馆	河北省唐山市丰南区文化体育局
2	山西省朔州市图书馆	山西省朔州市文化广电新闻出版局
3	南京图书馆	江苏省文化厅
4	浙江图书馆	浙江省文化厅
5	浙江省温州市图书馆	浙江省温州市文化广电新闻出版局
6	山东省济南市群众艺术馆	山东省济南市文化广电新闻出版局
7	广东省博物馆	广东省文化厅
8	广东省深圳市福田区图书馆	广东省深圳市福田区文化体育局
9	广西壮族自治区桂林市临桂县文化馆	广西壮族自治区桂林市临桂县文化体育局
10	重庆图书馆	重庆市文化委员会

在我国，公共文化机构建立法人治理结构是一项全新的工作。试点单位在实践过程中积极借鉴国际经验，紧密结合中国实际，以国务院《关于建立和完善事业单位法人治理结构的意见》（国办发〔2011〕37号）为指导，探索了一些可复制、可推广的做法，积累了一些可资参考借鉴的经验。主要包括：（1）推动公共文化机构建立法人治理结构的责任主体是地方党委政府和文化行政部门；（2）理事会是公共文化机构的决策和监督机构，落实理事会决策地位的关键，是文化行政主管部门把对事业单位的具体管理职责交给理事会；（3）理事会成员构成“外部理事占多数”；（4）理事会成员中的专业人士和服务对象代表采用公开招募制遴选；（5）管理层行政负责人的产生，提名权和审议权分离，实现“党管干部”和“理事会任命或提名”的有机统一；（5）理事会中举办单位代表拥有“一票否决权”，以及对该权力的限制；（7）理事会应建立决策支撑体系，以保障决策的民主化、科学化、专业化；（8）公共文化机构以及理事会的功能职责、运行管理“章程化”，公共文化机构建立与法人治理相适应的年度报告、信息公开、公众监督等基本制度。

公共文化机构建立法人治理结构由试点走向推广，首先需要进一步提高认识、统一思想。组建理事会、搭建管理层、制定机构章程，这些都是法人治理结构的组织形式和制度载体，法人治理的根本目的，是在一定的组织形式和制度框架中，探索财政投入方式改革、人事管理制度改革、收入分配制度改革，最终健全公共文化机构的决策、执行和监督机制，激发创新活力，更好地实现公益目标。

3. 中国文化馆协会成立

我国的文化馆系统包括各级各类文化馆、群艺馆、艺术馆和乡镇综合文化站，是公共文化服务领域设施数量和从业人员最多、覆盖群众最为广泛的部门。长期以来，文化馆系统的行业组织建设薄弱，行业自律、行业代表、行业服务、行业指导和行业协调缺乏组织化力量。2013 年，在加快政府转变职能、创新社会治理体制的背景下，文化部开始筹备成立全国文化馆系统的行业组织——中国文化馆协会。2013 年 3 月，文化部公共文化司联合文化部办公厅、文化部全国公共文化发展中心向民政部和国务院办公厅递交了筹备成立中国文化馆协会的申请。2014 年 3 月，经国务院办公厅批准，民政部批复同意筹备成立中国文化馆协会。筹备工作在文化部的指导下，由文化部全国公共文化发展中心组织实施。2014 年 9 月 11 日，中国文化馆协会第一届会员代表大会和一届一次理事会在北京召开。会议审议通过了协会章程、会费标准、管理办法等规范性文件，选举产生了常务理事及第一届理事会领导机构，审议通过了中国文化馆协会第一届会员代表大会决议。当日，中国文化馆协会成立大会在北京召开，时任文化部部长蔡武发表重要讲话。中国文化馆协会的成立，结束了我国文化馆系统没有行业组织的历史，是文化管理体制改革创新、实现政事分开和管办分离的重要举措，是建立政府、市场和社会良性互动、共同参与公共文化服务体系建设格局的重要突破，是我国文化馆事业发展走向成熟的标志性事件。

2014 年 12 月，首届中国文化馆年会在浙江省宁波市举行。这是中国文化馆协会成立后首次参与组织的行业重大活动，主要承担了年会学术活动的策划、设计和组织实施。年会推出了六大学术论坛：①数字文化馆建设论坛；②国家公共文化服务体系建设示范区论坛；③雅俗共赏的群众文化艺术——曲艺、书法和舞蹈专场论坛；④优秀传统文化传承与文化馆建设论坛；⑤扎根沃土，腾飞世界——中国农民画发展论坛；⑥现代公共文化服务体系中的文化馆建设论坛。这些论坛吸引了与会代表的广泛参与，引领了文化馆学术研究的前沿方向，创新了文化馆学术活动的表现形式，彰显了中国文化馆协会在繁荣学术研究、促进事业发展方面的重要作用。

十　大力推进公共文化法治建设

党的十八届四中全会对全面实施“依法治国”做出部署，文化立法被列为“依法治国”必须加强的重点领域立法。近年来，公共文化服务法治建设驶入快车道。

1. 启动《公共文化服务保障法》立法工作

党的十七届六中全会部署的制定和完善公共文化保障立法的工作，2014年初正式启动，率先实践了党的十八届四中全会提出的改革方案。《公共文化服务保障法》的立法，由全国人大教科文卫委员会组织文化、新闻出版广电等有关部门共同参与起草法律草案，为健全人大主导立法工作的体制、发挥人大在立法工作中的主导作用进行了有益的探索。《公共文化服务保障法》草案的内容，主要涉及公共文化服务内涵的界定，建立基本公共文化服务标准体系，建立公共文化服务综合协调机制，公共文化服务设施的建设、管理和利用，公共文化服务的提供，以及公共文化服务的保障措施等。截至2014年底，《公共文化服务保障法》（草案）已经过多轮研讨和征求意见，达成了广泛共识，为该法律草案尽早提交全国人大常委会审议奠定了坚实的基础。

2. 推进《公共图书馆法》等专门性法律法规制定

《公共图书馆法》被列入本届全国人大立法规划的一类法案，即条件比较成熟、任期内拟提请审议的法律草案。为落实党的十八届三中全会关于构建现代公共文化服务体系的部署，加强公共文化立法与重大文化改革发展政策的衔接，2014年7月，文化部组织专家对《公共图书馆法》送审草案进行了新一轮全面修改。目前，文化部配合国务院法制办在全力推进《公共图书馆法》的立法进程，力争按全国人大的立法规划如期完成立法任务。

国家层面正在研究制定的公共文化法律法规还有：2015 年初，国务院常务会审议通过《博物馆条例》（草案）；《全民阅读促进法》2013 年列入国务院立法规划，国家新闻出版广电总局成立了条例起草工作小组，正在加快推进；制定《文化馆条例》已经进入了可行性研究和论证阶段。

地方性公共文化服务立法有了新进展。2013 年 7 月，四川省人大常委会审议通过《四川省公共图书馆条例》；2014 年 11 月，江苏省人大常委会颁布《关于促进全民阅读的决定》；2014 年 10 月，广州市人大常委会审议通过《广州市公共图书馆条例》，2015 年 1 月经广东省人大常委会批准颁布实施。此外，按照以标准化促进均等化的思路，研究制定公共文化服务标准规范的工作进展明显。文化部启动了研究制定《文化馆业务规范》《公共图书馆业务规范》的工作，全国图书馆行业标准化委员会启动了研究制定乡镇社区图书馆管理和服务、少儿图书馆服务等标准规范的工作。

3. 公共文化法治建设的时代任务

按照党的十八届四中全会全面推进依法治国、加强文化领域立法的部署，中央办公厅、国务院办公厅《关于加快推进现代公共文化服务体系建设的意见》提出了建立健全公共文化服务法律体系的任务。未来我国公共文化服务法治建设，首先需要加强顶层设计，形成较为完善的坚持社会主义文化发展方向、遵循文化发展规律、保障人民基本文化权益的法律法规框架体系。其次需要集中力量，重点突破，尽快推出《公共文化服务保障法》等有关公共文化服务的基础性、全局性法律法规，为建立健全公共文化服务法律体系奠定基础。最后，需要进一步加强公共文化服务专门性和地方性法律法规、标准规范建设，加强公共文化立法与文化体制机制改革政策的衔接，形成基础性法律与专门性法律相互配合、国家法律与地方性法规相互补充、法律法规和重大政策紧密衔接的公共文化服务法律保障体系。

十一　公共文化服务基层队伍培训

1. 全国基层文化队伍示范性培训稳步推进

全国基层文化队伍示范性培训已开展四年，目前总计完成40个班次，培训学员总量达到1654名。仅2014年，在文化部公共文化司指导下，中央文化管理干部学院和4家全国基层文化队伍培训基地共举办示范性培训班31期，共培训来自全国32个省（区、市）的基层文化干部和业务骨干1344人。培训对象涉及省厅社会文化科处处长、地市社会文化科科长、省级文化馆培训工作负责人、省级图书馆培训工作负责人、全国基层文化队伍培训基地师资、省级公共文化单位文化志愿工作负责人、大学生“村官”及西部地区少数民族文化干部。此外，文化部依托中央文化管理干部学院举办“公共文化空中大课堂”，2014年受训学员达10余万人次。

2. 地方巡讲受到热烈欢迎

与以往培训不同的是，巡讲采用的是“点菜单”式授课，由地方申报讲授需求，将课堂送到家门口。目前，文化部公共文化司与中央文化管理干部学院合作，设计了包括宏观政策、公共文化政策、业务、人文素养和经验交流等五大类的102门课程，打造了一支包括专家学者、政府官员的近百人的高水平师资队伍。此外，整合各基地特色教学资源，设计了包括群众舞蹈作品创作与分析、摄影创作、群众文艺音乐欣赏与舞蹈编导、舞台音响与灯光专题、群众音乐编创、美术业务骨干、群众性表演与创作培训等10个艺术类专业人才培训特色专题，提供“套餐”式的专题培训。

3. 各地的基层文化队伍培训发展迅速

在示范性培训的引导带动下，各省（区、市）将基层文化队伍培训工作作为公共文化服务体系建设的专项工作加以推进。据不完全统计，2014年，各省（区、市）投入的基层文化队伍培训经费达4757.62万元，全国各地市投入的培训经费共计9395.83万元，举办各类型培训班达27585个，培训基层文化干部及业务骨干140余万人次。

十二 加强公共文化基础理论研究

近年来，伴随着公共文化服务实践的推进，公共文化基础理论研究引起了专家学者的广泛关注。围绕公共文化服务的重大问题进行理论探索、经验总结、学理提炼的成果不断涌现。

1. 国家公共文化服务体系示范区（项目）制度设计研究

2011 年初，文化部和财政部启动了国家公共文化服务体系示范区（项目）创建工作。示范区（项目）创建要求开展公共文化制度设计研究，示范区（项目）是课题研究的实践基地，课题研究则紧密结合示范区（项目）创建工作，为创建提供理论指导和实践支持。首批 31 个示范区和 47 个示范项目、第二批 32 个示范区和 57 个示范项目在创建过程中，以理念创新为先导，以体制机制创新为重点，按照创建标准要求，结合各地实际情况，积极开展制度设计研究，在公共文化设施网络、服务供给、组织支撑、人才资金技术支撑、绩效考核、制度设计等各个方面形成了一大批制度设计研究成果，以及以研究成果为支撑的政策和制度建设成果，如政府规划、政策性文件、管理办法、规范标准等。

2. 高校、科研机构的公共文化研究

近年来，高校和科研机构有一大批专家学者介入了公共文化研究，产生了大量的研究成果。据对 CNKI 数据库的专题检索，截至 2014 年底，发表在各类学术期刊上的研究公共文化的文献有近 6000 篇。这反映出公共文化引起学界关注的广泛性。

另外，近年来，我国高校出现了不少以公共文化作为研究对象的博士、硕士学位论文。据初步检索，截至 2014 年底，共有 90 余所高校、科研机构完成的博士、硕士学位论文近 300 篇，时间跨度为 2005～2014 年，整体上呈现逐年上升趋势（见图 1）。上述研究成果内容涵盖公共文化服务设施、资源与服务供给、经费保障、公共数字文化建设、社会力量参与、绩效评估、公益性文化机构发展、体制机制改革、立法支撑等各个方面，特别关注

农村地区及少数民族地区的公共文化服务体系建设，且以地方案例及社区公共文化服务构建为突破口的论文占了相当大的比重（见图2）。

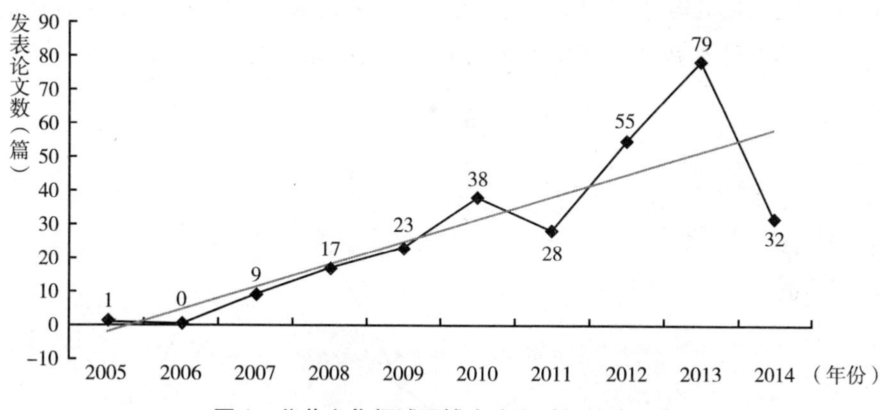

图1　公共文化领域硕博士论文时间跨度示意

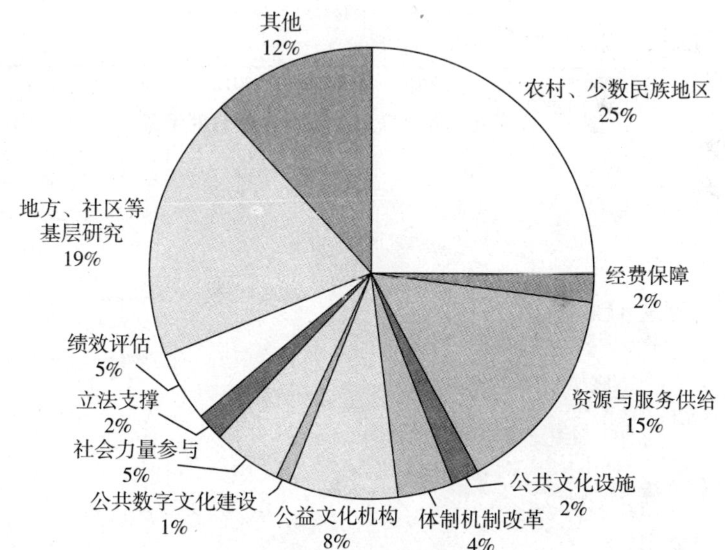

图2　公共文化领域硕博士论文研究主题分析

3. 国家重大科研项目中的公共文化研究

近年来，以国家社会科学基金为代表的国家重大科研项目对公共文化研究的重视程度明显提高。据不完全统计，2007～2014年，全国哲学社会科学规划办公室资助公共文化研究项目41项，教育部人文社科研究项目资助公共文化研究项目 22 项，文化部资助公共文化研究项目 28 项，具体的时间分布见图 3。立项内容涉及公共文化服务经费保障、公共数字文化建设、社会力量参与、绩效评估、公益性文化机构发展、体制机制创新、立法支撑等方面，少数民族地区的公共文化服务体系建设，以及公益性文化机构的建设发展相关项目为数众多（见图 4）。

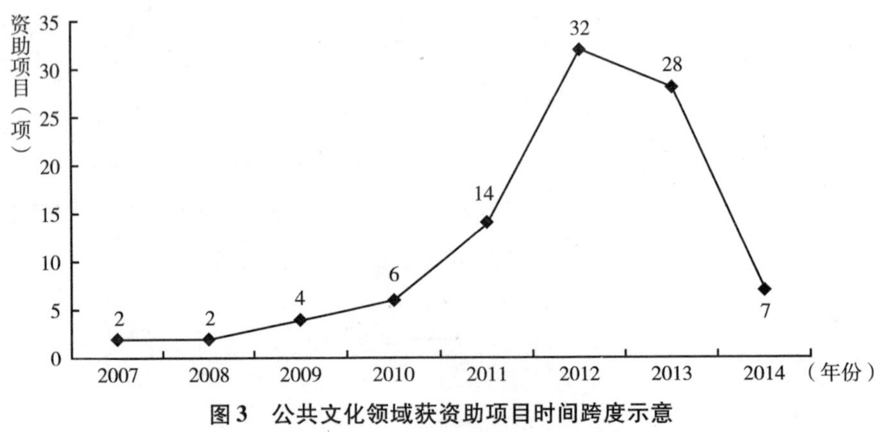

图 3　公共文化领域获资助项目时间跨度示意

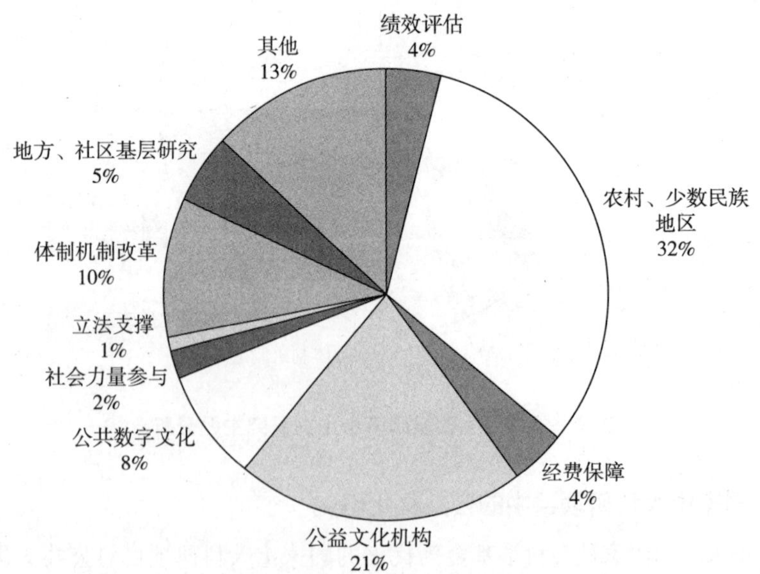

图 4　公共文化领域获资助项目研究主题分析

宏观视野

Macro Perspective

B.2 对现代公共文化服务体系的几点理解

蒯大申 *

摘　要：如何理解“现代公共文化服务体系”之现代性？如何理解“基本公共文化服务标准化、均等化”？如何理解“公共文化服务社会化发展”？如何理解在公共文化服务领域“建立法人治理结构”？如何理解现代公共文化服务体系的法治基础？这五个问题对于深入理解“现代公共文化服务体系”的丰富内涵与基本特征具有重要意义。本文结合我国公共文化发展的实际情况试图给出一些基本认识。

关键词：公共文化　均等化　社会化　法治

* 蒯大申，国家公共文化服务体系建设专家委员会顾问，上海社会科学院文学所原所长、研究员。

现代公共文化服务体系，是十八届三中全会提出的一个新概念。“现代”两个字，突出了公共文化服务体系建设的时代性、创新性和开放性要求。这是党中央对新时期公共文化服务体系建设提出的新任务。这一任务的提出，为我国公共文化服务体系建设指明了新的发展方向。

一 如何理解“现代公共文化服务体系”之现代性

“现代公共文化服务体系”之现代性可以从以下三个层面来理解。

在基本文化理念层面，现代公共文化服务体系坚持以人民为中心的工作导向，坚持文化发展为了人民、文化发展依靠人民、文化发展成果由人民共享。尊重人民群众在文化建设中的主体地位，发挥人民群众在文化建设中的主体作用，引导群众在文化建设中自我表现、自我教育、自我服务。充分发挥公共文化服务体系在丰富人民群众精神文化生活、密切社会公共交往、促进社会共识、培养现代公民、培育核心价值方面的积极作用。构建现代公共文化服务体系，一方面是为了满足人民群众的休闲娱乐需要、获取信息的需要和学习科学文化知识的需要，另一方面是通过各类公共文化活动，形成公共文化空间和公共文化生活，促进对社会公共价值和核心价值的认同，提升全民族精神文化生活的质量。

在制度建设层面，一是建立法治框架，公共文化服务体系的各种制度与程序安排，须以法律形式确定下来，确立有关各方共同遵守的规则与行为规范。对有关公共文化服务的各类公共组织机构、各类非营利社会组织以及市场组织，须予以不同的法律地位、法定权限与责任，在充分发挥其各自职能的同时给予必要的制约与限制。二是健全公共文化服务的社会参与机制，创造条件鼓励各类主体参与公共文化服务体系建设，建立政府和社会、市场之间的适度平衡和良性互动关系，推动公共文化服务社会化发展。公共文化服务的供给方式须从仅仅依靠政府提供的单一方式向多种方式转变，逐步实现由政府、企业、非营利组织和广大公民共同来提供，这也是现代公共文化服务与传统公共文化服务的不同之处。如果说，经济体制改革的核心是处理好政府与市场的关系，那么，文化体制改革的核心就是要处理好政府和各类文化主体的关系，其中包括公共文化主体和文化市场主体。三是引入竞争机制，发挥市场机制的积极作用。公共文化服务领域也须实行竞争，但竞争的条件应该对各类服务主体都是公平公正的。

在现代技术运用层面，要充分利用现代数字网络技术，推进数字化公共文化服务网络建设，如数字公共文化服务平台、数字网络化文化信息管理系统、特色资源数据库等，以有效整合各类文化资源，提高公共文化服务的效能。互联网已全面影响当今世界，所有的产业领域都将被它重新定义，大量的重量级创新将会发生。这一时代重大变革对文化创意产业和公共文化服务的影响将是根本性的。这还绝不仅仅是一个技术问题，它正在改变我们的生产方式、生活方式（公众阅读、购物、娱乐、社交等）和思维方式，它必将对人类价值观产生深刻影响。

如今互联网和移动互联网已经开始延伸到公共文化服务领域。比如以文化共享工程为主干的全国公共数字文化服务体系建设，以数字化平台、数字化资源和数字化服务为基本内容，重点实施文化共享工程、数字图书馆推广工程和公共电子阅览室建设计划三大公共数字文化惠民工程。文化共享工程发挥基础工程和平台作用，建设公共文化数字资源基础库群，发展覆盖城乡的服务网络，推进服务终端进村入户，并与公共电子阅览室建设计划相结合，建设公益性上网场所。这项工程通过互联网、卫星、有线电视、移动通信多种渠道，让群众不出村甚至不出户就能获得优质文化信息，在改变广大农村地区、中西部地区、边疆民族地区——特别是贫困地区信息匮乏和文化落后状况过程中发挥了重要作用。

在基层，移动互联网技术在公共文化服务领域的应用正方兴未艾。上海闵行区开发了文化服务智能平台“文趣闵行”，功能包括点戏台、文化活动、文化场所、文化团队、新闻、积分及个人中心等栏目，让市民通过手机、平板电脑等移动终端，全面了解区域内所有的文化场所、文化活动、文化团队信息，及时提供市级、区级、社区三级文化资源，同时还可以及时了解市民有哪些文化需求，随时调整文化配送的资源，更好提供优质的文化服务。目前该平台收集了全区已有的数百个文化场所、近千场精彩剧目、上万名文化团队成员等信息向全体公众展示，同时也成为公共文化资源配送工作的一个重要信息发布平台。上海闸北区开发了“海上文化”公共文化服务平台，通过独立的门户网站、手机APP、iPad的定制客户端，配合实体会员卡的发放和积分机制的引入，通过信息导览、活动预约、视频资源点播、数字报刊阅览、才艺展示等栏目，让居民及时了解公共文化资讯，便捷地享受量身定制的公共文化服务。今后几乎所有的公共文化服务功能都能集成到移动终端，移动公共文化服务正在迅速突破传统公共文化服务在时间、空间等方面的制约，为现代公共文化服务体系建设打开一片新天地。

二　如何理解“基本公共文化服务标准化、均等化”

均等化是现代公共文化服务的基本要求。十八届三中全会《决定》要求，“促进基本公共文化服务标准化、均等化”，“推进城乡要素平等交换和公共资源均衡配置”，“统筹城乡基础设施建设和社区建设，推进城乡基本公共服务均等化”。这是构建社会主义和谐社会、维护社会公平正义的迫切需要，也是全面建设服务型政府的内在要求，对于丰富人民精神文化生活，提高全民族科学文化素养，具有十分重要的意义。

首先，基本公共文化服务均等化是一个相对概念。均等化的政策目标是要求逐步建立城乡一体化的基本公共文化服务体系，促进公共文化资源在城乡之间、区域之间均衡配置，缩小地区之间、城乡之间和社会群体之间基本公共文化服务水平的差距，确保所有社会成员都能平等享有水平大致相当的基本公共文化服务，特别是农村和老少边穷地区的基本公共文化服务水平有明显提高。但是，均等化是相对均等而非绝对均等，这一目标并不意味着公共文化服务的简单平均化和无差异化。其次，均等化应该是在最基本公共文化服务意义上的均等化，具有“保基本”和“托底”的性质。我国还处于社会主义初级阶段，任何公共文化服务高端化、国际化的口号都需要谨慎。再次，均等化也是一个动态发展的概念，在不同阶段具有不同标准和内容。我国经济社会发展水平的不平衡和公共财政的有限性等因素决定了实现公共文化服务均等化是个长期的过程。在政府财力相对有限的情况下，实现公共服务均等化应分层次、分阶段进行，不同的阶段应该有不同的均等化标准和目标。目前首先应当着重满足的是现阶段国家规定的基本公共文化服务的均等化供给。

基本公共文化服务均等化的一个基本前提，是要有一个全国基本统一的服务标准体系。标准化是达到均等化目标的手段。基本公共服务标准，是指在一定时期内为实现既定目标而对基本公共文化服务所制定的包括服务范围、服务项目、保障水平和服务质量的标准，以及技术和管理等相关规范。中国是一个大国，地域广阔，不同地区的经济发展水平、生活方式等差异较大，应当有国家标准和地方标准两个层面，有国家强制性标准和地方选择性标准两个内容。国家制定统一的基本公共文化服务标准，各地在实施国家统一基本标准的基础上，可结合实际情况制定本地区的基本服务标准。同时，建立健全基本服务标准的动态调整机制。

三　如何理解“公共文化服务社会化发展”

公共文化产品和服务的生产与供给是现代公共文化服务体系最基本的制度安排，这种制度安排决定了现代公共文化服务的内容及整体运行模式。在传统体制中，政府是公共文化服务的唯一供给主体，而在现代公共文化服务体系里，政府依然负有提供公共文化服务的首要责任，但政府主导并不等于政府包办，并不意味着政府就是公共文化服务的唯一供给主体。比如在全国各地逐步兴起的政府购买公共文化服务模式中，政府就不再直接履行社会管理和服务职能，而是将可以社会化的一部分服务转为购买和监管，政府与社会组织之间形成新的契约合作关系，从而提高公共文化服务的供给效率。供给主体多元化的必要性在于，即使是公共文化产品的消费，也具有“选择

性”的特点，政府也有可能提供公众不需要的公共产品而浪费公共资源，就像市场存在“失灵”现象一样，政府也有可能“失灵”。此外，政府受能力和预算制约，不可能包揽所有的公共文化服务。因此，必须创新公共文化服务的供给方式，实现公共文化服务提供主体和提供方式多元化，按照十八届三中全会《决定》所要求的：“引入竞争机制，推动公共文化服务社会化发展。鼓励社会力量、社会资本参与公共文化服务体系建设，培育文化非营利组织”。这是满足人民群众日益增长的公共文化服务需求的必然要求，也是克服传统体制供给不足、水平不均、质量偏低、效率低下等弊端的必然要求。构建国家、市场、社会之间的良性互动机制，建立政府与各类文化非营利组织和市场组织之间的合作伙伴关系，这既是实现国家治理结构现代化的必由之路，也是构建现代公共文化服务体系的必由之路。

“公共文化服务社会化发展”这一命题里包含着三个核心问题。第一核心问题是对公共文化服务社会化发展重要性、必要性的理解。目前大家对于这个问题有比较高的共识。第二核心问题是公共文化服务社会化发展究竟包含哪些内涵。从目前大家的讨论来看，大致包括以下几个方面。首先是社会化主体，有社会组织、社会团体、企业等，也包括个人。其次是各类社会资本的进入，即十八届三中全会《决定》所要求的“鼓励社会力量、社会资本参与公共文化服务体系建设”。再次是社会化管理。公共文化服务机构特别是基层的公共文化服务机构采取各种措施鼓励社会力量参与管理，这方面全国都在积极探索。十八届三中全会《决定》要求的“公共图书馆、博物馆、文化馆、科技馆等组建理事会，吸纳有关方面代表、专业人士、各界群众参与管理”，就属于社会化管理的范畴。

在社会主体方面，全国已有很大突破。如宁波市鄞州区近年来一直将社会力量参与作为公共文化服务体系建设改革创新的方向，出台了政策导向目录、资金管理办法、绩效评估办法、考核奖励办法等政策，做到政府购买服务有制度、有规定、有方向。山西省长治市为激活社会资源，建立和创新群众自办文化的长效机制，长治市政府出台了《关于扶持和鼓励群众自办文化的意见》及其实施细则。几年间，在全市形成了 1210 个文化大院、89 个民办剧团、85 个民办个体放映队、50 个民办书画院、32 个民办博物馆和 86 个其他民办文化机构和民间文化产业、2013 个书画美术摄影及民间工艺特色文化户。

在社会资本参与方面，如上海市浦东新区 2013 年政府投入 7400 万元资助了 98 个公共文化项目，撬动社会资金 5 亿多元。2014 年计划投入 8100 万元，上半年已经资助了 53 个项目。近年来浦东新区已撬动社会资本达 10 亿元。民办博物馆、民办美术馆等公共文化设施在全国大量涌现。

在社会化管理方面，全国各地也进行了不少有益探索，取得了很好的经验。上海打浦桥街道采取委托管理方式，引进社会力量兴办的专业社区文化服务机构（上海华爱社区服务管理中心）管理社区文化中心，得到社区居民的好评。这种新的运作模式的核心，就是政府向社会组织购买公共文化服务，而不是传统的政府直接提供公共服务。在这种模式中，政府不直接履行社会管理和服务职能，而是将可以社会化的一部分服务转为购买和监管，政府部门的工作重心也转移到制定发展规划、确定服务标准、加强监督管理和了解群众需求等方面。上海五里桥社区文化活动中心则探索由社区居民组成的社区文体团队联合会接受政府委托，对社区文化活动中心进行直接管理的托管模式。经过七年探索与实践，按照“政府主导、社团管理、群众参与、社会评估”的运作模式，基本走出了一条公共文化服务社会化管理的路子。五里桥社区这个案例的最大特点和最大示范意义是，在政府支持下，社区居民参与管理，实实在在地成为公共文化服务和管理的主体，真正实现了群众自我管理，体现了社区公共文化发展的方向，完全符合十八届三中全会的要求。群众的自我管理能力和水平是在实践中提升发展的。在这个过程中培育起来的社会力量和管理机制，就会成为今后基层自治、居民自治的基础。

第三个核心问题是社会化发展的路经和方法是什么。这个问题需要各地在实践中不断探索，不断积累经验。全国各地情况不同，应该因地制宜积极探索自己的实现方式。要给各地各单位更多的探索空间，而不要一开始就把条条框框弄得很死，应该鼓励各地积极探索。尤其是社会化发展，它本身就应该打开这个社会空间，不要画地为牢。要尊重和发挥地方、基层、群众首创精神，要相信群众的创造力，从实践中寻找出公共文化服务社会化的载体、方法和路径。

十八届三中全会已经对公共文化服务社会化发展提出了基本要求，这些要求构成了公共文化服务社会化发展的大方向和基本路径。从政府角度而言，一是要进一步转变政府职能，“适合由社会组织提供的公共服务和解决的事项，交由社会组织承担”。二是要采取各种有效措施培育文化非营利组织。因为没有社会力量和社会主体，社会化发展就是一句空话，所以社会主体的培育是非常重要的。社会组织在初创期的发展通常要解决资金和能力建设两大难题，提出有针对性的措施。三是要“扩大政府文化资助和文化采购”，通过政府的资助和采购逐步培育社会力量。这不仅会对社会主体的培育产生积极作用，同时也是在培育文化市场和文化产业，因为在政府文化采购中投标的也有文化企业。四是要引入竞争机制，发挥市场机制的积极作用。公共文化服务领域也应该实行竞争，但竞争的条件应该对各类服务主体都是公平公正的。五是要建立法治框架。公共文化服务的社会化发展，是不是成熟，实际上有一个重要标志，就是看我们是不是建立了法治框架。对各类公共文化服务机构、各类非营利社会组织以及参与公共文化服务的市场组织，都要确定其法律地位、法定权限与法律责任，在充分发挥各自职能的同时给予必要的制约与限制。实际上很多制度安排、制度设计、制度化措施和制度化平台，都需要有一个法治环境。目前国家层面正在积极制定“公共文化服务保障法”，这实际上就是要给我国公共文化服务奠定一个法治框架。所以地方上的探索，对这个问题也应该重视，公共文化服务的社会化发展需要法治来保障，否则整个探索的基础是不牢靠的。

四　如何理解在公共文化服务领域“建立法人治理结构”

法人治理结构，又称为公司治理，是现代企业制度中最重要的组织架构，是公司制度的核心。按照《公司法》的规定，法人治理结构由股东大会、董事会、监事会、经理层四个部分组成。所以狭义的公司治理，主要是指公司内部股东、董事、监事及经理层之间的关系，而广义的公司治理还包括与公司利益相关者如员工、客户和社会公众等之间的关系。

公司法人治理结构的要义首先是法人治理结构各组成部分应当有明确分工，在分工的基础上各行其职、各负其责，避免职责不清、分工不明而导致的混乱，影响各部分正常职责的行使，以致整个功能的发挥；其次，公司法人治理结构的各个组成部分是密切地结合在一起运行的，只有相互协调、相互配合，才能有效率地运转；最后，公司法人治理结构的各部分之间不仅要协调配合，还要有效地实现制衡，包括不同层级机构之间的制衡和不同利益主体之间的制衡。

建立完善文化事业单位法人治理结构，是进一步落实自主权、激发文化事业单位活力的重要举措，因此建立法人治理结构也成为推进我国事业单位改革的重要内容。2011 年 3 月，中共中央、国务院发布的《关于分类推进事业单位改革的指导意见》就把健全法人治理结构作为推进公益服务事业单位改革的重要内容。国务院办公厅还印发了《关于建立和完善事业单位法人治理结构的意见》，作为分类推进事业单位改革的配套文件之一。这份文件对建立事业单位法人治理结构的基本原则、总体要求、主要内容、组织实施等作了系统论述。

运行机制民主化是现代公共文化服务体系体现公共性和提高服务绩效的必然要求。民主原则须贯穿从公民基本文化权利到国家保障公共文化服务提供的各个重要环节。从事公共服务供给的各类机构应贯彻开放透明的原则，强化社会公众对公共文化服务供给及运行的知情权、参与权和监督权，增加决策透明度。十八届三中全会《决定》指出，要“明确不同文化事业单位功能定位，建立法人治理结构”，“推动公共图书馆、博物馆、文化馆、科技馆等组建理事会，吸纳有关方面代表、专业人士、各界群众参与管理”。其核心思想就是要通过建立健全我国公共文化服务的民主管理体制，来确保公共文化服务单位不偏离自身的公益属性，不断提升公共文化服务的质量和绩效。通过建立和完善法人治理结构，明确公共文化服务单位各个利益相关者的权利、义务与责任，吸纳社会各界代表和群众广泛参与，来构建以公益目标为导向的内部激励机制完善、外部监管制度健全的治理结构和运行机制，实现决策、执行、监督三方的有效制衡，最终形成公共文化服务单位独立运作、自我发展、自我约束、自我管理的现代公共文化服务体系运行新机制。与此同时，逐步提高人民群众依法管理国家事务、经济社会文化事务以及自身事务的能力。这也就是十八届三中全会《决定》所要求的，“促进群众在城乡社区治理、基层公共事务和公益事业中依法自我管理、自我服务、自我教育、自我监督”。

五 如何理解现代公共文化服务体系的法治基础

十八届四中全会通过的《中共中央关于全面推进依法治国若干重大问题的决定》指出：“依法治国，是坚持和发展中国特色社会主义的本质要求和重要保障，是实现国家治理体系和治理能力现代化的必然要求，事关我们党执政兴国，事关人民幸福安康，事关党和国家长治久安。”文化活动必须依法办事，国家管理文化活动也必须有法可依，只有全面落实依法治国基本方略，文化发展才有可能获得可靠的制度保障，这样才能使文化建设走上健康发展的道路。

法治化是国家治理体系现代化的核心，人民的文化权益要靠法律才能得到保障。传统管理体制以人治和行政化为主要特征，而现代治理以法治化和制度化为核心内容。制度化、规范化、程序化是社会主义民主政治的根本保障，也是现代公共文化服务体系建设的根本保障。公共文化服务体系要现代化，整个管理体系就必须法治化。因此，《中共中央关于全面推进依法治国若干重大问题的决定》明确要求：“建立健全坚持社会主义先进文化前进方向、遵循文化发展规律、有利于激发文化创造活力、保障人民基本文化权益的文化法律制度。”逐步完善我国公共文化服务体系的相关法律法规体系，明确各级政府的公共文化服务责任和各类公共文化服务提供主体的权利、责任，制定相关工作规则、工作程序和行为规范，为公共文化服务体系建设提供法治保障。比如，需要对全国公共文化服务的价值导向、财政投入、基础设施建设、公共文化产品和服务的生产与供给、服务规范和服务标准、公共文化服务机构的日常运行管理、公共文化服务从业人员队伍建设、绩效评估等方面在文化基本法的层面做出法律规定。再比如，推动公共文化服务社会化发展，需要建立健全各类文化社会组织的培育、支持、监管等机制；建立健全相关法律法规，鼓励各类文化社会组织、社会团体按照法律规范参与公共文化服务；明确社区公共文化服务自我管理的职能范围、管理规范程序、责任承担形式等机制。还比如，政府购买公共文化服务需要法律、监管体制等一系列的制度条件来保障，要完善政府购买公共文化服务相关法律，建立规范的采购程序和制度，确定违约责任的处理程序和办法，建立合同出现纠纷时的法律仲裁制度，建立政府采购的社会监督机制等，把政府采购公共文化服务的内容、项目、方式、途径用法律形式固定下来，使之纳入法制化、规范化、制度化轨道。

B.3

现代公共文化服务体系的战略定位*

陶东风　蒋　璐**

摘　要： 本文意在明确现代公共文化服务体系的战略方向、细化政策目标，并提出具体的实施建议。我们首先构建公共政策分析框架，对公共文化服务进行定义，阐述政府承担公共文化服务的必要性和政策目标。随后，结合现代公共文化服务提出的时代背景，本文总结了现代公共文化服务体系的四项战略目标，即价值目标、公平目标、效率目标和法制目标。本文最后对相关项目与工程提出建议。

关键词： 公共文化服务　文化战略

文化是民族的血脉，是当代中国政府“五位一体”建设中的重要组成部分。在当今世界，文化政策不仅是国民权益、国民素质的保障，更是一国“软实力”的重要体现。当代中国的文化政策对于中国的国家治理体系与治理能力现代化、建设社会主义文化强国具有重要意义。

公共文化服务是我国文化政策的重要组成部分，是政府的公益性职责在文化领域的集中体现。十八届三中全会公报和《关于加快构建现代公共文化服务体系的意见》的出台，表明了党中央、国务院对公共文化领域的重

---

* 本文为文化部公共文化司资助项目“‘十三五’时期现代公共文化服务体系发展战略研究”部分成果。

** 陶东风，国家公共文化服务体系建设专家委员会委员，首都师范大学文化研究院常务副院长、教授；蒋璐，首都师范大学文化研究院助理研究员。

视，同时，也为公共文化服务的发展指明了方向。“十三五”时期，公共文化服务的发展将面临新的起航点。围绕“现代公共文化服务体系”建设，未来的政策目标是什么？应该在哪些领域进行构建和推进？具体项目、工程应如何设计？本文将对现代公共文化服务体系的战略定位问题加以详述。

一　公共文化服务的必要性

（一）文化作为人的基本权利

联合国教育科学与文化组织（UNESCO）1982 年在墨西哥城举办的“文化政策世界会议”中，曾对文化下了一个全球性的定义：“文化是一套体系，涵盖精神、物质、知识和情绪特征，使一个社会或社群得以自我认同。文化不单包括文学和艺术，也包括生活方式、基本人权观念、价值观念、传统与信仰。”文化权利属于公民权利之一，属于公民的不可剥夺的神圣权利。接受文化、学习文化和享受文化被认为是现代国家公民必不可少的权利，理应受到尊重和保护。

文化的种类很多。如果按照文化是否具有公共性来划分，可以把文化分为公共文化与非公共文化（专业文化、私人文化等）两大类。从服务对象的角度看，为特殊群体的特殊文化要求（比如医生需要得到很多专业训练，使用专业资料）服务的是专业文化，为某些私人提供服务的是私人文化。非公共文化很难在保障公民文化权利方面有所作为，因为其服务人群是特定的，并且多数是有偿的，在很大程度上是私人的、排他性的文化服务。而公共文化服务提供的是面向全体公民、为全体公民服务的公共文化。其在保障公民基本文化权利方面有着不可替代的作用。

公共文化服务提供公益性的文化产品，公民有平等的享受机会，不受文化水平、经济能力、居住地域的限制。公共文化服务致力于扩大覆盖面，保障基本的文化权利，是国家福利的体现。公共文化服务是“对公民进行文化权利的‘启蒙’”，“国家应该为公民文化权利的实现创设条件”，从而

“体现国家在公共文化服务发展方面的‘自觉性’责任担当”①。

公共文化是满足全体公民的共同需要、以全体公众为服务对象、向所有公民免费公开的文化形态；它是一个国家公民的共同文化，核心是共同或普遍。公共文化承担社会价值使命，表现为：①共同道德和共同价值观（或者说对什么是“好生活”“好共同体”的共识）的培育。公民道德规范是一种底线规范、基本规范，适用于所有公民而不是专门群体，表现为一种明达的常识理性，一种基本、健康的但又不是高不可攀的价值观。②潜移默化地培养公民素质，提高公民修养。公民素质和公民修养比宪法规定的公民权利和义务要更加内在，它是一种性格、气质、秉性和修养，包括不盲从、诚实守信、懂得克制、尊重他人、宽容温和稳健、不走极端、懂得说理等。它与愚昧野蛮、不讲理、走极端、偷奸耍滑等相对立。公共文化服务的根本目的就是培养公民道德、公民素质和公民品质，使人成为一个有教养的人，珍爱自由、平等，自尊并尊重他人，有尊严，崇尚独立，等等。以这个为中心进行各种形式的公民文化教育（编写公民读物，举办旨在普及公民道德、提高公民修养、教人如何做公民的讲座、展览，等等）。公共文化服务说到底是一种公民教育，是使每个人都成为合格公民的教育。

文化作为人的基本权利必不可少，而公共文化服务以政府资源为该权利提供保障，并从公民培育的角度，对文化权利的行使给予正确引导。

（二）文化作为国家软实力

除了对公民个体权利的重要性，文化对于共同体的意义也不可忽视。国家作为当今世界最重要的共同体，越来越依赖文化提供的软实力进行国内治理和国际交往。

一国的文化可以赋予民众国族认同、建立核心价值体系，是凝聚人心的重要途径，是国家“濡化能力”的重要体现。② 文化构建社会核心价值观，

---

① 唐亚林、朱春：《当代中国公共文化服务均等化的发展之道》，《学术界》2012 年第 5 期。

② 王绍光：《国家治理与基础性国家能力》，《华中科技大学学报》（社会科学版）2014 年第 3 期。

是促进民族团结和维护社会稳定的重要手段。国家文化政策直接或间接地塑造国民意识。国家文化构建主流价值体系，通过大众传媒等文化传播途径，对公民构成影响，塑造政治认同。

冷战结束之前，为了实现思想动员，各国文化政策以宣传主流价值观、批判敌对价值观为主，实行葛兰西意义上的“文化领导权”政策，以国家主流价值观占领精神阵地。和平年代，伴随着社会多元化趋势加深，各国逐渐摆脱单一价值取向的文化政策，转而在承认价值多元的基础上，谋求共识，构建普适性强、具有社会认同感的核心价值体系。这体现了现代国家在精神层面对公民权利的关怀，与此同时，高认同度的价值观体系，也为国家的团结和稳定提供更为长远的精神支持。

文化与经济密切结合，极大地拓展了文化的影响范围。传统的文化政策应用于意识形态领域，是政府支持之下的公益性政策，具有重精神、反商业的特质。在当代社会，资本介入文化的生产和消费，文化与经济建立了密切联系的纽带。文化的创造与审美行为，无不意味着文化经济的发展。承担教育、引导和规训功能的文化政策，开始成为经济政策的一部分。各国政府争相发展文化产业，将其作为新的经济增长点、新时代的经济支柱产业、城市和区域发展的新契机。英国工党推出的文化创意产业政策、我国香港西九龙文化区的城市发展新规划和我国台湾宜兰的文化旅游改造等，都体现出文化政策的经济导向。

此外，健康向上的国家文化对于维护政权稳定至关重要，被认为是社会的“解压阀”。丰富多彩的文化活动，填充了人们的休闲时间，陶冶了身心，有利于缓解社会矛盾，维护社会稳定。

除了国内的社会效用，文化在国际交往中的作用日渐突出。当今世界，国际交往非常频繁，一国的文化代表着其国际形象。“如果这个国家能在发展经济和军事实力的同时提高软实力，展现吸引力，那么它外在表现的威胁性就会减小，引起周边国家结盟的可能性也会降低。”① 发展国家文化、增

① 〔美〕约瑟夫·奈：《软实力》，马娟娟译，中信出版社，2013。

强国际影响、展示文化吸引力，成为事半功倍的对外政策选择。对于实力的分类见表1。

表1　实力的分类

类型	行为	主要手段	政府策略
军事实力	胁迫 阻碍 保护	威胁 武力	强制性外交 战争 结盟
经济实力	引诱 胁迫	交易 制裁	援助 贿赂 制裁
软实力	吸引 议程设置	价值观 文化 政策 制度	公共外交 双边或多边外交

资料来源：〔美〕约瑟夫·奈著《软实力》，马娟娟译，中信出版社，2013。

（三）文化市场的固有缺陷

既然我们将文化视为人在生存与发展过程中不可或缺的基本权利，文化产品的供给和需求就成为不可回避的问题。在市场经济高度发展的今天，多数文化产品的生产和消费都可以通过市场机制来完成。政府经济学理论认为，在市场能够提供产品的领域，政府参与提供产品，是因为该领域存在“市场失灵”。[①] 从这个角度来看，文化市场的缺陷是什么？政府参与提供文化产品的原因是什么？公共文化产品的必要性何在？

首先，厂商无法保证多数人的基本文化需求。厂商提供的是排他性、竞争性的文化产品，这决定了只有足够的负担能力才能享受相应的文化产品。在完全市场竞争的条件下，弱势群体可能被剥夺基本的文化权利，丧失平等机会。

① 温来成主编《政府经济学》，北京大学出版社，2013。

其次，厂商的文化产品不关心制度的维系，国家认同、民族凝聚、政府支持等政治社会化过程，需要由政府通过提供公共产品来完成。

最后，厂商的逐利性，将导致其产品盲目跟随市场偏好，造成社会文化价值的偏离。文化市场遵循消费规则，消费的提升刺激相关产品的生产，这些产品以满足大众消费品位为导向，而不关心社会价值观的塑造。因此，纯粹的文化市场运作可能造成大众文化的消费化、低俗化和娱乐化，导致高雅文化、严肃文化的式微。长此以往，不利于民众文化素质的提高，影响积极向上的主流价值观的形成。

由此可见，纯粹的市场运作无法实现文化对于个体和共同体的价值，必须由政府参与提供文化产品。综合起来，文化产品可以被划分为表 2 中的几种。其中私人产品由市场负责提供，而纯公共产品和准公共产品则由政府直接或间接提供。政府提供文化方面的公共产品的行为就是公共文化服务。

表 2　文化产品的经济学属性

名称	属性	举例
纯公共产品	非排他性 完全非竞争性	公益的广播、电视、网络
准公共产品	非排他性 不完全非竞争性	拥挤性的公共文化设施（图书馆、博物馆、文化馆）
私人产品	排他性 竞争性	收费的广播、电视、网络；营利性文化设施等

政府参与提供的文化类公共产品有拥挤性和非拥挤性之分。纯公共产品对用户的准入条件基本没有要求。准公共产品有可能产生拥挤的情况，此类公共文化产品需要设置一些准入限制。以公共图书馆为例，固定场地和规模的图书馆建成后，所有公民都可以使用，具有非排他性特征。但是，如果太多人同时使用，则会构成拥挤，需要设置读者资质、费用等准入条件。

文化的价值渗透至个人与社会的各个领域，是人类社会发展的主线，也是国家形象的灵魂。好的文化战略可以有力辅助社会发展，而畸形的文化发展则后患无穷。文化产品有不同类型，市场供需逻辑支配的是文化产业产品，由政府参与提供的是公共文化产品，也就是公共文化服务的主要内容。文化的价值与市场的缺陷，都决定了政府提供公共文化服务的必要性。

二　公共文化服务的政策目标和政府职能

当代国家文化政策的复杂性已经远远高于传统文化政策，处于政治、经济、文化交错影响的政策环境之中。文化政策既要维护国家文化安全和政治认同，又要推动文化经济的繁荣，同时还要保障公民文化权的实现。如何实现公共文化服务的复合性政策目标，是政府面临的严峻挑战。

（一）公共文化服务的政策目标

当前中国的文化政策主要包括文化产业与公共文化服务两个方面。这两方面各自有所侧重，又相互紧密联系。文化产业政策关注经济效益，主要解决效率问题；公共文化服务则关注社会效益，注重权利保护、分配公平、机会均等、广泛参与等问题。总结起来，公共文化服务的政策目标应涵盖以下几个方面。

1. 保障基本的文化需求

政府利用公共资源提供公共文化服务，最基本的就是保障公民文化权利的实现。这涵盖两个层面的含义：其一，在文化发展过程中，应避免公民文化权受到侵犯；其二，应充分满足民众多样化的文化需求，回应公民的正当文化诉求，确保公共文化服务的公平性和民主性。

2. 构建主流价值观

公共文化服务应帮助社会构建积极向上的主流价值观，增强民族的凝聚力，培养政治信任，提升政府支持度，同时，避免低俗化、消费化、娱乐化等问题，调节不同价值观之间的文化冲突。具体到中国，就是要繁荣社会主义精神文明，弘扬社会主义核心价值观。

3. 促进国民文化素质提升

公共文化服务作为文化教育体系中的重要一环，其目的之一是培养有文化素养和富有创造力的公民，进而提升国民素质，增强人力资源的竞争力。公共文化服务代表政府对文化生活的引导方向，是民众追求知识学习、艺术鉴赏、素质提升的重要参照。

4. 构建和谐社会关系

公共文化服务既是对个体文化需求的满足，更与社群的生活状态、价值观念密切相关。公共文化服务应创造条件帮助社群构建和谐的社会关系。培养交流、宽容、向上的公共文化氛围，使民众利用公共文化服务提供的平台参与群体活动、进行集体合作，培养社会认同感和归属感，维护社会稳定。

5. 国家形象展示

公共文化是国家软实力的重要组成部分。一国的公共文化体现国民素质和生活质量，集中代表了国家形象。图书馆、博物馆、剧院等公共文化设施成为城市化发展的标准配置，其质量更是国际游客和移民判断当地文化水平的重要参考。丰富而人性化的公共文化服务可以彰显政府治理成就，赢得国际声誉。

6. 拉动文化产业发展

公益性的公共文化服务与营利性的文化产业必然会发生关联。公共文化服务培育公众文化品位。公众接受公益服务之后，有可能形成文化需求，进而主动购买文化产品，拉动文化产业增长。伴随公共文化服务体系规模扩大，可以带动相关产业链的联动发展。

根据文化的特殊价值，公共文化服务的政策目标具有复合型的特点，在个体发展、社会构建和国家建设等方面均产生政策效果。一国的公共文化战略应围绕以上几个宏观目标，制定阶段化目标，落实可行的实施路径。

（二）公共文化服务的政府职能

政府职能是公共政策的载体，是公共政策的具体化、操作化。政府职能范畴的明确，有利于为行政部门指明工作方向，提升管理效率。配合公共文化服务的政策目标，公共文化服务的政府职能主要包括以下几个组成部分。

1. 提供文化产品和服务

这里讲的提供文化产品和服务包括直接参与提供或资助其他组织提供。其核心要义，在于由政府财政承担出资责任，确保公共支出在文化方面的投入，保障公民基本的文化需求。文化产品和服务既包括设施建设，也包括文化艺术书籍、演出和活动等。

2. 公共文化资源再分配

再分配用于保障公民基本需求，是政府促进社会公平、机会均等的一项重要职能。在文化领域，就是保证文化资源在不同地区、群体中均衡分配，普遍受惠，减少文化机会不平等，缩小文化发展差距。政府通过征税、转移支付、调度资源等各种手段实现文化资源的再分配。

3. 扶持和监管社会力量

治理理论认为，社会管理并非由政府独自承担，而是由多种社会力量参与，实现"多中心治理"。社会力量参与原本由政府承担的管理职能，可以减轻政府负担，充分调动社会资源，同时，实现供需交流、服务专业化，提升管理效率。社会力量参与公共文化服务必须遵循一定的规则。政府在鼓励社会组织提供公共文化服务的同时，应对其资质、运作、财务等方面进行审核监督。

4. 价值观引导和监督

公共文化代表政府对于文化发展方向的态度。纵观各国的公共文化服务，均体现了本国的文化取向，与国家倡导的主流价值观相符。政府应该确保公共文化服务的正确导向，不盲目跟随文化市场的潮流，还要保存和传承相对小众的严肃文化、传统文化、文化遗产。

公共文化服务的政府职能，明确了政府在公共文化领域中的角色。在公共文化政策目标的宏观指导下，政府将文化纳入公共服务体系，扮演公共文化产品的提供者、社会力量的扶持者和监督者、公共文化资源的调配者、公共文化发展方向的引导者的角色。

三 现代公共文化服务体系建设面临的新形势

党的十八届三中全会提出“构建现代公共文化服务体系”，并在《关于加快构建现代公共文化服务体系的意见》中给予进一步阐释，这是公共文化事业发展最重要的理论依据。“十三五”期间，现代公共文化服务应紧密围绕中央文件精神，对新形势、新问题进行分析，实现公共文化服务的“现代”转型。

（一）现代公共文化服务体系提出的背景

现代公共文化服务体系与群众文化服务、传统公共文化服务的区别就在于其现代特征。现代公共文化服务体系是在我国现代化建设已取得初步成效，整体国民经济水平有所提高，社会发展进入新阶段，同时，改革进入深水区，许多新问题开始涌现的时代背景下提出的。这些重要的政策背景包括以下几个方面。

1. 经济增长与社会转型，文化民生进入政策视野

现代公共文化服务体系现代性的第一个体现，是要改变公共文化领域不适应现代社会的体制安排，重新构建符合社会需要和时代要求的公共文化服务体系。改革开放 30 多年来，经济的快速发展为民众创造了剩余财富与闲暇时间。社会制度的转型，使个体脱离单位社会化的管理模式，经历“由身份到契约”的转变。[①] 生产力的提高，使农民摆脱了土地耕种的束缚，开始获得更多的休闲时间。流动进入城市的农民工与新生代农民工，组成一个新型的社会阶层。这些转变都导致个体文化需求的增加。而反观社会文化产品的供给，则远远不能满足民众的文化需求。民众的文化消费行为缺乏引导，免费的文化产品供给不足，造成民众文化生活贫乏，导致赌博、传销、邪教等不法活动有机可乘，增添了社会的不稳定因素。这既不符合社会主义

① 曹锦清、陈中亚：《走出“理想”城堡：中国“单位”现象研究》，海天出版社，1997。

物质文明与精神文明建设相结合的基本战略，也有违服务型政府以人为本的工作方针。因此，文化民生是当今时代的迫切需要。

2. 文化建设被纳入国家治理体系与治理能力现代化建设

党的十八届三中全会提出，推进国家治理体系与治理能力现代化。习总书记在讲话中提到，国家治理体系是在党领导下管理国家的制度体系，包括经济、政治、文化、社会、生态文明和党的建设等各领域的体制机制、法律法规安排，也就是一整套紧密相连、相互协调的国家制度。其中，文化领域是国家治理体系的重要组成部分。文化治理不是孤立的，而是与其他领域一起，共同遵循社会主义制度的发展规律，有机协调，相互促进。所以，应树立全局观念，将文化治理置于深化改革的背景当中，文化治理与其他领域治理联动，“把宣传思想工作同各个领域的行政管理、行业管理、社会管理更加紧密地结合起来”[①]。为完善中国特色的社会主义制度服务。

文化治理体系和治理能力是文化制度建设的两个层面。其中，文化治理体系侧重顶层设计，关注宏观法律和制度的构建；而文化治理能力则偏重制度执行，重视制度的效能。推进国家文化治理体系和治理能力现代化，不但要形成合理的制度体系，充分协调好文化领域中政府与市场、国家与公民的关系，还要形成灵活高效的制度运行机制，运用先进的技术和手段，促进文化领域的有序发展。这是国家治理体系与治理能力现代化对文化建设提出的新思路和新要求。

3. 国家文化战略进入新时代

新一届政府更加重视文化战略的重要作用。正如国外学者指出的，中国“领导人具备为实践所证明的‘文化治理’之才能。具体而言，即通过创造及利用能使人产生共鸣的象征性资源来提升党的形象，并使人民群众乐于接受这种形象”[②]。在新时代，国家领导人开始重新构建国家文化战略，简要来讲，就是对内凝聚价值合力，对外提升国家软实力。

---

① 习近平：《习近平谈治国理政》，外文出版社，2014。

② 裴宜理：《增长的痛楚：崛起的中国面临之挑战》，《国外理论动态》2014 年第 12 期。

在对内文化上，强调民族自信和国家认同，要求树立“道路自信、理论自信、制度自信”，提出“在全面对外开放的条件下做宣传思想工作，一项重要任务是引导人们更加全面客观地认识当代中国、看待外部世界”①。强调“培育和弘扬核心价值观，有效整合社会意识，是社会系统得以正常运转、社会秩序得以有效维护的重要途径，也是国家治理体系和治理能力的重要方面”。同时，立足于中华优秀传统文化，加强本土意识。巩固意识形态阵地，明确文艺工作的性质和方向，强调文艺要以人民为中心的工作导向②。

在对外传播与交流中，重视文化软实力的应用，塑造独立而有吸引力的大国文化，提升国际形象。“我国成功走出了一条中国特色社会主义道路，实践证明我们的道路、理论体系、制度是成功的。要加强提炼和阐释，拓展对外传播平台和载体，把当代中国价值观念贯穿于国际交流和传播的方方面面。”“把跨越时空、超越国度、富有永恒魅力、具有当代价值的文化精神弘扬起来，把继承传统优秀文化又弘扬时代精神、立足本国又面向世界的当代中国文化创新成果传播出去。”③ 配合“一带一路”战略，利用国家文化软实力，调节与周边国家的外交关系。政治学研究者认为，对外政策与国内政治的关系密不可分，国家在国际中的地位、形象、外交行为，会影响国内民众对政府的认知。从文化角度提升国家形象的做法，可以增强民众的民族自豪感和对政府的信心。

新时代的国家文化战略是内外一体的文化战略。“物质文明建设与精神文明建设都搞好，国家物质力量和精神力量都增强，全国各族人民物质生活和精神生活都改善，中国特色社会主义事业才能顺利向前推进。”④ 从国家建设的角度来看，建设社会主义文化强国、中华民族伟大复兴的中国梦的提出，有利于增加民族凝聚力，是国家安定、民族团结、政府信任的精神动力。

---

① 习近平：《习近平谈治国理政》，外文出版社，2014。

② 习近平：《习近平谈治国理政》，外文出版社，2014。

③ 习近平：《习近平谈治国理政》，外文出版社，2014。

④ 习近平：《习近平谈治国理政》，外文出版社，2014。

（二）现代公共文化服务体系的转型要求

现代公共文化服务体系正是基于以上背景提出来的。从概念上来说，“现代公共文化服务体系”较“公共文化服务体系”多了“现代”二字。这一限定词增加之后，概念的内涵有所增加，而相应的外延则缩小了。如果将以往的公共文化服务体系建设视为初级阶段的话，现代公共文化服务体系的要求更高了。公共文化服务必须进行转型、升级，具备时代性和创新性，才能满足“现代”的要求。结合现代公共文化服务体系提出的政策背景，公共文化服务应在以下几个方面实现跨越和转型。

1. 由重视设施覆盖向提升服务质量转型

“十二五”期间的重要贡献在于，基本建成覆盖城乡的公共文化服务网络，为公共文化服务的进一步发展打下了坚实的基础。接下来是要提升服务质量，设施的功能是服务，服务不到位等于变相的资源浪费。所以，在体制机制上，应寻求如何提升服务质量，吸引群众参与，满足群众需求的问题。

2. 由供给主导向需求主导转型

要提升参与度，提供以人民为中心、以群众为导向的公共文化服务。现代公共文化服务体系是以政府为主导的公益性文化服务。目前，我国基层文化资源仍然短缺，距离城乡均等化、区域均等化、群体均等化的目标仍然有一定差距，各级文化工作单位应该立足于群众需求，努力填补资源提供与文化需求之间的鸿沟，缩小基层公共文化服务水平的差距。

3. 由随意化向制度化转型

“制度化是组织和程序获取价值观和稳定性的一种进程。”① 制度化公共文化产品的提供，可以保证服务的质量和可持续性，避免随意性带来的不稳定现象。制度化可以改善目前公共文化服务取决于地方领导是否重视的问题，利用外在约束确保服务的提供。

---

① 〔美〕塞缪尔 · P. 亨廷顿：《变革社会中的政治秩序》，王冠华、刘为等译，上海世纪出版集团，2008。

4. 由差别对待向公平分配转型

公共文化服务应本着满足大众文化需求，服务群众文化生活的宗旨。应照顾社会不同群体的需要，分配一部分社会资源用于基本文化供给。政府应为公共文化服务提供物质保障，给予财政投入，创新衡量标准和分配制度，保证每个公民均等享有公共文化资源的机会。

5. 由政府独揽向多元参与转型

国家治理体系并非单一的政府治理，而是政府治理与社会治理并存，注重治理主体的系统性、整体性和协同性。建设现代公共文化服务体系，既要以政府为主导，提高党的执政能力和国家机关的工作效率，同时，也要充分调动社会力量参与，培育公益性文化类社会组织，发挥公民个人参与文化创造的积极性。多元社会主体参与将促进社会资源的有效利用，加强公共领域特别是基层文化建设的有生力量。

6. 由大众娱乐向素质引导转型

鉴于文化产品的精神性、价值性，必须坚持正确导向。为群众提供积极、健康、向上的审美享受和精神食粮，既要避免附庸风雅、脱离群众，又要抵制低俗、提升品位。这就必须把社会主义核心价值观与群众的文化需求有效结合，创造更多喜闻乐见的公共文化服务产品。群众文化工作是我党的优良传统，是传达党中央精神、增强民族凝聚力的有效途径。以书籍、文艺演出、文化活动等形式将主流价值观有效送达基层，提高基层群众的价值认同、知识水平、文化素质和欣赏能力，应该是公共文化服务的最终目标。

四　现代公共文化服务体系的战略目标

（一）价值目标

在整个战略目标框架中，价值目标是最基本的，也是最重要的，是现代公共文化服务体系建设的指导原则，是公共文化服务的工作方向。价值目标应牢牢把握公共文化服务的导向问题，弄清公共文化服务为谁服务、服务什么、希望通过服务达到什么目的。在此基础上，其他的战略目标才有意义。结合国内外形势与文化工作的现实，我们认为，现代公共文化服务的价值目标应该把握四个导向。

1. 群众需求导向

公共文化服务归根结底是为了满足群众的文化需求。公共文化服务特别是基层公共文化服务应该与群众需求对接。目前，公共文化服务无论是内容还是形式上，都未免僵化，尚不能满足群众多样化的文化需求。应探索有效途径，将服务与群众的文化需求顺利对接，让不同教育水平、文化品位、兴趣爱好的人都能享受公共文化服务，提升群众参与度。文化服务应减少样子工程，要从群众需求出发，建立有实效、可持续的服务方式。应发挥基层工作人员的积极性，对广大人民群众的文化需求进行广泛而深入的调研，有针对性地策划更具吸引力的公共文化服务产品，挖掘潜在需求，培育长效性需求。

2. 文化素质导向

在我国现阶段的发展形势下，提升国民文化素质仍然是文化工作不可回避的重要内容。其中既包括科学知识、人文素养，也包括审美品位、艺术修养，乃至文明习惯、社会公德。公共文化服务应促进全社会文化素质的提升。特别是针对教育机构难以覆盖的地域和群体，公共文化服务应发挥公共资源的社会教化作用，培育合格公民，引领社会风气。公共文化服务机构应多提倡类似于“全民阅读”这样的活动，着眼于国民素质提高的内容，增强民族的文化竞争力。公共文化服务着眼于人的发展，这是实现社会主义文化强国的有效途径。

3. 主流价值观导向

社会主义核心价值观不仅需要教育机构、大众传媒的引导，还需要公共文化服务给予贯彻落实。公共文化服务应以各种灵活的方式，将社会主义核心价值观讲清楚、讲明白，同时，通过各种文化活动去贯彻这种价值观。通过公共文化机构与群众的直接互动，让群众体验主流价值观，建立对中华传统的认同，找到文化上的认同感和归属感，体现国家在精神层面对公民的关怀，与此同时，为国家的团结和稳定提供更为长远的精神支持，巩固思想阵地。

4. 社会协作导向

公共文化服务不仅是个体文化需求的满足，更与群众的生活状态、价值观念密切相关。公共文化服务补充了文化领域公共机构的欠缺，有效承接了教育机构在社会中无法完成的教化与凝聚功能。在社会转型、阶层分化状况复杂的今天，在公共空间创造和谐的社会关系、通畅的文化交流、协作的邻里气氛，都是公共文化服务的目标，更是其他政府机构无法取代的、事半功倍的社会治理手段。公共文化服务应致力于在文化层面促进社会协作、缓解不同群体的矛盾，让群众在参与公共文化活动的过程中，营造文明、宽容、协作的社会关系，推进社会整合。

（二）公平目标

随着中国经济持续高速增长以及税收收入大幅增长，公民共享发展成果的权利诉求与基本公共服务非均等供给之间的矛盾日趋尖锐并呈显性化。[①] 公共服务均等化，是国内外的趋势和目标，是促进社会公平、提高社会福利的战略途径。以标准化推动均等化是我国公共文化服务的推进战略。这种战略可操作性强，是“十三五”期间继续推进的战略。目前，全国的基本标准已经制定完成，各地的标准化相关规定也在不断推出。今后，应进一步将标准丰富、完善，考虑均等化的多方因素，建立立体化的标准体系。

1. 强化底线标准

严格按照《关于加快构建现代公共文化服务体系的意见》颁布的指导标准，提供基本公共文化服务。当务之急，是提升西部地区、农村地区的基本公共文化服务水平。填补公共文化服务的空白区域，达到广泛覆盖，保证最基本的公共文化服务水平。

---

① 卢洪友：《中国基本公共服务均等化进程报告》，人民出版社，2012。

2. 控制最大差距标准

有研究认为，要以控制和缩小人均财政支出差距的相对扩大作为当前衡量基本公共服务均等化的标准。长期而言，各地区人均财政支出的差距量控制在不高于或不低于全国平均水平的5%～10%范围之内（个别特殊省区除外）。[①] 从目前来看，公共文化服务建设正处于快速发展阶段，很多地区的财政收入水平较低，制度建设还不完善，应该鼓励一部分地区加大投入，先行示范。目前，东部沿海地区一些省已经走在了前列。从长远来看，应该让这些地区带动其他地区发展，同时，利用转移支付、人才交流等手段，平衡各地发展，促进均等化实现。

3. 落实财政保障标准

基本公共文化服务标准的全覆盖，在很大程度上有赖于政府财政投入的保证。应建立明确的财政投入机制，保障政府财政支持。中央政府与地方政府应划分供给职责，明确事权财权，规范转移支付。地方政府应承担主要的供给职责，调整公共财政支出方向，有效保证基本公共文化服务的财政支出，尤其是农村地区的基本投入。

4. 制定均等化绩效评估标准

标准化固然为均等化提供了可操作性强的推进路径。在实践中，应注重评估环节，设定切实可行的考核指标，严格考察落实效果。除了在中央政府层级控制区域差别，还应在地方政府层级考察城乡与不同群体的均等化服务情况。评估标准的制定，必须配合地方政府的财政水平，以及转移支付之后，政府可以提供供给的平均水平，过高或者过低都不可取。此外，均等化评估应配合不同地区、不同人群的异质性，注重群众反馈，避免盲目追求标准化考核，忽视群众需求。

（三）效率目标

效率目标是建立现代公共文化服务体系的路径选择。在我国现阶段，财

① 国务院发展研究中心课题组：《民生为本——中国基本公共服务改善路径》（国务院发展研究中心研究丛书），中国发展出版社，2012。

政投入资源有限，公共文化服务需求压力巨大，有必要在体制机制上，摸索低投入、高产出的公共文化服务方式，提高供给效率。这也是配合全国的经济体制改革形势，提高行政效能，释放体制活力的要求。效率目标为实现价值目标和公平目标服务，缺少了价值和公平的效率追求是盲目的。在牢牢把握工作方向的基础上，追求公共文化服务的低投入、高产出，才是效率目标要追求的。综合来看，效率提升应从供给主体改革和政府效能改革入手。

1. 扩大社会力量参与

扩大社会力量参与需要建立综合性配套制度，理顺政府与社会主体的关系，畅通社会主体参与的渠道，形成主体自觉、社会共治的良性循环，实现社会资源的整合，更好地实现公共文化服务的有效供给。

（1）要拓宽社会主体参与公共文化服务的渠道，在市场机构和社会力量在理论和实践证明有效的领域，通过政府采购的形式，购买部分基本公共文化服务。通过税收激励、补贴和特许经营的方式，激发市场组织和社会组织参与公共文化服务的积极性。

（2）要构建社会力量参与公共文化服务的激励措施。诸如用地优惠、资金补助、税收减免、名誉奖励等激励政策，应该在法律法规中予以明确规定，并在执行过程中给予严格保证和落实。要建立协调机制，统筹协调各部门，为社会力量参与公共文化服务提供便利条件。

（3）要完善政府等公共文化机构与社会主体的对接机制。为社会合作提供方便快捷的参与入口。政府部门要加强服务意识，提升吸引、组织和管理社会力量的能力。将社会力量参与纳入各级政府工作考核体系，鼓励基层部门积极与社会力量合作。在基层设置专人对接，并对其进行培训，组成一批熟悉相关政策、掌握管理流程、善于开发社会资源的专业工作队伍。实现社会力量与政府部门无障碍对接。

（4）要健全社会主体参与公共文化服务的监管制度。社会主体参与公共文化服务，并不意味着政府可以放弃责任。该管则管，该放则放，管放结合。公共文化服务的质量和水平，事关公众的切身利益，需要一套较为健全的公共服务监督机制作为保障。要强化监督机制，建立公共文化服务监督体系。对承担公共文化服务生产的私人部门和社会组织进行监督，按时保质保量完成公共服务的生产和提供。

（5）要增强社会主体的培育。目前，社会主体参与公共文化服务的主体类型有限，意愿不强，主体能力和主体意识都有待加强，难以挖掘社会供给潜力。因此，政府需要扶持社会主体成长，培育长效性、可持续的社会参与。要扶持社会文化团体。适当给予资助，搭建沟通、交流、展示的平台，培养一批活动积极、乐于参与文化服务的社会团体。要更多地鼓励非营利机构发展，扶植真正有志于公共文化服务的专业组织、协会、机构健康发展，在机构注册、场所、人员、交流和表演等方面给予协助。对那些有意愿提供公共文化服务的企业，可以鼓励其提升专业化服务水平，提高供给能力。

2. 提升政府公共文化服务能力

在我国公共文化服务体系中，政府起主导作用，特别是在现阶段，社会主体发育尚不完善的情况下，政府是公共文化服务的直接供给者。因此，提升公共文化机构的供给效率，对整个公共文化服务来说意义重大。

（1）提升政府供给效能。注重软件建设，加快公共文化机构的管理体制改革。要加大宣传力度。让群众了解公共文化服务、体验公共文化服务，形成使用公共文化设施、参与公共文化活动的习惯，将公共文化服务作为文化生活中不可或缺的一部分。要制定服务规范。公共文化服务设施应制定服务指引，将提供的服务内容、参与方式、费用情况公开，便于居民查询。公共文化设施要设置服务窗口，居民咨询要有专人负责接待。设立服务标准，定期考核，建立服务反馈机制，收集群众的需求和意见，不断改进服务。坚持服务效能与公平并重。服务人员应该本着扩大服务覆盖范围、促进服务公平的原则，创造性地设计公平、公正的资源分配规则，避免公共文化服务出现排他化、小圈子化的问题。重视采用新技术，打造“互联网 + 公共文化服务”的供给模式，着重于实现内容数字化、供给平台化、传播网络化、参与互动化、管理数据化的服务体系。

（2）提升政府与社会互动能力。现代政府管理的一个难题，是如何定位政府角色。我们讲社会多元参与的重要性，实行“国家治理”“社会治理”“文化治理”，这是一个理念上的问题，但是，治理过程的机制该如何设计？在操作层面，有很多问题是现代政府管理尚待思考的。学术界现在也开始涉及这个问题，最近有一个新概念，叫作“治理失灵”。治理实际上扩展了参与解决社会问题的个体范围，同时，也将官僚体制单一的、垂直化的解决机制扁平化，增加了个体之间的相互依赖，提高了对沟通、对话的需求。那么，对政府的考验就是，需要解决官僚系统和社会组织之间的平滑对接，另外，建立一套沟通不同组织、机构、个体的协调制度。如果这些工作做不好，就会影响治理的有效性，造成问题解决的迟滞、推诿甚至冲突。

所以，政府与社会的互动能力变得非常重要。在具体操作过程中，要致力于开发决策过程中各种主体的参与机制。在决策过程中，引入多元主体参与民主决策，共同协商。在其他行业，政府采用召开听证会、恳谈会的方式。在公共文化领域，有待开发一些新机制，让民众的文化诉求能够有畅通渠道表达出来，让社会文化组织的资源主动与政府资源衔接，融入公共文化服务体系。

（3）提升各部门统筹协调能力。公共文化服务的发展越来越表明，这项工作不是文化部门单打独斗就能完成的，而是需要各个部门相互配合，统一规划。包括国土、税收、教育、旅游等各个部门，都能够影响公共文化服务的实施效果。在当前体制下，很多部门掌握相当数量的文化资源，有效整合这些资源，共建共享，可以极大地提升公共文化服务效率。而基层的公共文化服务调研表明，更多时候公共文化服务建设取决于地方领导是否重视，是否愿意提供资源方面的倾斜。而在行政系统末梢的社区、农村，公共文化服务更是与各种社会综合治理混合杂糅，行政的复合型更强。所以，公共文化服务如何在公共政策体系中立足，并取得良好的发展，有赖于政府纵向、横向上的统筹协调。

（四）法制目标

法律制度建设是公共文化服务的重要保障。目前，公共文化服务领域的层次较高的是《公共文化服务保障法》，其次是《博物馆条例》，另外还有各地方出台的相关法规、政策。整体来看，法律法规体系尚不健全，依法管理公共文化服务还存在很多空白点。在现代公共文化服务体系建设中，应着眼于搭建法律制度框架，在基本制度层次、行业管理制度层次、具体事项管理层次以及标准制定层次，出台相应政策法规，规范基本公共服务供给主体的权力与职责、规范基本公共服务的供给程序，同时，通过行政法层次，完善执法监督与救济制度，保证民众权利。

五　结论

整合以上内容，我们可以对现代公共文化服务的战略定位作一个全面的总结。为了使研究更具实践意义，我们在每个战略目标之下，尝试性地列举了项目与工程建议（见表3）。各地可根据自身的公共文化资源和条件，因地制宜地设计建设方案。囿于理论研究的局限性，我们提出的项目和工程是宏观性的、类型性，列举的例子也需要进一步的可行性验证。这些项目与工程服务于上一级的战略目标，并最终服务于公共文化政策的长远目标。

表3　项目与工程建议

战略目标	项目与工程类型	举例
价值	传统文化 文化素质 群众需求 国家级形象展示 社会协作	中华文化传承与普及 全民阅读、艺术鉴赏 广场舞、民间文化 国博、国图、“一带一路”文化展示 社区公共文化空间建设
公平	均等化标准制定与实施 均等化纳入城乡一体化规划 跨地区扶持 特殊群体扶持 群众参与、自主选择机制	标准化体系 资源、人才交流 对口帮扶 老年、农民工群体 意见征集

续表

战略目标	项目与工程类型	举例
效率	社会力量参与重点项目 政府供给效能提升 政府与社会互动能力提升 政府各部门统筹协调建设 数字化创新与应用工程	政府采购、PPP、捐赠、资助 服务、设施运营、绩效评估 激励、评估、监管、动员机制 共建共享、一站式综合服务中心 文化资源网络平台
法制	基本制度 行业管理制度 具体事项管理制度 标准制定 行政法层面	公共文化服务保障法 图书馆、博物馆、文化馆条例等 相关政策法规 中央与地方标准 执法监督

建设现代公共文化服务体系，没有现成的模式可供借鉴。新中国成立以来，文化领域形成了基本的制度框架，同时，也积累了很多问题。当下的主要任务是建立制度自信，在发扬传统、传承现有制度优势的基础上，勇于创新、锐意改革，探索出一条适应我国国情的公共文化服务建设道路。这就需要调动政府部门、民主党派和社会各界的积极性，群策群力，推进公共文化服务的制度改革和制度创新。

建设现代公共文化服务体系，是实现“四个全面”目标的重要组成部分。公共文化服务政策体系不是孤立的，而是与政治、经济、文化、社会息息相关，拥有强大的综合影响。要通过一系列战略规划的实施，实现复合型的政策目标，在文化上，让公共文化服务成为群众日常生活的精神家园，成为社会主义核心价值观的思想阵地，成为提升国民素质、增强政府信任和国家认同的文化堡垒；在政治上，增加社会福利，关注民生，促进资源的公平分配；在经济上，通过公共领域投资，调动社会资本，提高文化产品供给，以供给促进需求、拉动消费，形成良性互动；在社会治理方面，营造和谐的社群关系，为社会稳定做出贡献。

B.4

关于现代公共文化服务体系建设中工具激活的思考

王列生*

摘　要：构建现代公共文化服务体系，要充分考虑“服务型政府转向”“中国特色社会主义”“法治社会”和“科技与文化深度融合并导致社会本体存在转型”等文化治理制度诉求，需要从效度和信度两个方面明确工具方式配置。随着社会转型和语境变异，传统的行政权力处于绝对支配地位的工具使用方式，已经无法满足“现代公共文化服务体系”这一文化政策命题的现实条件需要，规避错配且抵达恰配的最好出路就在于“契约运行”。

关键词：现代公共文化服务体系　工具配置　契约运行

一　现代公共文化服务体系的边际定位

（一）现代公共文化服务体系是基于“服务型政府转向”条件下的文化治理制度诉求

从 20 世纪后期以来，无论是发达国家还是发展中国家，均或先或后

* 王列生，国家公共文化服务体系建设专家委员会委员，中国文化艺术研究院文化政策研究中心主任、研究员。

且程度不同地步入其服务型政府转向的现代治理深化阶段。在诸如“划桨而不是掌舵”之类的命题诉求里，政府处置公共事务的现实形态不仅要具有强烈的民生指向，而且很大程度上要把民生指向努力做到清单化：①便利（convenience）测量的是公民容易接近和获得政府服务的程度。②保障（security）测量的是以一种使公民在接受服务时感到安全和有信心的方式提供服务的程度。③可靠性（reliability）评价的是政府服务的正确性和按时提供的程度。④个人关注（personal attention）测量的是工作人员为公民提供信息并且利用这些信息来帮助满足他们需要的程度。⑤解决问题的途径（problem－solving）测量的是工作人员为公民提供信息并且利用这些信息来帮助满足他们需要的程度。⑥公正（fairness）测量的是公民相信政府服务是以一种对大家都公平的方式提供的程度。⑦财政责任（fiscal responsibility）测量的是公民相信地方政府正在以一种负责的方式使用资金提供服务的程度。⑧公民影响（citizen influence）测量的是公民认为自己能够影响他们从地方政府那里得到的服务的质量的程度。[①]

（二）现代公共文化服务体系是基于“中国特色社会主义”条件下的文化治理制度诉求

这一制度诉求坚守着为价值目标所设立的逻辑前提，即“我们的人民热爱生活，期盼有更好的教育、更稳定的工作、更满意的收入、更可靠的社会保障、更高水平的医疗卫生服务、更舒适的居住条件、更优美的环境，期盼孩子们能成长得更好、工作得更好、生活得更好。人民对美好生活的向往，就是我们的奋斗目标”[②]，中国和世界都将以期待和审视的态度面对这一制度的理论阐述与实践确证。

---

① ［美］珍妮特·V. 登哈特、罗伯特·B. 登哈特：《新公共服务：服务，而不是掌舵》，丁煌译，中国人民大学出版社，2004，第59页。

② 习近平：《人民对美好生活的向往，就是我们的奋斗目标》，载《习近平谈治国理政》，外文出版社，2014，第4页。

（三）现代公共文化服务体系是基于“法治社会”条件下的文化治理制度诉求

现代社会的一个基本特征就是全面法治社会，全面法治社会意味着个体、社会、市场、政府乃至跨国性交往关系，都必须实行互相约束规则、规范，并在共同遵守他们的社会本体结构状态下延展其无限丰富的现实内容和具体个案，其互约性和共存性不仅已经实现并且超越于古典契约论者所考虑到的，诸如“法律只不过是社会结合的条件。服从法律的人民就应当是法律的创作者；规定社会条件的，只能是那些组成社会的人们”①，而且要从后现代全面契约社会的自明性（Self - evidence）前提出发去反思国内事务的，诸如“那些对议会程序过程有不良影响的执行游戏”②，以及基于国家间利益平衡的所谓“选择性切开链接，并不意味着从国际体系中撤离，当然也不意味着任何通过‘北—南’谈判以追求贸易、信贷、援助、信息共享以及投资周期等方面公平性的弱化，而在于追求最大限度地减少国际信赖的最坏的后果”③。如果说这些政治国际关系、经济国际关系乃至军事国际关系，在国内政治、经济和军事的法制框架形成以后开始成为全球法治治理的契约语境的话，那么文化治理事态同样经历着从国内文化治理向国家间文化交往法治互约结构的全面转型，所以才有各国政府国内文化治理的依法行政和按约履责④，以及基于国际文化关系建构当前考量的诸如“随着国际条约正在促进各国之间的兼容性，使涉及对待艺术历史形成的重大差异

---

① 〔法〕卢梭：《社会契约论》，何兆武译，商务印书馆，1980，第52页。

② Eugene Bardach, *The Implementation Game: What Happens After a Bill Becomes a Law*, Massachusetts: The MIT Press, 1979, p. 66.

③ Mel Gurtov, *Global Politics in the Human Interest*, Colorado: Lynne Rienner Publishers, Inc., 1999, p. 254.

④ 即便如小政府、大社会治理框架的美国，虽然形式上没有国家文化部或州级文化司署，但仍然有一整套政府与社会之间共同文化治理的制度安排，并且在这些制度安排的“职能”设置与“功能”匹配中，始终内在地体现了“美国政府对文化的责任承诺”（America's Commitment to Culture）的公共文化政策基本原则，同时还全面技术化地分解为诸如以财政拨款为调节杠杆的各种依法运行的平台工具。

能够包容，从法律自身的进化角度而言，这些趋势也使正在发生的法制全球化环绕于各种法律之中”[①]，当然也就有契约化国际文化关系基础上具有文化国际法刚性的，诸如《保护和促进文化表现形式多样性公约》（*Convention on the Protection and Promotion of the Diversity of Cultural Expressions*）、《保护非物质文化遗产公约》（*Convention for the Safeguarding of the Intangible Cultural Heritage*）、《保护世界文化和自然遗产公约》（*Convention Concerning the Protection of the World Cultural and Natural Heritage*）、《联合国教科文组织世界文化多样性宣言》（*UNESCO Universal Declaration on Cultural Diversity*）。

（四）现代公共文化服务体系是基于“科技与文化深度融合并导致社会本体存在转型”条件下的文化治理制度诉求

正是由于这一特定条件的强有力支撑，人类社会在建构性后现代的当下，占有着较之建构性现代峰值时期更加有利的迅骤发展力点位置，同时也集合性地以全新感知方式面对新的生存境域并努力创新谱系化社会代码，其中必然隐存着能为我们不断去蔽的文化码符。对于文化治理的制度诉求而言，类似的抽象指涉不过是要求我们实在界面和具指事态中，自觉地追求制度理性与技术理性合谋的谋划前沿性与效果最大化，因为只有这样的追求才能确保我们的文化生存与特定的时代条件及其社会语境保持合乎逻辑的同步关系，否则就会出现各种意想不到的形而下文化治理失败、失序直至失控，并最终弹射式折返至形而上界面伤及文化价值本体的方方面面。幸运的是，规避弹射式折返的有效工具就是特定时代条件本身，就是产生所有当下人类生存与社会存在境况后果的原因本身，就是诸如信息化、大数据、云计算、互联网、虚拟空间、完全自助移动终端、生产与制造全面私人订制与随机打印化等一系列改变社会生存方式的重大影响因子，甚至就是格里芬所认为的“在后现代宇宙观中，我们对人类和自然的理解是与企盼中的实践结合在一

① Sandra Braman, Art – State Relations: Art and Power through the Lens of International Treaties, in J. P. Singh (ed), *International Cultural Policies and Power*, Basingstoke: Palgrave MacMillan 2010, p. 36.

起的，这种后现代宇宙观的正式条件包括将人类，实际上是作为一个整体的生命，重新纳入自然中来"①。当这种幸运转换至我们所议论的现代公共文化服务体系建设，则其转换后果就是这一文化制度诉求，必须从一开始将高科技时代条件纳入制度本体加以全面谋划，否则就必将在技术机遇丧失过程中导致制度落差，并且因制度落差而进一步导致制度失灵和非匹配性工具功能失效。

二 现代公共文化服务体系建设的工具方式配置

要满足上述构建现代公共文化服务体系的特定条件及制度诉求，就需要从效度和信度两个方面明确构建现代公共文化服务体系的工具方式配置。

（一）现代公共文化服务体系建设工具方式的效度恰配

现代公共文化服务体系建设工具方式的效度恰配，是指文化制度运行实践过程中，政策工具与平台工具能与预设性制度设计方案相吻合，并由此实现效率化后果、效用性后果及其效责态后果。

"效率化后果"追求政策工具和平台工具拥有其超越于基本有效基础之上的更高要求，那就是效率优化甚至效率最大化。而作为服务型政府转向背景下制度安排的现代公共文化服务体系，其制度结构与工具方式之间能否实

---

① 〔美〕大卫·雷·格里芬：《后现代科学——科学魅力的再现》，马季方译，中央编译出版社，1998，第44页。就这一语境而言，我们不仅要在日常社会拓展性地谋划诸如"在硅谷、加利福尼亚、波士顿以及马萨诸塞，顶级大学、当地投资者、创新文化以及得潮流之先的企业家们的结合，几乎完全自发地导致这些区域深得腾飞的体验"（Fred Phillips, *Social Culture and High - Tech Economic Development*, Hampshire：Palgrave Macmillan, 2006, p. 126），而且要在认识维度深层次地反思所谓"'认知迭代'，知识的成功梯级在其中得以形成，每一阶梯都建立在前一阶梯之上，从而能提高某些认识目的获取更大的成果。"（Hosok Change, *Scientific Progress：Beyond Foundationalism and Coherentism*, *in Anthony O' Hear（ed）*, *Philosophy of Science*, Cambridge：Cambridge University Press , 2007, p. 18）。由此不难看出，在制度理性与技术理性高度合谋中的文化治理制度诉求，将在高技术时代条件下倒逼催生出新的框架模型、运行范式与工具功能匹配，而非此前还处于低端状态较为简单的工具杠杆助推功能。

现效率优化甚至效率最大化的恰配后果，“契约运行”就是可选择工具方式甚至是唯一的工具方式，因为这种方式将不仅使运行中的工具嵌位于“激活开放且充分竞争的程序”① 之中，而且诉求于“对一项已经实际运行的计划而言，必须不断地就其是否获得预期结果或政策成果给予有效性评价”②。这也就意味着与我们当前公共文化服务工具运行状况的非边际成本预算、非绩效标杆前置、非投入—产出优化方案遴选、非客观性与精密度后果评价等粗放式服务状态之间，存在着制度设计本身的根本差别，如果不能革命性地使这些差别消失，而只是修修补补，则所谓基于工具方式效度恰配的效率化后果就不可能成为公共文化服务工具进化的现实。

“效用性后果”强调工具方式由“合行政目的性”向“合社会需求性”的转换。不是说转换后的公共文化服务工具就完全失去其行政合目的性，而是说必须放弃传统权力意志决定文化行政背景下的支配地位，转而使一般社会文化需求状况及其集合意志来决定公共文化服务工具的种类、型制、容量、功能、期限、边际、绩效、保障、评估、监管、追诉等一系列基本运行要素或运行环节，从而使逻辑混乱的“合社会需求性”被动于“合行政目的性”，得以还原本来的因果关系。这种还原会倒逼各级文化行政部门及依附态层级文化事业单位，放弃消极政绩欲望冲动与行政利益自满足惯性，努力实现调节性政策工具逻辑起点于具体而精密分析的，诸如“就被关注到的相关时域的变化而言，支出增长较多的领域主要在于遗产、美术、戏剧和文学出版，而另外一些其他文化支出，如社会文化活动、电影、摄影以及文化设施，则增长较少……基于这样的实际状况，公共部门就作出了建设文化设施网络的关键性决策并付诸实施，对老旧设施维修改造，扩建一批新设施并配备相应的设备”③，逻辑起点于聚集文化民意并转换为专业信息的，诸

① Elinor Ostrom, *Understanding Institutional Diversity*, New Jersey: Princeton University Press, 2005, p. 100.

② Michael E. Kraft and Scott R. Furlong, *Public Policy: Politics, Analysis, and Alternatives*, Washington D. C., CQ Press, 2007, p. 151.

③ Mario D'Angelo, *Cultural Policies in Europe: Local Issues, Council of Europe*, Strasbourg, September 2000, p. 162.

如“联合国教科文组织文化政策国际观测网络”①，抑或地方文化政策工具在动态调节中“激励社会生活中个体的发展并最大限度地满足群体的文化参与诉求”②。所有这些倒逼，会从根本上使我们从当前的“工具失灵”“服务失效”乃至“社会参与度与受众满意度双低”困局中一步步走出来。

“效责态后果”是对政府文化部门及其事业单位运行政策工具和平台工具绩效状况的追诉。这种追诉不仅意味着各种默契关系履约后果的评估而奖惩，而且意味着法治社会背景下，如何使这些评估化和奖惩在政府监管、社会监督和“第三方”检测中确保工具效果压力机制的常态化与可持续性。就纯粹的公共文化管理知识域而言，工具效果压力机制追求的所谓“公共服务机构可能会或紧或松地执行政策，因此必须保持法律强制性”③，可以在公共文化服务工具叙事中，具指性地转换为“仲裁与申诉权力机构”及其所承载的：“对于那些在文化领域工作的人们而言，其特有的警示就在于：他们介入权力机构愈密切，则由此承受的压力所带来的就是更多的法定限制和诉讼。”④ 当绩效后果必须与行政追诉及其制度安排强制性密切关联之际，无论是工具使用者、监管者还是所有者，就都逃脱不掉预期标杆不能履约所带来的行政问责或者司法审判。而当前中国事态的症结恰恰就在于，不会有人因文化政策工具、平台工具的失灵、失位承担追诉程度不等的追责。

---

① J. Mark, Schuster, *Informing Cultural Policy*: *The Research and Information Infrastructure*, New Jersey: Center for Urban Policy Research, 2002, P. 35.

② Mario D'Angelo, *Cultural Policies in Europe*: *Local Issues*, Strasbourg, Council of Europe, September 2000, p. 44。实际上，这种基于事实社会需求甚至迫切民生需求的文化政策工具匹配或平台工具匹配，在所有文化政策制度框架中都具有决定文化项目成败与否的逻辑前置性，例如可参照欧盟文化政策工具运行案例中的“欧洲文化之都”（ECOC）的创建得失，可参阅其文献细节对效度强调的诸如“是否成为工人、农民、家庭主妇、公务员或者政治家们深入人心的事态”（AnninaLottermann, We Keep on Building: The “Failed” Application of Görlitz/Zgorzelec 2010, in Kiran Klaus Patel (ed), *The Cultural Politics of Europe*: *European Capitals of Culture and European Union since the 1980s*, OX. Routledge, 2013, p. 141）。

③ Grover Starling, *Managing the Public Sector*, London, Harcourt 2002, p. 60.

④ Marc Guillaume, The Cultural Imperative, in Jeremy Ahearne (ed), *French Cultural Policy Debates*: *A Reader*, London: Routledge, 2002, p. 125.

（二）现代公共文化服务体系建设工具方式的信度恰配

现代公共文化服务体系建设工具方式的信度恰配是指文化制度运行实践过程中，政策工具与平台工具在执行力的支撑下，逐步建立起其在社会生活现场文化评价与道德评价的肯定形式和诚信形象，由此而使公众凝聚起文化参与的巨大热情，以及对这种热情参与所必然产生的意义增量、价值升华和生活拓展，抱有坚定的信心和无可置疑的信念。

就文化评价而言，研究者实际上可以基于量化理念，建立起工具运行所含社会文化价值的测值模型，因为公众文化参与的自觉响应程度，以及诸如频次、规模、指向、稳定性等可指数化测值因子，直接抑或间接地指涉着工具运行的文化价值当量和文化拓值后果。当文化价值当量和文化拓值后果处在工具运行的社会期待视野的指数水平时，就会形成吸引社会公众大规模文化参与的主观判断参照与客观行为前提，反之则会丧失其社会公众大规模文化参与的逻辑必然性及现实可能性。阿尔贝塔·阿塞斯（Alberta Arthurs）之所以在公共文化政策分析语境时讨论博物馆必须在不断求变的过程中确立其凝聚观众的文化形象，就在于他充分意识到只有这样的文化形象魅力建构，才能形成这一特定平台工具对规模化社会公众的诱引性关系、迫切性关系、必要性关系乃至互动性关系等，并且可以将其中复杂的问题脉络简单陈述为："何以证明博物馆事业的重要?"① 在更早的欧洲事态案例中，专家们认为从前政府所习惯使用的精英价值指向公共文化政策工具，具有明显

① Alberta Arthurs, Making Change: *Museums and Public Life*, *in Gigi Bradford*, *Michael Gary*, *and Glenn Wallach* (*eds*), *The Politics of Culture*: *Policy Perspectives for Individuals*, *Institutions*, *and Communities*, The New Press 2000, New York, p. 211. 实际上，按照作者的隐含阐释逻辑，只有在回答这类基本问题上建构社会公众对特定平台工具的执著文化信念和真实文化信任，才可能实现工具本身功能定位的所谓："Museums are key civic institutions in which definitions of identity and culture are both asserted and contested. Museums of art, history, or natural history have deep power derived from their socially assigned role to classify and define people and societies and posit standards for excellence focused on culture, artifacts, and works of art. The specific activities of museums - collecting, preserving, studying, interpreting, and exhibiting - can support or challenge the constantly changing core values of society."（ibid, p. 212.）

前民主国家（pre-democratic state）特征，其所专注的诸如国家剧院、国家博物馆、教育基地、美术研究院等，在更宽广的“促进文化民主化”（democratizing culture）和普惠性保障公民基本文化权益的当代背景下，逐渐显露其政策工具功能匹配的非完全恰配性，必须迅速给予恰配性政策功能调整，才能走出取信于文化小众而失信于文化大众的隐存困局，才能在全社会文化普惠诚信和政府文化体制能够自信的政策工具恰配中，真正走向“这种文化政策策略的观念在于，所有的人都拥有获得公共文化服务的民主权利”而非“艺术资助政策只是保障极为有限的受惠者参与文化活动”。①

就道德评价而言，工具方式是否体现信度恰配的原则和特征，虽然其影响因子同样复杂繁多，但其中最重要的一点，就在于工具使用者如何使用工具以及工具受惠者的受惠方式。在其他条件不变或者暂时悬置条件下，恰配与否就演绎为现场恰配状况的直接呈现，就演绎为工具使用者与受惠者当事双方的在场关系与互动结构。这种在场关系与互动结构，既在社会背景的政治维度延展至一般正义性价值层面，也就是罗尔斯所渴望的“一个组织良好的社会是一个被设计来发展它的成员们的善并由一个公开的正义观念有效地调节着的社会”②，亦在文化体制的技术安排程序中具体而且细节化地体现出每一个工具运行环节，也就是约瑟夫·拉兹所小心翼翼附加说明的“同意的两个证成在于指出（a）如果同意是有效的，它增加了人们的机会，和（b）这种增加对人们是有益的，即增强他们的福利”③。无论是政治延展维度的一般正义性价值，还是具体文化治理技术方案中的现实伦理诉求，都必将于在场关系和互动结构中形成工具受惠者对使用者的道德评价关系，一旦这种评价显形为否定性评价结果而非肯定性评价后果，抑或评

① J∅rnLangsted, *Strategies in Cultural Policy*, *in J∅rnLangsted* (*ed*), *Strategies*, Denmark, Aarhus University Press 1990, P. 15.

② 〔美〕约翰·罗尔斯：《正义论》，何怀宏等译，中国社会科学出版社，1998，第455页。

③ 〔英〕约瑟夫·拉兹：《公共文化领域中的伦理学》，葛四友等译，江苏人民出版社，2013，第423页。

价后果价值比中否定性大于肯定性，那么也就意味着政府文化治理已经失去善的合目的性，当然也就同步性地意味着特定文化工具的运行方式已经失去社会信任，而这种失信将立即给政策工具或平台工具带来不道德的恶名。

总而言之，只有工具方式能使社会公众获得文化评价与道德评价两方面肯定性的真实价值判断，并基于这样的判断建构起在场关系和互动结构的诚信支撑，才有所谓恰配性可言，因而也才有实证状态中的正能量与有效性可言。

三　现代公共文化服务体系建设的工具激活

随着社会转型和语境变异，传统的行政权力处于绝对支配地位的工具使用方式，已经无法满足“现代公共文化服务体系”这一文化政策命题的现实条件需要，否则，无论是政策工具还是平台工具，就都会出现否定意义的工具方式错配甚至工具错配，并且因错配而导致工具去功能化中文化治理失效的社会文化后果。而规避错配且抵达恰配的最好出路就在于“契约运行”，因为后者对前者的置换将使所处时代获得工具激活和公共文化服务有效的文化体制改革预期成果。

保障公民基本文化权益作为现代国家所必须承担的重要责任，之所以具有不可逃避的合法性，是因为一方面它是超越意识形态樊篱的普世态民生诉求①，

① 在国家文化治理的整体制度框架设计中，所要回答的是“国家文化治理的内在逻辑结构与外在制度安排”，并且从一开始就必须清晰地意识到，无论是理论分析层面还是实践运作环节，都应该遵循文化发展规律中诸如“价值分层”与“治理分类”等一系列客观法则。基于国家利益的政治意识形态，基于公共社会利益的文化精神、文化理性和个人分享社会利益的文化权利，或者基于民间利益的地域文化个性、节仪文化风俗抑或原生态文化繁衍生机，彼此间既有千丝万缕的联系，但更有不可取代的社会的本质性差异，而我们所讨论的现代公共文化服务体系及其匹配性公共文化服务工具，其着力点和基本功能指向，在于公共文化生活建构，在于政府通过相应的公共资源去承诺基于公共社会利益及文化精神、文化理性和个人分享社会利益的文化权利。

另一方面它又是民主国家文化意识形态的精神家园诉求[①]，其诉求叠合决定着所在民族国家社会生活界面的文化生存质量、文化生存活力，以及进一步的日常文化理性和内在文化精神等方面的价值高度、意义广度和影响力延伸长度（边际内时间延伸抑或跨域空间延伸），从而也就倒逼政府最大限度地开发、整合并且配置公共文化资源，由此与之相一致地最大限度地实现公共文化生活的扩容、拓殖乃至不断升级。当“培育和弘扬社会主义核心价值观”成为现代公共文化服务体系的文化意识形态前置条件时，我们所迫切需要谋划的，就是文化意识形态与政治意识形态边际清晰后公共文化服务制度安排的基本结构框架，以及作为这一制度框架得以动态运行的工具功能匹配，从而使得制度匹配中的工具获得“契约运行”方式的工具使命价值空间。基于这样的逻辑起点，则此种前置条件在保障公民基本文化权益的制度担当中，必须驱动公共文化服务工具获得工具使命价值空间内的一系列应授权职能，进而在绩效标杆的社会显形中充分实现工具功能与工具使命的价值预期。在一系列应授权职能中，以下授权工具使命最为切要[②]，那就是：①工具的“机会创建”使公民在机会平等的文化参与中确

① 参阅习近平《青年要自觉践行社会主义核心价值观》：“人类社会发展的历史表明，对一个民族、一个国家来说，最持久、最深层的力量是全社会共同认可的核心价值观。核心价值观，承载着一个民族、一个国家的精神追求，体现着一个社会评判是非曲直的价值标准。”（《习近平谈治国理政》，外文出版社，2014，第168页）。又参见马林诺夫斯基：“他们行为上的协力性质是出于社会规则或习惯的结果，这些规则或有明文规定，或是自动运行的。一切规则、法律、习惯及规矩都明显是属于学习得来的人体习惯的一类，或就是属于我们所谓精神文化”（《文化论》，费孝通等译，中国民间文艺出版社，1987，第7页）。再参见克利福德·格尔兹：“一方面，有信仰和表达符号的框架，有个人用来定义世界、表达感情、作出判断的价值的框架；另一方面，有当下的互动行为过程，我们把这种互动行为过程的持续存在的形式，称为社会结构”（《文化的解释》，纳日碧力戈等译，上海人民出版社，1999，第167页）。

② 作为“工具使命价值空间的应授权职能”，与“公民基本文化权益内置义项”处在对称位置，是同一议题的两方面内容，必须在讨论之际既清晰其所指界限亦熟谙其所议接口，这是某些似是而非的相关论文自我紊乱之所在。关于“公民基本文化权益内置义项”，可参阅王列生著《国家公共文化服务体系论》第六章（文化艺术出版社，2009，第79～102页）。

保文化民主权利①；②工具的“资源播撒”使公民在日常扩容的文化参与中获得文化民生实惠；③工具的“精神滋养”使公民在身份塑造的文化参与中渐现文化洗礼效应。而诸如此类的工具使命要想取得预期价值效果，显然就必须调动全体公民的文化参与，并在非间断性入场中逐渐成为主动而非被动的文化行为主体，否则就无所谓工具使命的“文化民主权利”“文化民生实惠”以及“文化洗礼效应”可言。从这个意义上说，之所以“培育和弘扬社会主义核心价值观”能够成为统辖并且助推现代公共文化服务体制建构的前置条件，就不仅在于基本准则价值诉求的“倡导富强、民主、文明、和谐，倡导自由、平等、公平、法治，倡导爱国、敬业、诚信、友善”②，为其匹配性工具的功能指向和运行张力提供了广阔、全面而且深刻的叠合诉求价值空间，还为公共文化服务工具对叠合诉求价值空间的有效覆盖提供了定位逻辑起点与拟置绩效标杆理论前导。只要稍加分析就不难发现，其最重要的理论前导向度就在于，逻辑起点理所当然应该定位于“文化民意”，而绩效标杆的拟置则同样理所当然地应该在文化民主协商进程中，由每一具体文化诉求的最大社会文化公约数来决定。即使能够将制度逻辑建立在合理逻辑起点与真实绩效标杆之上，但如果缺乏对所有合理性与真实性的稳定制度保障，依然无法产生其对公共文化服务工具的强大而持久的激活力量，“体

① 譬如实际操作层面的：“Local plays normally attract a non – theatre audience and become a common experience for a town or parish. Many of the plays have run for several years and people see them again and again. A local play is absorbed into daily life and is accessible because it is about yourself and gives you a sense of identity.”（DorteSkot – Hansen，Local Culture and Local Identity，in J∅rnLangstel（ed），Strategies，Aarhus University Press 1990，Denmark，P. 27.）又譬如理论叙事层面的：“Cultural democracy requires the acceptance of the concept that the various cultures that make up American culture have their own methods of defining support to their arts and artists，and that support systems need to be developed that are very different than those that have been established to support cultural democracy must be different from those that accept the democratization of cultural institutions.”（Gerald D. Yoshitomi，Cultural Democracy，in Stephen Benedict（ed），*Public Money and the Muse*：*Essays on Government Funding for the Arts*，New York，W. W. Norton & Company Inc.，1991，p. 212）诸如此类，其所议的价值指向皆在于“机会创建”以及对参与性文化民主权利的制度支撑和匹配性工具保障。

② 《习近平谈治国理政》，外文出版社，2014，第168页。

制空转”或者“去功能化”的消极后果迟早都会发生。因此，解决这一问题并实现工具方式有效转换的进一步途径，就在于将民意聚集程序、民生诉求程序、公共文化服务制度设计程序、具体文化服务选项决策程序、文化政策工具和文化服务平台工具运转程序、绩效测值与奖惩追诉程序，以及所有这些程序实际发生过程中的动态微调和局部修正等，都纳入法治化、契约化、问责化和社会监管化的合法性制度刚性框架之内，而“全面依法治国”的宏观时代条件[①]，恰恰就为所有这些不无理想主义色彩的目标实现奠定了稳固的支撑基石。一旦作为重要文化制度安排的“现代公共文化服务体系”完全嵌位于诸如“对财政资金分配使用、国有资产监管、政府投资、政府采购、公共资源转让、公共工程建设等权力集中的部门和岗位实行分事行权、分岗设权、分级授权，定期轮岗，强化内部流程控制，防止权力滥用。完善政府内部层级监督和专门监督，改进上级机关对下级机关的监督，建立常态化监督制度。完善纠错问责机制，健全责令公开道歉、停职检查、引咎辞职、责令辞职、罢免等问责方式程序”[②]，那么也就意味着不仅政策工具与平台工具的任何功能匹配都只能缘起于法定程序和授权合法性依据所确立的特定法律条款，就仿佛美国公共文化治理制度安排中核心工具之一的“NEA”（国家艺术基金），从一开始就以法律条款形式限定其资助范围为“……音乐（乐器与声乐）、舞蹈、戏剧、民间艺术、创意写作、建筑及其相关领域、绘画、雕塑、摄影、平面艺术与手工艺、工业设计、服装与时尚设计、动画、电视、广播、磁带与歌曲录制、其他相关表演艺术、诸如此类重要艺术形式的展览、艺术研究以及关于人文环境的艺术应用”[③]；而且更

① 参阅习近平的《坚持法治国家、法治政府、法治社会一体建设》：“坚持依法治国、依法执政、依法行政共同推进，坚持法治国家、法治政府、法治社会一体建设，不断开创依法治国新局面。”《习近平谈治国理政》，外文出版社，2014，第144页。

② 《中共中央关于全面推进依法治国若干重大问题的决定》，人民出版社，2014，第19页。

③ Margaret Jane Wyszomirski and Kevin V. Mulahy, The Organization of Public Support for the Arts, in Kevin V. Mulcahy and Margaret Jane Wyszomirski (eds), America's Commitment to Culture: Government and the Arts, Colorado, Westview Press Inc., 1995, p. 125. 这段引文中有一个叙事细节值得中国语境作深度化关联性思考，那就是作为电影帝国的美国，其政府对艺术的公共资助中并未将其纳入合法范围，内在逻辑制约其实在于文化产业政策的 （转下页注）

意味着所有匹配性工具的运行进程、运行方式、运行效果以及运行责任等，始终都处在契约化法律条文的规范、约束和追诉之下，甚至哪怕是过失性失约或者非违法性公共文化资源流失，均必须有人为此承担责任，情形如同曾经大有作为的法国文化部部长马尔拉罗西和朗（Malraux and Lang），也不得不在“文化部的职责”困思中“尽量减少浮夸和好高骛远的法定责任”①。进一步则在于，“全面依法治国”的宏观时代条件，会在信仰层面、价值层面、制度层面、行政运作方式层面直至日常文化氛围层面，形成愈来愈厚重的积淀以及越来越强大的支配力量，由此也就会转化为所在时代文化生活现场及其治理的规制和维系，当然也就能在更加具体的现代公共文化服务体系及其工具方式中，产生全覆盖和细节化的契约关系具体建构②。毫无疑问，形成契约关系的每一项具体建构，都将以着力点位置发挥其对工具有效运行的制度保障功能，既保障公民享受公共文化服务甚至基本文化权益的合法性，亦保障政府配置公共资源并提供基本公共文化服务有限授权的合法性，同时还保障所有涉及公共文化服务现场事态、涉事各方及一切形式参与者的行为合法性，并且所有这些“保障”既是制度对入场的“条件允许”，

（接上页注③）边际定位与功能指向，而这在中国语境恰恰是逻辑混乱的在场议题，相关各方或许应从中获得某些政策逻辑梳理的学理参照。

① Philppe Urfalino，Missions for the Ministry of Culture，in Jeremy Ahearne（ed），*French Cultural Policy Debates*：*A Reader*，London ：Routledge，2002，p. 186.

② 例如，自 2015 年 3 月 1 日起施行的《中华人民共和国政府采购法实施条例》，就需要而且一定会有相配套的公共文化服务项目采购契约规制和实施细则，其第二十六条规定的“《政府采购法》第三十条第三项规定的情形，应当是采购人不可预见的或者非因采购人拖延导致的；第四项规定的情形，是指因采购艺术品或者因专利、专有技术或者因服务的时间、数量事先不能确定等导致不能事先计算出价格总额”，在公共文化服务采购框架内就必须将这类非常态事件纳入可以常态化规约控制的范围，而且在文化服务采购较为成熟的国家，这些技术障碍已经不构成对规约严密性和条法计量化的否定力量，预计中国语境将会随着法治社会深化和现代公共文化服务体系进入体制成熟状态，大量可操作的这类规约文本与执行细则就会谱系化地呈现在公共文化服务体系及其匹配工具运行的方方面面。出于增强信心的考虑，可参阅诸如 Olav Velthuis，*Talking Prices*：*Symbolic Meanings of Prices on the Market for Contemporary Art*（Princeton University Press 2005）、Arjo Klamer（ed），*The Value of Culture*：*On the Relationship Between Economics and Arts*（Amsterdam University Press ，1996）、Alan. S. Blinder Elie. R. D. Canetti，David E. Lebow and Jeremy B. Rudd，*Asking about Prices*：*A New Approach to Understanding Price Stickiness*（Russell Sage Foundation ，1989）。

亦是制度对在场的“条件限制”，基于入场“条件允许”和在场“条件限制”的全面法治化与无缝隙契约化，作为“全面依法治国”在国家文化治理和现代公共文化服务体系制度建构中的积极社会后果，为一切匹配性工具的“契约运行”转型及其有效性充分实现，提供了基于公正性、效率性、稳定性、长效性乃至可信性等一系列边际功能目标要素的强大维系力量和制度刚性。

无论是政策工具还是平台工具，只要它们运行在现代公共文化服务体系的制度框架之内，就会涉及诸如文化资源、行政资源、财政资源、人力资源以及关联其他物质资源等公共资源的使用和分配，就会在所有的工具环节和方式中现实地形成“权力—资源”之间的关联结构关系，以及所有涉身者面对这一关联结构关系所采取的不同价值态度、处置方式以及心理动机。在“权力操控”向“契约运行”的工具方式转换中，每递进性转换一步，都必然体现为与之相一致的“权力—资源”关联结构关系的重大变化，而人们之所以在自觉不自觉地抵抗重大变化导致的“新环境”时，极力在实际运作过程中维护“旧常态”的所有存量，就在于这种转换和变化会改变关联结构关系中所深度隐存的利益格局，以及隐存态利益格局所携带的无数随机性工具利益寻租机会。在日常社会生活空间，由于文化境域的公共资源无论就其体量规模还是就其寻租机会，与其他大体量甚至超大体量的公共资源社会分配领域相比始终都不在一个重量级，在绝对多数情况下往往不会成为受到关注的外部社会问题焦点抑或内部文化问题焦点①，但是从“支配社会

① 之所以不会成为受到关注的社会问题焦点，是因为其工具利益寻租空间非常狭窄和微小，无法聚焦到诸如民生关切的“2006 年，透明国际公布一份特殊报告，聚焦腐败对人们获取医疗服务以及国民健康造成的破坏性影响。报告记录了医疗行业存在的各种腐败及其表现形式，如许多东欧国家给医生‘送红包’，尼加拉瓜售卖假药，美国保险公司漫天叫价收费。”（［瑞典］博·罗斯坦：《政府质量：执政能力与腐败、社会信任和不平等》，蒋小虎译，新华出版社，2012，第 66 页）。之所以不会成为受到关注的内部文化问题焦点，是因为包括文化政策研究者在内的文化研究庞大阵营，其研究重心都放在文化的意义、价值、形态等本体性空间或形而上层面，就如克里斯·巴克所坦言的：“事实上，文化研究的中心可以理解为文化的研究，理解为表现的意指实践。”（《文化研究：理论与实践》，孔敏泽译，北京大学出版社，2013，第 8 页）

学”知识视角看问题，权力在文化支配过程中实际上存在着三种支配体验：其一是非物质性关联的文化领导权的支配，所涉及的是文化价值的支配权力，也就是诸如“在文化政策领域确立现代政府角色功能位置的更大权力空间……政府在文化领域投入，目的在于资助‘艺术事业’，以及进一步的更多目的：爱国主义的，宣传性的，再分配的，因而通常也就是对符号形态的生产与循环进行管控”①；其二是物质性关联的文化领域公共资源配置权的支配，所涉及的是公共资源（中国语境简称为“人、财、物”）如何在公共文化服务体系及其匹配工具中进行分配和使用，也就是诸如“资金也许被从联邦政府向各州进行再分配，拥有或者丧失对资金使用的决定权”②；其三是物质性关联与非物质性关联叠合的文化资源社会化再分配权的支配，所涉及的是无形文化和有形文化实现其公共资源身份转型以后，究竟怎样公平与效率兼备地再分配为文化参与机会、文化产品供给、文化生存条件等，也就是诸如“政策影响着文化资源的再分配：政策项目及其促进特定文化价值，亦被陈述为分享性的公共文化价值；所有这些项目实现了全覆盖，人们由此获得其合法化进行这种公共文化分享愿望的表达空间；同时这些政策项目还为提高人们评价和重申此类分享性公共价值的能力提供机会，唤起他们自身的经验共鸣”③。无论是哪一种支配体验，其过程都隐含着工具利益寻租的可能性。其一，各种“专项”在选择性工具资源配置中，因自由裁量权力的弹性存在而为工具利益寻租预留了足够的寻租空间。其二，一些“政绩”经过打造和经营，离公共利益目标或公共文化服务价值指向越来越远。其三，普遍存在于平台工具运转环节中的设备采购、维修乃至交易额极大的基础设施建设，诱惑着所有可能进入“潜规则”的涉身者往往主动抑或被动地放弃本来应该坚守的法律红线与道德底

① Jim Mcguigan, *Rethinking Cultural Policy*, Berkshire: Open University Press , 2004, p. 15.

② Paul J. Dimaggio, Decentralition of Arts Funding from the Federal Government to the States, in Stephen Benedict (ed), Public Money and the Muse: Essays on Government Funding for the Arts, New York: W. W. Norton & Company Inc. , 1991, p. 220.

③ Carole Rosenstein, Cultural Policy and the Political Nature of Culture, in J. P. Singh (ed), International Cultural Policies and Power, Hampshire, Palgrave MacMillan, 2010, p. 24.

线，以强大的负能量效应消解着公共文化服务工具的运行效率并扩张其运行成本。“把权力关进制度的笼子”作为重大当代政治命题，就为强力驱除公共文化服务领域里阻力形态的工具利益寻租，并顺势推进“契约运行”在工具方式中的公共性、合法性、公正性以及效率性等本体地位，提供了制度创新的内驱动力。①

① 习近平：《把权力关进制度的笼子里》，参见《习近平谈治国理政》，外文出版社，2014，第388页。

B.5

公共文化服务体系建构：内涵与模式

耿达　傅才武*

摘　要：公共文化服务体系建构的内涵涉及公共文化、公共文化服务和公共文化服务体系三个基本概念，其发展与演化体现了国家文化视域的“下移”与“聚焦”以及文化认识观念不断深化的过程。在此过程中，支撑体系建构的战略与政策须根据不同的发展阶段做出相应调整，在不同历史阶段体现为不同的目标模式和改革策略。当前，我国社会正处于全面深化改革的转型期，应根据现代性要求，实施“政府引导—市场运作—社会参与和共享”的文化运行模式。

关键词：公共文化服务体系　文化权利

公共文化服务体系作为一种战略规划概念，是中国进入21世纪以来改革开放日益向纵深发展、特色社会主义理论建设和实践不断完善、在成熟的基础上产生的又一文化理论创新成果。2005年，党的十六届五中全会首次提出“公共文化服务体系”的概念；2007年，国家开始全面部署公共文化服务体系建设，随后，“覆盖全社会的公共文化服务体系”在

* 耿达，武汉大学中国传统文化研究中心博士；傅才武，国家公共文化服务体系建设专家委员会委员，武汉大学国家文化创新研究中心、国家文化财政政策研究基地主任，教授。

党的十七大以后成为全面建设小康社会的重要目标之一；2012 年，党的十八大提出要完善公共文化服务体系，提高服务效能；十八届三中全会又首次提出建设“现代公共文化服务体系”，“现代性” 成为公共文化服务体系建设的全新时代命题。至此，国家公共文化服务体系建构的战略规划基本形成。

一　公共文化：国家视域的“下移”与“聚焦”

公共文化最显著的特性在于其文化的公共性，具体可理解为：“在外延方面，公共文化主要指具有群体性、共享性等外在公共性特征的文化；在内涵方面，公共文化是在文化的精神品质上具有整体性、公开性、公益性、一致性等内在公共性特征的文化”①。在文化领域，新中国成立后，政府一直把文化作为一种“事业”，设立与公共服务对应的公共文化机构，统称为“文化单位”，纳入计划体制下的官僚科层网络中进行管理，文化领域都称之为文化事业。1978 年实行改革开放以后，随着市场经济体制的建立和完善，被包含在“公共文化”中的文化的经济属性得到开发，文化产业的概念开始从文化事业中剥离出来。在 2000 年的“十一五”规划中，首次将文化产业和公益性文化事业区分开来，文化产业获得了独立性概念。与此相对应，公共文化服务体系的概念在 2005 年被正式确定出来，从此，公共文化服务体系建设成为国家文化建设战略层面必不可少的一环。“公共文化服务体系作为一种概念范畴的提出，本身既是对文化事业体系的‘内涵超越’。公共文化服务作为一种现代服务型政府的职能延展，并不是文化事业的‘转型升级版’，传统文化事业体系与现代公共文化服务体系代表了不同时代的政治理念和管理方式，存在着从基本理念到功能结构上的诸多差异。建立公共文化服务体系，促进了文化事业向现代公共管理理念的转型。”② 从

---

① 万林艳：《公共文化及其在当代中国的发展》，《中国人民大学学报》2006 年第 1 期。

② 傅才武、耿达：《国家文化行业：概念、范畴、功能及其工具性局限》，《江汉学术》2013 年第 5 期。

对国家文化领域发展演变历程这一简单梳理概括中，可以看出国家对公共文化的认识存在视域“下移”与“聚焦”的转变（见表1）。

表1　文化领域发展形态对比

文化领域	话语体系	制度设计	组织形态	管理形式	绩效测评	开放程度
文化事业	国家话语	国家配置	行业体制	单位组织	社会效益	半封闭系统
文化产业	市场话语	市场配置	产业体制	市场组织	经济效益	开放系统
公共文化	公众话语	社会参与	对话机制	非营利性组织	社会效益	开放系统

“文化事业单位”是国家计划经济体制的条件下在文化领域中实行的一种管理和组织形态，其核心目标是要满足国家意识形态的正当性对于社会动员渠道的要求，在整体上表现为一种自上而下的文化动员体系，立足于“计划配置、干部任命、专业技术”三大基础之上，形成了“资源体制内循环、身份刚性约束、行业壁垒”三大特征。① 虽由文化事业单位所提供的文化产品和服务在福利意义上具有公共的性质，其向公民提供相对均等的公共文化服务，但由于社会总供给量严重不足，且实行固定、统一的产品供给，无法满足公众实际需求偏好，因而这种条件下的公共文化服务是低水平和低层次的。

随着社会主义市场经济体制的逐步确立和完善，“文化的经济属性得到了有效的产业化开发，文化产业应运而生”②。文化产业实行企业化运作，以市场为导向，以追求经济效益为基本目标。文化产业的发展打破了文化“公共性”被扭曲为国家垄断性或代理性的历史局面。至此，在文化领域我国开始了“双轮驱动”的文化建设和发展时期：一轮是市场性的文化产业，通过市场经济中的文化供给来满足大众的文化需求；另一轮是公共性的文化事业，通过政府提供公共文化资源来保障和满足公众的文化需求。“文化市场的日益开放以及文化产业的蓬勃发展，凸显了公共文化（原来的‘文化

① 傅才武：《中国文化管理体制：性质变迁与政策意义》，《武汉大学学报》2013年第1期。

② 毛少莹：《文化发展：在经济化和福利化之后》，《中国文化报》2008年3月21日。

事业’）这个概念的本来含义：它对市场具有弥补作用，相对于市场提供的文化商品（产品及服务）而言，它是在政府主导下，以转移支付的财政手段向特定社会群体提供的文化产品及服务的总和”①。

由单一的文化事业形态到文化产业形态的确立，国家对文化领域行业的认识由着眼于意识形态的“上层建筑”到放眼于经济形态的“物质基础”，视域开始下移，更加重视群众的文化需求。但是，在文化经济发展与文化产品日益丰富的同时，公民的文化享受程度的差距却越来越大，特别是城乡之间的文化消费水平差距悬殊，文化权利保障问题和文化民生问题日益突出。文化产业由于其市场趋利性，提供的是满足个体偏好性的文化产品，对于公共文化产品特别是“老少边穷”地区的公共文化服务则不愿或很少涉及；而文化事业为体现文化的“公共性”追求占有共享性文化资源，其行政性供给并不匹配实际的民众需求。文化产业供给的“到不了位”与文化事业供给的“不到位”，需要国家再一次把视域下移，聚焦于关乎百姓民生的“公共文化”。也正是出于此，国家提出了一系列公共文化服务工程，目标就是让广大人民群众共享文化发展成果，最大化的实现文化的公益性、均等性。“公共文化服务”这一概念不仅包含了文化事业的“公益性”和文化产业的“经营性”，而且大大拓宽了文化事业的主体，其“触角”还延伸到文化产业所无法到达的角落，它能够包孕文化的“使用价值”和“交换价值”。于是，国家视域开始聚焦于公共文化服务。

二　公共文化服务：认识观念的深化与发展

目前，学界对公共文化服务的认识主要有三种理论观点：文化福利、文化权利和文化治理。

---

① 李河、张晓明：《当代中国文化政策10年》，选自李景源、陈威主编《中国公共文化服务发展报告（2009）》，社会科学文献出版社，2009，第38页。

“文化福利属于社会福利的一部分”①，是国家、社会部门以及公益性组织提供的一种公共服务。“文化福利”观论证的逻辑基础是：作为社会性的人，除具有经济和政治方面的需求以外，还具有文化方面的需求，而人们获得文化需求的满足度便构成了文化福利。在这种意义上，公共文化服务的实施就是公众文化福利的享受过程。这一认识还只是停留在文化事业体制的基础上，注重政府供给或政府“操办”，容易导致供给与需求的错位。

文化权利根据人权观念发展而来，其最主要的法律文书来源于1966年联合国大会通过的《经济、社会、文化权利国际公约》②。中国学者大多据此文件所提出的文化权利概念对我国公共文化服务进行解读。“文化权利”观基于公共产品理论，把文化视为一种公共产品，具有“消费的非排他性、消费的非竞争性、产权的公共性、产权的难以交易性和持久的外部效应”③，因此“人人有享有文化的权利”④。在此逻辑上中国许多学者提出公共文化服务不应仅仅视作政府提供的一种文化福利，而应该是保障公民文化权利的一种必然要求。深圳学者在这一认识基础上提出，“公共文化服务体系以实现公民文化权利为逻辑起点，是满足社会的公共文化需求，向公众提供公共文化产品和服务行为及其相关制度与系统的总称，是国家公共服务体系的有机组成部分”⑤。然而，国际公约规定的出发点是促进文化平等权，落脚点是维护知识产权。即文化权利是“个人获得累积文化资本的平等的权利”“个人自由创造自己的文化作品的权利及所有人享有自由利用这些创造品的

① 西方学者将福利分解为三种模型：A模型——社会服务，其中包括公益性援助、公益性补贴和社会保险等项目；B模型——通过减免税等方式鼓励自置产业、人寿保险等个人行为；C模型——公共服务和市政建设，其中包括公益性交通、治安和文化教育等项工作。周弘：《福利的解析——来自欧美的启示》，上海远东出版社，1998，第8页。文化福利属于A模型和C模型，既有社会服务的范畴，也有公共服务的范畴。

② 艺衡、任珺：《文化权利：回溯与解读》，社会科学文献出版社，2005。

③ 孔进：《公共文化服务供给：政府的作用》，山东大学博士学位论文，2010。

④ 《经济、社会、文化权利国际公约》第十五条第一款规定：“本公约缔约各国承认人人有权：（1）参加文化生活；（2）享受科学进步及其应用所产生的利益；（3）对其本人的任何科学、文学或艺术作品所产生的精神上和物质上的利益，享受被保护之权利。”胡志强编《中国国际人权公约集》，中国对外翻译出版公司，2004，第7～8页。

⑤ 陈威主编《公共文化服务体系研究》，深圳报业集团出版社，2006，第4页。

权利”以及“每个文化群体保留并且发展自己特有的文化的权利”①。这里所指的文化权利并不符合中国语境下的“文化权利”。中国语境下的“文化权利”更多的是指一种“文化民生”。学者吴理财对“文化福利”和“文化权利”的观点进行了深入的分析，他认为“把公共文化服务仅仅视作文化福利或文化权利的要求，有其不足：作为文化福利的公共文化服务，往往缺失民众必要的民主参与，导致公共文化服务与民众公共文化需求相脱节；在当下，权利往往被人工具性使用，如果没有一定的公共意识和公共精神的规约，又会成为一种公共性的消解力量，从而与通过公共文化服务建设文明健康的公共文化生活的主旨相背离”②。

通过对“文化福利”和“文化权利”两种观点的批判性吸收，吴理财等学者提出了“文化治理”的观点。其逻辑基于文化的公共性，“公共文化是与私性文化相对而言的，是一种共享的、共有的价值理念，它是以核心价值观为内核，以公共理念为基础的一种文化形态”③。所以，“公共文化服务的实质就是建构公共性，在一个公共性日趋衰落的转型社会中，它将发挥越来越重要的社会治理功能”“公共文化服务既是文化治理的一种形式，也是文化治理的一项内容”④。虽然“文化治理”观相较于“文化福利”和“文化权利”观有了进一步的认识，但其仍然是政府公共行政治理之下的一种“体制式补给”。对公共文化服务内涵的认识对比见表2。

表2　公共文化服务内涵认识对比

认识观念	认识出发点	认识主体	提供形态	国家—公众关系
文化福利	文化基本保障	公众	保障型	国家主导
文化权利	文化身份认同	公众	保障型	国家主导
文化治理	文化实力建设	国家	管理型	国家主导
文化服务	公共服务职能	国家—公众	服务型	公众至上

① 〔挪威〕A. 艾德：《经济、社会和文化的权利》，中国社会科学出版社，2004，第98~103页。

② 吴理财：《把治理引入公共文化服务》，《探索与争鸣》2012年第6期。

③ 吴理财：《新农村建设中的文化建设研究述评》，《社会主义研究》2009年第3期。

④ 吴理财：《把治理引入公共文化服务》，《探索与争鸣》2012年第6期。

“公共文化的本质决定了公共文化服务的性质和方向，公共文化服务既是我国政府公共服务职能的新要求，也是我国文化建设的新领域，既是社会发展中的文化诉求，也是政府变革中的文化服务。”①。“文化服务”按照“我服务我骄傲”和“谁需要服务谁”的理念，其服务提供者可以是国家政府文化机构，也可以是社会公共文化组织，还可以是公众与个人，其服务的对象是全体社会成员，公共性始终是其基本属性和最明显的特征。“文化服务”体现的是政府的服务职能，这与我国政府职能向服务型职能转变的方向一致。具体而言，政府的文化服务理念主要体现在：（1）接受“公共支持”是其存在基础，（2）具有“公共精神”是其内在信念，（3）实现“公共价值”是其理想追求，（4）满足“公共需求”是其尊重公民权利的具体体现，（5）提供“公共服务”是其职能定位，（6）赢得“公共信用”是其目标要求。②“文化服务”概念简洁、通俗，既能包含文化的公共属性，又能体现服务主体与客体之间的互动关系。本文建议把公共文化服务的内涵确定为“文化服务”，它是以“公众至上”为原则，坚持“国家—公众”双向之间的信息互动，能最大化、最优化地实现文化的公共性。

基于“文化服务”视角中的公共文化服务是包容的、平等的、开放的，具有公共性、公益性和公众性，体现了“以人民为中心”和“为人民服务”的宗旨。公共文化服务不是单一的、固定的，而是多样的、流动的，它是一个立体化的综合体，包含了国家与民众以及市场上一切可供利用和补充的有益元素。所以，公共文化服务应该是由多方共同参与完成的一项复杂任务，注重系统性、整体性、协同性的原则。

三　现代公共文化服务体系：包容开放的多元模式

公共文化服务体系涵盖了公共文化和文化服务的所有要义，是一个总体性、集合型概念。国家在公共文化服务体系建设上已经推行了多项“文化

① 孔进：《公共文化服务供给：政府的作用》，山东大学博士学位论文，2010。

② 闫平：《服务型政府的公共性特征与公共文化服务体系建设》，《理论学刊》2008年第12期。

惠民”工程，一定程度上丰富了公众的公共文化生活，但具体效果还有待优化。从整个运行来看，自上而下的公共文化供给与自下而上的公共文化需求表达存在脱节，“需求表达通道”不畅；公共文化服务体系中的监督与评价机制尚未完全有效建立，绩效考核实际落实有待破解相关体制性障碍；公共文化服务体系运行的保障性制度缺乏。因此，从内涵出发，公共文化服务体系建设在根本上还是要解决：公共文化的公共性问题（公益性、均等性）、公共文化服务的效能问题（绩效与考核）、公共文化服务体系的整体性问题（科学与长效机制）。

构建现代公共文化服务体系已经成为全社会共识，然而如何构建、采取何种模式，尚未达成一致，其中“建构主体”是学术界讨论的焦点①。一般而言，政府、非政府组织（第三部门）、社会企业或民间组织等是公共文化服务体系的主体，而建构的主体又大致决定了服务的模式。在世界范围内，公共文化服务模式归纳起来主要有三种：政府主导模式、民间主导模式和政府与民间组织的分权化模式②，具体见表3。

表3　公共文化服务主要模式

项目＼模式	政府主导模式	民间主导模式	政府与民间组织分权化模式
管理部门	政府文化主管机构	非政府组织	“一臂之距”（准文化行政机构、中介机构）
运行方式	集权	分权	分权
资金来源	政府拨款	社会资助、政府拨款	政府拨款、社会资助
政府角色	强调控型	弱调控型	次强调控型
代表国家	法国、日本	美国、加拿大	英国、澳大利亚

① 公共文化服务体系构建主体的争论主要集中在政府是否应承担主导作用上。支持政府主导者的逻辑基于：其一，认识到市场失灵和社会公正是经济学有关公共责任的规范理由——它们说明了政府应当介入其中；其二，现阶段市场经济发展尚不完善，区域间还存在巨大差异，公民社会尚未发育健全，政府还必须发挥主导作用。支持政府与社会力量共同承担的学者则认为，不能单纯依靠有限的政府力量，需要研究政府介入的多种方式，发动社会力量和公民个体积极参与；同时，社会力量的介入可以产生竞争，提高公共文化服务的数量和质量。参见任珺《公共文化服务体系研究综述：2004～2007年》，李景源、陈威主编《中国公共文化服务发展报告（2007）》，社会科学文献出版社，2007，第87页。

② 李少惠、余君萍：《西方公共文化服务体系综述及其启示》，《图书馆理论与实践》2012年第3期。

一个国家采取何种公共服务模式与其国情、社会发展水平密切相关。历史上，西方公共文化服务大致经历了三个阶段：（1）19世纪初到第二次世界大战前的“自由放任阶段”；（2）20世纪50年代至80年代中期的“现代管理体系阶段”；（3）20世纪80年代末至21世纪初的“公共文化服务的转型阶段”。如今，西方发达国家已经建立了比较成熟的公共文化服务体系。根据我国社会整体发展水平与发展规划，大致可以将公共文化服务体系建设与发展划分为四个阶段：起步期（1949～1978年）、初步发展期（1979～2004年）、转型发展期（2005～2020年）、成熟期（2021年以后）。前两个阶段主要是“增量发展”和“体积扩容”，经过2005～2015年这十年公共文化服务体系建设，覆盖城乡的公共文化服务网络基本建成，公共文化服务均等化的要求基本能够得到满足。当前，我国正处于公共文化服务体系建设的转型发展期。构建现代公共文化服务体系，作为十八届三中全会提出的一个新概念，成为公共文化服务体系建设新的发展要求，即公共文化服务体系建设从“全面覆盖”粗放型建设阶段进入以“效能效益”为目标的内涵发展阶段。转型发展期的目标和任务是：“完善文化管理体制，建立健全现代文化市场体系，构建现代公共文化服务体系，提高文化开放水平”①。

何谓“现代公共文化服务体系”，学界有多种说法。张永新认为，“现代公共文化服务体系是指兼具时代性、创新性和开放性特征，有中国特色的公共文化服务保障体制、运行机制的总称”②，王列生认为，“现代公共文化服务体系是功能完备的开放性文化制度”③。蒯大申认为，现代公共文化服务体系是现代公共服务的重要组成部分，保障公民基本文化权利，是构建现代公共文化服务体系的出发点和价值基础，提供基本文化服务，满足人民基

① 《中国共产党十八届三中全会公报发布（全文）》，http：//news. xinhuanet. com/house/suzhou/2013－11－12/c_ 118113773. htm。

② 张永新：《现代公共文化服务体系的五个方面》，中国经济网，2013年11月15日。

③ 王列生：《现代公共文化服务体系是功能完备的开放性文化制度》，http：//www. gmw. cn/sixiang/2013－11/22/content_ 9569128_ 2. htm。

本文化需求，是现代公共文化服务体系建设的基本任务。[①] 不管如何定义，政府职能的角色转变在公共文化服务体系建设中显得尤为重要，就目前现实情况而言，需克服其在微观文化建设领域的“越位”和在公共文化服务领域的“缺位”现象，“找准自己的位置”，强化政府宏观调控和文化服务职能。我国公共文化服务体系发展阶段与建设主体参见表4。

表4　我国公共文化服务体系发展阶段与建设主体

发展阶段	起步期	初步发展期	转型发展期	成熟期
建设主体	政府主导	政府与公共部门主导	政府引导的多中心主体	竞争中的多中心主体

处在转型发展期的我国公共文化服务体系建设应该采取“政府引导—市场运作—社会参与和共享”的过渡运行模式，转变政府主导这一单一的建设主体形式，由“国家—个人”的二维结构向“国家—社会（市场）—公众”的三维复合结构转化。在转型发展期，需要确立政府引导下的多中心主体，转变政府职能，发挥市场在文化资源配置中的决定性作用，让各种非政府、非营利性的民间组织、公共组织、社会团体和私人企业积极参与公共文化产品与服务的生产和提供，把公共文化服务体系建设为包容开放的多元复合模式的创新建构。

（一）政府：引导建构

国家公共文化服务体系的建构需要切实推进政府职能由“管理型政府”向“服务型政府”转变，提升政府公共文化服务能力，充分调动社会和市场的力量，发挥政府的引导作用，在文化内容挖掘与生产、文化政策研究与制定、文化组织交流与合作、文化资金投入与使用等方面做出规范化的引导措施。另外，加快推进制度建设，在文化法规体系、文化发展规划、政策支持力度、文化人才建设、文化市场秩序等体制机制的保障方面要进一步健全

① 蒯大申：《现代公共文化服务体系的内涵与基本特征》，《文汇报》2014年2月24日，第10版。

和完善。

现代公共文化服务体系建设，必须在建设社会主义文化强国、全面深化文化体制改革的宏伟背景下进行整体设计和谋划，政府引导建构现代公共文化服务体系的路径在于加强制度建设、优化财政保障机制、建立健全绩效评价机制、提供技术平台支撑、完善文化治理方式。

首先，在政府职能方面，强化政府的公共文化服务职能。当前，在公共文化管理方面，政府的越位与缺位，政府对公共文化服务领域的强势主导既有利于公共文化服务体系的快速建成，但同时又存在对社会力量、社会资本的“挤出效应”。因此，在现代公共文化服务体系建设过程中，要着重推进政府职能转变，发挥政府在政策引导、资金扶持方面的优势，形成一个政府引导、多方参与的公共文化治理模式。其次，在政府与市场关系层面，打破体制壁垒，构建多渠道的社会投入机制和多元的文化供给模式。改变资金来源单一的现状就必须借助政府的引导，通过完善财政政策、信贷手段建立多渠道的社会资金投入机制，推动民间资本向公共文化服务方面合理流动。我们要借鉴国外在这方面的合理做法，逐渐形成政府引导、社会参与、市场运作、多方投资的公共文化产品及服务供给格局。另外，在文化机构的运营管理方面，尝试推行董事会、基金会制度。我国的文化馆、图书馆、博物馆等公益性文化设施属于国家事业单位，其管理运作模式受国家和政府支配，在实行免费开放以后，其资金主要也是由国家和政府下拨。因此，在管理运作上，缺乏相应的活力，导致管理机制僵化、运作方式不灵活等缺点。借鉴国外经验，可以在文化机构推行董事会制度、基金会制度，容许社会力量进入国有文化机构等，并赋予一定的管理权。

（二）市场：参与建构

公共文化服务体系建构需要引入市场机制，在当前世界发展趋势下，市场日益成为公共文化服务体系建设的重要因素。公共文化服务体系建设实际上是各种资源、生产要素在市场机制和政府行为的共同作用下的流动和整合过程。市场的竞争机制能够丰富文化产品与服务的内容和形式，提高公共文化供给的效率和质量。[1] 所以，要培育和壮大文化市场，按照“需求—生产—消费—再生产”的链条，生产符合人民大众的文化产品。同时，市场能够把政府、非政府组织、社会企业和公民个人有机融合在一起，通过经济规律来定位各自的角色和进行角色的流动互置，达到激活公共文化服务体系的目的。

引进市场竞争机制，可以丰富公共文化产品多元供给。一方面，政府可通过委托、承包、招标采购、项目补贴等多种方式向具备资质的私营组织、社会组织和专业团体购买公共文化服务项目，也可以与企业搭建公益性文化服务合作平台，让公众享受免费或优惠的公共文化服务；另一方面，政府可通过税收优惠政策及其他鼓励政策，引导私营组织、社会组织和专业团体积极开展多种形式的文化产业开发活动，丰富文化产品供给的内容和服务形式，满足公众多层次、多样化的文化消费需求。

（三）公众：中心建构

盘活公共文化服务体系的关键在于让公众广泛参与到公共文化服务体系建设中来，以公众为服务中心，从基础服务设施到公共文化活动内容，建立一套符合公众需求的供需体系。公众作为社会力量参与公共文化服务体系建设，可以分为公民个人参与和公民有组织的参与。[2] 公民不仅有享受文化成果的需要，还具有参与公共文化活动的诉求。在公共文化服务的整个链条上，从公共文化产品的需求、生产到公共文化产品和服务的提供、最终消费，公民都是最基本的组成形式。因此，公共文化服务体系的建构需要落实到以公众个体为中心，尊重公众的文化需求与偏好。公民有组织的参与包括非营利组织、社会团体、社区等形式。这些公民组织和团体，成为一股强大的社会力量，是政府、市场之外的第三支社会中间力

---

① 周晓丽、毛寿龙：《论我国公共文化服务及其模式选择》，李景源、陈威主编《中国公共文化服务发展报告（2007）》，社会科学文献出版社，2007，第155页。

② 阮可：《社会力量参与公共文化活动研究——基于国际经验的借鉴》，陈瑶主编《公共文化服务：制度与模式》，浙江大学出版社，2012，第229页。

量。它们的存在是一种“文化自觉”，能够对政府和市场起到补充和平衡的中介作用。总之，公众是公共文化服务体系的中心建构，是出发点与落脚点的统一，目标与方向的统一。只有紧紧抓住“以人民为中心”的公共文化服务建设，才能更好地体现文化的公共性、体现政府公共文化服务的职能。

B.6

我国公共文化服务均等化指数研究报告

魏鹏举*

摘　要：公共文化服务均等化指数是综合衡量我国公共文化服务领域均等化发展变化程度的统计指标体系。不管是区域间还是城乡间，我国的公共文化服务均等化程度在逐步提高，但地区间均等化总体水平不高，城乡均等化建设的效果和质量有待提升。我国需要从转变理念、制度创新、加大投入、科学管理和绩效考评五个方面改进公共文化服务均等化。

关键词：公共文化服务　均等化

近年来，在党和政府的高度重视下，我国公共文化服务体系建设取得了显著成效。但由于我国地域广阔，人口众多，区域发展和城乡发展不平衡的问题还比较突出，全国公共文化服务均等化还处于初级阶段。党的十七届六中全会提出“努力实现基本公共文化服务均等化”，党的十八届三中全会指出“构建现代公共文化服务体系。建立公共文化服务体系建设协调机制，统筹服务设施网络建设，促进基本公共文化服务标准化、均等化”。为了对公共文化服务均等化进行深入研究，本课题在总结各方面研究成果的基础上，尝试通过构建公共文化服务均等化指数并对其进行分析研究，来反映我

* 魏鹏举，国家公共文化服务体系建设专家委员会委员，中央财经大学文化创意研究院执行院长、教授。

国公共文化服务领域在均等化问题上的现状、发展趋势以及相关因素变动的影响方向和影响程度等。需要说明的是，由于各方面资料的限制，本研究只针对公共文化的主体——公共图书馆和文化馆站进行分析，研究对象以省为主体。

一　公共文化服务均等化指数的理论基础和含义

（一）公共文化服务均等化指数的理论基础

公共文化服务均等化指数的理论基础是对“公共文化服务均等化”的正确认知。综合前人研究成果以及文化实践，本研究认为，公共文化服务均等化是指在社会共识的基础上、在现有的体制框架内、在现有资源的约束下，政府利用可获得的文化资源为广大民众提供的基本公共文化服务，民众在公共文化服务领域应当享有同样的权利，追求的政策目标是在效率基础上所实现的文化公正。公共文化服务均等化具有以下四个主要特征：一是公平性，公共文化服务和资源应该公平分配。二是可获得性，公共文化服务应该是经常性的、便利性的、可以通过正常渠道合理获得的。三是绝对和相对的统一。绝对是指公共文化服务在每个群体（或每个个体）之间保持绝对均等和公平，但由于需求不同，每一个群体或个体享受到的公共文化服务的数量和质量又是有区别的，只能实现相对公平。四是无限和有限的统一。无限是指为公众提供公共文化服务的愿景是无限的，应该最大限度地为全体民众提供高水平的公共文化服务和高质量的文化产品；有限是指对于公共文化服务均等化的追求应该是量力而行的，根据社会经济发展水平和政府财力等方面的因素综合决定现阶段的公共文化服务均等化的标准，避免盲目、过高的追求。

（二）公共文化服务均等化指数的概念内涵

公共文化服务均等化指数是以特定的公共文化服务门类所创造的社会效

益和经济效益为基础，将公共文化服务投入情况、资源情况和服务效果进行加权汇总、综合衡量所得到的一种能够反映我国公共文化服务领域均等化发展变化程度的统计指标体系。

公共文化服务均等化是一个不断发展、演进的历史过程，均等化的具体形式和路径在各地区之间、城乡之间都存在着一定的差异，很难用统一的标准来衡量。公共文化服务均等化是一个带有比较性质的相对概念，在判断标准上，既要从横向地域维度进行比较，又要从纵向时间维度进行历史比较。本报告设计的公共文化服务均等化指数立足全国，从不同地区间和城乡间两个角度进行均等化的研究，反映这两个层面均等化程度的发展变化情况。公共文化服务均等化指数并不表示我国公共文化服务均等化的绝对程度，而是表示在公共文化服务均等化进程中的相对发展状态，可以理解为是一个“相对指数”。本报告所构建的公共文化服务均等化指数的指标体系，短期是以维持指标体系的相对稳定为主，力求保持指数的可比性；长期则要随着实践和发展要求的不断提高，成为一个不断调整的动态过程。

二　公共文化服务均等化指数的构建原则和框架设计

（一）公共文化服务均等化指数的构架原则

对公共文化服务均等化状况进行综合评价，需要建立相应的评价指标体系。本课题指标体系的选取遵循以下原则。

一是可衡量原则。指标体系主要以定量指标为主，便于利用数据进行测量。指标的选取与设计既要体现公共文化服务建设内容的共同点，有利于全国各地区的横向比较，又要考虑公共文化服务的发展情况，有利于历史性的纵向比较。

二是可获得原则。要考虑检测所需数据获得的可能性，保证数据易于采集，信息来源渠道可靠。如果某一项指标的数据在现实中获取的难度很大、成本很高，那这项指标的现实可操作性就会受到质疑。鉴于实际数据的可获得性，本研究尝试使用基本指标的原始数据。

三是可明确原则。公共文化服务均等化的指标体系要繁简适中，在能基本保证评价结果客观性、全面性的条件下，指标体系尽可能简化。要合理正确地遴选有代表性、独立性、信息量大的指标来构建公共文化服务均等化指标体系。

（二）公共文化服务均等化指数的框架设计

在指标参数的选择上，我们选取公共文化服务领域内最具有代表性和典型性的服务门类，使评估指标更具适用性。公共图书馆是公民享受基本公共文化服务的关键基础设施之一，是知识信息的集散地，是群众受益面最广、影响力最大的公共文化服务机构和国民终身学习的场所，具有公益性、教育性和社会性。同样，文化馆（站）是各类群众性公益文化活动组织举办场所，是群众文化活动的策划中心和组织、实施主体，同时也是开展文化人才培训、进行文艺创作辅导和进行群众文化研究的主要机构。因此，我们选取公共图书馆和群众文化活动作为我国公共文化服务的典型样本，并将其相关数据作为指标体系的重要参数，考察我国公共文化服务的均等化水平。

根据上面的构建原则，我们设计了公共文化服务均等化指标体系。该指标体系分为三层，即一级指标、二级指标和三级指标，本报告分别从地区和城乡两个角度对公共文化服务均等化程度进行测算，具体的指标名称和分层情况参见表1。对我国公共文化服务均等化的测算主要从三个方面进行：一是对公共文化服务投入的测量，定义为投入指数；二是对公民拥有的公共文化服务条件的测量，定义为资源指数；三是对公民享受到公共文化服务水平的测量，定义为效果指数。鉴于客观因素的限制，本研究指标的权重采用算术平均法进行均权处理，进行具体的公共文化服务均等化程度的分析。

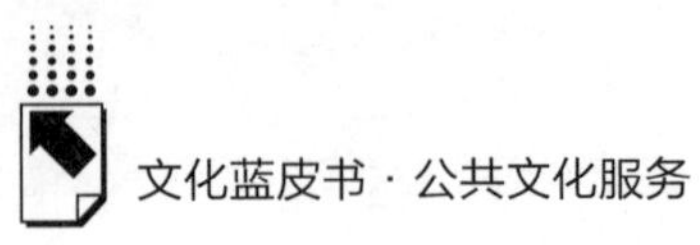

表 1　公共文化服务均等化指数体系构成

目标层	一级指标（总指数）	二级指标（分指数）	三级指标（单项指标）
公共文化服务均等化程度	A 公共文化服务均等化指数—地区	A1 投入指数—地区	X1 每万人文化事业费
			X2 每万人拥有公共文化从业人员数
			X3 每万人拥有公共文化设施建筑面积
		A2 资源指数—地区	X4 每万人拥有公共计算机台数
			X5 每万人拥有图书馆藏量
		A3 效果指数—地区	X6 每万人公共图书馆流通人次数
			X7 每万人群众文化活动次数
	B 公共文化服务均等化指数—城乡	B1 投入指数—城乡	Y1 每万人文化事业费
			Y2 每万人拥有公共文化从业人员数
			Y3 每万人拥有公共文化设施建筑面积
		B2 资源指数—城乡	Y4 每万人拥有公共计算机台数
			Y5 每万人拥有图书馆藏量
		B3 效果指数—城乡	Y6 每万人公共图书馆流通人次数
			Y7 每万人群众文化活动次数

针对我国公共文化服务总体情况，本文选取了反映全国公共文化服务均等化发展状况的 7 个评价指标进行横向比较，从时间跨度上选取 2004 ~ 2012 年这九年的数据进行纵向比较，针对我国城乡公共文化服务均等化的研究则选取 2007 ~ 2012 年的数据。本研究以县级单位作为城市和农村的行政界线标准，县及县以下单位视为农村，县级以上单位视为城市。因此，在城乡公共文化服务均等化程度评价指标体系中选取县级公共图书馆、文化馆、乡镇文化站作为农村公共文化服务的测算对象；县以上公共图书馆、文化馆和街道文化站作为城市公共文化服务的典型代表。文中所有数据均来自《中国文化文物统计年鉴》和《中国统计年鉴》。

三　公共文化服务均等化指数的测算方法

指标的无量纲化是公共文化服务均等化程度评价过程中的一个重要环

节，无量纲化处理的合理与否直接影响结果的准确程度。多指标评价体系的数据中，各个指标的单位不同，量纲不同，数量级不同，不便于分析。为了统一指标，首先要对所有的评价指标进行无量纲化处理，以消除量纲，将其转化为无量纲，无数量级差别的标准分，然后进行分析评价。考虑到功效系数法具有以下优点：评价指标不需要经过同向化处理，指标数值与单项评价值之间也是线性转换关系，评价值能够反映出各评价指标的数值大小，可充分体现各评价单位之间的差距等，同时结合本课题研究对象的特点，本研究选用功效系数法（参见下文公式）对我国公共文化服务均等化的原始数据进行无量纲化处理。

$$x_{ij}^{*}(t_k) = c + \frac{x_{ij}(t_k) - m_j(t_k)}{M_j(t_k) - m_j(t_k)} \times d$$

x_{ij}（t_k）表示 t_k 时刻第 i 个被评价对象第 j 个指标的原始观测值，x_{ij}^{*}（t_k）表示表示 t_k 时刻第 i 个被评价对象第 j 个指标的无量纲化处理值。M_j，m_j，c，d 均为已知正常数。c 是对变换后的值进行“平移”，d 的作用是对变换后的值进行“放大”或“缩小”。$M_j(t_k) = \max_i\{x_{ij}(t_k)\}$；$m_j(t_k) = \min_i\{x_{ij}(t_k)\}$。这里取 $c=60$，$d=40$。按照上文确定的权重，最终可以得到我国公共文化服务均等化指数的具体分值，由于采用了“功效系数法”对指标数据进行预处理，所以我国公共文化服务均等化指数的最终分值位于60～100。分值越高，说明均等化程度越高。

本研究假定城市公共文化服务水平一般高于农村同类文化服务水平。在指标的选取上，采用城乡各种公共文化服务指标值对比的方式来衡量城乡公共文化服务均等化水平。按照上述测算方法，城乡公共文化服务评价指标值越接近100，说明均等化程度越高；评价结果离100越远，说明均等化程度越低。

四　我国公共文化服务均等化指数的综合评价

通过对数据的测算和分析，可以得出以下结果。

（一）我国公共文化服务均等化整体情况分析

大家可以从表2中看到2004～2012年度我国公共文化服务均等化的得分情况，具体的分析参见下文。

表2　2004～2012年度我国公共文化服务地区均等化得分

年度	A公共文化服务均等化指数—地区	A1投入指数—地区	A2资源指数—地区	A3效果指数—地区	X1每万人文化事业费	X2每万人拥有公共文化从业人员数	X3每万人拥有公共文化设施建筑面积	X4每万人拥有公共计算机台数	X5每万人拥有图书馆藏量	X6每万人公共图书馆流通人次数	X7每万人群众文化活动次数
2004	68.12	70.00	65.15	68.26	69.41	70.12	70.46	66.36	63.94	69.89	66.63
2005	68.51	69.74	66.75	68.41	68.98	69.49	70.75	69.46	64.05	71.33	65.48
2006	68.71	70.37	66.61	68.31	69.70	71.63	69.79	69.07	64.16	71.13	65.49
2007	68.24	69.16	66.50	68.61	66.89	71.30	69.28	68.74	64.26	72.58	64.63
2008	69.26	69.90	67.63	69.94	67.75	71.62	70.32	70.76	64.51	73.26	66.61
2009	69.48	70.22	67.97	69.88	69.70	71.46	69.52	71.13	64.81	71.73	68.03
2010	70.27	71.47	68.75	70.00	71.59	71.51	71.29	72.60	64.90	71.70	68.30
2011	70.73	71.17	70.81	69.98	70.21	71.71	71.59	75.99	65.63	72.72	67.24
2012	72.50	74.17	71.85	70.65	71.19	79.60	71.71	77.72	65.98	73.82	67.47

1. 我国公共文化服务地区均等化总指数情况

总体来说，从图1可以看出，2004～2012年，我国公共文化服务地区

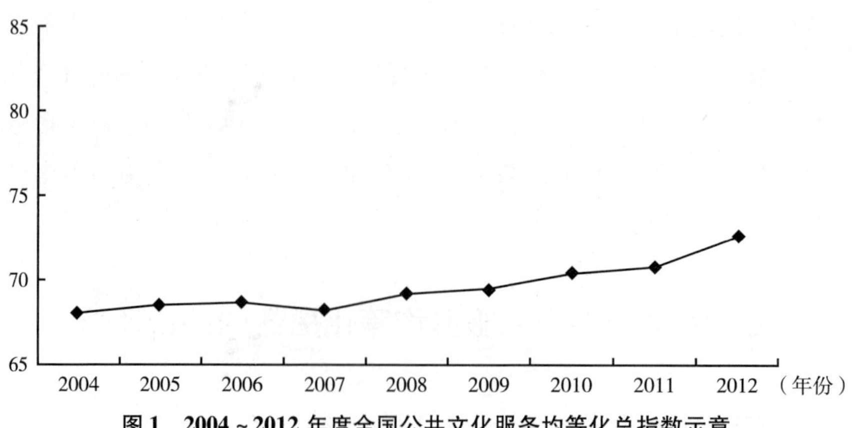

图1　2004～2012年度全国公共文化服务均等化总指数示意

均等化程度处于不断提高的状态。公共文化服务均等化指数由 2004 年的 68.12 提高至 2012 年的 72.5，增长了 6.43%，说明均等化的整体进展较为缓慢。2012 年为最高值 72.5，说明我国公共文化服务均等化的总体水平比较低，还有很大的发展和改善空间。

2. 我国公共文化服务地区均等化分指数情况

从图 2 可以看出，从增长幅度来看，投入指数由 2004 年的 70 提高到 2012 年的 74.17，增长了 5.96%。资源指数由 2004 年的 65.15 提高到 2012 年的 71.85，增长了 10.28%。效果指数由 2004 年的 68.26 提高到 2012 年的 70.65，增长了 3.5%。从指数的分值大小来看，投入指数表现最好，在我国公共文化服务分指数中的均等化程度最高，说明近年来文化投入在区域间的差别较小。资源指数提高程度最大，说明近些年我国公民拥有的公共文化服务的均等化程度得到很大的改善。综合来看，效果指数在三项分指数中表现相对较弱，需要在这一方面付诸更多的努力。

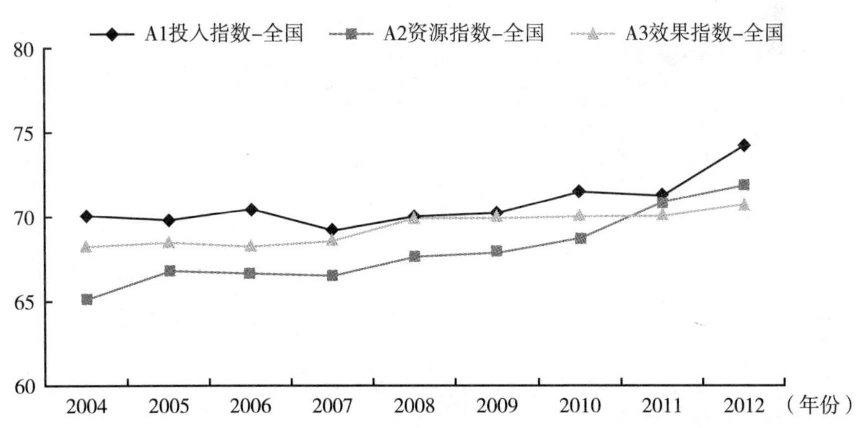

图 2　2004～2012 年度全国公共文化服务均等化分指数示意

3. 我国公共文化服务地区均等化单项指标分析

从图 3 可以看出，在单项指标上我国公共文化服务均等化的不同表现。七大单项指标中，从指数的分值来看，指标 X2 全国每万人拥有公共文化从业人员数和指标 X4 全国每万人拥有公共计算机台数表现最好，分别达到 79. 60 和 77. 72。指标 X5 每万人拥有图书馆藏量和 X7 全国每万人群众文化活动次数表现较差，只有 65. 98 和 67. 47。从增长幅度来看，表现最好的是指标 X4 全国每万人拥有公共计算机台数，分值由 2004 年的 66. 36 提高到 2012 年的 77. 72，增长了 17. 12%，其增长幅度远远高于其他指标，表现最弱的是指标 X7 每万人群众文化活动次数，分值由 2004 年的 66. 63 提高到 2012 年的 67. 47，只增长了 1. 26%。其他指标的增长情况如下：指标—X1 每万人文化事业费，分值由 2004 年的 69. 41 提高到 2012 年的 71. 19，增长了 2. 56%。指标—X2 每万人拥有公共文化从业人员数，分值由 2004 年的 70. 12 提高到 2012 年的 79. 6，增长了 13. 52%。指标—X3 每万人拥有公共文化设施建筑面积，分值由 2004 年的 70. 46 提高到 2012 年的 71. 71，增长了 1. 77%。指标—X5 每万人拥有图书馆藏量，分值由 2004 年的 63. 94 提高到 2012 年的 65. 98，增长了 3. 19%。指标—X6 每万人公共图书馆流通人次数，分值由 2004 年的 69. 89 提高到 2012 年的 73. 82，增长了 5. 62%。

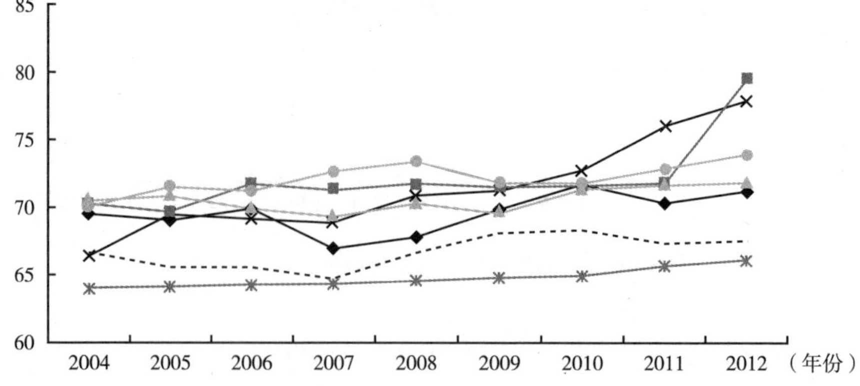

图 3　2004～2012 年度全国公共文化服务均等化各项指标示意

（二）我国城乡公共文化服务均等化情况分析

2007～2012 年度城乡公共文化服务均等化的得分情况见表 3。

表 3　2007～2012 年度城乡公共文化服务均等化得分

年度	B 公共文化服务均等化指数—城乡	B1 投入指数—城乡	B2 资源指数—城乡	B3 效果指数—城乡	Y1 每万人财政拨款	Y2 每万人拥有公共文化从业人员数	Y3 每万人拥有公共文化设施建筑面积	Y4 每万人拥有公共计算机台数	Y5 每万人拥有图书馆藏量	Y6 每万人公共图书馆流通人次数	Y7 每万人群众文化活动次数
2007	70. 79	66. 98	71. 15	76. 14	64. 91	68. 19	67. 82	66. 42	75. 89	76. 48	75. 81
2008	70. 08	67. 26	71. 73	72. 66	65. 30	69. 18	67. 31	68. 05	75. 40	69. 16	76. 15
2009	72. 26	68. 99	74. 91	74. 53	69. 97	69. 73	67. 25	75. 24	74. 58	74. 11	74. 94
2010	71. 64	69. 13	76. 10	70. 96	68. 78	69. 61	68. 99	77. 43	74. 76	69. 91	72. 01
2011	72. 96	69. 67	78. 28	72. 58	67. 39	70. 70	70. 94	81. 09	75. 47	71. 64	73. 52
2012	71. 98	69. 24	75. 65	72. 43	65. 55	71. 66	70. 53	75. 73	75. 56	71. 08	73. 77

1. 我国城乡公共文化服务均等化总指数分析

公共文化服务城乡均等化指数是一个相对指数，可以通过这六年的数值比较看出这几年我国城乡公共文化服务均等化的进展程度。如图 4 所示，2007～2012 年我国城乡公共文化服务均等化指数的分值由 70. 79 提高至 71. 98，增长了 1. 68%。这六年中城乡公共文化服务均等化指数的最高值是 2011 年的 72. 96，其增长虽然保持平稳，但增长幅度较低，说明我国城乡公共文化服务均等化的整体发展程度比较缓慢，还有很大的发展和改善空间。

2. 我国城乡公共文化服务均等化分指数情况分析

从图 5 可以看出，我国城乡公共文化服务均等化在分指数上的不同表现。从增长幅度来看，投入指数的分值由 2007 年的 66. 98 提高到 2012 年的 69. 24，增长了 3. 37%。资源指数的分值由 2007 年的 71. 15 提高到 2012 年的 75. 65，增长了 6. 32%。效果指数的分值由 2007 年的 76. 14 下降到 2012

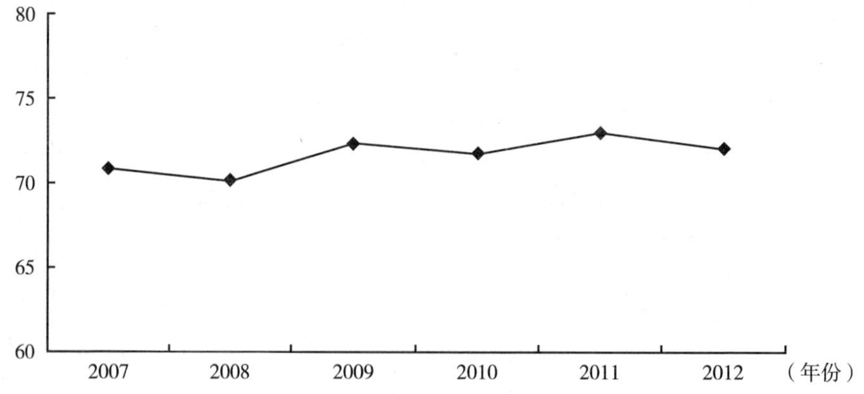

图4　2007～2012年度城乡公共文化服务均等化总指数示意

年的72.43，下降了4.87%。从分值大小来看，资源指数和效果指数表现更好，都超过了70分；投入指数表现较弱，其分值还处于70分以下。从分值大小和比较来看，到2012年，城乡资源指数和效果指数均高于全国资源指数和效果指数的均等化水平，只有投入指数低于全国投入指数的均等化水平。这表明，近几年虽然党和政府在切实提高农村公共文化服务方面开展了一系列的工作，但与全国相比还具有一定的差距，对此需要予以重视，并加强相关工作。

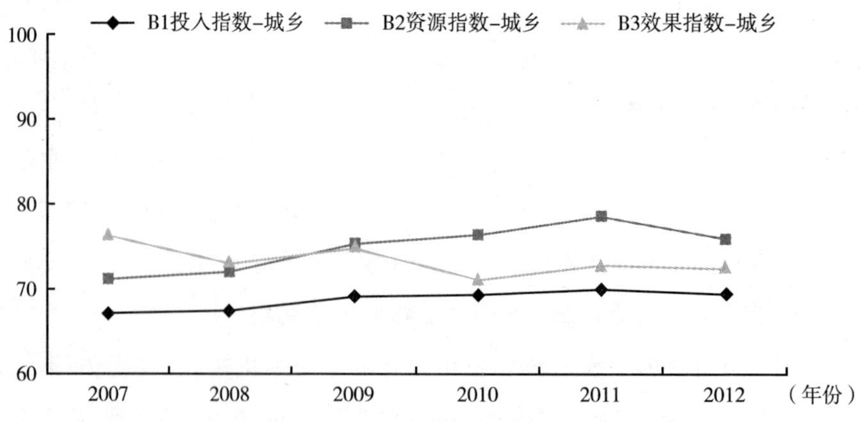

图5　2007～2012年度城乡公共文化服务均等化分指数示意

3. 我国城乡公共文化服务均等化单项指标情况分析

从图6可以看出，在单项指标上我国城乡公共文化服务均等化的不同表现。单项指标的均等化程度大体可以分为以下三种情况。

一是单项指标在这六年处于震荡状态，震荡幅度较大，发展态势较为曲折。指标—Y1城乡每万人财政拨款，指标—Y6城乡每万人公共图书馆流通人次数和指标—Y7城乡每万人群众文化活动次数都属于此种情况。2007年和2008年指标—Y1都处于低分值状态，在65分左右。2009年是指标—Y1的分值最高点，达到69.97，与2007年相比增长了7.8%，随后出现了回落，到2012年分值回落到65.55。指标—Y6城乡每万人公共图书馆流通人次数分值由2007年的76.48减少到2012年的71.08，下降了7.06%。指标—Y7城乡每万人群众文化活动次数分值由2007年的75.81减少到2012年的73.77，下降了2.69%，最高分值出现在2008年为76.15。

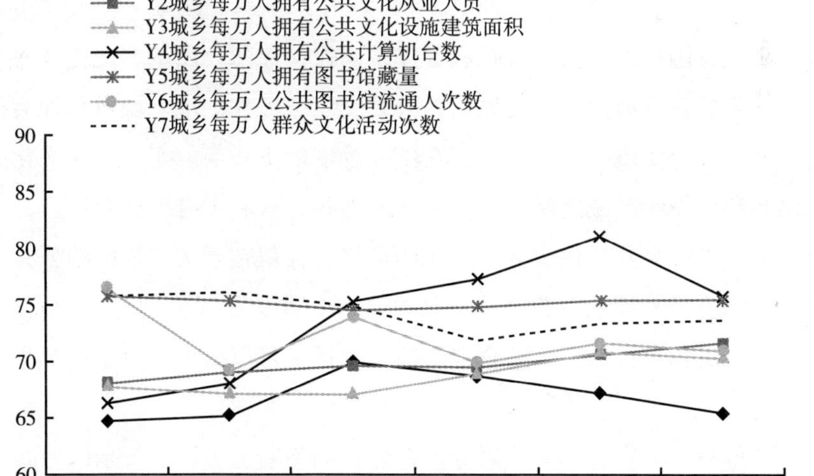

图6 2007～2012年度城乡公共文化服务均等化单项指标情况示意

二是单项指标整体处于发展提高的状态。指标—Y2城乡每万人拥有公共文化从业人员数，指标—Y3城乡每万人拥有公共文化设施建筑面积和指标—Y4 全国每万人拥有公共计算机台数都属于此种情况。指标—Y2 每万人拥有公共文化从业人员数，分值由 2007 年的 68.19 提高到 2012 年的 71.66，增长了 5.09%。指标—Y3 每万人拥有公共文化设施建筑面积，分值由 2007 年的 67.82 提高到 2012 年的 70.53，增长了 4%。指标—Y4 全国每万人拥有公共计算机台数分值由 2007 年的 66.42 提高到 2012 年的 75.73，增长了 14.02%，最高分值出现在 2011 年为 81.09。

三是单项指标整体处于平稳状态，只是微幅调整。指标—Y5 每万人拥有图书馆藏量属于此种情况，2007 年的分值是 75.89，到 2012 年稍有回落，分值为 75.56。这六年中该项指标只是微幅调整，基本保持稳定。

五　主要结论及政策建议

（一）主要结论

近年来，我国在加强公共文化服务体系建设、保障公民基本文化权益方面取得了显著成效，但由于历史原因，公共文化服务在区域、城乡和社会群体之间还没有完全实现一体化，还存在不同程度的不均衡。实现公共文化服务均等化有利于缩小区域之间、城乡之间的差距，有利于维护社会稳定，促进社会和谐，推进公共文化服务均等化的最终目标就在于实现公民的公共文化权益，保障公民平等地享有公共文化权益。公共文化服务均等化的实现，是社会公平正义的直接体现。结合本文数据分析，可以得出以下结论及相应的发展方向。

第一，得益于国家公共文化服务体系建设的不断努力，不管是区域间还是城乡间，我国的公共文化服务均等化程度在逐步提高。2004～2012 年，我国公共文化服务均等化指数的分值由 68.12 提高至 72.5，不断地稳定增长，具体数据见图 1。从图 5 我国城乡公共文化服务均等化在分指数表现来看，2007～2012 年间，资源指数和效果指数都超过了 70 分，尤其是资源指数的分值由 2007 年的 71.15 提高到 2012 年的 75.65，增长了 6.32%。投入指数相对总体较低，不足70分，但保持比较稳定的增长态势，分值由2007年的66.98提高到2012年的69.24，增长了3.37%。

第二，地区间公共文化服务均等化总体水平不高，实现公共文化服务均等化任重而道远，需要长时间、广范围、多渠道的持续努力。当前我国公共文化服务差异明显呈现出以下特点。一是非均等化的严峻性。全国公共文化服务均等化指数偏低，具体数据参见图1。二是非均等化的全面性。除了单项指标X2全国每万人拥有公共文化从业人员的数值接近80，其他的我国公共文化服务均等化的总指数、分指数以及各单项指标都在60~75之间徘徊，处于低位数值，均等化程度都不高，具体数据参见图2和图3。结果表明，我国公共文化服务均等化整体程度较低，需要着力予以改善。

第三，城乡公共文化服务均等化建设需要加大投入力度，切实提高公共文化服务的效果和质量。通过上文的数据可以验证，经过长期的努力，我国农村公共文化服务取得了长足进步，党和政府从思想上、政策上、资金上都给予了很大的支持。虽然近年来城乡公共文化服务均等化程度提高比较迅速，但从分值大小来看投入指数明显小于公共文化服务均等化投入指数，同时效果指数在这六年当中也处于震荡回落的状态，这些数据都说明农村公共文化服务的质量和效果问题应该引起我们的重视，不仅要继续加大投入，还要注重效益，对城乡公共文化服务均等化的建设需要采取更多有针对性的措施来予以解决。

（二）推进公共文化服务均等化的建议

为了深入、全面、有效地推进公共文化服务均等化，需要着力做好以下五个方面的工作（见图7）。

1. 转变理念是推进公共文化服务均等化的首要前提

从政府应该提供“公共文化服务”到“公共文化服务均等化”，从“效率优先，兼顾公平”到“公平正义”，这些理念的变迁体现了党和政府执政理念的转变，是政治、经济、社会文化背景综合作用的结果。我国公共文化服务均等化能否顺利推进，主要取决于对公共文化服务均等化内涵以及逻辑

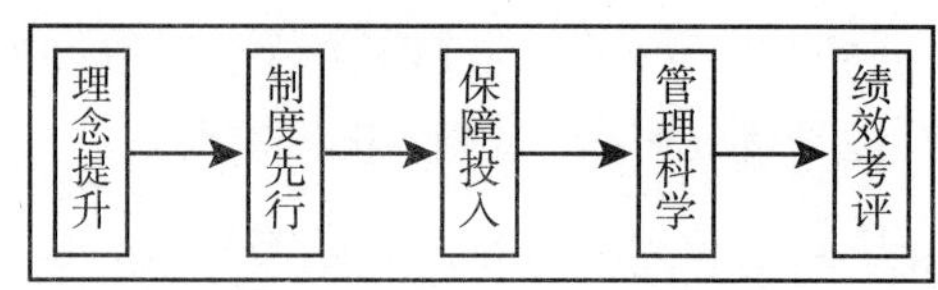

图 7　推进公共文化服务均等化路径分析演示

本质的深刻认知。长期以来我国公共文化服务与社会经济发展存在结构性矛盾，造成公共文化服务供给与需求出现较大差异和脱节，实现公共文化服务均等化任重而道远。为此，党和政府需要不断加强在文化价值取向上的宣传力度，全社会需要树立起公共文化服务均等化的根本理念，加大公共文化资源向有需求的地区和社会弱势群体倾斜，通过多方面齐心协力的工作才能提高公共文化服务均等化的水平。

2. 制度创新是推进公共文化服务均等化的重要支撑

公共文化服务均等化广泛牵涉经济、政治、社会生活等各领域的相关制度，实现公共文化服务的均等化需要高效的制度安排，多元的供给主体和灵活的供给机制。现阶段，一是加强公共文化服务体系理论研究，从制度层面进行系统设计。二是加快出台《公共图书馆法》《博物馆条例》《关于构建现代公共文化服务体系的意见》等法规和政策。三是研究出台操作性强、便捷有效的财税政策和实施办法。在具体制定过程中，要考虑中国的具体国情，建立起与社会经济发展水平、国家财力状况相适应的供给机制，强调可持续发展；要正确处理效率与公平的关系，分层次、分阶段推进公共文化服务均等化建设；要强化政府的主导作用，同时鼓励社会力量参与，可以尝试通过政府和社区联动，充实公共文化服务的内容，为民众提供稳定、丰富的公共文化产品和服务。

3. 加大投入是推进公共文化服务均等化的重要保障

全国和城乡公共文化服务均等化的差异与经济实力和文化投入关系密切。资金投入、人才投入和设施建设投入是公共文化投入不可或缺的三个方面。在资金投入上，基层公共文化服务经费保障机制的建立为我国基层地区尤其是经济欠发达地区提供了巨大的支持，收到了良好的效果，下一阶段要继续保持对中部、西部以及农村地区的支持力度，完善中央财政对地方转移支付以及区域间转移支付制度，从总量和分量上优化公共文化服务均等化的财政投入基础。在人才投入上，机构设置的不完整和高素质专业人才的缺失已成为制约公共文化发展的瓶颈问题，要大力加强包括文化专业队伍、文化经营队伍和文化管理队伍在内的公共文化服务人才队伍的建设，建立人才培养计划和人才使用与激励机制，为公共文化服务均等化建设提供人才保障。在设施建设投入上，要有针对性地制定文化建设规划，重点加强农村基层等薄弱环节的文化设施建设，完善公共文化服务设施网络，多“补差补缺”，少“锦上添花”。

4. 科学管理是推进公共文化服务均等化的重要手段

提高公共文化服务均等化水平，需要政府以及相关文化部门、文化机构不断提高公共文化服务管理能力和管理水平。一是要重视普通民众的公共文化需求，尊重民众的参与权、表达权和评价权，提高民众的满意度，激发民众的文化创造力，为公共文化服务的可持续发展奠定坚实的基础。二是厘清公共文化服务的内容，明确公共文化服务的范畴和界限，根据公众文化需求的轻重缓急确定各类公共文化服务在供给方面的优先次序，处理好公共文化服务领域的广泛性和服务能力的有限性之间的关系。三是改善文化部门在公共文化建设上权力和责任脱节的问题，通过政策和机制建设，在资金、设施、人才等方面赋予文化部门和文化单位更大的话语权，使文化部门具有与责任相匹配的权力和能力去协调公共文化服务的建设和管理发展，切实提高公共文化服务的质量和水平。

5. 绩效考评是推进公共文化服务均等化的必要措施

为了使公共文化服务均等化建设具有充足和持久的动力，现阶段需要逐步构建公共文化服务均等化的绩效评价体系。通过建立公共文化服务均等化的度量指标和相应的绩效评估制度，运用一定的绩效评价指标系统对公共文化服务能力进行系统科学的评价，达到完善和优化公共文化服务运行效率的目的。在建立基本公共文化服务均等化考核评估体系和相应激励约束机制的基础上，还要进一步加强对政府以及相关文化部门和机构公共文化服务行政的问责，建立工作协调和责任落实机制，有计划地开展督查评估，把公共文化服务均等化工作纳入年度目标责任考核，把考核评价的结果作为干部提拔、奖惩的一项依据，也作为进一步提供文化投入和文化支持的判断依据，从而确保公共文化服务均等化取得实实在在的成效。

参考文献

曹海琴、刘志宽、陈冬梅：《公共文化服务均等化与政府的责任》，《统计与管理》2012 年第 6 期。

陈彪：《浙江省基本公共文化服务均等化研究》，浙江大学硕士学位论文，2009。

杨永、朱春雷：《公共文化服务均等化三维视角分析》，《理论月刊》2008 年第 9 期。

吴正国：《城乡基本公共文化服务均等化研究》，《群文天地》2011 年第 11 期。

方堃、冷向明：《包容性视角下公共文化服务均等化研究》，《江西社会科学》2013 年第 1 期。

唐亚林、朱春：《当代中国公共文化服务均等化的发展之道》，《学术界》2012 年第 5 期。

杨晓丽：《农民工文化生活孤岛化及城市文化建设的对策探究》，《社会纵横》2007 年第 10 期。

疏仁华：《论农村公共文化供给的缺失与对策》，《中国行政管理》2007 年第 1 期。

曹爱军：《基层公共文化服务均等化：制度变迁与协同》，《天府新论》2009 年第 4 期。

安彦林：《城乡公共文化服务均等化研究——基于供求视角》，《山东财政学院学报》2012 年第 3 期。

张立军、袁能文：《线性综合评价模型中指标标准化方法的比较与选择》，《统计与信息论坛》2010 年第 8 期。

易平涛、张丹宁、郭亚军、高立群：《动态综合评价中的无量纲化方法》，《东北大学学报（自然科学版）》2009 年第 6 期。

张卫华、赵铭军：《指标无量纲化方法对综合评价结果可靠性的影响及其实证分析》，《统计与信息论坛》2005 年第 3 期。

杨林、许敬轩：《地方财政公共文化服务支出效率评价与影响因素》，《中央财经大学学报》2013 年第 4 期。

朱艳鑫、赵立波：《公共文化服务绩效评价：基于 DEA 的实证研究》，《山东行政学院学报》2013 年第 1 期。

王悦荣：《公共文化服务能力省际比较》，《广东行政学院学报》2012 年第 1 期。

张楠：《纵横结构的公共文化服务绩效评估体系模型》，《领导科学》2012 年第 7 期。

王晓洁：《中国基本公共文化服务地区间均等化水平实证分析——基于 1999 年、2009 年数据比较的考察》，《财政研究》2012 年第 3 期。

王洛忠、李帆：《我国基本公共文化服务：指标体系构建与地区差距测量》，《经济社会体制比较》，2013 年第 1 期。

高伟华：《我国基本公共文化服务的地区差异分析》，《福建行政学院学报》2010 年第 2 期。

谢媛：《我国公共文化服务绩效评估的理论与实践研究综述》，《四川行政学院学报》2012 年第 4 期。

宋爱军、张红瑞、刘钢、陈涛：《完善我国农村公共文化服务评估体系》，《行政管理改革》2012 年第 3 期。

王列生：《论公共文化服务体系中的项目目标及其功能测值方法》，《江汉论坛》2009 年第 4 期。

B.7
基本公共文化服务保障标准研究

阮可*

摘要：政府财政支持能力的有限性与群众基本文化需求的无限性之间存在着天然的矛盾关系。只有建立刚性的制度约束，明确具体的基本公共文化服务保障标准，才能促使各级政府自觉推动公共文化服务标准化、均等化。实现基本公共文化服务标准化、均等化的前提是加快制定国家层面的保障标准。保障标准的制定可使各级政府明确与自身职责相适应的服务内容，进而建立公共文化服务制度化和规范化的约束，有利于最佳秩序和最佳效能的实现。

关键词：基本公共文化服务　标准化　均等化　保障标准

促进基本公共文化服务标准化、均等化，是立足于现有国情基础之上，全体公民都能公平可及地获得大致均等的基本公共服务，而制定国家层面的基本公共文化服务保障标准，是为了查遗补缺、补齐短板、兜好底线，保障好每一个公民的基本文化权益，让文化的阳光普照大众。制定合乎实际需要的保障标准，可使各级政府更好地履行与其职能相适应的服务，明确供应何种内容，供应到何种程度，达到何种标准，从而建立制度化的约束，实现公共文化服务的最佳秩序和最佳效能。

---

* 阮可，国家公共文化服务体系建设专家委员会委员，浙江大学副教授。

一　基本公共文化服务保障标准：目标、范围和模式选择

基本公共文化服务保障标准是体现基本权益、政府职责、地方特色以及未来方向发展的标准，内容涵盖公共文化服务设施及布局基本标准，产品和资源配置基本标准，人员配备和经费投入基本标准，等等。当前我国公共文化服务标准化建设成果集中在技术标准、业务规范和评估指标等方面，如用于规范设施建设规模的“建设标准”、用于规范设施网点布局的“建设用地指标”、用于开展公共文化机构绩效考核工作的“效能评价指标”等。当前基本公共文化服务标准化工作的难点和最薄弱环节是制定保障标准。

1. 保障标准的主要目标是实现区域均等

从西方国家的发展情况来看，各国一般把“地区”作为均等化的主体，比较注重基本公共服务区际均等。如加拿大将全国十三个省级行政单位纳入均等化体系，在保证区域内人均的财力均等化基础上，建立起基本公共文化服务国家标准；德国建立了“全国一致生活标准”，目的是缩小区域间差距。我国东部、中部和西部的文化发展失衡问题十分突出，尤其是地区间公共文化的投入差异依然很明显。因此有必要通过划定国家基本保障标准，来熨平地区间的差异鸿沟。随着城市化的进程及社会阶层的分化，需要对外来务工人员等弱势群体加大文化扶助力度，确保其都能享受基本公共文化服务。此外，我国长期受城乡二元经济结构影响，城乡基本公共服务依然存在较大差距，也需要通过设定基本保障标准和创新服务方式逐步实现城乡间的均等。

2. 保障标准的核心是起点均等

作为现代公民的一项基本人权，文化权利的出现是人类文明进步的体现，社会成员公平享有文化权利、使用文化资源、享受文化服务，是和谐社会的重要标志。如果把均等划分为起点、过程、结果三部分，那么保障标准强调的是起点均等，也就是人人享有相同的基本公共文化服务的机会。《国家基本公共服务体系“十二五”规划》明确指出基本公共服务均等化是

"全体公民都能公平可及地获得大致均等的基本公共服务，其核心是机会均等，而不是简单的平均化和无差异化"。对于政府而言，其职责便是通过出台和实施保障标准，促成全体公民能够公平均等地享受公共文化服务，并借由机会的均等保证起点的公平。必须指出的是，文化消费是一种选择性消费，保障标准并非指向每个公民最终享有公共文化服务"量"和"质"的平均，保障标准并不排斥文化享有的自由选择和多样选择。

3. 保障标准的内容、范围具有相对性

公共服务标准化建设标志着公共服务提供方式由粗放型向精细化的转变。从内容上看，保障标准突出基本公共文化服务的均等供给，而非所有文化服务的均等供给；从程度上看，保障标准强调以满足群众基本文化需求为目标和以政府财政支持能力为尺度的统一；从范围上看，由于国内经济社会发展水平的地区差异长期存在，大致均等的公共文化服务允许存在地区差异。经济发达地区在国家标准的基础上，可以增加保障的内容、范围和标准。随着经济社会的发展，将不断拉高底线标准。

4. 保障标准的财政支出应选择最低公平模式

从国际经验来看，基本公共服务的财政支出模式有以下四种。

一是财政收入均等模式。中央政府根据地方人均税收水平拨款，同时以专项补助作为配套，目的是确保地方政府公共服务提供的能力均等。运用该种模式的典型国家是加拿大。加拿大实行收入均等化拨款政策，对全国十个省和三个行政区按人均税收收入水平从高到低进行排序，取前 2～6 位的均值作为补助标准，对低于标准的省或地区给予补助，补助数额为低于标准的差额乘以该地区的人口。

二是收支均衡模式。中央政府综合考量地方财政收入和支出两方面情况，最终决定所分配的转移支付资金，拨款依据是以地方财政收不抵支的缺口，因而这一模式相对适用于地区间支出成本差异较大的国家。与前一模式相比，该模式更为合理，但计算过程也更为复杂。比较有代表性的国家是日本和澳大利亚。日本实行地方交付税制度，中央根据地方政府的标准收入和标准支出需求进行再分配，资金来源于中央五项税收按一定比例提成，分配方式是中央直接到基层，即国家财政直接对都、道、府、县、市、町和村进行分配。

三是公共服务标准化模式。中央政府制定各类具体标准，包括设施和服务等方面，地方政府按此标准向居民提供公共服务，中央再根据地方财力的状况专项转移支付。这一模式比较适用于地域面积不大、经济发展水平差异较小的国家。

四是公共服务最低公平模式。中央政府在宏观上制定最低标准，同时通过多级政府分担所需经费，保障地方政府提供最低标准的服务能力，另外，鼓励财政能力较强的地方政府提供更多和优质的公共服务，但经费由地方政府承担。这一模式主要适用于地区差异较大的发展中国家，代表国家为印度尼西亚。

当前基本公共服务均等化既要体现公平，又要避免欧洲福利国家因“福利依赖”等问题而对经济增长产生的负面激励。我国地广人多，区域之间、城乡之间、群体之间的差距都比较大，即使是浙江、广东等省，虽然同属沿海经济发达省份，但以上三类差距也都存在，并且不容小觑。鉴于差距和差异的客观存在，就不能一味地搞“一刀切”。另外，要考虑到社会主义初级阶段的国情和政府承受能力，因此，最为恰当和可行的办法是寻找出最大公约数，确立一个最低标准。因此，在模式的选择上，应采用公共服务最低公平模式。国家出台一个最低标准，各省按此标准实施，财力较强的省份可在此基础上做些标准的提高；无法落实此标准的省份，可通过中央政府财政转移支付，保障标准的有效实现。该模式充分体现基本公共文化服务均等化分阶段、分步骤推进的客观规律，同时也可兼顾欠发达省份资源有限的实际情况。

二　我国推进基本公共文化服务标准化的现状

标准化引入公共文化服务领域，是推进公共文化服务体系科学发展的一个迫切任务，也是针对公共文化服务体系建设现存的突出矛盾和问题而提出来的一项重要的工作任务。

1. 基本公共服务标准化的制度设计和试点探索

2012 年，国务院印发了《国家基本公共服务体系“十二五”规划》（国发〔2012〕29 号）。作为基本公共服务领域的首部国家级专项规划，《国家基本公共服务体系“十二五”规划》首次明确了我国公民有享受政府提供的基本公共服务项目、服务对象、保障标准、支出责任、覆盖水平等国家基本标准的权利，并明确提出要加快建立健全公共文化体育服务国家标准体系。近年来国家标准委牵头起草的《标准化事业发展“十二五”规划》《社会管理和公共服务标准化工作“十二五”行动纲要》等，也对基本公共服务标准化建设做出了要求。在文化行业标准化方面，文化部于 2007 年制定了《文化标准化中长期发展规划（2007～2020）》，对文化领域标准化工作提出了要求。2007 年以来，国家标准委先后启动了包括南京市江宁区、杭州市上城区、安徽省广德县、山东省济南市等在内的 80 多项涉及社会管理和公共服务的国家级标准化试点，探索以标准化手段创新社会管理和公共服务的新模式。从基层的实践看，公共服务标准化是政府提供公共服务、进行社会管理的一种创新。标准化建设以明确的标准规范政府行为，对解决当前基层政府越位、缺位、不作为等问题，形成“政府善治”的治理结构具有重要意义，同时有利于实现公共文化资源配置的科学化，推动公共文化服务均等化。

2. 公共文化领域标准化的政策制定和地方实践

在国家层面，国务院下发的《国家基本公共服务体系“十二五”规划》提出了“公共文化场馆开放”和“公益性流动文化服务”的具体标准，并明确规定了工作任务的事权与支出责任，对各级政府形成了硬约束。《“十二五”时期文化改革发展纲要》等规划文件也对公共文化服务的具体指标做了要求。在文化部层面，下发的《国家公共文化服务体系“十二五”实施纲要》包含了相关指标。从现有的单行标准来看，可以分为三类。一是公共文化设施建设和服务标准。包括建设用地指标、建设标准、建筑设计规范、服务标准。据初步统计，已出台《公共图书馆建设用地指标》等 16 项，正在制定《文化馆服务标准》等 7 项。二是公共文化机构评估标准。包括公共图书馆、文化馆站、博物馆、美术馆评估定级标准等 5 项。三是对地方党委、政府的评价标准。国家公共文化服务体系示范区（项目）创建标准、全国文明城市测评指标体系、全国文化先进县评审标准等三项标准，是对地方政府的评价标准，也是较为全面的指标体系。

在地方公共文化服务标准化层面，各地都有一些新的探索。云南省昆明市在2012年全面推广“公共文化服务包”，把原先不同部门的服务项目进行集中管理，形成一系列不同层次、不同类别的基层公共文化服务项目，并提出管理和服务标准。2014年，浙江省把《基本公共文化服务标准化均等化的目标及实施路径》作为省长研究课题，形成了浙江省基本公共文化服务保障标准及五年行动计划，通过试点市县实现三级联动、协调国家发改委、财政、广电等部门合力共促取得了成效。此外，江苏省着手拟定统一的《江苏省公共数字文化系统建设标准》，对共享工程、数字图书馆、公共电子阅览室建设计划进行有效整合。

3. 依托专家委员会和协调机制推进保障标准制定

现代社会政策议题的复杂性要求参与者具备较高的知识储备与能力素质，以保证政策方案的质量。因此，掌握了特定领域专业知识的专家学者参与政府决策的广度与深度日益显著。当前，我国以国家公共文化服务专家委员会工作机制和国家公共文化服务协调机制为依托，开展保障标准的政策研究和标准设置。召集北京大学、清华大学、浙江大学、上海社会科学院等专家学者具体承担研究工作。从2014年4月底开始，课题组先后召开7次论证会、工作会拟定和修正国家保障标准，此外，召集财政部、广电总局通过处长联席会议积极推进标准制定。6月，文化部公共文化司和浙江省文化厅还建立省部联动机制，合力共促课题研究和保障标准制定。

三　我国基本公共文化服务保障标准的制定

1. 保障标准的制定原则

——统筹安排，保障底线。标准要体现公共文化服务体系建设的同一性，在加强内容引导、协调推进方面做出规定。坚持机会均等、起点公平，维护公民的基本文化权益，切实保障公民享有平等的文化发展机会，努力缩小基本公共文化服务在区域间、城乡间、群体间的差距。

——需求导向，因地制宜。制定标准的依据是广大群众的公共文化服务需求和各地公共文化部门的服务能力。从国情、省情出发，依据各地经济发展水平和政府财政支持能力，制定科学合理的基本公共文化服务标准，明确各级政府保障责任。国家的基本公共文化服务标准由中央有关部门制定发布，经济发达地区可以适当提高；短时间内难以达到相关标准的省份，可以借助财政转移支付制度保障其实现。

——公开透明，简单易行。公共文化服务标准是面向公众的服务承诺，在制定过程中应广泛征求意见，发布后要广泛宣传，提高公共文化服务的公众满意度。同时，为了便于政府及公共文化部门根据标准开展服务，便于公众参与监督服务，标准内容应做到简洁明了，便于操作。

——提升效能，完善监督。公共文化服务标准化是一个动态的过程，制定标准要试点验证，让最佳的操作规范能接受实践检验并不断改善。标准制定应该考虑便于工作实施时效能的提升，提高资金、设施、人力、物力的使用效率。同时，建立对标准执行的考核评估体系，确保标准体系在实际工作中发挥作用。

2. 保障标准的框架设计

当前公共文化服务发展的关键是确定服务的优先顺序和重点领域，其基本依据在于社会需求、服务现状和经济社会发展战略。基本公共文化服务保障标准的框架主要分为基本服务项目和内容、基本设施、经费和人员保障三大类，指标细化、文字简明、语言通俗，便于老百姓阅读理解，同时也便于地方各级政府和部门明确自身的责任。

——围绕读书看报、广播影视、文体活动、文化鉴赏、文化教育、数字服务、免费开放、特殊群体服务等八项基本服务项目和内容，制定具体标准。八项基本服务项目和内容主要依据是《中共中央办公厅国务院办公厅关于加强公共文化服务体系建设的若干意见》（中办发〔2007〕21 号）中规定的群众基本文化权益，并在传统的 6 个基本项目加上 1 项农村电影的基础上，增加了《国家基本公共服务体系“十二五”规划》提到的免费开放、特殊群体服务项目，另外，从时代发展的要求增加了数字服务、文化教育两个项目，进行了归类整合。由于基层群众的文化活动和体育活动往往交错在一起，将文体活动作为一个基本服务项目，不再细分。

——围绕公共图书馆、文化馆、博物馆、体育场馆、乡镇综合文化站、新闻广电设施、流动文化服务设施和无障碍设施等八项基本公共文化服务设施，制定具体标准。基本设施标准的制定主要考虑两点。一是设置率，不改变现有行政体制，如县级有两馆（图书馆、文化馆）、乡镇有文化站、村（社区）有综合文化服务中心。二是根据行政区域内服务人口数确定设施规模，比如市区常住人口超过50万设置大型馆，建筑面积6000平方米以上；20万~50万设置中型馆，建筑面积4000~6000平方米；20万以下设置小型馆，建筑面积800~4000平方米。将设施标准的核心指标提炼出来，呈现在标准框图内。另外，这里的设施不单指文化设施，还包括了新闻广电、体育的公共服务设施，体现了十八届三中全会决定提到的：整合基层宣传文化、党员教育、科学普及、体育健身等设施，建设综合性文化服务中心的要求。另外，将无障碍设施这一项目单列体现了对弱势群体的关注。

——围绕经费、人员保障等保障内容，制定具体标准。基本公共文化服务的均等本质上是财力的均等，以财力的均等推动资源配置均等，最终实现服务的均等，经费的保障尤为重要。根据财政的要求，文化经费的投入不能提占比，只能按照十七届六中全会《中共中央关于深化文化体制改革推动社会主义文化大发展大繁荣若干重大问题的决定》：把主要公共文化产品和服务项目、公益性文化活动纳入公共财政经常性支出预算，保证政府财政对文化建设投入的增长幅度高于财政经常性收入的增长幅度。基本公共文化服务是纯公共产品，但仍然可以通过市场的机制和手段购买服务，提升基本公共文化服务的效能，所以在标准中设定了：县级以上政府安排资金，通过政府购买服务方式面向企业、社会组织购买公共文化服务。这可为社会力量、民营资本进入公共文化服务领域留下空间。

3. 保障标准值的区域差异

国外公共服务标准化建设的一个经验是：将公共服务总量化的指标和个性化的指标相结合，并以个性化指标为主。由于我国东、中、西部公共文化服务差异较大，以人均藏书量为例，西部为0.48册，中部为0.39册，东部为1.01册，国家保障标准如果采取一刀切，统一规定为0.8～1册的话，中央财政转移支付压力很大，对于东部地区，该保障标准又偏低。因此，在制定保障标准时，要充分考量东、中、西部地区的发展现状，在部分指标值的设置上，如公共图书馆人均藏书量、文化馆每年组织开展群众文体活动、乡镇（街道）综合文化站组织开展群众文体活动、人均年新增公共图书馆藏量、博物馆（纪念馆）、美术馆、非遗展示馆基本陈列、公益性临时展览，公共图书馆、文化馆公益性展览，讲座、培训等宜采用分类定标的方法确定东、中、西部基本保障指标值。

四　我国基本公共文化服务保障标准的实施

基本公共文化服务是价值理念与具体实践、战略目标与实现机制、指导原则与路径选择紧密联系的长期过程和复杂系统。在此意义上，坚持科学的实施路径是十分重要的理论命题和现实任务。

1. 以财力均等化实现资源合理配置

公共文化事业追求的是全民共享的公共性，公共文化服务的开展主要依靠国家的财政投入，财政投入的均等化是公共文化服务均等化的基础。以财力的均等化推动资源配置均等化，最终推动服务的均等化。首先，县级以上政府要将基本公共文化服务所需保障资金纳入公共财政经常性支出预算，落实保障当地常住人口享有基本公共文化服务项目所需资金。东、中、西部地区县域人均文化事业费，不低于本区域上一年度平均水平。其次，要明确公共文化服务投入的重点。均等化的目标是促进区域均等、城乡均等、群体均等，投入要有助于公共文化设施空间布局的优化，重点投入城乡基层文化基础设施建设、文化普及和精品生产。再次，要加快完善财政转移支付制度，加快形成统一、规范、透明的财政转移支付制度，要科学设置、合理配置一般性转移支付和专项支付。对于转移支付制度的调整不仅需要进行均等化现状分析，还要对各项转移支付的效果以及对地方政府的财政努力激励作用进行评估。

2. 创新服务面向基层下沉优质资源

当前，基本公共文化服务的短板在基层，尤其是在一些民族地区、山区、海岛地区。要创新服务供给，把更多的设施、人才、产品、服务引向基层，增强基层服务能力。按照党的十八届三中全会精神，采取措施，加强基层文化基础设施建设，从组织体系、经费支持、人员保障等方面深度整合基层公共文化资源，形成一个组织合力和组织优势，有效对接群众需求，建立基层综合性文化服务中心，让广大群众随时随地都能方便快捷地享受基本公共文化服务。

重点关注群众最现实的文化需求，要扩大政府购买公益文化产品的范围，保障基层群众文化权益的实现。以公共文化产品的均衡供给，推进公共文化服务均等化。形成需求导向、优质高效、均等普惠的城乡公共文化服务新机制。制订年度农村公益性文化项目实施计划，明确服务规范，改进服务方式。提供农民群众喜闻乐见、迫切需要的文化产品和服务，活跃和丰富农民群众的文化生活；推动城乡文化的交流，以城带乡，以城促乡，发挥文化活动品牌的辐射和带动作用，让农民群众充分享受文化活动的乐趣。面向老年人、残疾人、农民工、低保等重点群体，继续实施特殊群体的均等化项目，开展文化、艺术、读书节、歌唱比赛等活动，建立制度化、可持续的、落实到点、落实到人的运作机制。

3. 通过部门统筹协调综合利用文化资源

现代公共文化服务体系的建设，是一个涉及文化产品生产、分配、管理和资源保障各个系统在内的整体系统设计，必须整合政府与社会各个方面的力量，突破行业壁垒和公共资源体制内循环的制度局限。建立公共文化服务体系建设协调机制，是加强政府机构改革的协同性、提升公共文化服务效能的必然要求。要以深化文化体制改革为契机，联合宣传、组织、发改、财政、文化、广电、体育、工青妇等部门，成立公共文化服务体系建设协调组织机构，促进工作的规范化、常态化，协调解决矛盾和问题，加快形成科学有效的宏观文化管理体制。依托协调机制，定期召开协调会议，负责行动计划组织领导、政策制定、统筹规划，协调解决均等化实施过程中的重大问题，确保标准化、均等化工作顺利推进。

4. 建立供需对接机制精准服务百姓

作为改进政府服务质量的有效途径，公共服务标准化的深入发展需要强化“以公民为中心”的服务理念，需要关注整体性行政服务质量持续改进，需要推动公共服务从回应走向参与和协作。现阶段，我国公共文化产品和服务供给基本按自上而下的单向度为主导，文化部门“送文化”多，“种文化”少；城乡群众被动参与多，主动参与少。要建立反馈机制，要充分发挥政府的作用，注重基层文化站的职能，组建专家团对群众的基本文化需求进行定期的测度和反馈。文化职能部门要通过实地调研，把文化惠民工作与保障广大群众的知情权、参与权、监督权相结合，提升服务供给的公平效率。要调动群众参与热情，汇聚民智民力，搭建群众文化需求表达渠道和平台，探索政府公共文化决策的多元参与机制。通过设立服务电话、短信、QQ社区、官方微信、官方微博等互动平台，多种路径了解群众文化生活需求，及时分析、反馈和评价，形成良好的双向性沟通。

5. 完善考核评价机制提供“硬约束”

绩效管理的基本目标是提高公共管理运作效率与质量，包括提高行政效能、提高公共服务的质量、实现社会有效治理等。考核公众所表现出的满意度情况，可以对当前服务供给行为做出客观评价，有利于进一步明确政府公共文化服务职能定位，加强公共文化服务体系建设。建议将“流程再造”引入公共部门，推进绩效评价指标体系的制度安排，推动基本公共文化服务成为各级政府的硬任务、硬指标，真正成为可衡量、可监测的对象，并纳入政绩考核评价体系当中。在基本公共文化服务满意度测评中，要科学选取测评项目、测评对象和测评方法，避免使用主观性很强的测评手段。同时也要注意不能为了测评的客观性，而选择过于复杂的测评方法。有的测评需要依靠数学模型和专业软件进行，尽管客观性比较强，但可实施性比较差，基层单位基本无法实行。要建立一个开放性强、透明度高的政府主导和社会参与相结合的评估系统，探索建立公共文化服务的第三方评价机制，创新管理增强公共文化服务评价的科学性和有效性。

B.8

底线保障，反弹琵琶

——2014年贫困地区公共文化服务体系建设发展报告

刘洋　唐任伍　龙希成　黎川　李冲*

摘　要：改革开放以来，我国扶贫开发工作取得了巨大成就，但是贫困地区公共文化服务体系建设总体欠账多、水平低，文化扶贫相对滞后，制约了贫困地区可持续赶超发展。本报告分析了贫困地区公共文化服务体系建设的主要成就、瓶颈，提出在市场失灵和文化消费市场滞后的情况下，以政府“有形的手”突出“底线保障，反弹琵琶”，通过一系列针对性措施，推动贫困地区公共文化服务体系建设尽快达到或者接近全国平均水平。

关键词：贫困地区　公共文化服务体系　扶贫开发

改革开放以来，我国扶贫开发工作取得举世瞩目的成就，走出了一条中国特色扶贫开发道路。但是，贫困地区发展滞后问题还没有根本解决，贫困人口生产生活仍然十分困难，公共文化欠账多、水平低，文化发展仍处于较低水平。另一方面，贫困地区保留了很多原汁原味、具有全国影响的乡土文化，当地群众搞文化有历史、有传统、有能力，贫困地区文化民生贫瘠与文

---

* 刘洋，国家公共文化服务体系建设专家委员会委员，北京师范大学政府管理研究院副院长、研究员；唐任伍，北京师范大学政府管理研究院院长，教授；龙希成，贵州省社会科学院研究员；黎川、李冲，中国文化产业研究会研究人员。

化资源富足不匹配，没有将文化资源转化成经济发展的动力。例如，国家历史文化名城遵义市就有道真、务川、正安、习水等4个贫困县；四川省阆中市既是国家历史文化名城，也是国家级贫困县。

《关于加快构建现代公共文化服务体系的意见》提出，明确老少边穷地区服务和资源缺口，按照精准扶贫的要求，以广播电视服务网络、数字文化服务、乡土人才培养、流动文化服务、农村留守妇女儿童文化帮扶等为重点，集中实施一批文化扶贫项目；落实取消国家在贫困地区安排的公益性文化建设项目县以下（含县）及西部地区集中连片特困地区市地级配套资金的政策；确立国家基本公共文化服务指导标准，明确政府保障底线，做到保障基本、统一规范。

加快推进贫困地区公共文化服务体系建设是党中央、国务院做出的重大决策部署，是实施扶贫开发工程的重要内容，是实现基本公共文化服务均等化、构建现代公共文化服务体系建设的内在要求，是新型城镇化建设和社会主义新农村建设、保障广大人民群众基本文化权益的有效途径。加快推进贫困地区公共服务体系建设，对于弘扬社会主义核心价值观，对于促进贫困地区经济发展和社会进步，实现贫困地区到2020年与其他地区同步基本建成现代公共文化服务体系，全面建成小康社会、实现“中国梦”、构建社会主义和谐社会具有重大意义。

一　贫困地区公共文化服务体系建设现状

党的十七大以来，党中央和国务院高度重视公共文化服务体系建设。在各级党委、政府的大力支持下，贫困地区公共文化投入大幅增加，公共文化设施建设力度进一步加强，覆盖城乡的公共文化设施网络基本建立，队伍素质稳步提升，重大文化惠民工程深入实施，公共文化服务能力明显提升，人民群众的文化生活显著改善，公共文化服务体系建设呈现出良好发展态势。但是，由于贫困地区大多位于偏远地区，自然条件恶劣，交通落后，人员居住分散，与全国平均水平相比，经济社会发展较为落后，公共文化服务体系建设欠账较多，仍然存在一些亟待解决的突出困难和问题。公共财政投入不足，公共文化设施水平不高、利用率低，公共文化产品和服务供给不足，群众文化活动较为贫乏，服务资源分散，专业人才匮乏，制度建设滞后等，距离“基本建成现代公共文化服务体系”的目标还有相当大的差距。

（一）主要成就

1. 着力基层，加快推进贫困地区公共文化设施建设

各级政府部门加大贫困地区公共文化设施投入，基本建成了县—乡镇（街道）—村（社区）三级公共文化设施网络，设施设备水平逐年提高。

安徽省太湖县公共文化设施水平与发达地区相差无几：县图书馆现有建筑面积4860平方米，建有残障读者电子阅览室和文化活动室，为国家一级公共图书馆；县文化馆建筑面积1000平方米，博物馆建筑面积4100平方米；全县15个乡镇综合文化站按规定标准全部建成，总建筑面积7418平方米；县城区建有青少年文化活动中心、老年大学；县广播电视台建筑面积5000平方米，并建有500平方米的四面尖广播电视发射台；县级体育中心占地面积15.16公顷，规划建设“一馆两场一中心”。

广西将公共文化服务的中心下移到村一级，着力破解农村公共文化服务“散、乱、差、少”的问题，加快推进乡村文化公共服务综合体建设。来宾市已经实现了全市724个行政村“五个一”（建设一栋文化综合楼、一个文艺团队、一个灯光篮球场，组建一支农民文艺队、一支农民篮球队）全覆盖，形成了乡村基层公共文化服务综合体建设的“来宾模式”。

湖南省为贫困地区基层剧团配备流动舞台车超过40台，流动舞台车工程是湖南省在全国率先实施的文化惠民工程，受到中宣部、财政部、文化部等部委的充分肯定。

内蒙古实施了“数字文化走进蒙古包”工程，利用互联网、无线WiFi和3G网络，通过智能手机、平板电脑、笔记本电脑等移动服务终端，为基

层农牧民提供不受时空制约的24小时全天候公共数字文化服务，有效破解了基层尤其是偏远牧区共享文化资源受限的难题。该工程已在11个国家级和自治区级贫困旗县开展试点工作，服务农牧民达10万余人。

2. 政府主导，加大贫困地区公共文化服务投入

作为重要的民生投入领域，各级财政将贫困地区公共文化投入作为重要专项，并将“文化传媒投入”作为地方财政预算的专项科目，部分地区比重已达1%。

一些省市政府成立协调机制，将贫困地区公共文化服务作为重点工作推进。例如，吉林省成立了由省文化厅牵头，19个省级部门参与的公共文化服务体系建设协调组。黑龙江在全省文化专项规划及每年的《省政府工作报告》中，都对贫困地区公共文化服务体系建设提出明确要求，做出安排部署。很多贫困县则将基层公共文化建设、文化惠民项目实施等列为每年为民办实事项目，重点推进。例如，湖北省秭归县成立了以县委常委、宣传部长为组长的基层文化建设领导小组，将公共文化纳入对乡镇政府的年度考核目标。

2011～2013年，广西来宾市文化投入增幅分别是全市财政经常性收入增幅的1.7倍、2.4倍、4.7倍，还通过BT模式融资约10.5亿元用于市级重大文化设施建设。

内蒙古包头市达茂旗在逐年加大政府投入的基础上，积极促进社会资本、金融资本和文化资源的对接，多渠道融筹资金7000万元。

陕西省人均文化事业费由2006年的6.31元增加到2012年的40.87元，高于全国平均水平5.41元，在全国排名由2010年的第16位上升到2012年的第12位。

3. 需求导向，努力增加贫困地区公共文化产品服务供给

以“五个一”工程和“文华奖”“群星奖”等国家级、省级评奖活动为契机，充分发挥图书馆、文化馆、美术馆等基层文化阵地优势，以城乡居民需求为导向，为贫困地区打造了一大批文学、戏剧、音乐、舞蹈、影视、群众性文化活动等公共文化产品。

广西以社会主义新农村文化建设推动贫困地区经济社会发展的新模式，主要形成了五种模式：阳朔模式以大型山水实景演出《印象·刘三姐》为品牌，推进当地旅游业发展的文化项目带动型“阳朔模式”；以绣球和壮锦等民族文化产品为依托，使之项目化、产业化、规模化、品牌化的民族生态文化型“靖西模式”；以各级图书馆和文化信息资源共享工程为渠道，帮助农民增长科学技能的文化知识致富型“横县模式”；以发展民族民俗娱乐文化为特色，开发生态旅游、建设富裕家园的休闲文化旅游型“恭城模式”；以农民自办文化节为载体，科技“搭车”引领发展农村循环经济的农业生态文化型“北流模式”。

湖北省竹山县图书馆推行“一卡通”借阅模式，实现无线网络全覆盖。2014年又引进“超星电子借阅机”，供读者扫描二维码下载图书到手机阅读，年接待读者4万人次。湖北省孝昌县图书馆开办“儿童知识银行”，将文明阅读、读书比赛、阅读量积累、写读后感、好书分享等行为与不同额度的知识币挂钩，儿童通过参与活动换取知识币，存入个人知识银行，积少成多后可“取款”换取等值礼品。“儿童知识银行”还定期为知识币储蓄前十名的儿童授予“知识大富翁”荣誉，颁发证书及奖品，激发了少年儿童的求知兴趣，也带动了家长走进图书馆。

黑龙江省以“城市之光·金色田野”主题系列文化活动为引领，在贫困地区逐步形成了群众参与广泛、特色鲜明的文化活动品牌。近三年，黑龙江省政府对全省涌现出的群众文化活动品牌，实行“以奖代补”，对贫困地区适当给予倾斜，目前每个贫困县（市）都有自己的文化品牌。

安徽省有15个乡镇综合文化站结合地域文化特色，采取把群众文艺骨干“请进来”和专业文化干部“走出去”的服务模式，拓展服务空间，除搞好日常免费开放、讲座培训活动外，还派出专业技术人员深入中小学校、美好乡村建设示范村开展黄梅戏进校园、舞蹈进课堂、群众广场舞培训、二胡培训、黄梅戏迷培训等服务活动。

4. 引培结合，加强贫困地区公共文化人才队伍建设

近年来，国家实施了“边远贫困地区、边疆民族地区和革命老区”人才支持计划、文化工作者专项等人才项目，加强贫困地区公共文化人才队伍建设，完善机构编制、学习培训、待遇保障等方面的政策措施，使基层公共文化人才队伍稳定性和人员素质得到改善。

广西组织实施“三区（边远贫困地区、边疆民族地区和革命老区）人才培训计划”，开展定向培训工作，与一批区内外高校达成合作意向和协议，大力培养高层次专业领军人才和公共文化骨干队伍。开展基层文化骨干培训大行动，逐步形成了省级培训市级、市级培训县级、县级培训乡镇、乡镇培训村屯的公共文化服务业务培训网络。

湖南省建立了“省厅设立总队，省直设立直属支队，市级成立支队，县级成立分队”的文化志愿者工作模式，将贫困地区作为重点服务对象。

湖北省组织实施边远贫困地区、民族地区和革命老区文化人才支持计划，从2014年起，每年从省、市选派30多名优秀专业人才到“三区”县级文化单位工作；资助、招募400多名文化志愿者到“三区”县级文化单位服务；集中为“三区”培训业务骨干，2014年已举办“三区”县舞蹈编导培训班。湖北省孝昌县出台《孝昌县文化人才招聘管理办法》《孝昌县体制外文化人才管理和奖励办法》，创新机制使用人才，有14名文化人才在换届中进入各级班子。采取“县聘、县管、乡用”的原则，公开招录了12名高素质的乡镇文化服务人员，招录人员编制放在县文化馆，由县文化局统一管理。

5. 提升效能，推动公共文化服务机制创新

近年来，贫困地区全面启动了公益性文化事业单位改革，基本建立了党委领导、政府管理、部门协同、社会参与、权责明确、统筹推进的公共文化建设管理制度。群众需求反馈、服务公示、以群众满意度为核心的绩效考评等创新制度也在贫困地区得到实践。

湖北省在中西部地区率先开展省级公共文化服务体系示范区创建工作，红安县、来凤县入选第一批10个创建县市名单。两县正对照创建标准，结合本地区较贫困和公共文化建设存在的薄弱环节的实际情况，探索加强现代公共文化建设的科学路径，形成可供借鉴的经验和模式，带动全省贫困地区公共文化发展。

黑龙江省文化行政管理体制“三局合一”改革全面完成，28 个贫困县（市）组建了新型文化行政管理主体，初步构建起大文化工作格局。乡镇综合文化站工作机构已全部恢复，每个乡镇综合文化站工作人员确保有 1 个编制名额。

吉林省贫困地区乡镇文化站、农村文化大院、社区文化活动中心有效整合了文化、广电、新闻出版、体育等部门在农村和城市社区投放的资源和力量，并进行统筹管理，形成了“一场多用”的集成效应。

湖南省制定下发了《湖南省公共文化事业建设考评体系》，实施目标管理责任制和问责制，全面启动了全省公共文化事业建设考评工作。为规范管理公共文化服务机构，正在制定出台《公共图书馆（室）、文化馆（站）服务标准》《乡镇综合文化站管理办法》等公共文化服务和管理标准。这些工作措施和机制同样适用于贫困地区。

（二）突出困难和问题

1. 贫困地区公共文化发展水平参差不齐

首批 31 个国家公共文化服务示范区城市共有 47 个贫困县，通过两年创建，均达到了示范区创建中西部水平，在贫困地区乃至中西部地区都处于较好水平。而第二批、第三批示范区创建也将累计推动超过 100 个贫困县公共文化发展率先达到领先水平，但是仍有大量贫困县由于缺乏专项扶持和拉动，整体处于较低水平。

2. 部分政府部门对贫困地区公共文化服务体系建设重视不足

由于贫困地区属于后发地区，经济社会发展压力大，制约了当地政府部门和领导对文化建设的重视程度，很多贫困县的县、乡两级政府部门没有将公共文化服务纳入政府基本职责，基本没有制定和实施绩效考核机制。各级扶贫开发尚未制定出台专门针对贫困地区公共文化建设的特殊扶持政策、“量身定做”重大项目。贫困地区文化干部的创新观念不足，市场观念淡薄，普遍存在“等、靠、要”的消极思想。基层政府、各级文化干部还存在着对国家、省公共文化政策、资金不了解、不清楚的情况。

3. 贫困地区公共文化投入财力不足

尽管贫困地区文化事业费尤其是中央、省级财政投入有大幅增长，但由于过去基数低、当地财力有限，文化事业费占财政支出比例较小，有的地方文化部门年初部门预算尚没有列入专项或项目不多且金额太少，经费以人头费为主，专业业务经费匮乏。部分文化馆（站）正常运转经费、设备更新经费、活动经费、图书购置经费等日常专项性公用经费没有列入预算。“三馆一站”免费开放、农村文化建设等经费地方配套资金落实情况不好，由于贫困地区各级政府财力有限，对公共文化配套资金完全实现保障的能力不足。

4. 贫困地区公共文化设施欠账多，使用效率偏低

由于历史欠账太多，基础设施建设较为薄弱。虽然“十五”“十一五”期间，国家安排专项资金支持了区县“三馆一站”建设。但是由于地方财力不足，只是通过“填缺补漏”、修修补补、因陋就简的方式解决了有无的问题，公共文化设施整体水平不高。部分贫困地区公共文化设施虽然按行政层级“全设置”，但设施陈旧老化，覆盖面和服务能力有限。随着近年来经济社会迅速发展，城乡居民生活水平的迅速提升，原有设施因规模小、条件差、功能缺陷等因素无法满足人民群众的需要。区域公共文化设施发展不平衡，受政策性因素、地理环境等影响，贫困县市的城区和公路沿线乡、村设施条件明显好于偏远山区。一些公共文化场馆、文化站等建起来之后，还存在着使用率低、利用程度不高，甚至是闲置和改变使用用途的现象，管理方面也还存在薄弱环节，尤其是一些新建的文化站，由于没有经费保障，至今仍没有投入使用。一些县、乡党委政府文化意识薄弱，由于城镇化开发、举债建设等原因，部分地区公共文化设施陷入“建好就占”“边建边拆”“现建现卖”的窘境。一些建好的乡镇综合文化站被乡镇党委政府挤占挪用、变卖抵债。部分地区公共文化设施建管脱节，对配套设备购置及维护、资源建设、服务开展等缺乏应有支持，管建不管转，使得公共文化设施“有马无鞍”，难以正常发挥服务功能。

5. 贫困地区公共文化服务总量较少，总体效能不足

公共文化服务针对性不强，缺乏吸引力。部分公共文化单位在开展服务

时不考虑地域文化特点、经济社会条件和服务对象特征等因素，导致服务项目与群众需求错位。公共文化服务的供给陈旧单一，缺乏影响力。一些地方文化部门工作举措单一，公共文化单位服务手段落后，形式上缺乏创新，内容上老套，习惯被动等着群众“走进来”，不加大宣传力度，不考虑群众的接受条件，导致服务面窄，服务效益低。公共文化服务发展不均衡。县区之间、城乡之间、乡村社区之间，有的地方文化资源不够用，有的地方文化资源用不上，基层公共文化资源没有得到最大限度的有效整合利用。随着城镇化、工业化进程加快，大量贫困地区人口转移，进城务工农民在文化权益保障上存在盲区、死角。城镇社区公共文化建设的任务愈加繁重，公共文化服务水平、服务产品与广大人民群众日益增长的文化需求之间还存在差距。

6. 贫困地区公共文化服务人才匮乏

根据中央关于严格控制机构编制、财政供养人员只减不增的要求，各地事业编制总量被控制在 2012 年底统计数内。许多地方特别是贫困地区的编制总量十分有限，教育、卫生等系统的事业编制占总量达 70% 以上，实际可调剂的空间很小。

目前我国还没有根据服务人口、设施规模、资源总量等标准，从国家层面出台具有指导性、可操作性的《公共图书馆、文化馆、综合文化站人员编制配备标准》，并以此来指导建设一支稳定的公共文化服务队伍。贫困地区大多数基层文化单位缺乏稳定的专业化人才，高层次人才数量少，工作人员年龄偏大、观念相对落后。贫困地区因收入相对低、待遇差，同时还受生活环境、发展空间的制约，文化人才难引也难留。部分乡镇（街道）综合文化站中，有相当一部分没有专职人员，且专职人员“专职不专干”的问题普遍存在，村文化室也没有专门的管理人员。人员配备没有考核和准入制度，且缺乏有效的培训机制，管理人员业务素质有待提高。文化志愿者队伍建设较为滞后。

7. 贫困地区公共文化服务体系建设体制机制发展滞后和不畅

由于基本公共文化服务保障标准尚未建立，缺乏能系统规范地方政府须提供基本公共文化服务项目、内容、财政保障等责在和义务的政策、法规和法律。各地对于公共文化服务的标准和内容方面的认识不统一，特别是在文化投入和文化资源的配置等方面缺少必要的“规定动作”和硬约束，导致经费保障力度欠缺，建成设施的利用效率不高，服务内容不能与基层群众需求有效契合，甚至出现缺位、越位、不作为等问题，影响了政府统筹和主导作用的有效发挥。乡镇文化建设机制不畅，很多贫困县乡镇综合文化站的人、财、物由乡镇政府管理，业务由县级文化部门指导。在实际运行中，乡镇综合文化站等基层文化单位在册不在岗、在岗不尽责的现象较为突出。不少乡镇的文化工作人员身兼数职，大部分时间用于驻村帮扶等乡镇中心工作，分散了抓基层文化工作的精力。部分乡镇领导文化自觉意识不强，没有把文化建设纳入镇村发展规划，没有长远工作安排，没有经费支持，当地文化工作好坏基本取决于乡镇领导的个人好恶，以及与文化站长的关系亲疏，致使乡镇文化阵地不稳，职能作用没有得到充分发挥。公共文化服务考核评价机制不够健全，缺乏约束力。由于各地绩效评估和第三方评价体系尚未建立，考核机制和指标体系尚不健全，群众意见不能得到及时反馈，考核评价的结果不够客观，对地方党委政府及文化部门、公共文化单位的约束效果不强。部分贫困县乡镇文化站实行“以钱养事”新机制后，对文化站实行定岗服务招聘制的管理模式，乡镇综合文化站属乡镇直接管理，资金由财政管理，业务由文化局管，而文化局在人事和管理上自主权不大，灵活性不强。

二　加快贫困地区公共文化服务体系建设对策措施

中央政府部门要尽快制定贫困地区公共文化服务体系建设底线标准，通过制定专门政策、加大投入力度、实施重点项目等特殊扶持手段，反弹琵琶，推动贫困地区文化资源配置向更好满足群众需求倾斜，文化设施向综合一体、便利实用、共建共享转变，文化投入向精准高效、来源多样转变，增加文化产品服务总量，提高文化产品服务效能，稳步推进贫困地区城乡基本公共文化服务全覆盖以及标准化、均等化、社会化，力争到2020年贫困地区公共文化服务体系建设达到或者接近全国平均水平。

1. 提高贫困地区公共文化设施建设水平，实现全面覆盖

结合国家新型城镇化建设、新农村建设整体规划，以基层（乡镇、村、社区）为重点，以服务人口为基本依据，坚持规模适当、功能优先、经济适用、节能环保的原则，合理规划区域公共文化设施布局。

落实县级公共文化场馆建设标准和设备配置标准，支持未建成、未改造、未达标的图书馆、文化馆、乡镇文化站提标升级，普遍达到国家三级馆标准，具备综合服务能力。

加强流动文化设施设备配置，县级图书馆、文化馆要落实“一馆一（流动服务）车”配置，因地制宜开展流动文化服务，建立灵活机动、方便群众的“公交化”流动文化服务网络。健全基层流动文化服务网点，配备流动文化服务设备，促进公共文化资源向基层延伸，着力打通公共文化服务“最后一公里”。

统筹乡镇、行政村文化活动场所规划、修建和管理，在人口集中、交通便利的村镇建设集书报阅览、宣传教育、文艺演出、科普教育、体育和青少年校外活动于一体的乡镇综合文化服务中心和行政村综合文化活动室、文体广场。

加强科技馆、青少年宫、体育场馆、工人文化宫（俱乐部）、妇女儿童活动中心、老年大学等各类公共文化设施建设，发挥其在公共文化服务体系建设中的重要补充作用。

2. 增加贫困地区公共文化产品和服务供给，促进普惠均等

深入推进各级各类公共文化机构免费开放工作，进一步健全公共文化服务项目，开展“菜单式”“订单式”公共文化服务，全面提升建设、管理和服务水平。

明确贫困地区基层公益性文化设施的服务标准，督促其按标准完善服务项目。推动文化馆（站）、图书馆、展览馆、科技馆、体育馆、学校等文化设施免费开放。推广图书馆、文化馆实施总分馆制，以县级馆为总馆，乡镇文化站为分馆，村为流动服务点，加强公共文化资源、活动、服务的共建共享。

加快文化信息资源共享工程与广播电视村村响、直播卫星户户通和数字农家书屋资源共享、融合发展，推广无线 WiFi 服务器建设，促进公共数字文化服务与移动终端结合，实现数字文化信息资源“进村入户”。

推广“贫困地区公共文化服务包”，通过政府集中采购，整合电影放映、文艺演出、文化培训辅导、书报刊借阅、群众文化活动、文化展览讲座、数字文化等服务项目，设立供需菜单式服务平台，为群众提供普惠均等、自由选择的公共文化服务。

实施文化低保工程，把空巢老人、留守儿童、农民工、残疾人、生活困难群众等社会弱势群体作为公共文化服务的重点对象。

通过减免税费、表彰冠名、业务培训、项目帮扶等激励优惠机制，以兴办实体、捐资捐物、资助项目、赞助活动、提供设备等途径，鼓励企业、社会团体和个人等社会力量兴办公共文化项目。引导农民通过集资、无偿付出劳动力等灵活方式参与农村公共文化设施建设。

加强少数民族语言广播影视节目的译制，“三农”读物和少数民族文字出版物的出版发行。

3. 广泛深入开展贫困地区群众性文化活动，打造特色品牌

大力支持农村题材的文艺作品生产。“群星奖”等国家级评选要向贫困地区倾斜，推动贫困地区群众文艺作品体裁、题材、形式创新，创作一批具有深厚生活积淀和较高艺术质量、雅俗共赏的群众文艺精品。

组织动员发达地区文艺工作者深入贫困地区帮扶当地创作生产体现地方特色和时代精神的优秀文艺作品。发挥贫困地区民族、民间文化资源优势，依托中国民间文化艺术之乡、非物质文化遗产保护、文化生态保护区建设等国家扶持工程项目，促进其优秀传统文化的保护、传承和发展。

尊重群众的主体地位和首创精神，创新群众文化活动的理念、内容和方式，鼓励群众自办文化，做到自我表现、自我服务、自我教育。按照雅俗共赏、普及提高的原则，积极推广文明健康、丰富多彩的群众性文化活动项目。扶持以文化能人为核心的文化院坝、文化中心户、文化室、图书室、农民书社、集（个）体放映队、业余剧团等特色文化服务组织。

4. 加强贫困地区文化队伍建设，提供人才支撑

明确基层公益性文化单位人员编制统筹到县，落实每个乡镇综合文化站编制不少于2人、每个村文化室有文化专干1人的要求。推进贫困县政府购买公共文化服务岗位，配置公共财政补贴的村、社区公共文化服务组织和管理人员。推广乡镇、村文化工作人员由县级文化行政部门统一配置、统一管理。与当地经济社会发展水平相适应，逐步提升基层文化工作人员待遇，稳定乡镇、农村文化队伍。

深入实施“三区”（革命老区、民族地区、边疆地区）人才支持计划文化工作者专项。把文化建设内容纳入贫困地区党校教育、干部培训的教学体系。鼓励发达地区优秀文化人才以柔性合作方式向贫困地区流动。组织发达地区文化机构以团队志愿者的形式对口接受贫困地区工作人员“挂职锻炼”“跟班作业”。

建立健全分工负责、分类培训、分级管理的文化人才教育培训机制，完善教育培训质量评估和督促检查制度。加强基层尤其是农村文化从业人员的岗前培训，逐步实施基层公益性文化单位从业人员职业资格制度。

鼓励贫困地区文化行政部门在高校、职业院校、社科联、文联设立公共文化服务“订单式”人才培训基地。鼓励区域内企事业单位互联互通系统内的学习资源，形成开放性的终身学习体系。

推进“东风工程”“西新工程”“边疆万里数字文化长廊”和国家应急广播体系等项目建设。

加强“大地情深”国家艺术院团志愿服务走基层、“春雨工程”全国文化志愿者边疆行等重大文化志愿工程项目向贫困地区倾斜。鼓励贫困地区组建文化志愿服务组织，吸引热心公益事业的社会专业人士担任文化指导员、辅导员、管理员。鼓励大学生村官、其他领域志愿者积极参与文化服务。

5. 扶持贫困地区特色文化产业发展，形成产业反哺

大力开发优秀传统文化与时代精神融合的公共文化产品，强化文化创意设计，推动传统文化的创造性转化。支持各地依托当地历史文化遗产，广泛开展爱国主义教育和传统历史文化教育，以生动直观的形式寓教于乐，传承

文脉。

鼓励贫困地区兴办文化小微企业、工作室等市场主体，积极开发具有民族传统和地域特色的民间工艺项目、民间艺术和民俗表演项目，与区域内外的旅游、演艺等产业有机整合。推进“一县一平台”“一乡一品牌”“一村一团队”建设，形成品牌示范带动效应，适时开发书画、影视、动漫、文具、纸品、包装、工艺品等衍生产业。继续加强重大少数民族文化品牌项目专项实施。

引导贫困地区传统文化保护较好的古镇、古村、古街开发特色文化纪念馆、传统商业街区、庭院式主题会所等旅游项目，突出文化、历史、生态等资源优势，吸引城市人前来观光、度假、休闲、养生。

推动书法绘画、地方戏曲、传统技艺等传统文化进课堂、进校园、进军营、进社区，发挥优秀传统文化陶冶情操、培育人格的积极作用。

6. 加快贫困地区文化体制机制创新，深化精准扶贫

突出政府主导责任，把贫困地区文化建设纳入当地经济社会发展总体规划，纳入扶贫开发整体工作评价体系，纳入各级党委政府和领导干部的绩效考核并提高分值比重。将群众满意度作为公共文化服务考核评价的重要指标，探索实施第三方评价机制。

推动贫困地区建立跨领域、跨部门、职责明确、分工协作的文化建设统筹协调机制，推进基本公共文化服务标准化、均等化、社会化、数字化建设，扶持文化产业快速发展。

以国家基本公共文化服务保障标准为依据，贫困地区不能达到“底线标准”的项目，由中央、省、市公共财政帮助解决，逐渐取消县级资金配套，探索将财政投入方式以直接拨款为主转为购买服务、项目补贴、以奖代补、基金制等多种方式并存。

落实鼓励社会组织、机构和个人捐赠、兴办公益性文化事业的税收优惠政策。对社会资本投资具有重大经济效益、社会效益的文化项目，地方政府应按一定比例进行配套投入。免费开放的公益文化事业单位执行居民用电、用水、用气价格。对于在适用地域范围新建的文化场馆，免除其城市建设配

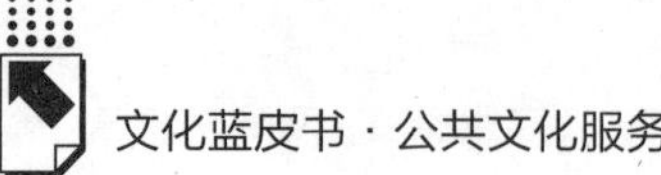

套费用，其营业税在一定期限内以财政补贴形式返还。对新办文化企业免征1～3年企业所得税。

发挥村务监督委员会、村民理事会等村民组织的作用，引导村民全过程参与公共文化服务体系建设项目的规划、建设、管理和监督。

健全公共文化服务城乡互动、共建共享机制，推动城市文化资源向基层和农村地区延伸。

各地区要制定辖区内贫困地区公共文化服务体系建设的实施方案和年度计划，明确文化行政部门的牵头协调责任，将年度工作任务逐项分解落实到分管领导、牵头部门和参与单位，形成政府部门齐抓、社会共管、群众参与的良好氛围，确保目标任务完成。

各级政府要建立健全贫困地区公共文化服务体系建设绩效评价指标体系。把贫困地区公共文化服务体系建设纳入当地社会经济发展总体规划，纳入科学发展考核，纳入扶贫开发整体工作评价体系，纳入各级党委政府和领导干部的绩效考核并提高分值比重。重视和发挥各级新闻媒体舆论引导和监督作用。

探索建立贫困地区群众文化需求的动态反馈机制。将群众满意度作为贫困地区“省、市、县”三级公共文化服务考核评价的重要指标，探索实施第三方评价机制。

大力宣传贫困地区公共文化服务体系建设的重要意义、工作任务、政策措施、进展情况，及时发现和宣传先进典型，总结推广先进经验，不断提高群众的知晓率、参与率和支持率，为贫困地区公共文化服务体系建设营造良好的舆论环境和社会氛围。

7. 提升贫困地区财政支持水平，强化经费保障

贫困地区要进一步保证公共财政对公共文化建设投入的增长幅度高于财政经常性收入增长幅度，提高公共文化支出占财政支出的比例。

建议设立国家贫困地区公共文化服务体系建设专项资金，专款专用。增强专项资金使用的针对性和实效性，项目资金要落实到村到户，切实使资金直接用于公共文化服务体系建设。把资金分配与工作考核、资金使用绩效评价结果相结合，探索以奖代补等竞争性分配办法。简化资金拨付流程，将项目审批权限原则上下放到县。

贯彻落实党的十八届三中全会关于“完善一般性转移支付增长机制，重点增加对贫困地区转移支付”的要求，提高一般性转移支付用于公共文化的比例，对于国家在贫困地区安排的公共文化项目，取消县以下（含县）以及集中连片特困地区资金配套。

省、市两级政府主要负责专项资金和项目的监管，县级政府负责组织实施公共文化项目，各级人大常委会要加强对项目实施、资金使用的及时监督，并发挥社会监督作用。坚持和完善专项资金项目公告公示制度，积极发挥审计、纪检、监察等部门作用，加大对违纪违法行为的惩处力度。

扩大彩票公益金、国家文化艺术基金等相关文化基金、专项基金和公益基金用于贫困地区公共文化服务体系建设的规模。

将公共文化服务体系建设纳入村级公益事业建设一事一议财政奖补机制，调动农民参与公共文化建设的积极性。

三　结语

党的十八大明确提出了要在2020年实现全面建成小康社会的宏伟目标。未来全面小康社会意味着不存在贫困县这个称谓了，过去依靠戴“贫困县”帽子获得国家扶持“输血”的方式将更加困难，实际上是倒逼贫困地区在几年内想办法进位赶超，形成内生式“造血”机制。因此，文化扶贫不应是贫困地区文化民生的主要目标，仅仅是过程而已，更重要的是要以政府为主导，以公共财政为支撑，建设覆盖城乡、结构合理、功能健全、实用高效的现代公共文化服务体系，最终实现文化脱贫。

B.9

积极引导和鼓励社会力量参与公共文化服务*

吴理财　王　前　贾晓芬　庄飞能**

摘　要：积极引导和鼓励社会力量参与公共文化服务，政府、公共部门和社会力量形成紧密的多元主体合作服务网络，符合现代文化治理的理念和要求。在公共文化服务中，依据政府与社会力量在这个合作网络中的联结方式以及各自的角色，社会力量参与公共文化服务一般有政策引导型、公私合作型和群众自主型等参与模式。由于我国尚处于社会转型时期，政府职能转变不到位，公民社会发育有待成熟，社会力量参与公共文化服务依然存在着体制机制、政策法规、技术能力等诸多限制。在治理理论等理论发展的推动下，一些发达国家开始了社会力量参与公共文化服务的研究及实践。当前我国正在建设现代公共文化服务体系，可以借鉴这些较为成熟的国外经验，以文化治理思维推动公共文化服务的社会化。为促进社会力量参与公共文化服务，本文提出了一些发展建议。

关键词：公共文化服务　社会力量参与　文化治理

---

* 本文是文化部公共文化司委托研究项目的一项成果，也是国家社会科学基金重大招标课题“加快公共文化服务体系建设研究”（项目批准号：10DZ&018）、华中师范大学中央高校基本科研业务费项目资助“中国地方治理现代化及国际比较研究”（项目编号：CCNU14Z02008）的一项成果。

** 吴理财，国家公共文化服务体系建设专家委员会委员，华中师范大学教授；王前、贾晓芬、庄飞能，华中师范大学硕士研究生。

引导和鼓励社会力量参与公共文化服务，推动公共文化服务社会化发展，是加快构建现代公共文化服务体系的内在要求。长期以来，我国公共文化服务主要由各级政府及事业单位主办，不但公共文化服务的提供主体和提供方式单一，公共文化服务供给不足、效率不高，不能满足人民群众日益增长的文化需求，而且在这种“政府出钱办、群众围着看”的传统公共文化服务模式中，人民群众只是消极被动的享受者，不能激发公共文化服务的社会活力和创造力，也从一定程度上限制了公共文化服务效能的提升。现代公共文化服务与传统公共文化服务的一个重要分野在于，政府及其事业单位不再是公共文化服务的单一提供主体，各种社会力量都将积极参与进来。

引导和鼓励社会力量参与公共文化服务，既有利于转变政府文化行政职能、创新公共文化服务运行机制，又有利于充分调动社会各方面积极性、激发社会文化活力和创造力，实现公共文化服务提供主体和提供方式多样化，形成政府主导、社会参与、多元投入、协力发展的新格局，提高公共文化服务质量和效能，为人民群众提供更多更好的文化产品和文化服务。

一　公共文化服务中的社会力量

在公共文化服务中，参与的社会力量一般是指政府及其设立的文化事业机构以外的组织和个人，具体而言，它包括企业、社会组织、社区和公民个人。

（一）企业

企业是一种营利性组织，它通过生产和出售商品达到营利的目的。尽管如此，它却是提供公共文化服务不可忽视的补充力量。首先，它生产和出售的商品也包括一部分公共文化产品或公共文化服务，这些公共文化产品或公共文化服务主要通过市场提供给消费者，主要是满足民众个性化、多样化或高层次文化需求。其次，在许多国家，公共文化服务往往是由政府向企业购买后免费或低费向民众提供的，以弥补政府及其附属机构直接提供公共文化服务所衍生的缺乏弹性、效率低下以及公共文化服务产品单一等不足。再次，企业还可以通过捐助公益性文化服务（产品）或者投资兴办文化实体（譬如民办博物馆、艺术馆、私人图书馆、文化公司等），获取声誉、树立形象、行销品牌乃至直接从中营利。

（二）社会组织

社会组织一般是非营利组织（NPO）[①]。在我国，社会组织一般包括社会团体、行业协会（学会）、民办非企业单位、基金会等。

在许多发达国家，公共文化服务和公共文化产品主要是由这些非营利的社会组织提供的。这种公共文化服务模式被西方学者称为“便利提供者模式”[②]，以美国、加拿大、德国、瑞士等为典型代表。在这种模式中，非政府组织或非营利机构是公共文化服务的中坚力量[③]，政府扮演“提供便利者”角色，不直接经营文化事业或文化设施，而是培育、支持民间的非营利艺术机构，通过政府直接拨款、鼓励慈善机构、企业和个人捐助等多种形式，对这些机构及个人给予有力支持。政府作用主要体现在通过立法、经济政策、中介机构、民间文化机构间接管理文化事业，通过各种基金会来引导文化事业发展。从这些国家经验来看，非营利的文化类社会组织是公共文化服务的重要社会力量。

（三）社区和社区组织

社区和社区组织也是公共文化服务中不可忽视的社会力量。由于社区是城乡人民群众的日常生活共同体，社区和社区组织所提供的公共文化服务与城乡人民群众的日常生活、生产紧密相连，因而更加具有在地性、日常性、

① 也有学者将社会组织与政府组织相对应，称之为非政府组织（NGO）、民间组织；或者强调社会组织相对于政府和私人企业的独立性，而称之为“第三部门”（Third Sector）、公民社会组织；或者强调其志愿性，称之为“志愿者组织”“免税组织”等。

② Peter Duelund, *The Nordic Culture Model*, Copenhagen: Nordic Cultural Institute, 2003, p. 20.

③ 李少惠、余君萍：《西方公共文化服务体系综述及其启示》，《图书馆理论与实践》2012年第3期。

可及性、便利性、可参与性等优势和特点，因此，许多国家和地区都十分注重发挥社区和社区组织在公共文化服务中的积极作用。

（四）公民

除了上述组织，公民自身也是参与公共文化服务的一种社会力量。公民不仅是公共文化服务的对象或享受者，而且是公共文化服务的一个主体或提供者。公民参与公共文化服务有多种形式：一是公民通过纳税为公共文化服务提供财政保障；二是公民通过捐资、集资等方式为公共文化服务提供资金支持；三是公民直接参与公共文化产品的生产和公共文化服务的供给（既包括有偿的劳动，也包括无偿的志愿者活动）；四是公民通过组织开展公共文化服务活动；五是公民参与公共文化服务相关的民主决策、民主管理和民主监督等工作。如果从改进公共文化服务绩效的角度来看，公民表达合理的文化需求也可以视为一种参与公共文化服务的形式。还有一些特殊的公民，他们作为艺术家，本身就是公共文化产品的生产者和供给者；另外一些公民，他们以专家、学者身份参与公共文化服务的决策咨询、制度设计、调查研究、监督评估等工作，给公共文化服务提供智力支持。

二　社会力量参与公共文化服务的基本模式

在现代社会，包括公共文化服务在内的“公共问题的解决需要广泛依靠协作关系，远远不能只依靠政府本身，因此需要用‘政府治理’（governance）代替‘政府管理’（government）”①。从这个意义上而言，社会力量参与公共文化服务也可被视为一种“文化治理”形式，这种“文化治理指的是为文化发展确定方向的公共部门跟私营机构、自愿/非营利团体

① 〔美〕莱斯特·M. 萨拉蒙：《新政府治理与公共行为的工具：对中国的启示》，李婧、孙迎春译，《中国行政管理》2009 年第 11 期。

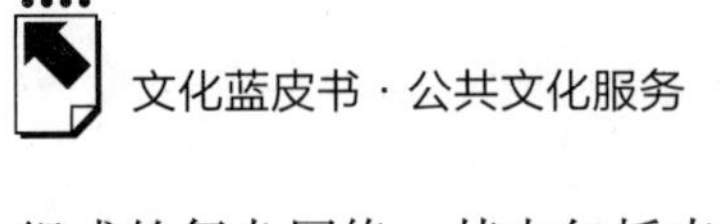

组成的复杂网络。其中包括来自公共部门、私营企业、非营利团体等各种性质的机构和个人”①。在发挥政府主导作用的同时，积极运用市场化和社会化机制鼓励和引导社会力量参与公共文化服务，形成公共文化服务多元主体合作供给的网络。

依据政府与社会力量在这个合作网络中的联结方式以及各自发挥的角色作用，社会力量参与公共文化服务一般可以划分为政策引导型、公私合作型和群众自主型等参与模式。

（一）政策引导型参与

政策引导型参与是指政府运用各种政策工具，鼓励、促进和引导企业、社会组织、社区和社区组织、公民个人参与公共文化服务。

引导社会力量参与公共文化服务的政策工具包括制度创新、平台建设、财政支持等，项目引导。譬如，通过“政府采购、公司运作、全民享受”的服务外包运行方式，引导民营企业合理合法、有序地参与公共文化服务；通过“民办政扶”“民营政管”“民享政补”等制度化政策扶持文化类社会团体、民办非企业单位和基金会的发展；通过成立文化发展基金会为公共文化服务基础设施建设和文化活动的开展提供专项资金；通过税收优惠政策和荣誉授予等引导企业、民间资本和个人无偿捐赠；通过在土地使用、规划建设、费金减免等方面给予一定的政策倾斜鼓励企业、社会资本、本地名人等投资公共文化服务实体或开展公共文化服务活动；通过资金扶持、登记评估、指导培训、培育精品、搭建平台等方式培育和扶持基层业余文化团队的发展壮大；通过注册招募、服务记录、定期评估、荣誉激励等引导有文艺专长的业余骨干和热心公共文化服务的志愿者组建文化义工队伍，开展文艺辅导、组织文化活动、参与文化设施管理，形成一批活跃于我国城乡基层的文化义工队伍；通过“公益创投”、搭建平台、声誉授予等鼓励和支持地方艺术家、文化名人、非遗传承人通过展览、展演、传授和培训等方式开展各种公共文化服务活动。

---

① 郭灵凤：《欧盟文化政策与文化治理》，《欧洲研究》2007年第2期。

（二）公私合作型参与

公私合作型参与是指政府借助市场化机制，跟社会力量建立合作关系，共同参与公共文化服务产品的生产和供给活动。

常见的公私合作模式有如下三种。（1）政府采购。政府通过招标购买的方式，由社会力量直接提供公共文化服务，政府根据其服务绩效埋单。（2）国有民营。按照“所有权和经营权相分离”原则，把公益性文化设施乃至机构委托给专业公司管理或者民营企业、非营利组织经营，提升其服务效能。（3）国助民办。鼓励社会力量、民间资本积极举办公共文化服务活动、兴建公共文化基础设施或兴办公共文化服务实体，免费或低价向公众开放，政府给予一定的财政补贴或政策优惠。公私合作参与是政府与社会力量的协作互动，可以有效地整合和优化现有的文化资源，充分调动全社会的积极性，激发文化活力，促使政府职能在公共文化服务中得以转变。

（三）群众自主型参与

群众自主型参与主要是指在有关政府部门的监管下，民间力量自发组织、参与到公共文化服务基础设施建设或公共文化活动等各种实践之中，“引导群众在文化建设中自我表现、自我教育、自我服务”①。

群众自主型参与在我国城乡基层尤其活跃。随着我国城乡居民物质生活水平的提高，人们对于丰富自身的文化生活也越来越重视，他们自发地组织起来，组成各式各样的文化团体（社团）、文化志愿者组织，开展形式多样、内容丰富的群众性文化活动。政府除了必要的引导、监管以外，还要为他们提供相应的场地（空间）、设备、技术和资金等支持。群众自主型参与是民间力量发挥潜在能力的一种路径，可以调动更多的群众自主参与到公共文化服务之中，不但可以培育社会资本和文化资本，而且在实际的公共参与中孕育出公共精神或公民意识。

---

① 《坚定不移沿着中国特色社会主义道路前进　为全面建成小康社会而奋斗》，2012 年 11 月 8 日。

三 当前我国社会力量参与公共文化服务存在的主要问题

社会力量参与公共文化服务已经成为政府普遍性的政策共识并被付诸实践，但是，由于我国尚处于社会转型时期，政府职能转变不到位，公民社会发育有待成熟，社会力量参与公共文化服务依然存在着体制机制、政策法规、技术能力等诸多限制。

（一）政府管理理念有待转变

传统的政府管理理念存在着“统治”的意味，统治意味着国家只有一个权力中心且是单向度的，政府依据强制力成为管理主体。在这种管理理念影响下，公共文化服务一般是由政府及其事业单位“包揽”的。其弊端十分明显，最主要的是公共文化服务的供给渠道以及提供的服务内容单一，且缺乏弹性，难以满足人民群众日益增长的文化需求。

即便是在大力提倡社会力量参与公共文化服务的当下，仍然有相当多的地方政府难以摒弃根深蒂固的传统的行政管理理念，虽然它们口头上声称要鼓励和引导社会力量参与公共文化服务，但是在实际工作中却经常依靠其隶属的“文化事业单位”来提供公共文化服务，以致政府“管文化”“办文化”难以分离；有些所谓的社会力量，也主要是从原来的文化事业单位改制而来，与政府保持着千丝万缕的联系，甚至带有严重的“准政府”“准事业”特点，由这些社会力量承担公共文化服务职能，不但不能改进公共文化服务的质量，而且在某种程度上挤压了真正的社会力量的生长空间，势必造成不公平的竞争环境，从而极大地挫伤社会力量参与公共文化服务的积极性和能动性。

（二）政策法规不健全

政策法规不健全主要表现在两个方面。一是对社会力量的培育和发展限制过多。我国目前还没有一部关于非营利社会组织的基本法规，只有相关的行政管理条例或文件。这些现行的管理条例对于非营利组织设立与登记、管理仍然有诸多限制和控制，甚至存在登记管理机关、业务主管单位和相关职能部门之间要求不一致等问题，对于非营利组织发展缺乏应有的政策支持。

二是政府支持、鼓励和引导社会力量参与公共文化服务的政策法规不健全。目前，国家针对社会力量办公益文化，已经出台了各类税收和进口优惠政策，但是具体到基层执行，相关的政策环境还不成熟。可操作性的细则与程序、可量化的评估机制以及安全性的监管机制均尚未建立起来。部分地区虽然发布了一些政策法规，但这些政策法规过于笼统，无法具体实施，使得社会力量难以享受政策优惠。

总之，我国目前对于非营利组织“限制过多、支持不足”，严重地阻碍了社会力量的成长。

（三）政府监管和服务不到位

社会力量参与公共文化服务，是建立在政府让渡和授权的基础之上，这些社会力量实际上分享了政府的某些权能——“对公共权力的自由裁量和对公共财政资源的使用”①。因此，有必要对它们进行一定的监管和服务，确保其不偏离公益性轨道。

任何事物都具有两面性。社会力量参与公共文化服务同样如此，既有积极作用，也有消极影响。政府在鼓励社会力量参与公共文化服务的同时，也要对其消极影响有所察觉。事实上，随着市场经济的不断发展，市场主体、社会主体、利益主体日趋多元化，社会力量参与公共文化服务的问题也越来越复杂化。很多民间组织或个人一方面千方百计向政府靠拢，以期获得资源与扶持，另一方面又千方百计逃离政府的必要监管。并且，由于当前各类社会主体参与公共文化服务的动机、能力、资源和质量存在较大差异，部分社会力量受经济利益的驱使，在参与公共文化服务过程中偏离了公益属性。譬

① 〔美〕莱斯特·M. 萨拉蒙：《新政府治理与公共行为的工具：对中国的启示》，李婧、孙迎春译，《中国行政管理》2009 年第 11 期。

如，由企业资助的公益文化活动往往变相成为企业宣传会、产品推介会，在免费租用的公共文化场所私下开展收费性活动，甚至出现了一些与政府官员内外勾结，衍生“权力寻租”的腐败行为。

当政府在公共文化服务领域使用一些新的公共工具（譬如，社会力量参与公共文化服务），这些新的公共工具并非如新公共管理、新公共服务运动所标榜的那样成为万能灵药，它们也会反身向政府提出新的挑战。恰如萨拉蒙（Lester M. Salamon）所言，首先是对管理的挑战，其次是对责任的挑战和对合法性的挑战。尤其是在管理方面，“随着公共项目过程中权力被分散，且涉及众多独立的主体，原本在直接政府行为中可以由政府内部临时解决的问题，就必须预先估计到且写入与第三方签订的具有法律效力的合同中。类似地，激励机制必须设计合理，既要足以鼓励有益的行为，又不能导致暴利收入；必须在复杂的决策链条的众多节点上达成共识；必须将离散的组织打造成具有共同行动能力的有效网络。这其中的每一项任务不仅需要广博的项目知识，还需要足够的策略技巧、对不同工具在操作过程中涉及的指标的详细了解、对各种工具涉及的多方机构的内在需求有所认识，以及对工具应用的具体背景有精细的洞察”①。这些都倒逼政府不得不对自身进行改进。很显然，社会力量参与公共文化服务，不是政府给自己“减包袱”（或“甩包袱”），而是对政府自身的管理和服务提出了更高的要求。

（四）社会力量不发达

在当前，存在的突出问题还是社会力量过于弱小。社会力量参与公共文化服务的前提，就是社会力量本身有能力承担公共文化服务；如果社会力量本身就不发达，就遑论社会力量参与公共文化服务了。

我国社会力量之所以不发达，主要有以下原因。一是体制空间狭小。受传统行政管理思维影响，各种社会力量的发展仍然存在诸多体制性和管理上

① 〔美〕莱斯特·M. 萨拉蒙：《新政府治理与公共行为的工具：对中国的启示》，李婧、孙迎春译，《中国行政管理》2009 年第 11 期。

的障碍。而且，文化类社会力量往往与意识形态相联系，比其他公益类社会力量面临更多的体制性限制。

二是资源不足。资源缺乏是社会力量发展壮大过程中面临的相当普遍和突出的问题。由于缺乏资源，不少文化类社会组织处于“休眠状态”或者名存实亡。除了政府购买服务少之外，这些社会组织从社会渠道获得的资金也十分有限。更为重要的是，目前还没有建立社会资本参与公共文化服务的政策支持机制，社会资本参与公共文化服务的积极性不高。

三是人才匮乏、专业化程度低。人们对于非营利组织的观念仍然保守，而且非营利组织从业人员的待遇低，均导致目前非营利组织团队建设薄弱、专业人员奇缺乃至队伍不稳定等问题。

四是独立性弱、服务能力不强。特别是从原来事业单位改制而来的文化类非营利组织，大多依附于其原有的行政管理部门；而原有的行政管理部门也将它们视为自己的下属单位，对其关照有加，这从另一个方面挤压了真正的民办非营利组织的发展空间。在这些社会力量发展初期，大多关注它们的生存问题，极少注重它们的能力建设和提升；正是因为他们服务能力较弱，政府不愿且不敢将其公共服务转包给它们。如此一来，这样一些社会组织就陷入了“能力—发展”互相掣肘的困局之中。

五是自身组织建设不足。社会力量普遍缺乏良好的组织内部自律机制以及行业自律机制，尚未形成自我管理、自我发展、自我约束的良性治理结构，这也在一定程度上影响了社会力量自身的发展和壮大。

总之，我国非营利组织发展尚处在初级阶段，各种社会力量还十分弱小。与其他国家相比，非营利组织发展的差距明显，但也同时显示出我国文化类非营利组织发展的潜力和空间巨大。

（五）社会力量受利益驱动偏离公益轨道

社会力量参与公共文化服务不应以营利为目的，哪怕是企业也不应直接从公共文化服务中谋利。但在实际运行中，一些社会力量在利益驱使下偏离了公益轨道。例如，一些社会力量为了维持生存和发展，通过各种渠道开展与自身业务不相干的营利性活动；有的社会组织则具有双重身份，一方面提供公共服务，另一方面参与商业竞争，常常把公共拨款变成商业营利的资本，使公共文化服务受到商业利益的侵蚀。更为糟糕的是，一些政府官员借助社会力量参与公共文化服务达到“权力寻租”的目的。诸如此类做法，已经严重背离了社会力量参与公共文化服务的初衷。

（六）社区和社区组织行政化严重

目前在我国，社区基本上是由政府推动建立的，带有准政府性质（尽管在法律上它是居民自治组织），实际上承担了大量的行政工作，这就在相当程度上挤压了社区和社区组织的公共服务职能。而且，在众多的社区服务事务中，公共文化服务又往往被安放在边缘位置。也正因为如此，社区文化团体、社区文化志愿者组织相对其他社区组织发展得更加薄弱和迟缓。同时，由于历史的原因，我国公共文化资源主要集中在“单位”之中而不是“社区”里，社区的文化建设严重不足，以致许多社区既无资源也无能力提供公共文化服务。此外，从总体上而言，分布在城乡不同地带的城市社区、城郊社区、集镇社区、村落社区，无论是公共文化设施的供给还是个体日常文化丰富度、满意度大致上呈“差序结构”。也就是说，处在城乡不同地带的社区，公共文化服务和居民的文化生活具有较大差异。如何促进城乡之间（尤其是城乡社区之间）的公共文化服务均等化，便成为当前推进公共文化服务首先必须解决的问题①。

（七）公民参与的意识和能力亟待提升

所有社会力量参与公共文化服务，最终都要落实到公民参与上来。如果一个社会的公民没有公益心或公共精神，不愿意参与到公共活动之中，那么各种社会力量必然难以发展壮大起来。在我国，由于长期的“强国家－弱

① 吴理财：《积极推进城乡公共文化服务均等化——基于20省80县（市、区）的问卷调查分析》，《湘潭大学学报（哲学社会科学版）》2014年第4期。

社会”结构，导致公民公共参与意识较为薄弱，甚至存在比较严重的依赖政府思想，体现在公共文化服务上只是“等靠要”政府来提供公共文化服务，极少考虑通过自身的参与行动去改善公共文化服务，达到“自我表现、自我教育、自我服务”的目的。这导致许多文化活动，都是政府和社区动员、组织起来的，带有明显的行政动员的特色，因此大多具有强烈的政治色彩。此外，我国公民的文化参与能力普遍较低，一些特殊群体（譬如农民工）受工作条件和自身条件等限制，参与公共文化服务的可及性较弱。当然，目前我国公民参与公共文化服务的状况不够乐观，也跟公民参与机制没有搭建起来不无关系。

四　社会力量参与公共文化服务的国际经验

在“第三部门”理论、新公共管理理论和治理理论等理论发展的推动下，世界各国都开始了社会力量参与公共文化服务的研究及实践。即便是在政府集权的国家，也注重发挥社会力量的参与作用。

（一）政府主导（集权）下的社会力量参与

在法国、日本等这样的中央集权国家，强调政府在公共文化服务中的主导作用，中央政府主管，地方部门配合执行；从中央到地方设立各级文化行政管理部门，中央部门规定文化发展框架和制定整体发展目标，由各级政府提供比较完善的公共文化服务，但在具体执行过程中，政府也逐步引入和积极扩大社会力量的参与。

法国公共文化服务管理运行过程涉及政府、文化机构、企业、社会组织和公民等主体，每类主体具有不同的角色和分工，分别构成宏观与微观、投入与生产、供给与需求、实施与监督的相互配合、相互促进的完整体系①。法国实行多元主体参与的公共文化服务方式，这种方式决定了法国的文化

① 王春林：《公共文化服务运行机制构建》，《广西社会科学》2013 年第 5 期。

事业管理体制会采取集权、分权、放权等多种管理方式，由此决定了其公共文化服务形式的多样性。政府、企业和私人合作提供的公共文化服务主要有以下四种形式：契约联结的“国民合办”，交换联结的“国办民助”，制度联结的“国有民营”，以及政策联结的“国助民办”。例如法国的东京宫当代艺术中心，与法国文化部签订了委托公共服务目标合同，承担着“使公民低价享受艺术”的义务，由政府适当补贴，按私人企业模式运作，具有非营利性协会性质。类似的还有法国的戏剧中心，政府通过合同的形式提供该中心基本活动经费，并要求该机构提供公共文化产品和服务①。

日本的公共文化事业是由政府的公共财政主导和引导的，政府公共财政在直接供给公共文化产品与服务的基础上，充分发挥其杠杆作用，撬动社会资本参与；并在文化事业的发展过程中逐步形成了一系列鼓励私营企业及有能力的个人赞助公共文化设施和活动运行的相关政策法规和措施，其中税收减免是有效促进企业和社会组织投身公共文化服务的调节手段。从 20 世纪 90 年代后半期起，日本开始对公共部门业务进行全面审查，导入公共业务的外部委托、公共设施的经营委托以及 PFI 制度。② 2003 年实施的“公共设施指定代理者制度”③，扩大了民间参与主体的范围，有效推进了公共文化服务中民间主体的能动性。此后，日本又提出充分利用市场结构来运营公共服务，规定了“民间能做的事，尽量交给民间来做”，积极推进公共服务领域的 PPP 模式④，主要有“民营化、独立行政法人化、PFI、外部委托、民间委托”等。非营利组织目前已经成为日本公共文化服务体系多元化供给模式的倡导者。日本文化艺术领域的非营利组织的数量超过 2000 个。2008

① 饶先来：《对法国公共文化服务运行机制的探析及借鉴》，《上海文化》2014 年第 6 期。

② PFI 英文原意为“私人融资活动”，在我国被译为“民间主动融资”。

③ “指定代理者制度”（DMS）是日本借鉴西方发达国家经验，在公共文化服务设施运营领域进行的一次制度创新。它对地方自治法进行了修改，允许政府将公共文化服务设施（图书馆、博物馆、文化馆等）的运营权外包给私营部门。

④ PPP（Public-Private-Partnership）也称“3P”模式，即公私合作模式，是公共基础设施一种项目融资模式。

年 12 月，公共文化领域的慈善企业政策生效，进一步增强了文化政策中的基金会和协会的作用。[①]

（二）市场（民间）模式下的社会力量参与

在美国、德国等国家，公共文化服务产品的提供主要通过市场机制来实现，并以政策法规营造良好文化生态，对各类文化团体主要在政策法规上进行调节，鼓励各类文化团体或机构自我生存，其大量的公共文化服务是由各种社会团体、经济团体和个人举办的非政府组织（NGO）或非营利性机构（NPO）开展的。政府主要是通过一系列完善的税收和法律体系，鼓励和扶持社会力量参与公共文化服务。

美国政府没有设立专门的文化行政管理部门，主要是通过给予艺术机构、艺术家的私人捐赠和赞助或实行免税来支持文化事业发展，以及政府通过政策法规为文化发展营造良好的发展环境和提供有效的法律保障，而各类文化团体和机构的生存和发展则是取决于其在市场中的竞争力以及对公众的吸引力。[②]

美国公共文化政策的首要目标是提高全体公民的艺术参与，为了保证有效的艺术参与，美国当地政府通过积极的法律框架向社区和服务提供者提供技术支持、指导和有效监管。社区组织在确保社会力量参与中发挥着关键作用，社区艺术代办处的主要任务就是为艺术的发现创造机会。其活动通常包括组织和发起旨在表彰和展现其社区内的艺术和艺术家的节日庆祝活动；为艺术提供展览空间和销售渠道；将艺术作品投入生产；为社区展示不能以其他方式获得的具有吸引力的艺术品；为创作活动提供住房条件；并为确保某社区的多种文化都有机会被居民接触而工作。[③] 总之，美国各级政府在提供公共文化服务过程中更多地履行着设计者、研究者和推动者的职能。

---

① 于晗、赵萍：《日本公共文化服务的多元供给及运营模式》，《新视野》2014 年第 6 期

② 苗瑞丹：《反思与借鉴：美国公共文化政策对我国文化发展成果共享的启示》，《学术论坛》2013 年第 10 期。

③ 〔美〕詹姆斯·海尔布伦、查尔斯·M. 格雷：《艺术文化经济学》（第二版），詹正茂译，中国人民大学出版社，2007，第 301 页。

德国鼓励社会力量通过资金、物质手段，运输和组织的方式赞助文化活动的举办，使公共文化得以多元化。同时，德国政府还通过所得税法规定，对以促进公共事业发展为目的的捐赠，可以减免一定比例的税收。文化赞助和捐赠在德国已成为潮流。据德国筹资手册统计，德国人每年对文化赞助达4亿欧元，名列第二，仅次于对体育的赞助。例如，对以促进教堂、宗教、公共事业发展为目的进行的捐赠，最多可以从年度总收入中减免5%的税收；对出于慈善或者作为特别发展目的的文化（如音乐、戏剧团体）进行赞助，可以减免10%的税收。对于捐赠超过2万欧元的，有其他特别条款进行调节。

（三）共建（分权）模式下的社会力量参与

英国、澳大利亚等国家，通过设置一级非政府的公共机构作为中介，使政府与民间保持“一臂之距”（arm’s length），即在中央政府文化行政系统之外设置相对自主、半官方、专业的文化艺术基金管理组织，对文化资源进行分配、管理文化事务、提供文化服务。这类中介机构在国会和中央政府的监督下，独立承担了国家文化艺术财政投入的分配工作，在一定程度上分散了政府的权力。

英国文化管理奉行“一臂之距”原则，具体表现为中央政府在其与接受拨款的文化艺术团体和机构之间，设置了一级非政府的公共机构作为中介，负责提供政策咨询、文化拨款的分配等协调事务。英国还提出艺术应在全国范围内发展的原则，对财政资源地区和艺术形式的合理配置进行重估，调整国家、地区和地方的分配比例，以支持艺术在全国范围内的发展①。公共文化政策上的“一臂之距”多是指中央文化部门适度“分权”、政府与民间“分权”共建的间接管理模式，这个原则具有“垂直”和“水平”的两种分权维度。“垂直分权”涉及中央政府与其所属行政部门和各级地方政府的纵向分权关系：一方面，中央政府将文化政策制定和实施的主要权力以及部分文化拨款的责任交给其所属的文化相关部门（机构）；另一方面，它还

① 范中汇：《英国文化》，文化艺术出版社，2003，第28～29页。

要求各级地方政府行使相应的权力或承担相关的责任。“水平分权”是指各级政府与文化方面的非政府公共组织的横向分权关系。这类组织是介乎政府与具体文化单位之间的一级中介机构。它具有两个基本特性。第一，它通常接受政府委托，为政府提供文化政策咨询，甚至向政府提供文化政策设计，并策划具体的文化政策实施方案。同时，还负责把政府的部分文化拨款落实到具体文化单位，因此可以称之为代理政府具体管理文化的准政府组织。第二，它往往由艺术文化产业领域的中立专家组成，虽然接受政府委托，但却独立履行其职能，从而尽可能使文化发展保持自身连续性，避免受到政府过多行政干预，它们之间不存在隶属关系。英国是最早实行“一臂之距”文化政策的国家，随后这个原则被澳大利亚、加拿大、奥地利、比利时、芬兰、瑞典等国家广泛借鉴[①]。这一文化管理措施促进了文化资源的合理分配和权力向地方、民间机构的必要分散。

尽管各国公共文化服务模式各不相同，但都有大量的非政府组织或非营利组织参与公共文化服务[②]。发达国家的经验表明，形成政府与社会共同治理结构，是保障公共文化服务得以完善提供的普遍模式[③]。

五　推动社会力量参与公共文化服务的政策建议

社会化是现代公共文化服务的一个典型特征，积极引导和发挥社会力量参与公共文化服务，是加快我国现代公共文化服务体系建设的必然要求。为了促进社会力量参与公共文化服务，我们有如下建议。

（一）深化文化管理和公共文化服务体制改革

建立健全政府向社会力量购买公共文化服务机制，吸引社会力量参与公

① 祁述裕：《中国和欧盟国家文化体制、文化政策比较分析》，《中国特色社会主义研究》2005 年第 2 期。

② 赵迎芳：《国外公共文化服务体系建设及其对山东的启示》，《东岳论丛》2014 年第 4 期。

③ 毛少莹：《发达国家的公共文化管理与服务》，《特区实践与理论》2007 年第 2 期。

共文化服务。鼓励社会资本投入公共文化领域，积极探索政府和社会资本合作模式，促进公共文化服务提供主体和提供方式多元化，形成公共文化服务供给合力。制定一系列公正、公开与透明的社会力量参与公共文化服务的制度规范与民主程序，实现在政治过程中公民与政府价值偏好的一致性，并规范在市场过程中政府与生产者的交易行为，从而保障公民公共文化需求与文化权利实现。加强公共文化服务人才队伍建设，建立多元化的激励机制，加大交流培训力度，提升人才队伍整体素质，提高公共文化服务品质。基层文化馆（站）及时转变职能，从直接提供公共文化服务转向培育、发展和管理文化类社会力量，并为社会力量参与公共文化服务提供必要的支持。

（二）加强社会力量参与公共文化服务的政策法规建设

在国家层面，就文化类社会团体、文化类民办非企业单位、文化基金会以及海外民间组织等登记管理尽快制定专项法律法规，改革现行的非营利组织“登记管理机关”和“业务主管单位”的双重审核、负责与管理制度，建议对民间非营利性文化单位的登记管理要制定专门颁发、打破制约的政策，提高管理效率；为鼓励社会力量以捐赠方式参与公共文化建设，建议尽快制定具有中国特色的公益性文化事业社会捐赠管理办法或条例，明确对于捐赠人或捐赠单位的奖励办法，比如建设优先权、税收减免、冠名权等；建议制定社会力量参与公共文化服务的财务管理制度，规范社会力量可以获得的资金、支出、优惠、管理与运行等程序，保障公共文化服务经费的合法、合理与有效使用。各级地方政府依据本地实际，制定相关实施细则。

（三）大力培育发展各种文化类社会力量

一是设立文化类民办非企业单位的专项扶持资金。建立政府购买公共文化服务目录，对文化类民办非企业单位创作的优秀文化作品，按国际级、国家级、省级、市级等分别给予不同额度的奖励，并在税费减免、土地征用、场所提供和基础设施运行等方面给予优惠。二是扶持草根民间组织的发展。在社区、单位、企业可通过配套场地、设备设施等优惠扶持公益性的民间组织，若其登记条件不成熟，可采取备案形式，使之成立并活动起来，符合条件时再正式登记。三是扶持基层文化志愿者队伍或文化义工队伍。基层文化馆（站）通过文化志愿者协会等形式对基层文化志愿者队伍或文化义工队伍进行组织、管理、协调和引导。四是注重城乡社区内各种微小社会力量的培育和发展。这些微小社会力量积极参与公共文化服务所发展出来的“微服务”新形式，日益成为活跃于我国城乡社区日常生活中的新面孔。对这些“微力量”，地方政府和城乡社区要给予一定的经费、场地、器材以及人力培训、技术指导等方面的必要支持。五是进一步探索建立政府主导下的文化市场化运作机制，鼓励文化类社会组织与公共文化事业单位良性竞争，增强公共文化运行活力。各级地方政府要整合优质资源，提供服务和展示平台，引导文化类社会组织积极参与大型文化活动，创建公益性文化品牌。

（四）探索建立社会力量多种参与机制

在实践中，积极探索社会力量通过投资或捐助设施设备、兴办实体、资助项目、赞助活动、提供产品和服务等方式参与公共文化服务。推动建立健全公开透明的社会捐赠管理制度。创新公共文化设施管理模式，有条件的地方可探索开展公共文化设施社会化运营试点，通过委托或招投标等方式吸引有实力的社会组织和企业参与公共文化设施的运营。

（五）建立健全社会力量参与公共文化服务绩效评估体系

对于通过招标采购、项目外包、授权、补贴等方式，委托社会力量提供的各类公共文化服务活动，必须建立健全相应的财务绩效审计和服务业绩评估制度。积极探索建立“政府管理、社会主导”的多元化评估体系与评估方法，政府主要负责制订评估规则、规范评估程序，具体评估过程交由专家学者、公众代表等组成的第三方社会机构完成。在评估中，要加大被服务对象对社会力量参与公共文化服务绩效评价的权重。

B.10

公共文化服务群众需求导向及机制建设

毕绪龙*

摘　要：人民性是我国公共文化服务的本质特征，具体体现为党的群众路线和群众观点、服务型政府理念及人民根本利益在公共文化领域的贯彻落实。构建现代公共文化服务体系，需要根据供求关系、设施效能、服务针对性等问题，补充完善公共文化服务体系要素，建立群众需求反馈机制。加快公共文化服务群众需求反馈机制建设，要在处理好群众需求导向与核心价值观引领关系基础上，做好群众需求反馈的制度化和常态化。

关键词：公共文化　人民性　需求反馈

在构建现代公共文化服务体系过程中，满足人民群众基本文化需求，保障公民基本文化权益，既需要理论支撑又需要机制建设。理论支撑最需要的是群众需求导向的公共服务理论，用以指导公共文化服务实践能自始至终贯穿党的群众观点和群众路线。与之相适应的机制建设，则需要将群众需求导向落地到公共文化产品与服务的主要环节，形成步骤明晰、操作可行的工作机制及技术资金人才保障。本文拟对公共文化服务群众需求导向做出初步探索，并对在这一导向指导下的机制建设谈谈思路，为构建现代公共文化服务体系的制度设计提供一孔之见。

---

* 毕绪龙，国家公共文化服务体系建设专家委员会委员，中央文化管理干部学院研究员。

一 人民性是我国公共文化服务的根本特征

不同的政治制度、不同的民族文化传统和不同的生活方式，决定了不同公共文化的产生和发展。不同民族、不同国家的公共文化空间和公共文化生活各自有不同的运行机理，并导向不同的文化发展道路。建立在西方哲学、政治学、社会学研究基础上的“公共性”“公共领域”“公共空间”“公共精神”等概念和理论，是西方公共文化理论和实践的基础，是西方政治意识形态与制度在文化领域的具体体现。中国特色社会主义是我国公共文化服务及其体系建设的理论基础，是社会主义意识形态与制度在文化领域的具体体现。因此，二者存在本质的区别。笔者认为，人民性是我国公共文化服务体系建设的根本特征。把握好人民性观点，是理解我国公共文化服务体系建设的本质特征、发展规律、服务对象和目的的关键。

首先，文化的人民性体现在党的群众路线在公共文化服务领域的贯彻落实。习近平总书记在全国宣传思想工作会议上的重要讲话中强调：“党性和人民性从来都是一致的、统一的。”① 坚持人民性，就是要把实现好、维护好、发展好最广大人民根本利益作为出发点和落脚点。文化建设的人民性，具体体现在要树立以人民为中心的工作导向，把文化服务群众同通过文化引领群众参与文化建设结合起来，把满足群众文化需求同提高群众思想道德素质结合起来。人民性是坚持党性、建构现代公共文化服务体系的一条红线，在实现“两个一百年”奋斗目标和中华民族伟大复兴中国梦的过程中，它赋予了我国公共文化服务在凝聚中华民族文化认同、弘扬社会主义核心价值观、培育现代公民素质和责任、丰富当代中国人文化生活等多方面的文化功能。

其次，文化的人民性体现在服务型政府理念在文化领域的贯彻落实。长期以来，我国文化事业一直遵循自上而下行政配置式的运行方式，对群众文

① 《习近平在全国宣传思想工作会上强调，胸怀大局把握大势着眼大事努力把宣传思想工作做得更好，刘云山出席会议并讲话》，《人民日报》2013 年 8 月 21 日。

化需求大多采取应然性、想当然式的思考和安排。久而久之，文化馆（站）、公共图书馆的业务形成了全部依靠财政、封闭性运营的弊端：管得多、管得僵化，对老百姓的实际需求关注少，乃至出现供求脱节、相互割裂现象。中央关于构建公共文化服务体系决策的提出，建立在服务型政府根据公共财政实际支付能力，统筹提供基本公共服务的制度基础之上，而基本公共文化服务的“标准量”和“标准质”只能来自群众需求及其满意度。因此，公共文化服务体系建设客观上要求重构原来的体制机制，着眼于解决文化服务供求脱节的现实重大问题，形成以群众文化需求为基础的体系化服务模式。

再次，文化的人民性体现在人民根本利益在文化领域的实现。人民的根本利益包含政治、经济、社会各方面的权益，并随着经济社会发展不断扩大和提高。公民的文化权益包括享受文化成果的权益、参与文化活动的权益、进行文化创造的权益、文化创作成果得到保护的权益等。[①] 中国特色社会主义理论的根本性在于坚持中国共产党的领导，公民文化权益保障的理论基础即来源于中国共产党代表最广大人民的根本利益，在党性和人民性高度统一的基础上，通过建构现代公共文化服务体系，实现公共文化服务的均等化。因此，人民性就成为公共文化服务的内在要求。文化权益保障与满足人民群众文化需求紧密相关，越是能够满足人民文化需求，就越能够保障人民群众的文化权益。因此，从某种程度上说，文化权益保障就是一个不断满足群众文化需求的过程。因此，了解需求、把握需求，根据群众需求不断及时地调整文化服务、更加对位地加强公共文化服务产品供给，应该始终成为构建公共文化服务体系工程的主线和标准。

满足人民群众基本文化需求、保障人民群众基本文化权益，是公共文化服务体系建设的出发点和归宿点。从出发点要求来说，我们需要围绕满足需求与保障权益，树立起鲜明的群众需求导向，为中国特色社会主义公共文化服务建设夯实地基、画出蓝图。没有理论指导的实践是盲目的实践，出发越

① 毛少莹等：《公共文化服务概论》，北京师范大学出版社，2014，第72～74页。

久就会偏离出发的目的越远。从归宿点要求来说，我们需要在从出发点到归宿点的过程中，把满足人民群众文化需求、保障人民群众文化权益有机地融入公共文化服务体系建设整体框架和运行体制机制，使人民群众在文化领域公共服务方面获得更多的“获得感”。没有人民群众的广泛参与和主动创造，政府勉力创设的公共文化空间设施将空空如也、文化产品服务将少有人问津，公共文化生活难以真正形成。因此，所谓公共文化服务群众导向，就是要把人民性贯穿于公共文化服务体系建设的方法论。

二　群众需求导向及机制建设的问题导向

公共文化服务群众需求导向着眼解决的问题，不仅是要进一步树立人民性观点意识，更重要的是针对公共文化服务体系建设出现的突出问题，提出解决方案。概括起来，主要包括如下几个方面。

（一）公共文化服务供给与需求脱节问题

无论是政府配置资源还是市场配置资源，都面临如何处理供求矛盾问题。市场主要通过价格机制来配置资源，政府则以公共财政支持的政策调控为主、其他手段为辅来综合配置资源，两者都会出现“失灵”现象。目前所出现的公共文化服务机构供给与需求脱节、活力不足、效率不高的问题普遍存在，有历史和现实两方面的原因。从历史原因来看，文化事业单位是附属于各级政府文化主管部门、完全由财政供给、贯彻政府文化工作意志、专门负责单一业务、自上而下提供服务的公共机构，从责权利各层面不具备调整、适配文化业务的条件。在公共文化服务主体多元化格局尚未形成的前提下，文化事业单位担负着公共文化服务体系建设的骨干主体功能，面对满足群众需求、保障群众文化权益的方方面面，原来的体制机制弊端首先就会表现为供求脱节问题。从这个意义上来说，供求脱节问题是受原来的文化体制机制制约而产生的老问题，解决供求脱节问题是构建现代公共文化服务体系的题中之意。从现实原因来看，一些地方党委政府及公共文化服务机构缺乏对公共文化服务人民性观点的认识和理解，仍然延续着旧有的工作机制、工作作风，文化服务的内容、方式陈旧，在文化市场蓬勃发展的新环境中自然显得更加滞后、少人问津，供求脱节实属必然。因此，构建现代公共文化服务体系首先要解决有效供给问题，如果公共文化服务及产品的供给体系长期处于资源浪费、效率低下、质量不高的状态，则会导致需求降低或弱化；其次要解决供求对位问题，如果公共文化服务及产品的供给体系无法打破原来文化事业单位文化服务的“内循环”状态，不能把服务主体意愿与群众文化需求相对接、实现对位供给，则必然会导致供求关系错位，有效供给不足。公共文化服务群众需求导向的问题导向之一即指向公共文化服务的有效供给和对位供给。

（二）公共文化设施服务效能不高问题

自 2007 年中央提出构建公共文化服务体系，特别是党的十七届六中全会以来，我国公共文化事业发生了“历史性转折”①，取得了巨大成就。通过加大文化事业基础设施建设的财政投入、推动公共文化设施免费开放等，公共文化场馆设施基础薄弱状况大为改观，为构建现代公共文化服务体系建设奠定了物质空间和物理载体。但随之也带来了一些令人担忧的问题：图书报刊、影视作品、文艺作品与活动等公共文化产品服务有无充裕经费；如何合理配置；如何实施更新；配套设备购置及维护费用如何保障后续资金支持；能否实现有效覆盖；伴随着场馆设施的增加，人员及服务如何保障；等等。物质载体是基础和手段，提供适应群众需求的内容和服务才是目的。我们发现，一些公共文化场馆设施出现“空壳”状态，一些文化中心的场馆夏夜漆黑一片、广场上却人山人海，一些城市的文化场馆气派豪华、前来参与的群众却屈指可数。之所以出现公共文化设施投入不少却效能不高的现象，归根到底在于我们的公共文化服务没有与群众实际需求充分对接。笔者

① 李国新、杨永恒、毛少莹：《中国公共文化服务体系建设的历史性转折》，《中国公共文化服务发展报告（2012）》，社会科学文献出版社，2012，第 1 页。

曾在西部某县调研，投资几千万元的县文化中心是县中心广场一道亮丽的风景，过几个月就要启动运营，但图书购置计划和经费尚无着落。笔者最近也看到，内蒙古图书馆气势恢宏，其“彩云服务”也相当到位。该馆与签约书店互联互通，读者出示该馆图书证购书免费，购书等于借书，阅读完毕直接归还图书馆①，这样的便民创新之举真正属于“中国经验”。不用说，内蒙古图书馆的服务宗旨的确体现了人民性。群众需求导向的问题导向之二即指向公共文化场馆设施的效能提升。

（三）群众文化服务的参与性、针对性、实效性问题

公共文化服务的人民性集中体现为群众主动参与，人民群众主动参与的公共文化服务才是我们要建设的公共文化服务，富有魅力和吸引力、老百姓非去不可的公共文化场馆才是公共文化服务所追求的效能。如果公共文化服务是群众真正需要的，由政府使用公共财政建设的博物馆、图书馆、文化馆，冬暖夏凉、窗明几净、内容丰富、免费提供，就会成为群众文化生活的一部分。但现实情况却是若干公共文化场馆并非是群众非去不可的场所。究其原因，主要在于我们为群众提供的公共文化服务针对性、实效性不强，我们的很多博物馆建筑豪华、馆陈丰富，是人民群众特别是青少年接触学习体验中华优秀传统文化的重要场所，但大都缺乏必要的服务设施、辅导方式和体验设计。我们的很多公共图书馆，图书陈旧、更新缓慢，信息数据无法满足不同群体的需求。管理学大师、美国非营利组织杰出管理者彼得·德鲁克认为，每一个非营利组织都必须树立自己的使命，围绕使命建立自己的营销战略。美国从事社会文化公益事务的非营利组织都具有强烈的市场营销意识和策略艺术，为了某一项公共事务的扩大和影响，非营利组织团队不遗余力地游说、吸引公民参与、捐款和分享。如果我们的公共文化服务机构被动地等着群众来，内容上也不考虑群众目前的爱好、需求，不考虑人们获取信息

① 《“彩云服务”创造公共图书馆服务提供“中国经验”》，内蒙古新闻网，http://inews.nmgnews.com.cn/system/2015/01/17/011613127.shtml。

的新手段、新方式，依旧按照惯性提供服务，就无法实现公共文化服务体系建设的目标。在文化产品不断丰富、文化市场消费开始旺盛的今天，公共文化服务也存在与市场的竞争，需要加强服务项目的针对性、实效性和吸引力，需要广泛宣传、大力推介、精心经营。从经济学视角看，公共文化服务除了经费来自公共财政之外，生产、消费与市场无异，均体现为满足群众个体文化需求的过程。另外，公共文化服务因为担负更多的文化功能，因而在引导并满足群众文化需求方面难度更大，更需要增强文化服务的针对性、实效性和吸引力。群众需求导向问题导向之三即指向公共文化服务针对性、实效性和吸引力的增强。

公共文化服务要对上述主要问题做出回答，就不会仅仅是“口号式”“泛宣传”地把群众需求写在标语上、宣传栏中那么容易，也不会是把“组织”群众搞一些唱歌跳舞等同于与群众需求对接那么简单，而是以群众需求为导向，提供优质产品与服务，吸引群众积极参与，引导群众自觉接触、体验文化艺术，形成公民个体自觉提高思想道德素养的习惯和氛围。由于群众需求这一基础性要素没有真正融入公共文化服务体系建设的制度设计及实际操作性层面，满足群众需求、保障群众文化权益的目标就往往会游离于体系建设之外，或者成为某种“弹性”要求，需要时就强调一下，不需要时就置之不顾。这样一来，目前存在的这些主要问题就无法获得方法论上的有效解决。

三　群众需求反馈机制建设的思路

基于群众需求导向的群众需求反馈机制建设，并非另起炉灶、另搞一套，而是在目前已经形成的公共文化服务体系基础上突出人民性观点及群众需求导向要素，从而使党的群众观点和群众路线贯穿始终，形成中国特色社会主义公共文化服务体系。

（一）公共文化服务体系要素分析

现代公共文化服务体系建设可谓我国文化事业发展的“一号工程”。近年来，我国已经初步形成以公共文化设施网络、公共文化服务供给、资金人才技术保障、组织支撑和运行评估等五要素为基本框架的公共文化服务体系。这一基本框架的构成要素，从文化民生工程的操作性指标系统层面，或从传统文化事业运行体制机制向现代公共文化服务体制机制的“过渡”意义层面而言，发挥了基础性政策引导功能。它对应的是我国公共文化服务基础设施薄弱、公共文化服务供给不足的结构性缺陷、支撑与保障不足等实际问题，是一套完整的实务性操作手册。同时，这一框架也存在要素及功能不全问题。从政策角度看，一项政府实施的民生工程，应包括目标要素、功能要素、保障要素，以确保目标明确、功能充分、保障有力。从上述框架要素来看，设施网络、资金人才技术保障、组织支撑等均属于保障要素。运行评估介于目标要素与保障要素之间，即它可以作为上述保障要素的目标要素，也可以作为其他要素能否实现的保障要素。从实际运作情况来看，建设公共文化服务体系需下最大工夫的是落实保障要素。这为现代公共文化服务体系奠定了坚实的物质基础，同时也在某种程度上凸显了公共财政投入的偏好，即基础设施建设、人财物保障等都属于看得见、摸得着的实物性工程，建设难度相对较小，在不触动原有体制机制的前提下也可以完成。特别是在公共财政效益监督机制不健全的情况下，在一些地方几年内拿出数亿建设几个地标式场馆并非难事，难度大的是功能要素的实现。

保障要素是锅，功能要素是菜。有锅才能炒菜，炒菜是为了对上消费者的胃口，在消费者品菜过程中，还能感受到本店独有的餐饮文化。文化资源整合、优质产品提供、高效便捷服务就是公共文化服务体系建设的功能要素。如果对公共文化服务作总体性评估，分析供求失灵的根源，功能要素建设与公民实际需求脱节、滞后于社会文化消费的新特点、新内容、新形式，恐怕是主要原因。功能要素实现的难度在于，要实现供求平衡，就需要根据群众文化需求整合文化资源、实现服务与产品对位供给及动态调整，这就涉及从业务范围上打破文化部门的小循环，建立各部门、组织、机构的协调机制，涉及文化体制改革及文化事业单位机制调整，还要直接改变事业单位职工的作息时间、工作方式和绩效评价。在上述框架中，“公共文化服务供给”这一功能要素是具备的，但由于这一要素实现的难度，同时又缺乏目标要素的指引和规约，就会在公共财政投入偏好中被有意无意地放到了次要位置。我们在上文分析的公共文化服务体系建设的几个突出问题，根源在于公共文化服务供给的有效性问题。要实现公共文化服务供给的有效性，就必须在这个框架所有要素中，嵌入群众需求反馈这一根本性目标要素，并对既有要素序列进行重构。

（二）群众需求反馈机制的要素关系及序列

按照目标、功能、保障的要素结构，群众需求导向的公共文化服务体系建设模型包括群众需求反馈要素、群众参与要素、文化资源配置与供给要素、公共设施要素、资金人才技术要素、组织要素、运行评估要素。其中，群众需求反馈要素、运行评估为目标要素，群众参与、文化资源配置与供给为功能要素，公共设施要素、资金人才技术要素和组织要素为保障要素。各要素的逻辑关系体现为：公共文化服务体系建设为了谁，发挥什么功能，如何保障。这一模型的建立，对原来框架所做的要素补充及序列调整为：增加群众需求反馈要素，强调其作为目标要素的突出地位；把运行评估由原来的运行保障要素调整为目标要素，指向满足需求、保障权益的根本目标；增加群众参与作为功能要素，强调资源配置与供给有效性；把公共设施、资金人才技术、组织作为保障要素，强调保障对象的明晰性和指向性。围绕上述逻辑关系和要素序列，重构公共文化服务体系，形成公共文化服务常态、长效工作机制，由此可形成群众需求反馈机制建设的新模型（见图1）。

需要说明的是，群众需求反馈机制建设，并非改变政府主导地位，而是将公共文化服务体系建设的逻辑起点、操作规程和效能评估建立在对群众文化需求有效获得的基础之上，赋予其基础性地位。唯其如此，才能在理论探讨和实践摸索中逐步明晰我国公共文化服务体系建设的“公共性”特征、规律及实现方式、渠道和途径，从而把文化事业发展真正与人民群众日益增长的精神文化需求内在联系起来，从根本上解决公共文化服务有效供给“失灵”问题或“剪刀差”现象，形成中国特色现代公共文化服务体系。

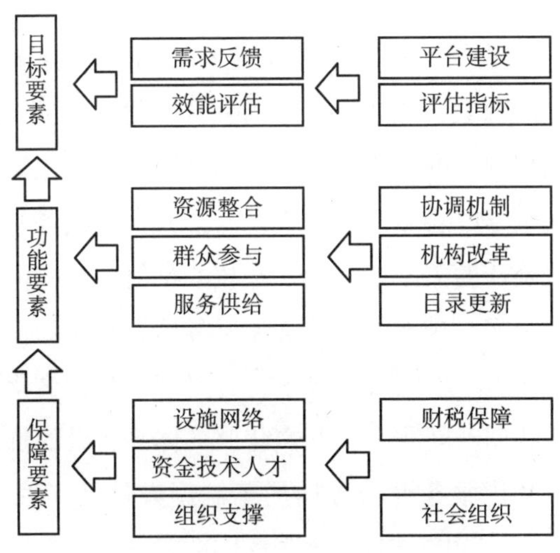

图1　公共文化服务群众需求反馈机制

四　群众需求反馈机制建设的保障

党的十八届三中全会《中共中央关于全面深化改革若干重大问题的决定》提出“建立群众评价和反馈机制，推动文化惠民项目与群众文化需求有效对接”。中共中央办公厅、国务院办公厅《关于加快构建现代公共文化服务体系的意见》提出，“坚持政府主导，从基本国情出发，认真研究人民群众的精神文化需求”，“建立群众文化需求反馈机制，及时准确了解和掌握群众文化需求，制定公共文化服务提供目录，开展‘菜单式’、‘订单式’服务”。这为树立公共文化服务群众需求导向、加强群众需求反馈机制建设指引了方向、提供了重要遵循。在构建现代公共文化服务体系过程中，贯彻党的群众路线、形成群众需求反馈机制尚需处理好一对关系，把握好制度化、常态化。

（一）处理好群众需求导向与核心价值观引领的关系

群众需求反馈机制建设的重要意义在于解决我国公共文化服务体系建设

过程中供求脱节的重大现实问题，根源于满足群众基本文化需求的有效供给“失灵”。克服这一“失灵”的有效举措是克服目前普遍存在的重实践轻理论、重做法轻理念的现象，在建立动态的公共文化需求反馈机制基础上，将传统文化事业体制机制下的供给方式转化为针对群众文化需求对位供给的体制机制。公共文化服务群众需求导向理论与公共文化服务核心价值观引领是人民性与党性高度统一的关系。社会主义核心价值观是中国特色社会主义文化建设的出发点和归宿，是我国公共文化服务体系建设的价值导向。公共文化服务群众导向是在这一价值观指导下，针对现代公共文化服务体系制度设计及其实践的探索和创新问题。公共文化服务体系建设的价值观引领属于意识形态层面，公共文化服务群众导向属于制度设计及实践指导层面。价值观—理论—实践，构成我国公共文化服务体系建设的三个层面，其中，理论研究承上启下，兼具贯彻价值观、指导实践的双重功能，绝非可有可无，而是至关重要。

（二）做好群众需求反馈机制建设的制度化

群众需求反馈机制建设对转变政府职能、强化政府主体责任提出了要求，对推进文化事业单位改革、转变公共文化服务主体工作理念提出了要求。一是要统筹利用现代技术建立丰富立体、高效便捷的民意表达途径，充分了解和把握人民群众的文化需求，特别要借助数字化服务平台，利用大数据对群众需求信息进行分析、汇总，为提高公共文化服务供给的针对性提供信息数据支撑。二是要通过供求双方的需求与反馈网络形成互动，广泛动员、吸引群众参与到公共文化服务中来。三是要将群众需求纳入公共文化政策的制定过程，并将之转化为动态调整公共文化服务供给的决策依据。这样一来，群众文化需求反馈机制才能有效嵌入公共文化服务决策，同时延伸至协调机制建设、公共文化资源整合、公共文化服务供给及效能评估等环节，从而建构起群众导向的新型公共文化服务体系。做好上述工作，既需要制定规范的操作规程，落实好各个环节的实施主体及职责，又需要给予充分的经费、人才、技术保障。如果没有制度化保障，就很容易使得这一机制流于口号和表面文章。因此，需要把群众需求反馈机制建设纳入地方党委、政府关于公共文化服务体系建设的统一安排之中，制定科学合理的制度，保障落到实处。

（三）做好群众需求反馈机制建设的常态化

随着科技进步、经济发展、文化复兴，社会文化产品日益丰富，文化消费手段和方式不断更新，特别是以移动互联网、移动智能终端为代表的数字技术和平台，刷新了传统文化生产消费模式，人民群众的基本文化需求和多样化需求明显提高。公共文化服务必须加强群众文化需求反馈机制的常态化，与人民群众不断增长的文化需求保持同步，与文化市场发展保持同步，与文化消费手段方式的不断更新保持同步，使群众文化需求反馈机制建设成为推进公共文化服务供给增强针对性、实效性的有力保障，成为公共文化服务与时俱进、供求互动、激发活力的有效举措。

B.11

公共数字文化的创新实践与未来发展

李宏　张新红　罗云川*

摘　要：公共数字文化建设是构建现代公共文化服务体系的重要组成部分。近年来，公共数字文化平台建设、渠道拓展、资源产品供给和服务方式创新取得新进展。结合信息化发展趋势，公共数字文化建设需要进一步加强顶层设计，打通平台、创新资源供给模式、广泛开展社会化合作，积极发展公共数字文化服务新形态。

关键词：公共文化　公共数字文化　现代公共文化服务体系

信息化是我们所处这个时代最鲜明的特征。数字技术的飞速发展，不仅给全球范围内的政治、经济、社会带来巨大变革，更在深刻地改变着人们的生产和生活方式，塑造着这个时代的文化气质。习近平总书记在2014年2月召开的中央网络安全和信息化领导小组第一次会议上指出，没有信息化就没有现代化。同样，没有公共文化服务的信息化、数字化，就没有公共文化服务体系的现代化。公共数字文化带来的不仅是手段的丰富、范围的扩展，更是全新的理念、多方位的突破，甚至是颠覆式的创新。

我国公共文化服务的数字化实践发轫于20世纪90年代下半叶的数字图书

* 李宏，国家公共文化服务体系建设专家委员会委员，文化部全国公共文化发展中心主任；张新红，国家信息中心信息化研究部主任；罗云川，国家公共文化服务体系建设专家委员会委员，文化部全国公共文化发展中心主任助理。

馆建设，在此基础上，2002 年文化部、财政部共同启动了旨在利用现代信息技术，实现全国范围内优秀文化信息资源共建共享的全国文化信息资源共享工程（以下简称“文化共享工程”）。2011 年 11 月，文化部、财政部发布了《关于进一步加强公共数字文化建设的指导意见》，首次将公共文化服务的数字化、信息化、网络化统称为“公共数字文化”，提出要加大实施文化共享工程、数字图书馆推广工程和公共电子阅览室建设计划三大公共数字文化惠民工程的实施力度。2012 年 2 月，在前期试点基础上，文化部、财政部印发《“公共电子阅览室建设计划”实施方案》，在全国开展公共电子阅览室建设。

一　公共数字文化建设的最新进展

近两年来，公共数字文化建设在已初步形成的国家、省、市、县、乡镇/街道、村/社区六级服务网络基础上，以提高整体服务效能为目标，在文化部的领导下，国家图书馆、文化部全国公共文化发展中心（以下简称“发展中心”）以及各地文化主管部门和公共文化机构在平台建设、渠道建设、资源建设以及开展特色服务等方面，进行了大量实践探索。发展中心根据文化共享工程的新任务，提出工作重点从侧重设施建设向侧重管理服务转变，建设方式从铺摊建点的规模化建设向专业化和品牌化转变，发展模式从单一化向社会化转变的“三个转变”发展思路，明确了工程的重点方向。

（一）以“互联互通”为目标的全国性公共文化数字平台启动建设

为解决数字文化资源建设分散、缺乏统一管理和调度、数字服务的便捷性和交互性不强等问题，经文化部、财政部批准，发展中心于 2012 年启动了国家公共文化数字支撑平台建设。该平台以公共数字文化六级服务网络设施设备为基础，应用云计算、大数据、移动互联网等技术，通过云管理、资源共享、网络分发、应用集成、评估管理五大系统建设，建立国家和省硬件基础设施的统一视图，数字资源的统一目录、特色应用和服务数据的统一入口，实现数字资源协作共享、网络分发调度、双向信息服务与个性化应用、数字化评估管理等建设目标。平台的体系框架如图1所示。

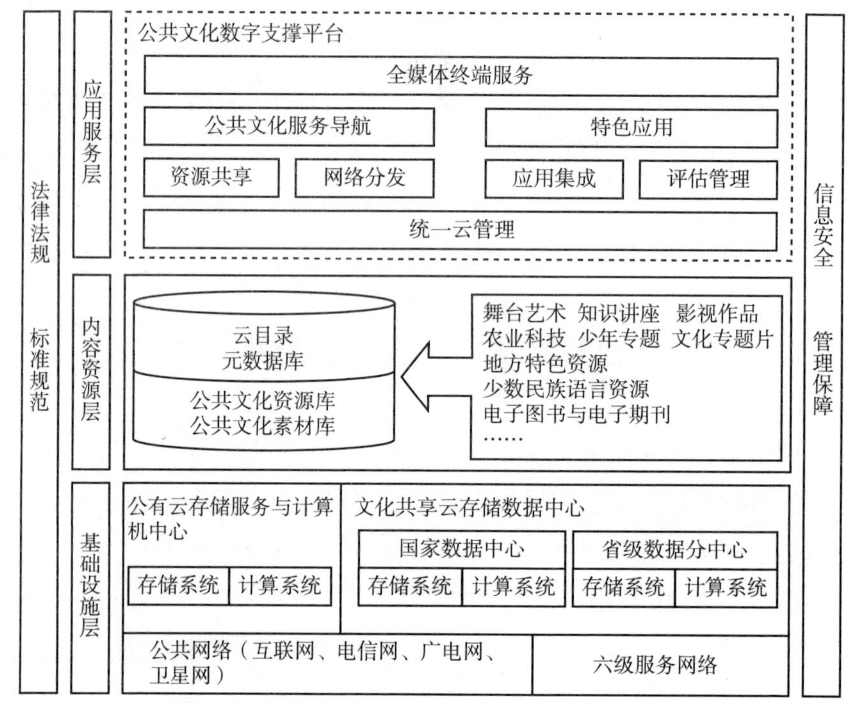

图1 国家公共文化数字支撑平台体系框架

该项目计划在“十二五”末期完成一期建设并开展服务。该项目一期建成上线后，将在文化主管部门、公益文化服务单位、数字文化社会供给单位、普通用户之间建立公共数字文化服务“生态圈”。公益文化服务单位与数字文化社会供给单位依托支撑平台软硬件系统，以“公共数字文化资源生产者”的身份，向普通用户提供体验亲切的数字文化产品与服务，并结合普通用户服务大数据反馈情况，进一步完善数字文化资源供给。普通用户通过电脑、智能手机、平板电脑、电视等各种数字服务终端，可以随时随地获取公共数字文化产品与服务，并可根据个人爱好获取定制化服务导航；同时，借助于特色应用系统，普通用户还能将自己制作的音视频文化资源共享到平台上，增强互动性与分享乐趣。文化主管部门通过评估管理系统获取公共文化服务大数据，进行多维度分析，监督管理公共数字文化服务情况，据此开展评估考核、绩效评价、优化设计、完善政策，以提升服务效能。

目前，国家平台与省级平台建设正在稳步推进，并取得了一些阶段性成果。国家平台方面，云管理、资源共享、应用集成三大系统已研制完成并上线试运行，《公共数字文化资源知识组织分类标准规范》《公共数字文化资源唯一标识符（DOI）标准规范》《公共数字文化资源加工格式标准规范》《公共数字文化资源元数据标准规范》发布，推出面向全国的“文化生活圈”移动应用和公共文化交流平台等应用系统。在省级平台建设方面，已开展三批24个省（区）建设，北京分中心将存量数字资源梳理后导入资源共享系统，实现了按标准共建共享数字资源，同时将历年来推出的涵盖常用数据库、文化精品数据库、网站、小工具等类别的53个特色应用接入应用集市形成了文化应用导航，并在公共电子阅览室终端、手机客户端等多终端主动推送给基层群众；浙江分中心推出的“文化通”可以实现全省公共文化服务设施、场所的地图定位导航，对数字资源内容进行分类展示服务，用户只要下载APP客户端就可以实现文化资源畅通浏览，推出不到一年的时间，用户量已经超过了10万；上海推出的“嘉定文化云”上线半年用户量突破30万，2015年春节期间用户量激增了10万。一批聚焦某一群体、围绕某一主题、突出实现某一方面功能的特色应用逐步推出，使平台开始落地应用、开花结果。各地特色应用系统见表1。

（二）公共文化新媒体传播渠道进一步拓展

新媒体是利用数字技术、网络技术、移动技术，通过互联网、无线通信网、有线网络等渠道以及电脑、手机、数字电视机等终端，向用户提供信息和娱乐的一种新的传播形态和媒体形态。2014年8月，中央全面深化改革领导小组第四次会议审议通过了《关于推动传统媒体和新兴媒体融合发展的指导意见》，提出要强化互联网思维，推动传统媒体和新兴媒体融合发展。新媒体的快速发展，为公共文化服务突破已有的传播瓶颈，加快实现均等化、标准化带来了巨大机遇。

表1 各地特色应用系统

地区	特色应用名称	地区	特色应用名称
北京	地方特色资源项目申报评审系统	山东	“悦享”公共文化互动社区
河北	文化共享之窗	湖北	“楚天智海”网络学习中心,“长江讲坛”移动微门户服务系统
山西	数字阅读微空间	湖南	弘文知识社区
内蒙古	数字文化走进蒙古包	广西	数字文化微聚系统
辽宁	文化信息播报系统	海南	文化之旅
黑龙江	边疆万里数字文化长廊服务专版	重庆	新市民在线,公共文化百科
上海	数字文化地图,数字群众艺术馆	四川	巴蜀文化在线
江苏	少儿乐园	云南	农文网校
浙江	“文化通”系统,数字展览服务系统	陕西	播客系统
安徽	大众文化圈	甘肃	陇上文化视界
福建	城乡公共数字文化服务一点通	宁夏	文化视窗
江西	赣鄱文化映万家	新疆生产建设兵团	群艺空间

1. 国家数字文化网

国家数字文化网是全国公共文化发展中心于2012年底在文化共享工程主网站基础上，与中国文化传媒集团强强联合打造的公共数字文化门户网站。网站上线以来，积极整合优质资源，不断优化栏目与架构，形成了资讯、资源、工作三大板块，9个常设频道下属181个固定专栏及若干个活动专栏。网站配合群众文化活动、专题资源服务，增设了8个专栏，如“大地情深——群星奖获奖作品全国巡展”“大年小戏闹新春”“我们的中国梦——文化进万家”“中国梦·文化情”第二届“文化共享杯”全国群众摄影艺术作品征集大展等专题。网站日均推送公共文化新闻40多条。国家数字文化网上线以来，网站日点击次数从不足2000增长至13万，是改版前的数十倍。

2. 中国文化网络电视

为突破公共文化服务的“最后一公里”、提高文化共享工程入户率，2012年下半年，发展中心联合中国国际广播电台、中国网络电视台等多家单位，邀请业内相关专家，经过反复研究、认证，提出利用IPTV、互联网电视、双向数字电视等新媒体渠道构建“全国文化信息资源共享工程·中国文化网络电视”。中国文化网络电视的构想是，以文化共享工程优秀数字文化资源为节目内容，依托互联网、广播电视网、移动通信网等传输网络，以“入户”模式进入百姓家庭，以“入站”模式进入文化共享工程基层服务点、公共电子阅览室及各级文化馆站、街道社区文化活动中心、工人文化宫、妇女儿童活动中心等公共文化服务场所，以“入手”模式进入个人数字媒体终端，通过资源同步更新、节目上传审核、节目搜索、个性化定制、互动点播等功能，为基层群众提供更加便捷、贴近的公共数字文化服务。目前，中国文化网络电视“入户模式”已进入云南、江苏、内蒙古、北京、重庆、广西、黑龙江七省区，累计入户数达到600万；“入站模式”已进入云南、江苏、新疆、黑龙江、内蒙古、山东、湖北、重庆8省区的4100个文化共享工程基层服务点和数字文化驿站；“入手模式”已研发推出中国文化网络电视移动客户端并上线试运行。网络电视推出标清、高清节目上千小时，内容涉及农业科技、少儿动漫、进城务工、地方特色文化等（见图2），在云南的月均节目点击量超过10万次并通过“入站”模式开展“农文网培学校”主题服务，受到基层群众普遍欢迎。

3. 移动文化生活圈

随着移动互联网的普及，学习、娱乐、购物、社交、导航等各类移动APP应用迅速融入人们的生活。2014年，全国公共文化发展中心与中国文化传媒集团共同开发移动文化生活圈APP应用。该应用将社区文化生活资讯、便民服务与数字文化资源整合在一起，该应用重点定位于社区，将社区文化生活资讯、便民服务与数字文化资源整合在一起，用户既可以点击收看公共文化优质数字文化资源，也可以通过地图定位查找周边图书馆、文化馆、社区文化站，还可以了解和预约社区服务，参与社区交流。

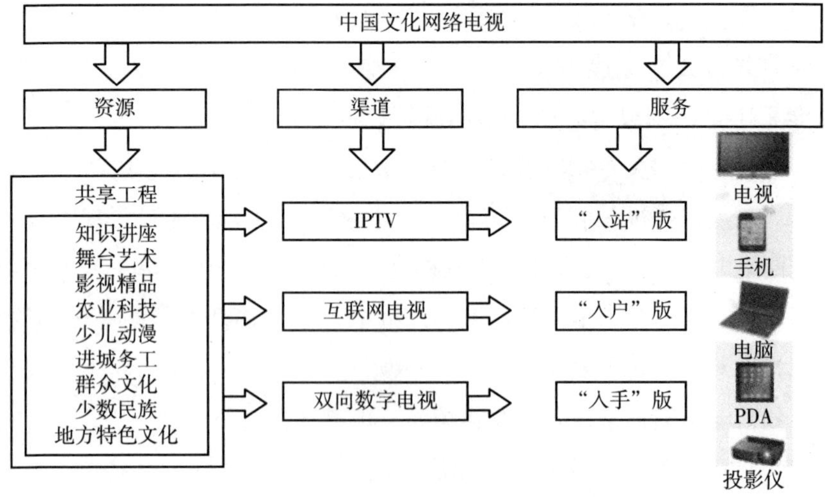

图2 中国文化网络电视总体架构

（三）新推出一系列公共数字文化资源产品

从2012年尝试“心声·音频馆”无障碍服务产品研发开始，发展中心逐步探索集合特色资源内容、特定服务系统、特制终端设备于一体的数字资源服务产品建设方法，形成具有竞争力的文化共享工程特色资源品牌。

1. 心声·音频馆

“心声·音频馆”目前已累计建设音频资源近3万小时、14.4万余集，以文化类音频资源为主，包括相声、小品、音乐、影视、文学作品等。同时研发了具有国家专利的盲用移动终端设备，使文化共享工程省级、市级、县级中心具备了为视障人群服务的能力，截至2014年12月，“心声·音频馆”页面浏览总量已达1970万，累计服务人次超过100万，被列入文化部2014年度国家创新工程重点项目。

2. 大众美育馆

“大众美育馆”以先进的数字技术整合传统艺术展示和教学实践，以互联网与移动智能终端为载体，用全新的美术理念和视觉呈现方式，向社会大众提供美术作品欣赏、美术在线教育和在线展览，打造大众参与互动服务的创新型动态美育体验。“大众美育馆”汇集了大量优质的名家美术作品与美术课程资源，全馆美术作品资源 13614 幅。

3. 社区文化生活馆

“社区文化生活馆”以智慧城市为理念，整合精品文化资源，利用无线 WiFi、移动 APP、二维码技术、移动智能终端，为社区群众打造内容丰富、使用便捷的数字文化服务体验。“社区文化生活馆”项目两期建设十六大资源栏目，3500 小时视频资源，定期推送精品资源系列，多方面满足社区群众的文化生活需求，开创社区移动服务模式，探索社区数字文化服务标准，丰富智慧城市内涵。目前完成一期建设，正在社区选点开展试运行，择期将全面推广服务。

4. 戏曲动漫

“戏曲动漫”是现代动画技术与传统戏曲艺术融合，文化数字化与文化传承相结合的特色资源项目。2014 年，发展中心示范建设并统筹文化共享工程各省级分中心共同建设此项目。目前已建设《苏三起解》等 30 部戏曲动漫作品，山西、黑龙江、浙江、山东、广西、海南、重庆、宁夏 8 个省申报了“戏曲动漫”项目，涉及晋剧、龙江剧、吕剧、越剧等 14 种地方戏，海南和宁夏结合本省情况申报了民歌动漫。戏曲动漫的建设基地成为中国戏曲学院实践基地，即将挂牌；文化部司局及直属单位对戏曲动漫基地多次组织调研考察；戏曲动漫素材被小学音乐教材采纳，中国教育科学院也投入力量开展戏曲动漫推广的研究；戏曲动漫作品也以各种形式呈现给 10 多万少年儿童，反响热烈。

（四）积极探索新型公共数字文化空间

1. 边疆万里数字文化长廊

边疆万里数字文化长廊项目是全国公共文化发展中心于 2013 年依据文化部领导指示精神和《文化共享工程“十二五”规划纲要》有关要求，面向边疆偏远地区启动实施的公共数字文化创新项目。该项目目标是在我国沿边沿海的 18 个省份和新疆生产建设兵团，在已建文化共享工程服务点基础上，进一步整合资源，提高配置标准，增强资源采集、移动服务和流动服务功能，消除盲点，构建环绕我国边疆地区的功能全、覆盖广、效能高的公共数字文化服务网络。2013 年底，发展中心在内蒙古、新疆、黑龙江、云南启动了边疆万里数字文化长廊示范点建设，目前已建成 9 个乡镇示范点和 18 个数字文化驿站。在此基础上，中央财政于 2014 年提供专项资金支持中西部边疆偏远地区数字文化长廊建设，计划于 2015 年底提升 1000 个乡镇基层服务点配置、建设 10000 个数字文化驿站。

该项目启动以来，内蒙古、新疆等地结合实际，统筹推进试点工作，取得了明显成效。内蒙古创造性地实施了“数字文化走进蒙古包”项目，结合公共数字文化工程建设，利用无线网络技术，在无法接入互联网的偏远农牧民集居区建设三级数字加油站，提供 24 小时不间断高效数字文化服务，超过 20 万牧区百姓因此受益；2014 年 6 月 24 ~ 27 日，中共中央政治局委员、中央书记处书记、中宣部部长刘奇葆在内蒙古调研时指出，要大力实施文化惠民工程，积极推进边疆万里数字文化长廊建设。海南在三沙市建立文化共享工程支中心，设立边疆万里数字文化长廊南海第一站，为驻岛官兵提供丰富多彩的数字文化服务。云南将数字文化长廊建设与中国文化网络电视、“农文网培学校”相结合，为边防官兵和基层群众提供集成化的数字文化服务。黑龙江制定并实施《边防驻军公共文化服务体系建设实施方案》，实现文化共享工程服务边防哨所全覆盖。山东省文化部门与武警边防总队联合实施“万里海疆·万里书香”项目，在全省边防辖区开展建设试点。

边疆万里数字文化长廊建设是发展新型公共数字文化空间的重要探索。该项目与以往文化共享工程基层服务点和公共电子阅览室建设所不同的突出要点，是数字文化驿站的建设。在选点布局方面，突破原有行政区划的限制，以边疆地区的人口、地理、边防、对外交流等功能特点作为布局依据，布局在边贸集市、草原牧场、边境口岸、边防哨所（连队、班）、海疆岛屿等地，消除服务的盲点；在服务功能方面，具备 WiFi 无线接入功能，用户可以通过个人的数字终端（手机、PAD、PC 等）在线访问、下载、上传数字文化资源，使公共数字文化服务与个人数字终端实现了无缝对接；在设备配置方面，配备公共文化一体机、网络电视播放器、平板电脑，轻量配置，可根据场地条件灵活布局，而所有终端设备并不是孤立的，通过网络与整个系统连接，实现资源更新、数据回传。

2. 各地典型应用实践

近两年来，各地结合实际，积极探索公共数字文化新形态、新模式，取得了良好效果。这里选择若干有代表性的地区实践作以下介绍。

典型实践一：内蒙古的“数字文化走进蒙古包”

文化共享工程内蒙古分中心自 2012 年下半年起，依托全国文化共享工程“边疆万里数字文化长廊”项目，在本区部分游牧点和无上网条件的农牧区，利用无线网络陆续推出“数字文化走进蒙古包”特色服务试点。目前，该项目已实现在内蒙古全区 7 个盟市 14 个旗县建设一级数字加油站（数字文化资源服务设备、应用平台和数据库）15 个、二级数字加油站 2 个、三级移动数字加油站 70 个，服务网络覆盖的地域面积达 42000 平方公里，已累计服务农牧民 10 余万人。同时，该项目搭建的免费服务网络，也成为当地农村牧区综合改革构建文化服务、科技服务、信息服务、金融服务综合体系的重要平台。

典型实践二：黑龙江边境数字文化服务

文化共享工程黑龙江省分中心重点建设“全省边防部队数字文化服务长廊”，先后在抚远、饶河、漠河、塔河、密山、东宁、黑河、嘉荫、萝北边境的边防团、巡逻艇大队及大兴安岭、牡丹江军分区建设了文化共享工程服务点，投入专用终端设备，每年为各边防团镜像安装 10 多万种电子书，5000 多部优秀电影、电视剧、舞台剧、文化讲座视频，并配送 3500 册新书。同时创新确立了黑龙江省公共数字文化“区域云平台 · 专网共享”技术模式，在全省乡镇、村、社区建设联通云平台的 SSLVPN 专用网络（集群式单点认证 VPN 专网传输技术），在边境线上的绥芬河市、东宁县率先完成乡镇、村、社区公共电子阅览室的 SSLVPN 专用网络全覆盖。在绥芬河国际铁路口岸和东宁海关建成数字文化驿站，配备公共文化一体机，出入境旅客用移动终端扫描二维码，可 24 小时自助获取文化共享工程数字资源。

典型实践三：重庆北碚数字文化馆建设

重庆北碚创新打造出数字文化馆建设的“北碚模式”，着力建设五大平台，即文化馆数字文化公共服务核心平台的基础数字平台、公共数字文化辅导培训教学平台、数字文化体验平台、文化馆多媒体移动终端 APP 多元平台、北碚区文化馆公共文化资源平台。其中数字文化体验平台在600余平方米空间上引入十二大功能区域，把音乐、舞蹈、戏曲、表演、书法、美术、非物质文化遗产保护等文化艺术内容运用成熟的数字科技手段进行数字化，通过先进的专用体验终端设备呈现这些公共文化产品的欣赏功能和学习交互功能，让大众充分享受公共文化资源和愉快的文化娱乐体验，在欣赏中学习，在学习中享受。

典型实践四：成都公共数字文化生态空间

“成都公共数字文化生态空间”由城乡数字文化服务网络、海量数字文化资源、数字化服务管理系统和长效保障系列政策构成。遍布成都全域的标准化电子阅览室、文化共享工程服务点，组成了公共数字文化服务网络。成都数字图书馆、3D 数字美术馆、360 度全景数字文化馆和区（市）县数字图书馆、文化馆，拥有 125TB 数字文化资源，其专业性、丰富性、实用性可满足不同群体的个性化需求。与此同时，成都市积极研发“公共文化数字化服务管理系统”，全面提升服务管理水平。日臻完善的“公共数字文化生态空间”，为成都公共文化事业的繁荣发展提供了体系支撑。

典型实践五：苏州市公共文化整合服务

在示范区创建过程中，苏州实施了一系列具有创新性的探索与实践，形成了示范区创建的苏州特色。这其中的一大亮点即是市委、市政府将文化馆、美术馆、名人馆等 8 家公益性文化事业单位整合而成“苏州市公共文化中心”（见图 3）。以公共文化服务为核心，将不同类别的文化资源进行整合，形成合力，实现公共文化机构集约化管理以及资源和服务集成化提供。

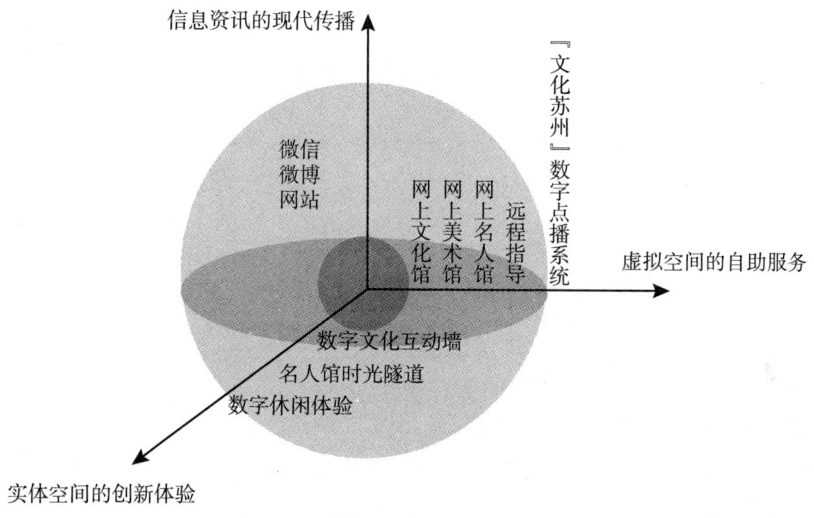

图 3　苏州“数字文化生活体验馆”集成整合服务

二　公共数字文化的未来发展

党的十八届三中全会提出了构建现代公共文化服务体系的战略目标，要求促进基本公共文化服务标准化、均等化；针对文化惠民项目，明确提出：建立群众评价和反馈机制，推动文化惠民项目与群众文化需求有效对接。在“十二五”规划即将收官、“十三五”规划即将到来之际，在总结公共数字文化实践工作基础上，结合信息化的最新趋势，探讨构建现代公共文化服务体系进程中的数字文化发展之路，显得尤为必要。

（一）公共数字文化建设在现代公共文化服务体系建设中的定位和作用

在中国文化馆协会成立大会上，文化部领导提出，现代公共文化服务体系主要依托“五大支柱”，就是文化馆体系、公共图书馆体系、博物馆体系、美术馆体系和公共数字文化体系。与其他四大体系不同的是，公共数字

文化体系并不局限于某一固定场所，也没有清晰的行业边界，而是突破时间、空间的局限，融入公共文化服务的各个环节，体现在人们日常文化生活的一点一滴之中。

公共数字文化建设是现代公共文化服务体系建设的重要标志和基本内涵。根据中国互联网信息中心（CNNIC）的统计数据，截至2014年6月，我国网民规模已达6.32亿，其中手机网民规模已达5.27亿，互联网、移动互联网已成为人们获取文化信息资讯的最主要途径。离开了公共文化服务的数字化、网络化，就谈不上公共文化服务的现代化。

公共数字文化建设是传统公共文化服务体系提升效能、向现代化转型升级的重要引擎。一方面，数字化建设能够提高传统公共文化服务体系的工作效率、管理水平，另一方面，数字化加工和网络化服务拓展了文化馆、图书馆、博物馆、美术馆的服务空间，丰富了服务产品和服务手段，提高了公共文化服务的吸引力。

公共数字文化服务是促进公共文化服务标准化、均等化，突破公共文化服务“最后一公里”瓶颈的有力手段。公共文化服务的重点在基层、瓶颈在贫困地区。要让偏远贫困地区的基层群众同样享受到高雅的艺术、阅读到丰富的书籍、欣赏到优秀的文艺作品，数字化手段是最适合甚至是唯一的有效手段。

公共数字文化建设是培育扩大文化消费，促进文化事业和文化产业协调发展的有效途径。数字文化建设不仅能够直接拉动数字内容、数字装备、数字化系统等领域的产业发展，还能够提升广大群众的文化素养、激发文化兴趣，培育文化消费市场。

（二）把握信息化发展的趋势，加强公共数字文化的顶层设计

云计算、大数据和移动互联网是当今信息技术的三大热门主题，泛在化、智能化、集成化是信息化发展的三大趋势。结合公共数字文化的最新实践和信息技术发展趋势，全国公共文化发展中心近期提出了构建“云、网、端”一体化公共数字文化体系的建设思路。所谓“云”，就是通过互联互通

的网络，汇聚形成公共文化资源池，主要包括数字资源、软件系统和硬件设施；所谓“网”，就是通过多个网络传输渠道实现传播，主要包括互联网、广播电视网、移动通讯网、专网；所谓“端”，就是支持各种数字终端，提供各种场景应用。“云、网、端”一体化的主要内容是：统一标准，搭建国家公共文化数字支撑平台总枢纽；建设国家基本公共数字文化资源总库，重点实施中华优秀文化数字传承计划，汇聚以文化艺术、农业科技、生活服务以及特殊人群服务为重点的公共数字文化产品；打造国家数字文化网、中国文化网络电视、移动文化生活圈、全军政工网等数字文化新媒体传播渠道；在文化共享工程和公共电子阅览室原有服务模式基础上，创新公共电子阅览室发展新形态，将全媒体、多终端新型公共数字文化服务融入文化共享工程各级站点，嵌入具备条件的社会公共场所，与群众文化需求有效对接，为现代公共文化服务体系建设提供强有力的数字化支撑（见图4）。

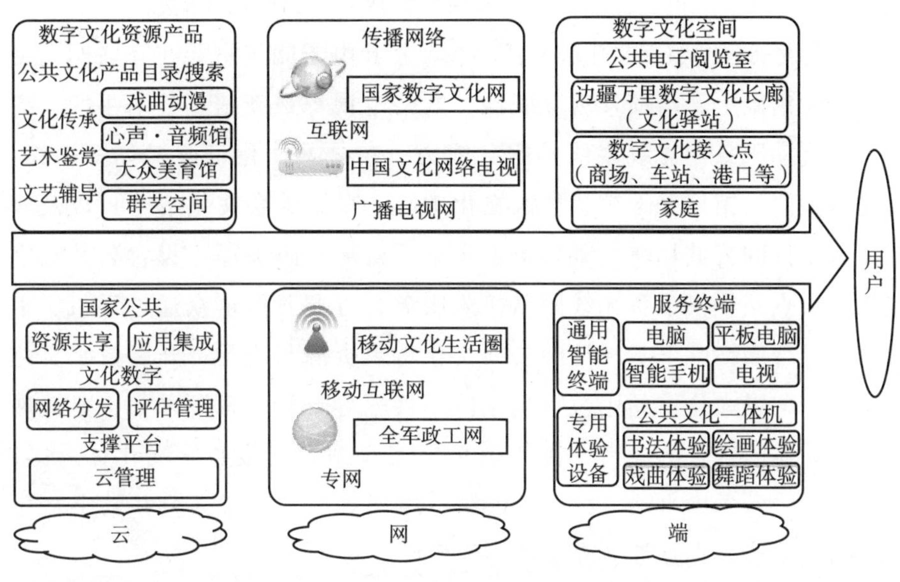

图4 “云、网、端”一体化公共数字文化体系架构示意

“云、网、端”一体化公共数字文化体系的建设思路，体现出新时期公共数字文化建设的基本特征。第一，互联互通，系统建设和资源建设不是孤立的，而是联通的、协调的、共享的。第二，资源产品化，提供的内容不是单一的、零散的，而是围绕不同主题、面向不同用户群体、基于不同场景，提供的集成化、专题化、系列化的资源产品。第三，互动分享，服务不是单向推送，而是双向互动，比如，老百姓通过我们搭建的平台，既可以获取所需资源，也可以参与其中，上传分享自己的作品，激发群众自我展现需求。第四，多终端全覆盖，服务的终端是多样的、覆盖的范围是广泛的，老百姓既可以到文化共享工程服务点、公共电子阅览室，也可以在车站、港口等公共场所，还可以在家里通过电视，或者随时随地通过手机，享受数字文化带来的乐趣、获得文化的体验与熏陶。

（三）积极探索创新，开辟公共数字文化建设新局面

基于“云、网、端”一体化的公共数字文化建设思路，在已经开展的创新实践基础上，重点在以下几个方面积极探索、力求取得突破。

一是发展公共数字文化服务新形态。公共电子阅览室要在互联网上网服务功能基础上，借助移动互联网、网络电视等最新信息技术手段，突出加强流动服务与无线多终端服务能力；在公共文化场所（如图书馆、文化馆、博物馆、美术馆、社区文化中心、乡镇综合文化站等）以及其他具备条件的公共场所（如广场、车站、机场、码头等）设置公共数字文化接入点，提供免费无线网络接入服务，方便基层群众通过手机、平板电脑等智能终端下载、访问公共文化特色资源与应用；开展数字文化馆建设，增强文化馆利用数字化手段开展辅导培训、资源采集、非遗展示、互动体验服务的能力，在各级文化馆（站）建设数字文化体验区，开设舞蹈、音乐、书法、绘画、摄影、培训等专区，增强公共数字文化服务的知识性、趣味性、互动性、娱乐性。

二是打通平台，构建一站式、综合性公共数字文化服务管理平台。以国家公共文化数字支撑平台为基础，在地级市（区）、县（区）构建基层公共数字文化服务管理平台，制定并遵循统一的平台建设、应用、管理标准规范，实现对基层公共文化服务网络设施及惠民项目的综合智能管理，

实现基本公共数字文化资源的全域共建共享，通过国家数字文化网、中国文化网络电视等新媒体渠道大幅提升数字资源传播服务效率，推出面向多终端、自适应的丰富多样的文化特色应用，实现对公共电子阅览室及各类数字终端的应用数据汇总分析，为基层公共文化服务提供有力的技术服务平台支撑。

三是创新数字资源供给模式，打造公共数字文化资源品牌。广泛动员社会力量参与建设，探索按需采集资源、按使用量付费建设模式。以“心声·音频馆”“大众美育馆”“社区文化生活馆”为重点品牌，推出面向特定人群、特定地区的系列数字资源产品。实施中华优秀文化数字传承计划，充分利用多媒体资源库、动漫等数字形式，将中国戏曲、书法、民歌等优秀传统文化资源制作成公共数字文化产品、课件，结合系列讲座、培训辅导、展示、竞赛活动，通过互联网及文化共享工程基层服务点、公共电子阅览室、文化馆站、社区、校园等传播弘扬中华优秀文化。

四是广泛开展社会化合作。与残联、妇联、扶贫办、军队、大型国企、大型民企、社区咖啡屋、零售店、街道劳务市场等开展合作，实现嵌入式公共数字文化服务。鼓励和引导社会力量、社会资本参与公共数字文化建设，探索与商业化云平台、网络传播媒体、移动应用合作开展公共数字文化服务的新型模式。

B.12

公共文化服务立法初探

吕芳 程名*

摘 要： 当前我国公共文化服务立法存在着体系不完整、法律位阶低、立法部门化、立法滞后于现实等问题。本文在借鉴国外立法和地方立法的经验基础上，提出公共文化服务体系的基本内容，在此基础上，进一步阐述公共文化服务保障法应包含的价值与内容。

关键词： 公共文化服务 公共服务 立法

一 公共文化服务的立法现状

制定法律通常出于两方面的考虑：一是为了实现某种价值理念，二是为了解决当前突出问题。公共文化服务的立法也是如此。一方面，构建公共文化服务体系作为一项政策工具，应有其价值内涵，即为建构起与当前我国经济社会水平相适应的文化公共领域而创造制度条件。公共文化区别于其他形式文化的特点在于其“公共性”。“公共性”既体现为平等，也体现为参与。这种参与体现为公民自觉自愿地参与到各种文化活动中，不仅形成与我国经济社会水平相适应的公共文化生活，也在公共文化生活中培育出关心公共事务、合作利他、互惠共赢的公共精神。

* 吕芳，国家公共文化服务体系建设专家委员会委员，中国政法大学教授；程名，中国政法大学硕士研究生。

而制定法律正是实现这一价值理念的主要途径之一。另一方面，当前的公共文化服务保障落后于现实的发展，公共文化服务体系的投入总量偏少，并且城乡差距、地区差距日益拉大。尽管近年来我国公共文化事业经费增长较快，但由于基数小、比例低，公共文化经费的增长速度仍大大低于国家财政支出的增长速度，文化行业一直处于“先天不足，后天失调”的状况，一定程度上影响到文化事业的发展进程。制约公共文化服务体系发展的一些长期性深层次矛盾依然存在。[①] 而制定法律能够从制度层面解决上述问题。

为了实现价值理念和解决现实问题，完善公共文化服务的制度框架提上了日程。梳理当前的立法现状，找出其中的问题，这是提出制度框架的前提与基础。

（一）公共文化服务的立法现状

1949 年至今，我国已经制定了大量与文化有关的法律法规，但是，与公共文化服务直接相关的法律法规并不多。以下将从三个层面来分析一下公共文化服务的立法现状。

1. 法律

全国人大常委会通过的与文化事业相关的法律与决定有《著作权法》(1990 年)、《文物保护法》（2002 年)、《非物质文化遗产保护法》（2011 年)、《全国人大常委会关于互联网安全的决定》（2000 年)、《全国人大常委会关于加强网络信息保护的决定》（2012 年)。此外，《公益事业捐赠法》(1999 年）与公共文化服务供给直接相关，该法为了促进公益事业包括文化事业的发展，对自然人、法人或其他组织自愿无偿向依法成立的公益性社会团体和公益性非营利的事业单位捐赠财产并用于公益事业的捐赠、受赠行为做了若干法律上的规定。

① 胡惠林：《当代中国文化政策的转型与重构——20 年文化政策变迁与理论发展概论》，《上海交通大学学报（社会科学版)》1999 年第 1 期。

2. 行政法规、部门规章

与文化事业发展相关的法律法规大多为国务院的行政法规和各部委的规章。其中，与公共文化服务体系相关的行政法规有31件。《公共文化体育设施条例》（2003年）是第一部专门为保障和促进公共文化体育设施建设、加强对其管理和保护、充分发挥其功能所制定的行政法规。该条例首次具体明确了各级人民政府举办的公共文化体育设施的建设、维修、管理资金应当列入本级人民政府基本建设投资计划和财政预算；规定了国家鼓励通过自愿捐赠等方式建立公共文化体育设施社会基金；规定了公共文化体育设施的规划和建设、使用和服务、管理和保护等。

在各部委的部门规章中，有文化部、信息产业部、新闻出版总署、国家档案馆、原国家广电总局、国家文物局等制定并通过的如《博物馆管理办法》《国家级非物质文化遗产保护与管理暂行办法》《世界文化遗产保护管理办法》《乡镇综合文化站管理办法》等。其中，文化部制定的《博物馆管理办法》首次对博物馆做出了具体的定义，对博物馆的设立、年检、终止和日常管理与服务做出了明确规定。《博物馆管理办法》借鉴了民办非企业成立的条件，对非国有博物馆的设立提出了要求，明确了它作为博物馆的义务和权利，并对它的日常管理和终止进行了初步探索，为私人博物馆的设立提供了法律依据。2009年，文化部制定的《乡镇综合文化站管理办法》是近年来公共文化服务领域出台的重要部门规章之一，强调了乡镇综合文化站公益性文化事业的属性，明确了乡镇综合文化站是“政府设立的公益性文化机构”，其基本职能是“社会服务、指导基层和协助管理农村文化市场”，强化了政府部门在公共文化服务体系建设中的责任。

3. 地方性法规和地方规章

近些年来，不少地方立法机关根据本行政区域社会经济发展情况，制定出台了一些公共文化服务的地方条例，为全国人民代表大会及常委会制定法律提供了经验，如《广东省公共服务文化促进条例》《江苏省农村公共文化服务管理办法》《上海市社区公共文化服务规定》《北京市博物馆条例》

《北京市图书馆条例》《内蒙古自治区公共图书馆管理条例》《湖北省公共图书馆条例》《广东省文化设施条例》《深圳经济特区公共图书馆条例》《上海市公共图书馆管理办法》《上海市公共文化馆管理办法》《河南省公共图书馆管理办法》《浙江省公共图书馆管理办法》《云南省民族民间传统文化保护条例》《贵州省民族民间文化保护条例》《福建省民族民间文化保护条例》《广西壮族自治区民族民间传统文化保护条例》《江苏省非物质文化遗产保护条例》《新疆维吾尔自治区非物质文化遗产保护条例》《宁夏回族自治区非物质文化遗产保护条例》等。这些地方性法规、地方规章主要涉及公共文化服务、公共图书馆、博物馆、民族民间文化保护、非物质文化遗产等方面。

在公共文化服务的立法过程中，既要充分发挥已有的法律法规的作用，避免重复立法，又要使已有法律法规与即将制定的法律相互协调、相互补充。

（二）公共文化服务立法存在的问题

从上面的分析可以看出，“我国公共文化方面的立法仍比较零散，立法的层次也较低，尚未形成一个较为成熟、完备、法律效力彰显的公共文化法律制度”①。主要问题表现为以下几个方面。

1. 体系不完善

公共文化服务是公共服务的核心内容之一。在教育、卫生等基本公共服务领域，一部基本法规范着基本公共服务的供给，保障基本公共服务的均等化。此外，辅之以若干专门法，一系列法规、规章等，形成一个相对完整的法律制度。例如在基础教育领域，《义务教育法》是基本法，《民办教育促进法》《教师法》等对此领域起着辅助作用。相比之下，公共文化服务的法律体系不完整。基本法长期空缺，公民的基本文化权益无法得到切实保障，政府相关职能没有明确的法律界定，各级政府的职责也缺乏清晰划分。此外，公共文化服务也缺乏其他配套法律，如设施、资金等方面

① 杨晓沨、牟家仁：《试谈公益性文化事业建设》，《学术交流》1998 年第 3 期。

的法律。

2. 法律位阶低

现有的公共文化服务相关法律法规的位阶偏低，大多是行政规章或其他规范性文件，不少还是“试行”。而政府部门颁布的行政规章只在本系统内有效，超出这一范围便没有约束力。由于公共文化服务立法位阶偏低，法律效力不强。此外，地方政府也出台了一些地方性法规和地方政府规章，如《广东省公共文化服务促进条例》《上海市社区公共文化服务规定》等，这些文化法规在发挥积极作用的同时，相互之间不协调的问题也日益突出，迫切需要出台上位法进行调整和规范。

3. 立法部门化

公共文化服务资源的部门分割十分严重，形成了行政壁垒。从全国范围看，公共文化服务的决策与资源管理主要集中在宣传、文化、文物、广播电视、新闻出版、工业信息、体育、旅游、园林等部门。不同文化行政主管部门从各自的视野和利益出发制定规章，行业和部门的保护色彩比较严重，甚至很多互相抵触、互相矛盾，降低了法律的权威性，也使执行者无所适从。一些需要几个职能部门联合才能进行的改革流于形式，无法推进。由于各部门之间的协调不力、沟通不畅，基层文化单位忙于应付上级各职能部门的考核、评估与验收，无力向公民提供公共文化服务。

4. 立法滞后于现实

随着经济社会的发展，公民对公共文化服务的需求越来越高，然而，政府在公共服务供给方面的职能、各层级政府的具体职能划分、公共文化机构的职能都没有明确的法律界定，导致政府与社会、政府与市场、各层级政府之间的关系难以理顺，既影响其提供公共文化服务的质量和效率，又使其难以吸引社会资金和优秀人才，形成恶性循环。比如我们提倡和鼓励社会力量支持公共文化服务，但是缺乏相关的配套政策。以文化类民办非企业单位为例，一方面国家大力支持社会力量发育成长，另一方面在注册登记上，又实行双重登记制度，使大量的文化类民办非企业单位只能挂靠在国家机关或事业单位之下。此外，公共文化的财政投入总量偏小、城乡和区域发展不平衡、公共文化设施的运行机制和经营管理薄弱、公共文化资金来源渠道单一等问题也制约着公共文化服务的发展，使公民的基本文化权利难以得到切实保障。

二 文化立法的国际经验借鉴

从20世纪70年代至今，西方发达国家在新公共管理、新公共服务思潮的影响下，陆续开启了公共文化管理体制的改革。一方面，文化领域的政府职责更多强调服务而非管理；另一方面，公共服务的生产和提供可以分开，政府成为公共文化服务提供的责任主体，而文化生产主体趋于多元化。这些发展路径都体现在西方国家的文化立法中。在我国立法过程中，西方国家在文化立法方面的经验值得借鉴。

（一）国外文化立法的概况

大多数国家在文化领域都先后开启了法制化的进程，通过制定相关法律，支持社会发展公共文化（见表1）。各国的立法实践可以分为以下两大类。

一是制定统一的文化基本法，明确国家在发展文化方面的基本目标和职责，再辅之以其他法律法规。基本法与其他相关法律相互补充、相互衔接。例如，日本宪法对于公民基本人权作了明确的规定，基本人权包括文化权。为了进一步保障文化权利，日本在《教育基本法》（1947年）、《社会教育法》（1949年）等法律中又做了进一步的明确规定。日本还制定了与公共文化服务保障直接相关的《博物馆法》《图书馆法》《演出场所法》《特定非营利活动促进法》等专门法律。这些法律规范了公共文化设施管理的基本原则。此外，日本于2001年制定了《文化艺术与文化振兴基本法》，主要明确了艺术与文化振兴的基本理念，以及国家及地方公共团体的任务，宣示政府应对振兴艺术文化订定基本方法与对策，谋求对艺术文化振兴的整合性推动。

表1 各国公共文化服务立法一览

国 别	立法年份	法律名称
美 国	1965	《国家艺术及人文基金会法》
美 国	1996	《博物馆图书馆事业法》
英 国	1984	《关于刺激企业赞助艺术的计划》
加拿大	1988	《加拿大多元文化主义法案》
俄罗斯	1999	《俄罗斯联邦文化基本法》
法 国	2003	《文化赞助法》
日 本	2001	《文化艺术与文化振兴基本法》
挪 威	2007	《文化活动政府责任法》
瑞 士	2009	《瑞士文化促进联邦法》
乌克兰	2010	《乌克兰文化法》
韩 国	2014	《文化基本法》

二是分散立法，对公共文化服务的资金、设施等重要问题进行专门规范，比如说，美国没有设立统管全国文化事业的行政管理部门——文化部，而是通过经议会立法设立的国家艺术基金会、国家人文基金会、国家博物馆图书馆学会等非营利机构，代表政府行使相应的管理职能，对文化艺术团体和个人进行赞助。公共文化服务相关法律也表现出分散性，如1965年美国通过了第一部支持文化艺术事业的法规——《国家艺术及人文基金会法》，依据此法，美国成立了国家艺术基金会和国家人文基金会，前者代表政府向文艺团体和艺术家提供财政和技术援助，后者对人文科学方面的各种研究、教育和社会活动给予资助。1984年，联邦政府又将原隶属于联邦政府卫生、教育、福利部门的博物馆事业项目分离出来，成为一个独立的联邦政府机构——博物馆学会，主要负责对全美的博物馆进行资助。1996年根据《博物馆图书馆事业法》，学会增加了对图书馆的资助内容，将原属教育部的联邦图书项目划到该学会，并改名为“博物馆图书馆学会”。[①]

① 孙维学主编《美国文化》，文化艺术出版社，2004，第142页。

（二）文化立法的国际经验

国外的文化立法中蕴含着丰富的经验，主要体现为以下几点。

1. 文化立法内嵌于本国的行政体制

各国在长期的历史发展过程中形成了各自的文化行政体制，而各国的文化立法内嵌于一国的行政体制，各有其特色。基于各国公共文化供给模式的差异，政府与社会在其中扮演的角色和承担的任务也各不相同，大致呈现“社会力量主导型”“政府—社会合作伙伴型”和“政府主导型”三种类型。例如，美国的公共文化服务属于“社会力量主导型”，重要问题在于计划协调和财政资助等，因此，采用了围绕重点领域分散立法的方式。而“政府主导型”的国家则通常会制定文化基本法，对各级政府在公共文化服务保障中的责任进行规定。

2. 彰显国家基本文化特色和核心文化价值

各国文化基本法无一例外地都结合了本国国情，凸显了本国的文化特色与价值。例如，加拿大社会的根本特征是族裔、宗教和文化具有多样性，而《加拿大多元文化主义法案》的制定，则是为了保护和促进加拿大的多元文化，消除歧视、促进相互理解，促进联邦政府对多元文化主义的制度性构建。此外，瑞士也在《文化促进联邦法》中规定，联邦政府应优先考虑为保护和发展文化多样性和语言多样性做出突出贡献的项目。不仅如此，民族文化的保护和促进也是多国制定文化基本法时重点考虑的要素。俄罗斯在《俄罗斯联邦文化基本法》中就明确指出，国家对民族文化艺术、文学及其他各类文化活动实行保护主义，同时也承认境内各民族及其他族裔社区的文化尊严的平等性，为这些文化的保存和发展创造平等的条件。而《乌克兰文化法》中也规定该法旨在保存并繁荣民族文化财富，而国家文化政策的基本原则之一是将文化遗产作为民族文化的基础进行保护和保存，关注文化的发展，并优先为乌克兰族、本地民族和乌克兰少数民族的文化发展活动创造条件。

3. 清晰界定公民的基本文化权利

公民是享受公共文化服务的主体。公民能够得到基本公共文化服务，不但基于政府施政的根本目标，而且更是因为人在文化领域享有基本权利与自由。例如，《俄罗斯联邦文化基本法》提出，从事文化活动是每个人不可被剥夺的权利，人权优先于国家、组织和团体的权利，而个人在文化领域还拥有创作权、个人文化独创权、文化价值知情权、人文和艺术教育权、创作活动成果出口权、国外文化活动权以及在文化领域创建各类组织的权利等。类似的，《乌克兰文化法》中也单独规范了文化领域的公民权利与义务，规定公民享有创作自由、保护知识产权等10种权利。虽然具体的权利各不相同，但在文化基本法中对公民文化权利的基本界定是一致的，正如《韩国文化基本法》中提出，“所有国民不论性别、宗教、人种、世代、地域、社会身份、经济地位或身体条件等差异，在文化表现与活动中可自由创造文化，参与文化活动，并享有文化权利”。

4. 明确文化领域中政府与社会的责任

文化领域的政府责任是一个重要问题。其中，在美国等社会力量主导公共文化服务发展的国家，文化基金会发挥着重要的作用。如美国《国家艺术及人文基金会法》中规定国家艺术基金会和国家人文基金会承担了发展美国文化艺术和人文科学，并帮助州政府或其他组织提供文化服务的职责，政府责任则为派出少量的人员负责基金的管理，并为基金会或其他公共文化组织提供一定的资助。

其次，在政府与社会合作发展文化的瑞士等国，政府与社会的作用就更加均衡。例如，《瑞士文化促进联邦法》中规定，一方面，联邦在文化遗产维护、艺术和文化创作等5个领域应发挥促进作用，且可以在必要时与其他层级地方政府的文化机构以及与文化促进相关的企业和个人进行合作，并进一步明确联邦仅支持体现国家利益、民众能够参与以及具备优先特点的项目。另一方面，该法还规定，文化基金会应保障艺术文化创作的多样性、推动流行文化、保持文化交流并在完成其任务时具有自主性，但基金会同时由联邦委员会负责监督。

最后，一些文化立法都规定了各层级政府之间的权力分配以及政府的财税、文化等各部门的职责。一些国家针对文化发展中的政府责任制定了专门法。如挪威的《文化活动政府责任法》规定了国家、郡议会和市政府当局各自的责任以及这些权力主体的共同责任。在俄罗斯、乌克兰等政府主导公共文化服务供给的国家，政府设立了各层级的文化机构，这些文化机构的拨款、运营和人员的社会保障支出均由国家承担。同时，各类社会组织可以依法参与国家文化政策的实施，且社会组织有权资助文化项目、支持文化人才和创作事业。

5. 构建多元的激励和保障体系

各国在文化基本法的制定中不约而同地构建了多元的文化激励和保障体系，主要包括以下几个方面。

第一，扶持各类文化项目和组织。各类文化项目和组织是文化发展的载体，只有利用好不同的项目、扶持起一批能够自我生长的组织，才能促进文化发展，这也成为文化立法的共识，并体现在各国文化基本法的文本中。如韩国规定，国家、地方自治团体对公共文化设施、高雅艺术及业余文化艺术活动团体的活动经费予以支持和保障，住宅、建筑物建筑费用的百分之一要用于绘画、雕刻、工艺等美术装饰。《瑞士文化促进联邦法》中制定各项鼓励和推动措施，其中包括向艺术家提供养老保险等社会保障、支持文化领域中文化参与者和积极业余爱好者的组织、支持起到文化推广作用并具有创新性的项目等。

第二，强调对文化遗产的保护。文化遗产是一国人民的共同记忆，也是全人类的共同财富，因此大多数国家在制定文化基本法时都强调了对文化遗产的保护。例如，《俄罗斯联邦文化基本法》中首先明确了俄罗斯联邦民族文化财富及文化遗产的概念及内涵，随后规定联邦国家权力机关、联邦主体国家权力机关和地方自治机构等各级政府均负有保护、使用和普及当地所有的文化遗产的职责。

第三，注重文化人才的激励。高水平的文化人才对于发展文化至关重要。如《乌克兰文化法》专门规定文化工作者的薪酬和激励措施，提出

“文化领域的薪酬应确保为文化工作者的高效独立创作活动提供适宜的物质条件，提升职业威望和专业技能，吸引优秀青年投身文化活动”，并在职业保护、退休保障、带薪休假、土地所有权等方面做出了细致的规定。

第四，促进文化的教育与交流。在世界历史的发展过程中，文化的多样性和民族地区文化的独特性一直相互作用，不断推动文化的进步，如何在全球化的浪潮中保持自身文化的特质，同时不排斥多元文化的交流，是各国政府在公共文化政策制定中必须考虑到的问题。美国、俄罗斯、英国、瑞士、韩国等都对促进文化的教育与交流做了规范。其中《韩国文化基本法》特别在建构文化振兴的总体规划和不同领域的文化政策中强调了文化教育，并规定“为提高国民文化意识和理解度，引导文化活动的积极参与，每年 10 月定为文化月，每年 10 月的第三个星期六定为文化日”。而俄罗斯在《联邦文化基本法》中也充分涵盖了对外交流所涉及的主体、政策重点、合作方式、境外历史文化财富、海外文化中心等要素，真正从制度安排上促进了本国文化在国际上不同层次的交流。

第五，保障对服务设施的投入。公共文化服务供给过程中，政府的保障主要是从服务设施、服务提供几个方面入手。英国 1964 年颁布的《公共图书馆法与博物馆法》规定，每 2500 人应配备 1 名图书馆工作人员，其中专业馆员应占 33%；在 4 万人口以下的地区每人平均应有藏书 1.5 册。为了促进馆际合作，可以依法成立图书馆理事会（区别于各个图书馆各自的理事会），图书馆理事会应包括本地区的所有图书馆。

6. 公共文化服务资助方式

为保障公共文化服务的供给，政府需要在设施、人员、资金等方面给予支持，其中，资金支持尤为重要。在不同的公共文化服务供给模式下，各国对公共文化服务的资助形式也有一定的差异，大致可以分为以下两类。

一是财税的直接资助。在俄罗斯、乌克兰等政府主导文化发展的国家，财政直接资助是最主要的资助形式，主要措施包括提供人员工资、进行赤字担保、提供利率补贴、发放实物福利等。如俄罗斯规定，用于联邦文化发展的财政支出应占联邦总支出的 2%，建议地方政府将这一比例提高到 6%，规定免除国家文化机构的全部纳税义务包括所得税、收益税、财产税、土地税等，以扶持和保障文化事业的发展。而在美国等主要依靠社会力量发展公共文化服务的国家，立法上较少提及直接财政支持，文化机构和工作者的经济收入除来自企业、个人的捐助和相关基金会的资助外，主要取决于其产品和服务在市场上的赢利能力，但政府在税收上还是对公共文化服务给予了一定的支持。如1917年《美国联邦税法》规定，凡对非营利文化艺术机构给予赞助的企业、团体和个人，其赞助款额可以从收入中扣除，这部分免交所得税。对非营利文化团体、机构、公共电视台、广播电台免征所得税，并减免资助者的税额；对以促进文化、教育、科学、宗教、慈善事业为目的的非营利的团体免征赋税，个人和企业对上述非营利团体的捐赠可享受减免税收的优惠政策。

二是基金会的间接支持。这一类资助方式以美国为主要代表。美国的《国家艺术及人文事业基金法》规定了国家艺术基金会和国家人文基金会的组织及运作规范，规定了这两个基金会的职责和如何帮助州或者其他组织提供文化服务。国家艺术基金会代表政府向文艺团体和艺术家提供财政和技术援助，帮助他们发展艺术，保护美国的文化艺术传统；国家人文基金会则主要对人文科学方面的各种研究、教育和社会活动给予资助，资助对象主要包括博物馆、图书馆、大学、公共电视台、广播电台以及从事人文科学研究的学者。

三　公共文化服务地方立法的经验借鉴

近几年来，各地方在公共文化服务立法方面也有了初步尝试。2012年，广东省开始实施国内第一部构建公共文化服务体系的地方性法规——《广东省公共服务文化促进条例》。条例明确提出，公共文化服务的促进活动应当坚持政府主导、社会参与、协调发展、方便群众的原则。出于公共服务一般性的特征，条例对服务主体、资金保障、运行机制和绩效评估等做了相应规定，但在一些具体细节上又体现了公共文化服务的特殊性。

2012 年 3 月 1 日，江苏省政府颁布的《江苏省农村公共文化服务管理办法》开始施行。该管理办法立足于农村，对发展农村公共文化服务提供具有一定的借鉴意义。2013 年 4 月 1 日，《上海市社区公共文化服务规定》开始实施，这是国内首部对社区层面的公共文化服务进行规范的地方性法规。此规定不仅保障了社区居民基本文化权益，而且推动了上海市公共文化服务体系的建设。此外，《湖南省公共文化服务保障条例》《重庆市公共文化服务条例》也已经进入立法程序。据不完全统计，北京、陕西、浙江、福建、四川、西藏和广西都提出要对公共文化服务提供法律保障，或已列入立法规划。

这些地方立法各有侧重，但又具有一些共同特征，对于公共文化服务的法律制度的建设也具有借鉴意义。

（一）保护地方文化特色

广东省珠三角与其他地区的经济发展差异明显，而且广东省是个多民族省份，拥有 53 个少数民族，广东省的条例有针对性地强调了对少数民族地区文化的保护、对贫穷落后地区的扶持；江苏省的管理办法中提出，要发挥和利用本地特色文化资源，开展区域性特色文化活动；与地方文化特色无关。

（二）明晰政府与社会责任

政府与社会责任明晰是公共文化服务供给的前提。政府在公共服务中的主要责任是满足人们的基本文化需求，促进公民基本文化权利的实现，确保公共文化服务均等化的实现，而社会力量的责任则更多体现在提供个性化服务上，辅助政府供给公共文化服务。地方政府在公共服务中的责任主要包括：制定公共文化发展规划；加强公共文化服务机构基础设施建设；为公共文化服务提供财政支持；设立文化建设专项资金，扶持引导文化建设；建立公共文化服务体系建设考核评价制度，完善评价指标，开展评估工作等。在地方立法中，都会有政府与社会力量的不同分工，以体现均衡性和多样性的协调。如上海市在实践中，强调政府在规划、财政支持、日常管理和监督方面的责任后，要求积极地引入社会力量，采取各种措施鼓励社会组织、企事业单位和志愿者参与公共文化服务建设。

（三）明确各级政府的责任

江苏省明确将农村文化范畴扩展至县、乡、村三级网络，建设“县有两馆、乡有文化站”的农村文化体系。两馆即县图书馆、文化馆，文化站则是乡镇综合文化站，同时将行政村文化室也纳入了公共文化服务的规范范畴。其中，乡镇文化站是农村文化建设的主要阵地，在具体工作中发挥着重要作用。广东省明确提出了地区性倾斜的要求，对专项资金的使用比例提出了要求，考虑少数民族地区、贫困地区和农村地区对于文化的特殊需求，鼓励发达地区对贫困地区、少数民族地区的支持。

（四）多元化的支持方式

公共服务的公益性供给原则，使得供给主体无法以此谋利，缺乏参与供给的动力。故而，为吸引社会力量参与公共文化服务的供给，政府需要采取多元可行的支持形式。第一，规定政府支持公共文化服务社会化运作的方式，如项目补贴、政府购买、税费减免和奖励等，鼓励和支持各类企业事业单位、文化团体、社区群众文化团队和个人为社区提供公共文化服务，丰富社区居民文化生活。第二，鼓励社会力量的捐赠行为。鼓励社会力量以捐赠方式建设公共文化设施或者开展文化活动，政府以捐赠人留名纪念、命名、依法享受税收方面的优惠等对捐赠人进行激励。第三，规定社会力量可以委托机构管理文化产品、设施。

（五）合理的资源配置

公共文化服务立法可以通过对文化资源的配置来实现服务公益性、基本性、均等性和便利性。合理的资源配置能提高文化要素发挥的效能，提高服务供给效率。通过法律途径将资源配置制度化，也能切实保障公民对文化资源的使用。地方性立法对文化资源配置做了一些具体规定。如广东省规定，从城市住房开发投资中提取一定比例的经费，用于社区公共文化设施建设，为公共设施建设提供了资金支持；江苏省规定了乡镇综合文化站的建设面积、功能分区；上海市针对之前社区公共设施使用率不高的情况，专门提出了以下要求：一是空间上的资源配置；二是开放时间的规定；三是免费开放、收费公示。

四　探索公共文化服务的法律体系构建

党的十八大对建设社会主义文化强国、基本建成我国公共文化服务体系提出了明确要求，为实现这一目标，建立和完善相关法律制度就成为最重要、基础性的保障。在立法之前，首先要明确公共文化服务的立法到底选择哪一种思路：一是按照统一的法律体系，有步骤、有计划地制定法律，完善这一法律体系；二是分散立法，针对公共文化服务的重要领域，哪个领域的条件已经成熟，就首先制定相关领域的法律。

不管采用哪种立法思路，公共文化服务领域大致应包括以下法律法规，这些法律法规之间应上下协调、相互补充。

（一）公共文化服务的立法内容

1. 宪法

《宪法》第二十二条规定了国家在文化事业发展中的职能，尤其是国家在公共文化服务方面的保障职能。第四十七条规定了公民的基本文化权利与义务。这些规定为我国公共文化服务法律制度的建立和完善提供了基本原则和根本依据。

2. 基本法——《公共文化服务保障法》

十七大报告指出，“要按照文化事业和文化产业的特点，采取不同的政策。加大政府对文化事业的投入，逐步形成覆盖全社会的比较完备的公共文化服务体系”。随着文化服务分为公益性文化事业与经营性文化产业的观念逐渐成为社会的共识，分别制定《公共文化服务保障法》和《文化产业促进法》作为文化领域的两部基本法，成为更加现实可行的方案。文化事业方面可以制定《公共文化服务保障法》，作为公共文化服务领域的基本法。公共文化服务的领域主要包括公共广播电视事业、公共图书馆事业、博物馆事业、文化遗产保护事业、艺术发展事业、社区文化、农村文化及少儿文化事业等。文化产业方面可以制定《文化产业促进法》加以规范。“文化产业”具体领域主要包括传媒产业、出版产业、广播电影电视产业、音像制品业、娱乐产业等。

3. 公共文化服务的专门法

制定专门法可以解决公共文化服务发展面临的瓶颈问题，满足社会发展的迫切需要。专门法可以包括以下几个方面的内容。

第一，公共文化服务重要领域的立法。公共文化服务包含着一系列重要组成部分，如设施、资金、服务、参与主体等，这些都需要法律法规的规范，例如，公共文化设施方面，制定图书馆法、博物馆法、文化馆法、公共文化设施法等；资金方面，制定公共文化基金法加强对优秀文化艺术项目的资助和支持，建立专项文化基金，在不减少现有的财政投入总量的前提下，调整财政投入结构和投入方式等。在制定新的法律时，要注意与已有法律的协调。

第二，修改、完善与公共文化服务相关的法律。如文化类社会组织的相关立法与正在起草中的《慈善法》相关，应强调文化类社会组织的培育与发展；公共文化服务的政府购买与《政府采购法》《合同法》等相关，可完善政府购买服务的相关立法等；税收优惠政策方面，应结合 1999 年颁布的《公益事业捐赠法》《基金会管理条例》以及《个人所得税法》《企业所得税法》，鼓励社会力量向公共文化组织捐赠，提高公益捐赠税收减免的比率，扩大税收减免的范围，明确对公共文化组织的减免税或税收返还政策等。

4. 公共文化服务的相关行政法规

现行的公共文化服务的相关行政法规主要有《水下文物保护管理条例》

《公共文化体育设施条例》等相关行政法规。国务院可依据现实需要制定包括历史古迹、景观保护法、考古发掘、历史街区保护等方面行政法规。

5. 公共文化服务的部门规章

与公共文化服务相关的部门如财政部、发改委、人社部、税务总局等可依据需要制定包括公共文化服务的资金保障、公共文化服务的人才队伍建设、公共文化服务的技术保障、公共文化服务组织的减免税等相关部门规章。

6. 公共文化服务的地方性法规

广东、上海、江苏等地区已经制定了公共文化服务的地方性法规，规范公共文化服务的发展。许多地方也制定了有关图书馆、博物馆、文化馆等公共文化设施的相关法规。除此之外，地方立法的重点是财政投资，应该调整财政投入结构和投入方式，适当增加用于扶持公共文化服务的政策性专项投入。

（二）《公共文化服务保障法》的立法要点

当前，《公共文化服务保障法》的出台已经具备了一系列可行的立法条件。中央《未来五年（2014～2018）加快推进我国文化立法工作的建议》拟将《公共文化服务保障法》列为抓紧起草的立法项目。公共文化服务是公共服务的核心内容之一，公共文化服务是服务型政府建设的有机组成部分。因此，公共文化服务具有公共服务的一般特征，可以用公共文化服务主体、服务供给、财政保障、服务均等化、绩效评估等行政学话语体系进行规范。另外，公共文化服务又具有文化行业的特殊性，需要进行独立合理的设计。《公共文化服务保障法》应该包括以下几个方面的重点内容。

第一，强调公共文化服务的底线标准。为了使公民获得基本能力上的平等，所有地区和所有公民都应享受一定水平以上的公共服务，因此，基本公共服务应该均等化。这里强调的是底线的完全平等。政府的“底线标准”应明确规定基本公共文化服务的内容，明确公民基本权利的实现程度，明确各级政府的支付和保障责任。

第二，强调公共文化服务向弱势群体倾斜。在所有群体和个人享受平等的底线标准的基础上，最弱势群体的状况应得到最多的改善。从目前状况来看，在革命老区、民族地区、边疆地区和贫苦地区，存在着公共财政短缺、公共文化设施陈旧、文化资源总量不足等问题，同时，残疾人、老年人、外来务工人员等群体也存在着机会缺失的问题。为体现“公平性”原则，在立法过程中，公共文化服务需要重点保障广大农村居民、边远地区居民、残障群体等弱势群体的文化消费权和文化参与权，中央政府应通过财政转移支付等手段实现资源、资金配置的区域性倾斜，各级人民政府应根据弱势群体的特点与需求提供公共文化服务。

第三，重视公民文化需求与服务满意度的表达。立法应促进公民文化需求的表达，促进公民以多种形式参与公共文化服务的决策，推动公共文化服务项目与公民文化需求的有效对接。评价公共服务的主要标准是服务对象的满意度，因此，应建立起“自上而下”与“自下而上”相结合的评估体系，推动公民参与公共文化服务的绩效评估。

第四，明确划分政府的事权与财权。当前，提供公共文化服务的职责分散在政府多个部门，而且各级政府间关于供给设施、服务等方面的权力也没有划分清楚，导致各级政府间、政府部门间的责权利不对等。因此，立法应明确划分各级人民政府和政府各部门在公共文化服务方面的职责，建立起相应的问责体系；建立公共文化服务可持续的财政支持体制，引导财政资金向公共文化服务适当倾斜；形成地区之间和城乡之间公共文化服务的合理分配制度；健全公共文化服务的绩效管理和评估体系；加强公共文化服务的信息透明度建设。

第五，更新治理理念、整合社会资源。十八届三中全会提出“国家治理体系和治理能力的现代化”，力图打破政府中心论的局限，建构政府、市场、社会的新型关系，形成良性互动、优势互补与合作共赢的新局面。公共文化服务领域应更新治理理念，整合社会资源，形成多元治理的新格局。立法内容应包含以下几个方面。一是治理主体多元。国家鼓励设立文化类非营利组织；鼓励公民、法人和其他组织志愿提供文化服务。二是治理过程多元。国家鼓励通过自愿捐赠等方式建立公共文化服务基金；并鼓励向公共文化服务机构的捐赠，财产捐赠人可以依法享受税收减免优惠；支持和鼓励社会力量依法参与公共文化服务设施的运营和管理。三是治理方式多元。通过合同外包、联合生产、志愿生产等形式引导和鼓励社会力量参与公共文化服务的提供；鼓励社会组织、个人通过兴办实体、资助项目、赞助活动、提供设施等形式参与公共文化服务。

B.13

中国文化志愿服务发展研究

李 蓁*

摘 要： 文化志愿者属于志愿者的范畴而又具有自己的独有特色，它是中国社会发展的产物，是随着日益增长的人民文化需要而产生的精神之花。它既是中国传统文化“与人为善”“助人为乐”的自觉，也是“奉献、友爱、互助、进步”志愿精神弘扬的结果。随着文化志愿者的产生，文化志愿服务作为志愿服务的重要组成部分在中国蓬勃发展，它是推进群众自办文化，促进群众自我表现、自我教育、自我服务的有效途径，也因群众的巨大文化需要而迅速壮大。笔者作为文化志愿服务工作的从业者和研究者，对文化志愿服务的产生、发展现状、呈现的特点进行了梳理和总结，同时对其进一步发展提出建议，希望能引起更多学者对文化志愿服务的关注和思考。

关键词： 文化志愿者 志愿服务

文化志愿服务作为志愿服务的重要组成部分，对于培育和践行社会主义核心价值观、引领社会文明风尚具有积极作用。党和国家高度重视文化志愿服务工作，党的十八大明确提出了“深化群众性精神文明创建活动，广泛开展志愿服务”的要求。国家“十二五”时期文化改革发展规划纲要，将

* 李蓁，北京文化艺术活动中心副研究员。

支持文化志愿服务活动并实现制度化作为健全社会保障体系的重要内容。

近年来，按照中央关于加强志愿服务工作的有关要求，中宣部、中央文明办、文化部等部门不断加强统筹协调，拓展工作领域，强化顶层设计，连年召开全国文化志愿服务工作会议、文化志愿服务现场经验交流会，并印发了《关于广泛开展基层文化志愿服务活动的意见》等文件。同时，组织实施了“春雨工程”——全国文化志愿者边疆行、“大地情深”——国家艺术院团志愿服务走基层等示范性活动，推动文化志愿服务工作纳入现代公共文化服务体系建设重点内容和国家文化发展总体战略。各省市文化部门也积极行动，在文化志愿服务网络构建、规范管理、载体创新、品牌打造等方面做了大量有益的探索。

一　文化志愿者及文化志愿服务的产生

文化志愿者的产生有偶然性也有必然性。2008 年，中国在首都北京圆了百年奥运梦。北京奥运会、残奥会期间，10 万名赛会志愿者、40 万名城市志愿者、100 万名社会志愿者和 20 万名拉拉队志愿者在各类服务领域累计服务超过 2 亿小时，为服务对象提供了高水平的志愿服务，确保了奥运会赛事和城市的正常运行，志愿者的服务充分展示了中华民族的文明风尚和时代风采。北京奥运结束之后，如何转化奥运工作成果，推动后奥运时期北京志愿者组织的发展，建立健全志愿者服务长效机制成为北京的一项任务。

文化志愿服务是志愿者服务中的重要组成部分，有利于志愿者服务长效机制建设。2008 年 11 月，奥运会结束不久，秉承奥运志愿精神，北京市文化局下属的北京文化艺术活动中心成立了文化志愿者部。这是最早的文化志愿者，其充分发挥首都人才资源优势，通过组建机构、完善制度、设立项目、搭建平台等具体举措，积极开展文化志愿服务，探索文化志愿服务体系建设。

文化志愿者是指不以物质报酬为目的，利用自己的时间、文化技能等资源，自愿为社会和他人提供公益性文化艺术服务和帮助的人。文化志愿者与普通志愿者相比既有着相同点也有不同点，相同点是二者都是不以物质报酬为目的自愿行为，不同点是文化志愿者通过自己的文化技能达到为他人提供公益性文化艺术服务的目的，更加具有文化属性，更加专业化，具体化。

随着文化志愿者的产生和文化志愿机构的设立，文化志愿服务蓬勃发展，特别是近几年在国家的重视和推动下，作为公共文化服务体系建设的重要组成部分迅速遍布全国。

二　我国文化志愿服务发展现状

（一）文化志愿服务组织机构基本建立

目前，各地各级文化行政部门依托文化馆、图书馆等公共文化机构组建了一批文化志愿服务组织机构，面向社会广泛招募文化志愿者，结合实际制定相应的实施意见和管理办法，在全国初步建立起省、市两级文化志愿服务组织网络。其中，有些省市发展较快，建立起了省、市、县三级文化志愿服务组织网络，还有的建立了文化志愿者联合会，下设常规职能部门，推动省内文化志愿服务工作。据不完全统计，截至 2014 年底，全国已有 24 个省、275 个地级市组建了文化志愿服务组织机构，各类文化志愿服务团队 6700 多支，登记在册的文化志愿者人数突破百万。2014 年组织开展基层文化志愿服务活动 31 万多次，服务群众 8700 多万人。文化志愿者作为公共文化服务建设的重要补充力量，已经粗具规模。

（二）文化志愿者队伍建设初步规范

文化志愿者队伍建设，是文化志愿服务工作的重中之重。为做好文化志愿者队伍建设，各省市从招募、培训、激励制度入手，推动文化志愿者队伍建设。目前，各省市制定出台了文化志愿者招募制度，根据实际需求定期发布志愿服务项目招募信息，形成了文化志愿者常在与常来相结合的服务机制。同时，正在不断完善文化志愿者培训制度，推动举办各种层次的文化志愿者培训班。为了文化志愿服务发展的长远化，努力健全完善文化志愿服务激励制度。许多省市逐年评选表彰表现优异的志愿者，设立奖章制等多种奖励举措，已形成多层次的表彰激励体系，增强了广大文化志愿者的工作成就感和社会荣誉感。塑造文化志愿者的媒体形象，广泛宣传志愿服务事迹，增强了广大文化志愿者的工作成就感和社会荣誉感。

（三）示范性文化志愿服务活动在全国广泛开展

2011 年，文化部、中央文明办组织开展了首届“春雨工程”——全国文化志愿者边疆行活动。这项活动以各民族“共同团结奋斗、共同繁荣发展”为主题，以满足边疆群众精神文化需求、推动民族地区基层文化建设、维护边疆和谐稳定为主要任务，通过大舞台、大讲堂、大展台三种基本形式，组织内地文化志愿者为边疆民族地区实施了一大批文化志愿服务项目。此后该活动持续开展，四年来内地省（市）和文化部有关直属单位共为边疆民族地区实施了 300 多个文化志愿服务项目，累计招募 6000 多名文化志愿者，组织文艺演出、培训讲座、文化展览 1000 多场（次），惠及群众数十万人次。2013 年，文化部、中央文明办在内地与边疆横向文化交流的基础上，纵向实施了“大地情深”——国家艺术院团志愿服务走基层活动，把高雅艺术直接送到城乡基层。两年来，包括中央民族歌舞团、中国煤矿文工团、中国铁路文工团、中国广播艺术团、全国总工会文工团和文化部直属院团在内的 14 个国家艺术院团，在 60 多个城市举办公益性演出、讲座和展览 236 场，受到了基层群众的热烈欢迎。这两项活动经过几年的培育和发展，已经成为具有全国性广泛影响力和号召力的文化志愿服务活动品牌，有力地带动了地方文化志愿服务活动广泛开展。

（四）基层文化志愿服务活动常态化开展

文化志愿服务是广大群众参与公益性文化事业、在文化建设中自我表现、自我教育、自我服务的有效途径。近年来，在各地文化部门的积极推动下，文化志愿服务发展呈现出从临时向常态、从个体向团队、从自我向自觉的转变，文化志愿者主体从文化系统干部职工为主向全社会成员拓展。广大文化志愿者坚持面向基层、服务群众，从群众实际文化需要出发开展了大量的、日常的文化志愿服务活动，形成了一批不同类别、不同风格、特色鲜明的基层文化志愿服务活动品牌。比如，2014 年北京怀柔的"流动戏院"、河北张家口的"百姓一家亲、欢乐伴你行"和上海松江的"百姓明星"等活动，文化志愿者将老少皆宜、雅俗共赏的文艺节目送到百姓身边，丰富了群众精神文化生活；辽宁省图书馆、安徽省芜湖市文化馆、福建省艺术馆等积极开展面向重点群体的文化志愿服务活动，分别实施了"手语世界""全家福照相馆"和"艺术扶贫"项目，让残疾人、农民工和困难群众更好地享受文化带来的快乐，彰显了文化志愿服务的人文关怀。

（五）文化志愿服务的社会参与氛围日渐浓厚

文化志愿服务既体现了公民积极向上的精神追求，也反映了社会文明进步的良好形象。近年来，各级文化部门不断加大宣传力度，积极营造关心支持文化志愿服务的浓厚社会氛围。一方面通过开展文化志愿服务活动引导文化志愿者实现自我价值，传播文化志愿精神，展现良好风貌，引起强烈的社会共鸣；另一方面通过创作生动感人的文艺作品，开展丰富多彩的文化活动，以文化人、寓教于乐，形成有利于文化志愿服务开展的良好社会环境。同时，充分发挥新闻媒体传播的主渠道作用，及时提供新闻线索，主动邀请记者参与活动。《人民日报》、新华社、《光明日报》、中央电视台、《中国文化报》等中央主要新闻媒体和重点新闻网站都推出了一大批重头报道，进一步扩大了文化志愿服务工作的社会影响。

三　文化志愿服务项目呈现的主要特征

（一）从单一的文化服务供给向多层次文化服务发展，服务内容由单一走向多样化

近年来，各省市文化志愿服务从开始的单一文化服务——特别是文艺演

出——提供向多层次文化服务发展。目前文化志愿服务内容已涵盖文艺演出、文化艺术培训、文化展览、摄影服务、图书阅读、知识讲座等多个方面。从原来的“送文化”演变成现在的“种文化”，根据不同人群的需要给予不同的文化服务产品。而且部分省市正在自觉发起文化志愿服务双向对接模式，通过前期调研了解不同人群的文化需要，有针对性地提供文化服务。如北京市连续开展6届的“送福到家”主题活动。由当初单一的送福字、送文艺演出，逐渐发展到目前的送电影、送拍摄全家福、送培训等多项丰富多彩的文化志愿服务。又如浙江省推出农村文化礼堂建设“菜单式”服务。浙江整合省级文化系统资源，推出了省级文化系统农村文化礼堂建设服务“菜单”，该菜单涵盖了相关省级文艺院团、浙江艺术职业学院、浙江图书馆、省文化馆、省非遗保护中心等13家省级文化单位的69项服务内容，包括演出、展览、辅导、诵读、讲座、艺术鉴赏、文献读物提供、数字资源服务等类别，受到全省各地群众的欢迎，仅2014年全省就有9个试点单位1627项次。文化服务项目由单一走向多样，越来越丰富。

（二）文化志愿服务由点到面，覆盖区域日趋广泛

我国文化志愿服务活动开展之初，服务活动多是点对点的单一服务。随着文化志愿服务活动的蓬勃发展，特别是近年来围绕由文化部、中央文明办指导实施的“春雨工程”——全国文化志愿者边疆行和“大地情深”——国家艺术院团志愿服务走基层两项示范性活动，文化志愿服务活动特别是专业文化志愿服务实现了横向和纵向的跨越，保障了边疆和基层的文化供给。围绕九个主题活动，全国各省市各级文化部门依托公共图书馆、文化馆（站）、博物馆、美术馆等公共文化机构，开展如“传递书香见证成长”公共图书馆志愿服务、“精彩生活幸福使者”文化馆（站）志愿服务等活动。从活动形式上看，既有文化部、中央文明办组织的全国性活动与省、市之间的纵向文化服务，也有沿海、中部省与边疆省区的横向文化交流，既有“大舞台”“大讲堂”“大展台”等多种服务载体，也有到馆服务、流动服务、定点日常化服务等多种服务形式，同时各地还把文化志愿服务活动与文

化部开展的群星奖作品全国巡演、国家级公共文化服务示范（项目）创建，以及本地本单位日常业务工作、特色服务活动有机结合，在整体上产生了资源聚集与辐射效应。

（三）各省市结合实际开展文化志愿服务，形成了独特的区域特色并走向常态化

各省市根据自己的实际情况和需要，开展具有地方特色的文化志愿服务。北京市作为全国的文化中心，有着独特的人才优势。同时，作为国际化都市，人口超过两千万，也有独特的文化需求。北京市文化部门针对这种情况，开展了丰富多彩的区域文化服务。如2013年，北京市组织了北京公园群众文化活动巡礼，本次活动以“唱响北京”为主题，以公园群众文艺活动及电视专题片展播为形式，活动在上千支群众业余团队中精选出42个各具特色的公园群众团队，有群众合唱队、京剧票友、群众秧歌、民间非物质文化遗产项目展示等；李光羲、陈爱莲等许多社会名人也参与了此次活动，名家名角和大家在一起，为群众放歌，为群众文化“代言”。社会名人广泛参与提升了该活动的社会影响力，并通过他们的参与和示范，提高了群众团队的积极性和演出水平。又如广东省，从2012年开始广东省东莞市长安镇打造了“文化志愿大篷车”进“三区”活动，通过“每月一学堂”“每月一演出”“每月一展览”，以全方位、多层次、有特色的服务内容不断促进区域文化公益性、均等性、协调性发展。据不完全统计，“文化志愿大篷车”进“三区”活动共开展文艺演出20场，摄影、书法、美术展览近40场次，文化培训近30场次，累计服务时间4000多小时，服务人数近20多万人（次），成为当地常态化项目。再如福建省组织的“福建文化宝岛行”活动，400多位文化志愿者深入台湾全地区，开展福建文化宣传活动，共同探讨海峡两岸的文化志愿服务工作。厦门市重点突出了闽南地域特色，将闽南特色浓郁的非物质文化遗产拍胸舞、闽南跳鼓舞、高甲戏、歌仔戏、南音等特色节目带到港澳台地区进行表演。2014年台湾海翁闽南语文教育协会在台南市台湾文学馆举办“第

十届海翁台湾文学营”，厦门市组织闽南文化工作者和非遗传承人参加活动，获得好评。

四 文化志愿服务发展存在的突出问题

近年来，文化志愿服务蓬勃发展，但由于该项工作刚刚起步，再加上我国各省市本身经济文化发展水平的不平衡，发展中也出现了一些突出问题。

（一）对文化志愿服务认识有待提高

文化志愿服务工作是现代公共文化服务体系建设重点内容，要准确理解文化志愿服务的地位和内涵，充分发挥文化志愿者在发展先进文化、创新传统文化、扶持通俗文化、引导流行文化、改造落后文化、抵制有害文化方面的积极作用，培育和践行社会主义核心价值观，进一步形成引领社会进步的文明风尚。但有些地方还存在传统思维模式，对文化志愿服务的内涵和实质的理解不够深入，对文化志愿服务活动和群众文化活动的关系把握不够准确。有些地方仍停留传统计划经济思维模式，眼光、工作思路仍局限于文化系统内，甚至在本部门、本单位“体内循环”，点子少、办法少、思路窄，整体上缺乏科学规划。另外，社会公众对文化志愿精神的理解需要进一步加深、文化志愿服务社会化运行的政策引领、制度设计有待加强，社会参与面、覆盖面仍需拓展，政府政策支持、社会力量参与、投入、激励机制及荣誉制度亟待建立，文化志愿宣传推广工作也有待提质转型。

（二）文化志愿者队伍总体规模较小，队伍不稳定

目前全国文化志愿者已达百万，但与全国数千万志愿者总数相比，文化志愿者人数还比较少，距离人们日益增长的文化需求还差很多。特别是注册的文化志愿者类型也相对单一，最多的是热爱型、参与型的文艺爱好者，专

家型、专业型文化志愿者相对较少。个别地区为一味地追求文化志愿者数量，缺乏科学而规范的文化志愿者录用和甄选机制，甚至将一些尚未具备良好素质的人员吸纳到文化志愿者队伍中来。另外，尚未制定系统规范的绩效考评制度和培训制度，不能有效地优化志愿者队伍人才结构，甚至有些地方部分文化志愿者没经过注册、提供服务随意性大、服务水平很不稳定。

（三）文化志愿服务发展不平衡

东部、中部地区发展比较迅速，西部地区发展较为缓慢。从组织机构上、人员招募上、活动开展上来看，全国各省市发展不平衡。如有的省市文化志愿者注册人数已达20万人以上，而西部有些省市只有几千人。东部省市、部分中部省市文化志愿活动相对开展比较丰富，中部有些省市基本按照《文化部、中央文明办关于开展2015年文化志愿服务工作的通知》要求完成文化志愿服务任务，而西部有些省市主要靠“春雨工程”文化援助来开展文化志愿服务，甚至对文化援助的承接存在困难。各省市内部也存在不平衡现象，如文化志愿活动发展较好的广东省，珠三角地区发展比较迅速，而粤东西北地区发展较为缓慢。

（四）制度化建设、政策法规体系亟待加强

关于文化志愿服务制度建设的理论研究成果还比较少。招募注册、供需对接、培训管理、服务记录、激励保障等运行机制方面，还没有形成一套成熟的制度体系。因为缺乏成熟的文化志愿服务长效运行管理机制，有些地方可能无法持续发挥文化志愿服务的重要功能，无法彻底改变文化落后的现状。有些省市制定了绩效考评制度，这对文化志愿服务发展起到明显推动作用，但有不少省市尚未制定系统的培训制度，大部分省市缺少激励机制，这些制度的缺失会造成不能有效地优化志愿者队伍人才结构，无法吸引和留住高素质的优秀人才，影响志愿者参与志愿服务活动的热情和积极性等。同时，部分地区文化志愿服务经费短缺的问题，也在一定程度上制约了文化志愿者组织的发展及文化志愿服务活动的开展。

五　文化志愿服务发展建议

（一）机制建设是文化志愿服务体系完善的保障

在政府的主导下，文化志愿服务先发省市在市、县组建了专门的机构来管理、组织、引导文化志愿服务工作，这保证了文化志愿服务的有效推进长效机制。各省市政府可以借鉴这一模式，并进一步延伸，探索搭建良好的文化志愿服务平台。特别是推动建立各类文化志愿团体，健全文化志愿者团体决策机构，通过成立董事会、理事会等，真正按照章程运作，形成民主决策机制，使文化志愿者能够参与到有关其自身利益的决策过程中，真正成为文化志愿组织的主体。同时，健全文化志愿组织内部管理机构，使文化志愿服务团体独立化、长久化。

探索打造文化志愿服务网络平台和文化志愿者的招募注册、培训、激励的新机制、新途径。同时，探索为文化志愿者提供文化福利的激励机制，培育文化志愿服务培训基地。如辽宁以省图书馆为试点，建立文化志愿者网络信息平台，利用技术化手段，全力打造集文化志愿服务项目招募、文化志愿者注册、文化志愿者档案管理、文化志愿者评价反馈、检索志愿者岗位需求信息及其他资料下载工作等功能于一体的网络信息库，并通过各方登录权限的控制，实现文化志愿者个人信息的保密和服务信息的公开透明，实现文化志愿服务中多方的交流与互动、文化志愿服务与群众需求对接、文化志愿服务的社会监督与评价等目标。

（二）整合资源使文化志愿服务走向自觉

整合各类资源推动文化志愿服务，努力使文化志愿服务在社会形成规模效应和示范效应。一方面加强政府的支持力度，在志愿活动所需的人、财、物方面给予必要的支持，扶持一批品牌志愿服务项目，这是保证大多数人平等享有公共文化的需要，也是构建公共文化服务体系的需要，可以起到示范引领作用。一方面利用各种资源发展各类文化志愿服务团体，形成自发自觉的文化组织，自动提供文化志愿服务。目前已有各种文化志愿服务团队，这些团队既包括业余文化志愿团队，也包括各类群众文化志愿服务团队，通过他们的示范效应，促使更多的人、更多的团队加入文化志愿服务中。

文化志愿服务属于社会公益事业，各级政府和相关部门有责任为其提供必要的支持和保障。要充分发挥政府投入的引导作用，积极拓展社会筹资渠道，鼓励社会力量以赞助或捐赠形式支持活动开展，为开展文化志愿服务提供必要的资金支持。要完善激励机制，鼓励文化部门、艺术院校和文化企事业单位在同等条件下优先录用文化志愿者，并对做出积极贡献的先进机构、个人和优秀项目给予适当奖励，切实把人们参与文化志愿服务的积极性保护好、引导好、发挥好。要不断更新文化志愿服务工作理念，创新文化志愿服务的手段、方式，提供机会，切实抓好文化志愿服务活动的扶持、引导、推广工作，搭建良好的公共文化服务平台。

（三）加强研究，为文化志愿服务提供政策理论支持

吸纳相关部门、公共文化机构和高校科研院所的专家学者共同组建课题组，围绕文化志愿服务工作的典型经验、工作模式和突出问题等，在深入调研基础上，进行系统分析，形成研究成果，提出工作建议；加强对文化志愿服务工作的协调指导，研究出台关于广泛开展文化志愿服务活动的具体意见和实施办法；加强文化志愿服务制度设计，从关键环节入手，形成一套完善的工作运行机制，不断提高文化志愿服务的科学化、规范化水平。加强政策理论研究是推动文化志愿服务工作持续有效开展的重要基础。文化志愿服务在我国是新兴事物，很多工作都要经过先有实践、后有理论，然后再去指导实践的循环上升过程。要结合实际，积极探索文化志愿服务工作的内在规律，逐步建立文化志愿服务政策理论体系，为推动工作开展提供政策支撑。

（四）树立品牌志愿服务项目和典型文化志愿者

以“行边疆、走基层”为主要内容，深入推进实施“春雨工程”——

全国文化志愿者边疆行活动和“大地情深”——国家艺术院团志愿服务走基层活动，以“扎根基层、服务群众”为主要内容，广泛开展9个主题基层文化志愿服务活动，培育、宣传一批品牌、示范性文化志愿服务项目，推动文化志愿服务社会化和多元化。经过多年探索，许多文化志愿服务项目已经形成许多具有示范性意义的文化志愿服务品牌项目，要积极扶持发展这些项目使其常态化。要加强省与省之间、地区与地区之间的交流，使品牌项目示范效应扩大化。如湖南、广西、海南、天津等省市文化志愿者一起四省跨区域联动，以大展台、大讲台、大舞台的形式，分别在广西的钦州、玉林、柳州、桂林等市进行了巡演、巡展及业务培训，对展示各地文化风采，搭建内地与边疆民族地区文化帮扶与交流，发挥了积极示范带动作用。

同时，通过宣传在文化志愿活动中涌现出来的典型文化志愿者，吸引更多的文化艺术人才投身志愿服务工作。文化志愿服务活动体现了“团结友爱、助人为乐、无私奉献”的民族精神，要把文化志愿活动引向深入，塑造人的素质，丰富文化生活。各省市要通过组织媒体专访、宣传片展播、举办展览等方式，吸引社会各界的关注和参与，不断拓宽文化志愿服务领域，在社会上营造良好的舆论氛围。

（五）充分利用三馆现有资源，拓展数字文化服务

近年来，各地推进文化馆、图书馆、博物馆、美术馆等公共文化资源开放取得积极成效，文化志愿服务工作开展要积极利用现有公共文化资源，为文化志愿者服务提供场所、资源和平台，使更多的人参与并享有这些文化服务。同时，要充分利用互联网，打造网上“大舞台”“大讲堂”“大展台”，打造数字图书馆、博物馆、美术馆，形成一定规模的网络文化服务，并加强互联互通，利用现代数字技术，使更多的人共享文化志愿服务。

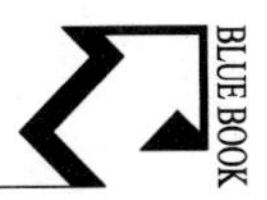

B.14

辽宁省广泛开展文化志愿服务的实践与思考

佟 昭　康尔平　王筱雯*

摘　要： 辽宁省文化厅从2012年初开始，在全省范围广泛开展了“文化志愿者走基层”“文化志愿者基层服务年”等系列文化志愿服务活动，推出了一批优秀文化志愿服务团队和品牌文化志愿服务活动，逐步建立完善组织、管理、激励、保障等相关工作机制，规范日常服务管理，取得了明显成效。在总结经验的基础上，确立了文化志愿服务的新认识、新理念，为进一步开展文化志愿服务提供了实践上与理论上的参考借鉴。

关键词： 辽宁　文化志愿服务

* 佟昭，辽宁省文化厅党组副书记、副厅长；康尔平，辽宁省文化厅副巡视员；王筱雯，辽宁省图书馆馆长、研究馆员。

从2003年开始，辽宁省开启了文化志愿服务工作的探索。2012年，全省文化志愿服务进入高速发展的快车道，并逐步建立完善相关工作机制，取得了明显成效。

一　主要做法

1. 以主题活动带动全省文化志愿服务的开展

（1）“文化志愿者走基层”系列活动。2012年3月初，省文化厅借鉴文化部开展的“春雨工程——文化志愿者边疆行”活动模式，以“百姓大舞台”“文化大展台”“知识大讲堂”为主要形式，开展了一系列文化志愿服务活动。截至2012年年底，全省共举办百姓大舞台640余场、文化大展台470余场、知识大讲堂1200余场，受益人数达360余万。

（2）“文化志愿者基层服务年”系列活动。2013年3月，为贯彻落实全国文化志愿者工作会议精神，辽宁省文化厅在全省范围开展了“文化志愿者基层服务年活动”。4月14日，辽宁省文化厅、辽宁省文明办举行启动仪式，辽宁省图书馆等11个直属公共文化单位联合向全省各级公共文化单位发起了文化志愿者服务基层的倡议。截至10月底统计，全省共举办各类演出及送戏下乡活动6200余场（次）、展览展示活动3200余场（次）、讲座及辅导3800余场（次），受益人数达810余万人次。

（3）“我们的中国梦·文化志愿服务基层行”主题活动。从2014年4月开始，辽宁省文化厅在全省组织开展了包括“传递书香、见证成长”等7个主题的文化志愿服务基层行活动。截至年底，全省共组织各类文化志愿服务活动8445场（次）。

2. 建立完善的文化志愿服务工作机制

（1）在组织机构上：省、市、县（区）均成立了文化志愿服务领导小组及工作办公室，各级公共文化服务单位普遍建立了文化志愿者工作站。2012年11月15日，省文化厅举行了“辽宁省文化志愿者工作机构”颁牌仪式，向各市文广新局颁发了“文化志愿者工作办公室”牌匾，向直属11

家公共文化服务单位颁发了“文化志愿者工作站”牌匾。

（2）在目标设定上：对各市文广新局提出了文化志愿服务工作的“十个一”要求，即“一个领导小组，一个工作机构，一名专职人员，一个管理办法，一本业务档案，一个专题网页，一份工作简报，一项服务品牌，一支示范团队，一名志愿之星”，为文化志愿服务制度化、常态化奠定基础。

（3）在工作管理上：2012 年，制定下发了《辽宁省文化厅文化志愿者管理办法》，2014 年又制定下发了《辽宁省文化厅关于推进文化志愿服务制度化、常态化的实施意见》。全省文化志愿服务走上了规范化管理轨道。同时，将年度文化志愿者服务活动纳入《省政府对各市政府绩效考评指标》。

（4）在激励机制上：设立了文化志愿服务专项经费，对建立文化志愿者工作办公室的市和文化志愿者工作站的直属文化单位，均给予 1 万元的启动工作经费。2014 年及 2015 年，先后在全省范围开展了文化志愿服务表彰活动，推出一批“文化志愿服务优秀组织单位”“文化志愿服务优秀团队”“优秀文化志愿者”和“文化志愿服务组织先进个人”。

（5）在信息交流上：在辽宁省文化厅官方网站设立了“辽宁文化志愿者”专题网页，栏目包括：最新资讯、活动通知、活动掠影、团队动态、志愿风采、影像资料、理论探索、志愿者社区、了解我们、加入我们等，为文化志愿服务搭建了宣传展示和信息交流平台。

（6）在理论研究上：围绕文化志愿者基层服务年活动，在全省范围开展了“文化志愿、服务基层”主题征文活动，内容涉及文化志愿服务制度建设、活动创新、工作机制、工作调研、团队经验、志愿感悟和心得体会等，收到征文 202 篇，评出获奖征文 64 篇。

（7）在志愿文化上：通过媒体向全社会公开征集“辽宁省文化志愿者标识”，收到省内外 50 余名作者创作设计的 73 件参评作品，确定北京庞敏聪的参评作品“蒸蒸日上”为辽宁省文化志愿者标识。此外，还编写了辽宁文化志愿者誓词，为厅直属公共文化单位和各市文广新局统一印制了辽宁省文化志愿者旗帜、《辽宁文化志愿者手册》。

截至2014年底统计，全省各级公共文化单位均成立了文化志愿者工作站，组建文化志愿者服务队伍1683支，注册文化志愿者达到93478人。

3. 努力培育一批文化志愿服务品牌与典型

（1）一批品牌活动进入国家优秀项目行列。省图书馆文化志愿者为盲残人服务的“对面朗读”已举办700余期，为盲残学生开设“社会实践课”305次，放映讲解电影27场（次）。省博物馆的“走近历史——文化志愿者进校园活动”已举办100余场（次）累计服务学生观众5万余人次。锦州市的“群星大课堂”，以文化志愿服务为主导，广泛开展公益性声乐、器乐、舞蹈、戏曲、剪纸、面塑等多个艺术门类培训，达100多期，受益群众41000人次，大大提升了基层群众的文化艺术素养。

（2）推出一批优秀文化志愿服务典型。阜蒙县文化馆文化志愿服务团队两年来走遍全县35个乡镇和8个社区，累计开展文化志愿服务9000余小时，受益群众达300万人次。沈阳市五环社区京剧团十几年来以文化广场为基地，组织各类惠民演出千余场、受益观众达130万人次。省图书馆文化志愿者、省残联专职理事谢小楠，幼年因意外导致听障，2008年起义务担任“手语世界”文化助残活动教师，六年间风雨无阻，累计参与文化志愿服务300余次，服务时长达600小时。省图书馆文化志愿者、辽宁广播电视台节目主持人宁家宇，每周三下午不管风雨酷暑、冰雪严寒，完成自己的工作后，都会来到沈阳市盲校，为那里的视障孩子们开展“对面朗读”辅导活动，至今已坚持了6年，累计300余课次。沈阳市铁西区启工二校退休高级教师丁桂馥在省博物馆做文化志愿服务已逾6年，先后参与了近百个专题展览的讲解和咨询工作，累计服务时间6000多小时。

二 体会与问题

1. 几点体会

（1）要充分认识文化志愿服务的特殊性。文化志愿服务是公共文化服务的重要组成部分，现阶段的文化志愿服务更多强调的是把公共文化服务和文化资源送到群众中，以丰富群众文化生活，提高群众的科学文化素质。在文化志愿服务中，最普遍、最广泛的是群体性的活动，如“大舞台”“大展台”“大讲堂”等，都是由一个文化艺术团体或是艺术家群体或是群体的作品组成的。这就决定了文化志愿服务与其他行业志愿服务最大的不同就是强调志愿服务的专业性和服务主体的群体性。因此，在文化志愿者招募上，大多是要注重文化艺术专长的；在服务形式上，更注重团队或群体。

（2）文化主管部门要起主导作用。中国的志愿服务具有一定的特殊性，如2008年奥运会、上海世博会等志愿服务以及“春雨工程——文化志愿者边疆行”“大地情深”等，无论是组织者还是实施者，都有着鲜明的政府和行政特色，体现着强有力的行政意识、行政手段和行政保障，这是民间组织和个人无法替代的。在现阶段，文化主管部门如果不主导的话，文化志愿服务的“广泛开展”就只能是流于形式的一句口号。

（3）要明确公共文化单位的主力军角色。公共文化服务最终要解决的问题是保障人民群众的合法文化权益，作为公共文化服务主体的各级公共文化服务单位，理所当然地成为了文化志愿服务的主力军。而文化志愿服务作为公共文化服务的一种拓展，其目的就是通过多种多样、灵活便捷的方式和渠道，宽覆盖、多层次的将公共文化服务与资源送到基层，满足基层群众多元化的文化需求。

（4）整合依托现有公共文化资源。近年来，我国各级图书馆、博物馆、文化馆、美术馆均实现了零门槛的免费开放，文化资源不断改善、充实。一方面，文化志愿服务要充分整合已有公共文化服务资源，不搞重复建设和重复投入；另一方面，文化志愿服务要用好用足已有公共文化服务资源。

2. 主要问题

（1）在组织领导方面。一些政府主管部门还没有将文化志愿服务纳入规划、列入重要日程。在一些地区，文化志愿服务还停留在公共文化单位或文化志愿者个人自主、自发开展或参与的活动上，缺少政府主管部门的引领、协调与推进。地区性的文化志愿者管理组织体系尚没有建立起来，各级公共文化服务单位内设的文化志愿服务组织本身领导机制不够健全。

（2）在队伍建设方面。文化志愿团队规模不大，有的地区和单位上报的文化志愿者数量实际上就是公共文化单位在职职工数量。文化志愿团队门类不健全，专业性不强，且流动性较大。还存在对文化志愿者的培训滞后，普遍存在着“重活动、轻培训”的问题。

（3）在志愿服务方面。政府主管部门和公共文化服务单位组织的活动多，文化志愿者自发开展的文化志愿服务活动少；定向定题的活动多，双向对接的少。临时服务活动多，业余时间在社区和广场群众文化活动队伍中开展的长效性服务活动少。

（4）在管理机制方面。注册与退出机制需要完善，一些单位整体加入了文化志愿服务组织，个人注册手续不齐全。对文化志愿服务记录缺乏管理，致使记录信息失去了真实性和价值依据。激励机制尚不完善，一些地区文化主管部门和公共文化服务单位，对文化志愿服务没有建立相应的激励机制。

（5）在经费保障方面。管理经费需得到重视，文化志愿者服务活动需要规范的制度保障、一定的人力资源，更需要大量的运行经费。补助经费需提上日程，一些地方的文化志愿服务组织方因为资金紧张，不能向志愿者支付合理范畴内的补助经费，不利于文化志愿者积极性的发挥。

（6）在志愿者权益方面。各级文化主管部门和公共文化单位对文化志愿者权益的关注、保护意识不强。对文化志愿者权益往往是碍于经费的原因，落在纸上、流于形式的多，几乎没有用于文化志愿者权益保护的专项经费。

（7）在信息交流方面。比较其他事业，文化志愿服务缺少信息交流平台，尚没有专门的信息交流刊物。功能全面、方便快捷的文化志愿服务对接平台尚未建立，亟须打造功能健全、便捷高效的网络平台。

（8）在理论研究方面。在实际工作中，对文化志愿服务的理论研究还没有纳入各级文化主管部门和公共文化单位以及学会的工作日程。在现有的理论研究成果中，套用国外的多，研究国内的少；沿用志愿者的多，研究文化志愿者的少；调研报告多，理论研究少，解决实际问题的少。

三　加强文化志愿服务的几点思考

1. 加强组织建设

一是各级文化主管部门应建立文化志愿服务管理组织，包括文化志愿服务领导小组和文化志愿服务工作办公室，领导、管理本系统文化志愿服务工作；二是以行业理事单位为主体，建立文化志愿服务自治组织，如公共图书馆文化志愿者协会、博物馆文化志愿者协会等，统领行业文化志愿服务的开展；三是各级公共文化服务单位应建立文化志愿服务工作站，组织管理本单位文化志愿服务。

2. 加强队伍建设

一是不断壮大各级文化志愿服务队伍，各级文化主管部门应制定关于文化志愿者招募的办法与规范，按照相关条件，最大限度地招募文化志愿者。二是完善文化志愿者队伍体系，在建制上，省文化志愿者队伍可称“中国文化志愿者辽宁省总队”，各市称分队，各县（市、区）称支队。三是加强文化志愿者队伍培训，要建立文化志愿者培训制度，把文化志愿者培训纳入志愿者评价体系，成为志愿服务评估、表彰的必备条件；要搭建多元化的培训平台，如充分利用各级各类文化干部管理学院（校）和文化艺术院校资源、依靠各级公共文化服务单位的行业优势、通过社区开展互动式体验式培训、利用网络开展远程教育培训等。

3. 加强活动建设

一是要紧紧围绕群众需求、政府民生工程制定活动规划。二是要突出时代特色、地域特色、行业特色，注重培育一批有特色、有影响、惠民生的文化志愿服务项目。三是以主题活动为导向、特色活动为依托、群众需求为出发点、常态化为目标。四是确保活动安全，充分预测安全隐患，预先制定保障措施，努力提高应对能力，确保参与活动的广大文化志愿者及人民群众的生命安全与财产安全。五是加强舆论宣传，充分利用报纸、广播、电视等传统媒体以及网络、手机等新兴媒体，加大对优秀文化志愿者和品牌服务项目的宣传报道力度。

4. 加强管理机制建设

一是加强文化志愿者注册登记与退出机制管理，确保文化志愿服务的规范性、有效性。二是加强记录与评价机制管理，建立、健全包括文化志愿者个人资料、爱好特长、培训情况、服务意向、服务内容、累计服务时间等文化志愿者档案管理系统，促进管理工作的科学化、制度化、规范化。三是完善监督与激励机制，明确文化志愿者应承担的责任与义务，逐步建立星级文化志愿者认证制度，对服务时间长、表现突出、贡献较大的优秀文化志愿者团队和个人定期予以表彰。

5. 建立文化志愿服务经费保障机制

一是活动经费保障，各级政府应按照均等化、标准化要求，设立开展文化志愿服务的专项经费；各级公共文化服务单位制定年度经费预算时，要将开展文化志愿服务文化志愿服务活动的经费纳入其中，并保证已落实的活动经费中有一定比例用于文化志愿服务。文化志愿服务活动经费既包括组织开展活动所需经费，也包括文化志愿者参与文化志愿服务所必需的食宿、适当的误工补助等。二是管理经费保障，文化志愿服务管理经费主要应包括文化志愿服务管理机构日常办公经费、文化志愿者参与文化志愿服务人身安全的经费、文化志愿服务表彰奖励经费、保障文化志愿者优先享受免费或优惠公共文化服务的经费等。三是鼓励社会捐助文化志愿服务，如通过资金、场地、设备、物资等多种方式对文化志愿者服务进行的资助或捐赠；政府文化主管部门应制定相应的管理办法，鼓励、表彰资助文化志愿服务的行为。

6. 建立文化志愿者权益保障机制

一是必要的生活保障，文化主管部门及公共文化服务单位在组织文化志愿服务活动时，应区别不同情况，对文化志愿者的误工、交通、通信等给予适当补助。二是安全保障，文化志愿服务组织方应对文化志愿者开展必要的安全知识和安全技能的培训，并配备常见医疗卫生药品和器械以应对一般性伤害，设置安全督导员对文化志愿者的健康、安全操作进行指导和监督。三是社会保险，各级文化主管部门及公共文化服务单位在招募文化志愿者开展文化志愿服务时，应把为文化志愿者购买必要的社会保险提到重要日程，予以落实。

7. 加强信息交流与理论研究

一是加强信息交流，应建立文化志愿服务信息报送网络体系，建立信息员队伍及信息报送制度，保证文化志愿服务信息传播渠道的畅通。要建立文化志愿者专题网站，为文化志愿服务和广大文化志愿者搭建宣传展示、信息交流平台及方便快捷的文化志愿服务对接平台。二是加强理论研究，各级文化主管部门及公共文化理论研究机构、公共文化领域的学会应把文化志愿服务理论研究纳入重要日程；各级公共图书馆、博物馆、文化馆学会应将文化志愿服务研究纳入学会年度学术研究规划中。三是定期召开文化志愿服务学术研讨会，组织文化志愿服务征文评奖，编发文化志愿服务学术研究成果。四是应积极组织开展文化志愿服务课题研究，解决文化志愿服务工作中的瓶颈问题，为推动文化志愿服务制度化常态化发展提供理论支撑。

B.15

构建现代公共文化服务体系的安徽实践

——农民文化乐园建设

安徽省文化厅

摘　要： 农民文化乐园建设是安徽省贯彻落实党的十八届三中全会精神、整合农村基层公共文化服务资源的一项创新举措。2013～2014年，全省100个村开展试点工作，建立了联席会议机制、领导分工机制，制定了村级公共文化建设标准化操作指南，出台了村级公共文化建设标准化的指导意见，为村级公共文化服务建设进行了有益探索。

关键词： 现代公共文化服务体系　农民文化乐园

为贯彻落实党的十八大精神，着力解决农村公共文化服务资源分散、利用率低，重建轻管、可持续性差，文化惠民工程各自为政、缺乏统筹，内容单薄、可持续性差等问题，安徽省结合美好乡村建设，以基层群众需求为导向，以标准化建设为抓手，按照“一场（综合文体广场）两堂（讲堂、礼堂）三室（文化活动室、图书阅览室、文化信息资源共享工程室）四墙（村史村情、乡风民俗、崇德尚贤、美好家园）”的建设要求，2013年开始在全省试点建设标准化村级综合文化活动中心——农民文化乐园，2014年全省试点总数达100个，覆盖16个市。通过抓机制推动建设，抓督查加强指导，抓培训提升队伍，抓活动发挥效用，探索了农村公共文化服务体系建设的新思路，取得了阶段性成效。

一　农民文化乐园建设试点是问计于民、问需于民的生动实践

2013年初，安徽省委常委、宣传部部长曹征海结合开展群众路线教育实践活动，四进金寨南溪，深入调研基层公共文化服务体系建设，通过进村入户走访和座谈，发现当前农村文化建设面临的资源分散、保障不足、利用率低等问题比较突出，基层群众尤其是广大村民的精神文化生活需求亟待满足。在广泛调研、征求农民群众意见的基础上，提出从村级公共文化服务体系建设入手，结合美好乡村建设，部署建设综合文化活动中心——农民文化乐园，推进乡村公共文化服务标准化、均等化。2013年8月，在金寨县召开试点工作交流会，统一思想，安排部署；2014年4月，再次在金寨县召开全省农民文化乐园建设试点工作推进会，推动试点工作在点上深化、面上推开。

（一）彰显群众主体

把满足人民群众最关心、最直接的精神文化需求作为根本出发点和落脚点，将群众主体、农民主角这一理念贯穿全过程，充分调动农民参与的积极性和主动性。试点单位充分利用媒体、会议、宣传栏、明白纸等各种有效形式，把文化乐园建设目的、意义和作用讲深讲透，把文化乐园的基本布局和功能定位讲清讲全，提升村民认同感，激发村民参与热情。各试点村均成立建设理事会，召开村民代表大会，从选址、建筑风格设计、功能布局，到“墙上展什么，室内摆什么，群众看什么，进园干什么”，全部征求群众意见，集思广益。每个乐园都组建了自己的群众文艺队伍，总数达39支，人数1010人。

（二）注重资源整合

充分利用分散的场地、项目和资金，以改扩建为主、新建为辅，2013

年20个省级试点中有17个为改扩建。重点对中心村已建、在建、新建的文化设施进行整合提升，建设“一场两堂三室四墙”，做到“一堂多能、一室多用、一墙多展，灵活多样”。

（三）体现因地制宜

坚持“三优先、三结合”，即优先选择美好乡村建设重点示范村、人文历史内涵丰富的重点村、群众文化活动基础较好的中心村进行试点，坚持与美好乡村建设相结合、与弘扬乡土文化相结合、与公共服务体系建设相结合，因地制宜推进试点建设。一是基本型。通过改造利用现有的场所设施或闲置房屋，在布局上达到“一场两堂三室四墙”的基本要求，如金寨县门前村、含山县小冯村、当涂县桃花村等中心村。二是扩展型。统筹利用乡村文化设施和其他公共服务项目，通过适度改扩建，在结构布局上进一步拓展延伸，如金寨县南湾、濉溪县黄新庄、徽州区坤沙等中心村。三是复合型。与乡村相关公共服务设施联建共建新建，如金寨县南溪、肥西县小井庄等中心村。

二　农民文化乐园建设试点是基层公共文化服务标准化、均等化的积极探索

落实党的十八届三中全会关于“促进基本公共文化服务标准化、均等化”要求，按照“反弹琵琶”的工作思路，与美好乡村建设同步推进、统筹建设，逐步在全省中心村实现均等化覆盖，形成多级联动、布局合理、设施集聚、功能配套、供需衔接的农村公共文化服务体系。在标准化建设上的探索主要体现在以下五个方面。

（一）抓好硬件设施，推进功能定位标准化

立足问题和需求导向，把农民文化乐园定位为农村基层公共文化服务体系的基本平台、思想道德科学文化建设的主要阵地、新时期广大农民群

众的精神家园。从满足学教礼仪、文体活动、乡风展示、议事聚会等多种功能出发，打造集“一场两堂三室四墙”为一体的标准化村级综合文化活动中心。

（二）坚持资源整合，推进建设形式标准化

加强跨部门统筹协调，着力构建党委、政府统一领导，宣传部门协调指导，文化行政部门牵头实施，发改、财政、建设等部门鼎力支持和紧密联动的联席会议工作机制，以整合求突破，统筹利用基层宣传文化、教育培训、体育健身、图书出版、电影电视等各相关方面的公共资源，推进场地、设施、资金、项目和人才的统一规划、集中布局和共建共享。一是注重规划引领。坚持先规划、后建设，一次规划、分步实施。联席会议办公室组织编写《农民文化乐园操作手册》，明确建设最低标准。二是分类推进实施。按照基本型、扩展型、复合型三种类型，因地制宜推进建设。三是坚持规模适中。不搞大拆大建，充分利用现有的场地、设施，以及闲置的学校、祠堂、厂房等，加大跨部门资源整合力度。

（三）紧贴群众需求，推进服务内容标准化

着眼于软件与硬件相适应、活动与设施相衔接、室外与室内相结合，重点抓好演出、书报、电视、广播、电影、网络、活动和培训八个方面的服务内容，明确服务数量和质量，确保服务供给与群众需求有效对接。如采取政府购买服务形式，根据群众意愿统一采购文艺演出送到村，保证每个中心村一年有一场正规文艺演出；开展农村公共图书服务一体化建设试点，建立以县级公共图书馆为总馆、乡镇综合文化站为分馆、村农家书屋为服务点的县域图书资源建设、流通、服务网络；发掘和传承优秀传统文化，经常性组织开展文化娱乐、体育健身等文体活动；实施农村电影提质工程，安排月均放映一场公益性或商业性电影，保证群众看到更多新片大片；经常开展培训，提升群众审美水平和道德素质；等等。

（四）加强经费保障，推进资金投入标准化

坚持花小钱办大事、少花钱多办事，资金投入尽可能做到保基本、保运转，不过度铺张。资金来源除了省市补助外，以县为单位，整合扶贫开发、乡村建设、文化体育、科技教育等有关资金，集中投入乐园建设。同时，把农村文化建设专项补贴从1万元提高到1.2万元，增加村级文化的建设内容，提升服务品质。鼓励引导社会资本参与，多渠道解决建设和运转经费。

（五）构建长效机制，推进运行管理标准化

着力构建政府主导与社会参与相统筹、专职队伍与兼职人员相结合、长送文化与深种文化相补充的运行机制。一是制定一套规范。《农民文化乐园操作手册》对设施建设、展陈设置、活动开展、每月工作建议等提出明确统一、指导性要求和具体化的标准，对文化礼仪活动设计了较为规范的流程。二是统一标识。面向社会公开征集“农民文化乐园”形象标识，进一步丰富内涵、形成特色，展示形象、提升品牌。三是建立一支队伍。加强对农民文化乐园管理人员业务培训和工作指导。各试点村加强组织领导，明确村两委有1人分管，每个乐园至少配备1名管理人员，同时建好宣讲员队伍、群众文化辅导员队伍、志愿者队伍以及业余文艺团队。四是形成一套机制。建立健全投入、管理、运行、考核等长效机制。在总结试点工作基础上，制定出台《关于加强村级公共服务体系建设的指导意见》，编印《村级公共文化服务标准化建设操作手册》，建立群众文化需求的反馈机制，推动农民文化乐园规范化、可持续开展。

三　农民文化乐园建设试点是文化惠民、文化乐民在基层的成功范例

农民文化乐园建设试点工作，是安徽立足群众需求、推进基层公共文化服务体系建设的重要探索。

（一）领导充分肯定

中央政治局委员、中宣部部长刘奇葆，安徽省委书记张宝顺，副书记李锦斌等领导同志分别作出重要批示、提出要求。在全国宣传部长会议等场合，刘奇葆同志多次给予充分肯定。文化部党组副书记、副部长杨志今在公共文化司起草的《关于安徽省农民文化乐园建设试点工作有关情况的报告》上批示："安徽省探索建设农民文化乐园的尝试，是在基层提高农村公共文化服务综合效能的创新举措，其做法值得总结并推荐其他地区学习借鉴。"在2014年5月于浙江省江山市召开的全国基层公共文化服务工作现场经验交流会上，安徽就农民文化乐园标准化建设作典型经验交流发言。

（二）部门积极响应

安徽省委宣传部牵头，会同省文化厅、省广电局、省新闻出版局、省体育局、省财政厅、省发改委、省住建厅、省美好乡村建设领导小组办公室等部门和单位建立联席会议机制。联席会议下设办公室，设在省文化厅，负责推进试点工作。建立领导联系分工制度，联席会议成员单位领导牵头，对口联系各试点市，掌握进展情况，定期督导并帮助协调解决相关问题。建立工作月报制度，每月编发2期以上工作简报，推广先进经验、促进相互学习、扩大社会影响。成立专家指导组，抽调文艺创作、绘画摄影、展陈设计、活动组织等方面专业人员，面对面、手把手进行业务指导。

（三）市县高度重视

各试点县（市、区）均成立由党委或政府主要负责人任组长的试点工作领导小组，加大投入，强力推动。除省级试点外，各试点市、县结合实际，自行安排一批试点，呈现出你追我赶、竞相发展的良好局面。

（四）群众普遍称赞

试点村综合文化广场建成后，吸引了众多喜爱广场舞的农民群众。大家纷纷表示，党和政府为农民群众办了一件好事、实事。2014 年元旦、春节期间，由省委宣传部、省文化厅牵头，安徽演艺集团承办，组织文艺小分队赴全省首批农民文化乐园建设试点村进行慰问演出，受到基层群众欢迎。2014 年 5 月，文化部组织新华社、《农民日报》、《中国文化报》、《中国旅游报》等中央媒体到皖，集中宣传农民文化乐园建设试点工作。采访团一行先后赴金寨县门前村、南湾村，含山县小冯村、祁门村、南周村，实地采访农民文化乐园建设及运行情况，并与群众进行交流座谈。那些在乐园上网、看书、娱乐和散步的群众用质朴的语言浓缩了这一话题："过去我们总是看到城里人有休闲娱乐好地方，现在我们有政府花钱建设的农民文化乐园，让我们学有地方、玩有去处，我们也在享受与城里人一样的公共文化资源，文化乐园的建设——值!"

四　启示与思考

安徽省在全国首创农民文化乐园建设试点工作，倾力打造农村基层综合性文化服务中心，是推进农村基本公共文化服务标准化、均等化的成功实践。一年来，试点工作综合效应正在显现并逐步放大。一是促进了公共文化服务标准化建设，探索了村级公共文化服务标准化的新路子，积累了建设思路、模式、运营管理等多方面的有益经验。二是加强了资源整合，实现了农村公共文化服务主体、产品、人才、资金等要素的多元化支撑，一定程度上解决了农村公共文化服务设施资源分散、利用率低、重建设轻管理等问题。三是推动了基层公共文化服务活动开展，通过提供多元一体的文化阵地，增加了群众需要的服务内容，首批省级 20 个试点村组建文艺队伍 39 支，丰富了基层群众精神文化生活。四是锻炼了队伍，促进基层文化工作者在服务群众过程中改进了工作作风，提升了业务能力和综合素质。

启示一：整合资源是关键

经济发展，集聚才有效益；文化建设，整合才有效率。公共文化服务体系要多快好省地建起来、转起来，真正惠及群众，必须克服条块分割弊端，必须走整合这条捷径，加强跨部门统筹协调，抓好设施网络的统筹建设，实现共建共享、互联互通。农民文化乐园在试点之初就确立了以整合求突破的理念，坚持以改扩建为主、新建为辅，有效整合宣传文化、教育培训、体育健身、图书出版、电影电视、科学普及等各相关方面的场所、设施、资金、项目、人才等资源。同时，以规划为龙头，坚持一次规划、分步实施，确保乐园“一场两堂三室四墙”功能合理、布局集中。通过整合，实现各类资源利用效率最大化，这既是农民文化乐园推进、推开比较顺利的重要因素，也是下一步作为典型推广的经验结晶和价值内核所在。

启示二：内容建设是核心

作为农村价值引领和文化熏陶的重要场所，农民文化乐园在内容安排上有鲜明的导向、高层次的要求，哪些鼓励进入、哪些坚决抵制，都有明确的规定。例如，封建迷信、宗教、邪教、传销、赌博等活动绝不允许进乐园。建成的农民文化乐园经常组织开展礼仪实践等优秀传统文化教育普及活动，开展道德实践“主题季”、道德讲堂、乡村好人评选、文明村和文明家庭创建等文明乡风活动，宣传展示好当地先贤名人、好人好事、道德模范等先进事迹，最终“使核心价值观的影响像空气一样无所不在、无时不有”，达到“百姓日用而不知”的程度。

启示三：服务群众是根本

群众文化群众办，这样才有根基、有活力，可持续、能发展。文化乐园建设注重发动群众、贴近群众、惠及群众。在建设过程中注意加大宣传力度，把意义和作用讲清楚，使广大农民群众把建设乐园当成自己的事、变为自觉行动。让农民群众从文化乐园建设模式、结构布局、功能设置、管理方式的讨论确定，到活动载体和内容形式的设计编排、展览展示资料的搜集整理等，全过程参与进来，充分表达愿望诉求，确保今后农民群众用得上、玩得转，愿意听、喜欢看。

启示四：经费人才是保障

构建现代公共文化服务体系是建设服务型政府的重要职责，必须充分发挥政府的主导作用。各级政府明确事权责任，以公共财政为支撑，以市县财

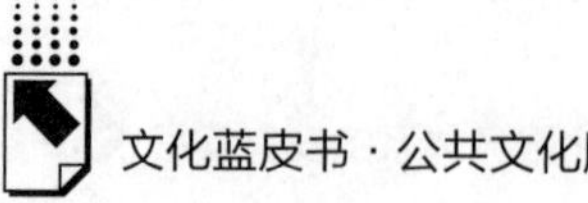

政为主体，形成硬约束，做到规范化。同时，整合美好乡村建设资金，积极引导引导社会力量、社会资本参与建设。农民文化乐园能否充分发挥作用、能否可持续发展，管理是关键，人才是支撑，必须加强专兼职管理员队伍建设，积极培育各种农民业余文艺团队、协会，结合“三支一扶”、职称评聘，完善文化义工制度，发挥群众文化辅导员、志愿者、文化骨干和热心人的作用，确保事情有人做、设施有人管、活动有人办，真正实现“建成一个乐园、带动一片区域、活跃一方文化、幸福一批群众”。

B.16

浙江大力推进农村文化礼堂建设 打造新时期农民群众精神家园

毛炳聪　梁 贵*

摘　要：浙江省从2013年起，围绕“文化礼堂、精神家园”的目标定位，创造性地在行政村部署开展农村文化礼堂建设，充分利用现有设施，科学规划，整合资源，因地制宜，在全省建成集思想道德、文体娱乐、知识普及于一体的农村文化综合体3400多家，着力打造新时期农民群众的精神家园。

关键词：文化礼堂　农村文化　精神家园

根据当前农村文化建设面临的新形势和农民群众精神文化的新需求，2013年以来，浙江省创造性地在行政村部署开展农村文化礼堂建设，截至2014年11月底，全省共建成农村文化礼堂3388家。经过两年的建设，农村文化礼堂建设工作得到了领导的充分肯定、群众的热烈欢迎和广大媒体的密切关注。2014年5月，中央政治局委员、中央书记处书记、中宣部部长刘奇葆同志在浙江考察期间，对农村文化礼堂工作予以充分肯定。在全国农村精神文明建设工作经验交流会、全国培育和践行社会主义核心价值观工作经验交流会、全国基层公共文化服务工作现场经验交流会上，浙江农村文化礼堂建设工作三次作了典型介绍。中央新闻媒体对浙江省农村文化礼堂建设

* 毛炳聪，浙江省文化厅公共文化处，群众文化馆员；梁贵，浙江省委宣传部党教处。

给予大量的宣传报道，《人民日报》《光明日报》在头版头条大篇幅刊发，新华社在《国内动态清样》等刊物上多次推出有分量的稿件，中央电视台焦点访谈栏目作了专题报道。

一　实施背景

多年来，浙江省高度重视农村文化建设，大力实施文化惠民工程，加快建设村级文化设施，极大地丰富了农民群众的精神文化生活。但与农民群众日益增长的精神文化需求相比，与全面建成小康社会的目标相比，与建设物质富裕精神富有的现代化浙江的要求相比，浙江省农村文化建设还有很大的提升空间。为此，在充分调研的基础上，决定在全省行政村建设集思想道德建设、文体娱乐活动、知识技能普及于一体的农村文化综合体——农村文化礼堂。

农村文化礼堂按照“五有三型”的标准建设，“五有”即有场所、有展示、有活动、有队伍、有机制，“三型”即学教型、礼仪型、娱乐型。坚持因地制宜、分类推进、彰显特色，整合行政村现有文化阵地，通过新建、改建、扩建等方式，建成一个集思想道德建设、文体娱乐活动、知识技能普及于一体的农村文化综合体，着力打造新时期农民群众的精神家园。农村文化礼堂坚持以设施建设为基础、以内容建设为核心，重点任务主要有以下方面。

（一）统筹建好场所设施

场所设施包括：有一定规模的礼堂，配有舞台，能够满足农民群众举办文化节庆、文化仪式、文体活动以及村民议事集会等功能需求；有面向农民群众进行思想政治教育、形势政策宣讲、科学和法律知识普及、生产技能和健身培训等的讲堂；按照国家、省有关要求，有完备的文化活动室、农家书屋、广播室、“春泥计划”活动室、群众体育活动设施、文化信息资源共享工程基层网点等文体活动场所。鼓励有条件的县（市、区）同步建设网上文化礼堂。

（二）合理设置展示展览

作为传承文化、弘扬文明的重要载体，展示展览是文化礼堂建设的一项重要内容。展示展览设施可根据实际，建成展览墙、室、馆等不同展陈形态，以图片、文字以及实物等展示村史村情、乡风民俗、崇德尚贤、美好家园等内容。村史村情主要展示村庄历史沿革、文化遗存、先贤故事、物产特产、重大事件活动等。乡风民俗主要展示村规民约和积极健康的家训、族训、家谱、族谱以及非物质文化遗产等。崇德尚贤主要展示新中国成立以来历任村党组织、村民委员会负责人的功绩，本村各类最美人物、道德模范、优秀学子、成功人士等。美好家园主要展示美丽乡村风貌图片、村庄发展愿景规划、村民创作的文艺作品、科普健身常识等。

（三）精心组织文化礼仪活动

举办形式多样的文化礼仪活动，吸引农民群众广泛参与，增强农民群众对文化礼堂的亲近感、认同感和归属感。通过挖掘优秀传统文化，大力传播现代文明，充分利用文化礼堂设施，组织开展节庆礼仪、乡风文明、教育培训、文体娱乐等各项活动。重点开展春节祈福迎新、儿童开蒙、重阳敬老、庆祝国庆活动、成人仪式等文化礼仪活动。着眼于提高农民群众素质，定期开展党的理论和形势政策、思想道德、实用知识、科学知识、法律常识、健康生活等教育培训活动。经常性组织各类文体娱乐活动，丰富农民群众精神文化生活。

（四）建立健全工作队伍

村党组织、村民委员会明确一名村干部分工负责文化礼堂工作。配备文化礼堂专（兼）职管理人员，负责文化礼堂的日常管理服务。落实宣讲人员，适时开展形势政策宣讲和热点问题引导。建立各种形式的业余文艺团队，经常性组织开展活动。组建文化志愿者队伍，协助开展文化礼堂各项工作。发挥农村老年协会、民间调解组织等各类组织及其人员在文化礼堂管理和服务中的作用。

二　主要做法和成效

（一）抓部署、重谋划

全省各级党委、政府把农村文化礼堂建设工作摆上重要位置，进行认真研究谋划。一是迅速部署、强力推动。全省现场会后，各级各部门及时传达贯彻会议精神，纷纷召开农村文化礼堂建设工作会议，统一思想认识，全面部署实施。之后，随着工作的深入开展，又以现场会、推进会等方式，不断总结经验，加快进度，确保农村文化礼堂建设质量。二是广泛调研、科学布点。各地党委宣传文化部门深入开展调查研究，通过现场查看、召开座谈会等方式，全面了解当地的文化设施建设情况，及时掌握第一手资料。在调研基础上，因地制宜地提出年度本地农村文化礼堂建设的具体实施点。三是出台文件、明确目标。2013 年 5 月 10 日，浙江省委办公厅、省政府办公厅联合下发《关于推进农村文化礼堂建设的意见》（浙委办发〔2013〕37 号），对全省农村文化礼堂建设的工作目标、基本原则、主要任务等做出了具体规定。各地结合实际，也都及时出台了本地农村文化礼堂建设的实施意见。制定了当地今后 3～5 年的农村文化礼堂建设规划。部分县（市、区）还提出了通过 3～5 年建设，实现文化礼堂在所有行政村全覆盖的目标。

（二）抓业务、重指导

全省各级宣传文化部门加强工作指导，确保农村文化礼堂建设有序有效推进。一是精心编印操作手册。省里组织编写了《文化礼堂操作手册》，《文化礼堂操作手册》除收录省里的相关文件外，重点对农村文化礼堂设施建设、展陈设置等方面明确了具体的标准和要求，特别是对礼仪活动提出了较为规范的流程，及时为各地提供业务指导。二是集中开展调研指导。省农村文化礼堂建设工作领导小组定期组织人员赴各地集中开展调研指导活动，掌握进展情况，了解存在问题，给予实地指导。三是层层组建专门队伍。省级相关部门先后下发了《关于成立浙江省农村文化礼堂建设工作专家指导团的通知》和《关于加强农村文化礼堂工作指导员管理员志愿者队伍建设的通知》。各级都建立了由相关方面专家组成的农村文化礼堂建设专家指导团，全省农村文化礼堂工作指导员达1741人，及时指导各行政村的文化礼堂建设。金华、衢州等地与省文联签署了“携手共建农村文化礼堂”合作协议，省曲艺家协会组织150多位曲艺家，积极服务农村文化礼堂建设。四是切实加强业务培训。为提高对农村文化礼堂建设工作重要性的认识，把握好文化礼堂建设相关业务，省委宣传部、省文化厅组织专题培训班，对全省各级相关部门单位工作人员，农村文化礼堂建设工作指导员、管理员、志愿者代表以及列入建设计划的各文化礼堂行政村主要负责人进行业务培训。2014年共举办了8期培训班，培训了800人。

（三）抓保障、重持续

各地从组织、资金、队伍、机制等方面入手，为农村文化礼堂建设提供有效保障。一是强化组织保障。省里专门成立了以省委常委、宣传部部长葛慧君为组长，副省长郑继伟为副组长，省委宣传部、省文化厅、省农办、省财政厅、省民政厅、省建设厅等20个部门负责人为成员的农村文化礼堂建设工作领导小组，定期召开会议，总结前阶段工作，分析存在问题，研究部署下一步工作任务。各级都按照省里的架构，成立了相应的领导小组。许多县（市、区）还建立了党政领导联系文化礼堂创建村制度。二是强化投入保障。省委宣传部、省财政厅下发了《浙江省农村文化礼堂建设先进县（市、区）评定奖补办法》，从2013年省财政每年安排3000万元，2014年起增加到5000万元，通过以奖代补的形式，对农村文化礼堂建设进行扶持。省委宣传部每年从“两项资金”中划出3000万元对相对欠发达地区农村文化礼堂进行补助，省文化厅把农村文化礼堂建设纳入对市县基层公共文化建设重要考核指标，直接和专项资金挂钩。各市、县（市、区）都落实几百万至上千万元的财政专项资金扶持农村文化礼堂建设，调动各行政村建设文化礼堂的积极性。三是强化队伍保障。各地切实加强农村文化礼堂工作管理员、志愿者和宣讲员队伍建设，目前全省共有农村文化礼堂工作管理员1397人、志愿者4805人、宣讲员6600人。杭州市、嘉兴市每个农村文化礼堂都配备1名享受政府补贴的专职管理员。温州市在每个农村文化礼堂创建村建立“八大员”，即文体辅导员、时政宣讲员、科技指导员、舆情信息员、网络评论员、法制指导员、文明督导员、社会调解员。缙云县整合农村现有的800余支业余文体团队力量，设置民俗传承、文艺演出、礼仪服务等分队，带动村民经常性开展活动。四是强化机制保障。各地普遍把农村文化礼堂建设纳入政府为民办实事工程，纳入社会主义新农村建设和美丽乡村建设考核，纳入文明创建评价体系。湖州、绍兴、台州等地把农村文化礼堂建设目标要求纳入对各县（市、区）目标责任制考核；丽水市在文化强市考核中实行农村文化礼堂目标完成情况“一票否决”；台州市黄岩区推行农村文化礼堂理事会负责制和星级会员制、龙泉市设立“文化礼堂使用管理创新奖”，促进了农村文化礼堂的良好运行。全省在33个农村文化礼堂开展“理事会负责制”试点，促进农村文化礼堂管理社会化，确保形成长效运行机制。省级有关部门制定出台《关于农村文化礼堂建设用地保障的若干意见》，保障农村文化礼堂建设顺利推进。

（四）抓特色、重实效

各地在工作推进过程中，紧密联系本地实际，按照“为民、利民、便民”的要求，大胆探索创新，打造特色亮点，使农村文化礼堂真正贴近老百姓所想、所需、所盼。一是树样板，以点带面。各市、县（市、区）根据新建、改建、扩建等建设类型，普遍都确立一批样板村，重点加强指导督导，加大支持力度，集中力量、精心打造，为其他行政村提供参照样本，推动面上工作的开展。如湖州市在三县两区各率先建好一个“标杆型”的农村文化礼堂，组织有关部门和乡镇领导一个一个地现场观摩评比。二是重个性，一村一品。在内容设置上，各地围绕“精神家园”定位，充分利用农村自然资源禀赋，突出文化礼堂的宣教功能、传承功能和文化功能。如衢州市强调“最美衢州人”内涵，将最美衢州人、事件等展现给村民；舟山市定海区结合海洋文化特色，充分展示渔俗文化、民间民俗文化等；嘉善县把农村文化礼堂建设与传承“善文化”地方文化基因相结合；兰溪、浦江等地把农村文化礼堂建设与古村落保护有机结合，挖掘丰富的人文历史；仙居县、磐安县、宁波江北区等在农村文化礼堂建设中突出慈孝文化。在建设风格上，各地既按省里统一标准，又因地制宜进行建设。如温州市积极推进农村祠堂的改造利用，仅2013年全市“祠堂变礼堂”89个，面积达7.2万平方米；舟山市在全市建成了200多家公民素质讲习所；永嘉、桐庐等把农村文化礼堂融入美丽乡村建设中；慈溪市在建设标准上增设“一园一馆一台”，即村落文化小公园、乡风文明馆和农民大戏台，使之更切合村民文化需求。三是强活动，建用并举。坚持边建边用，在文化礼堂推出一系列文化礼仪活动，既聚人气又有灵魂。坚持以内容为先，推动教育教化、乡风乡愁、礼仪礼节、文化文艺进农村文化礼堂。组织开展有一首村歌、有一则村训或村规、有一个“善行义举”榜（栏）、每年办一台村晚等“七个一”活动，成功举办全省“村歌”创作演唱大赛，精心组织“农村文化礼堂之歌”创作活动。省文化厅建立全省文化服务大菜单，推出1708项“菜单式”服务供基层选择。省农村文化礼堂建设工作领导小组各成员单位根据自身工作职责，共推出了20个服务各地农村文化礼堂的项目。绍兴市组织文艺节目巡演、文化作品巡展“双巡活动”，将20余个文艺节目和50多块文化作品展板送进农村文化礼堂；永康市在农村文化礼堂开辟“百姓聊天室”，组织农民群众畅聊新政策、新思想、新变化和农村大事要事；江山市开展村歌创作传唱活动，并把演出搬进省人民大会堂；嵊州市启动入学开蒙、金榜题名、军营建功、喜结良缘、寿诞贺福等“五喜”进礼堂活动，传递正能量。

三　经验启示

党的十八届三中全会提出要建设综合性文化服务中心。农村文化礼堂的定位是农民的“精神家园”，完全符合中央提出的新要求。农村文化礼堂的一个重大功能变革，就是整合了各种文化资源，建成一个集思想道德、文体娱乐、知识普及于一体的农村文化综合体，从而在很大程度上改变了基层文化资源分散、内容单一，各自为政、利用率低等问题，完全符合公共文化服务体系建设方向和现代农村社会治理方向，也因此被文化部列为全国基层综合性文化中心工作试点。总结两年多来农村文化礼堂建设经验，有以下几个方面的启示。

（一）建设农村文化礼堂是“实现精神富有、打造精神家园”的重要载体

当前，农民群众的期待和需求发生了前所未有的变化，从追求生活必需品到追求多元消费品，从追求物质生活的丰富到追求自我价值的实现，从关注经济层面到关注精神文化层面。农村文化礼堂不是一个单纯的文化活动场所，而是以“文化礼堂、精神家园”为主题，以展览展示和文明礼仪活动为主要内容，面向农民群众开展主流价值弘扬、理论政策宣讲、乡土文化展示、乡风文明弘扬、文明礼仪教化、文化知识传授、群众文体活动，积极发挥文化对人的精神抚慰作用和凝聚作用，筑牢农民群众的精神支柱，从而在更高层面、更大范围丰富和充实农民群众的精神世界。

（二）建设农村文化礼堂是文化强省建设的重要基石

和经济工作一样，文化建设也有一个“两手抓”的问题，既抓上层又抓基层。上层是龙头，基层是根脉。但受制于传统的资源配置方式和工作导向，各地往往更加重视标志性文化设施建设、文化精品创作生产，基层文化建设得不到足够的重视。据不完全统计，浙江全省 85% 以上的文化设施和资源集中在县级以上城市，截至 2012 年底，村级文化活动室的覆盖率只有 89%。无论是开展宣传教育，还是丰富群众文化生活，都需要有基本的活动阵地和工作网络。一些地方尤其是欠发达地区基层思想文化工作宣传薄弱，弱就弱在缺乏基本的支撑和依托，缺乏基本的场所和载体。农村文化礼堂是文化强省建设中“强基层”的一个重要环节。通过农村文化礼堂建设，有

利于打通把资源配置倾斜到基层、把工作重心转移到基层、把活动载体落实到基层的渠道，集聚资源、集中力量，在全省各地培育一批文化强村、强镇、强县、强市，夯实文化强省建设的根基。

（三）建设农村文化礼堂是巩固农村思想文化阵地的重要保障

当前，随着传播技术、媒体格局和舆论生态的变化，社会思想更加复杂多变，农民群众在享受物质生活不断满足的同时，精神文化生活缺乏和空虚的问题凸显出来，各种思潮在农村地区生根发芽。特别是农村正在越来越成为敌对势力对我实施思想文化渗透的重点领域。建设农村文化礼堂，就是牢固树立“阵地意识”，用社会主义先进文化有效占领农村的思想文化阵地，使其成为普及科学知识、传播精神文明、塑造美好心灵、弘扬社会正气、促进社会和谐的有效载体，在弘扬社会主义核心价值体系中发挥重要作用，进一步增强广大农村群众坚持中国特色社会主义的道路自信、理论自信、制度自信。

（四）建设农村文化礼堂是提升农村文化建设水平的重要举措

当前，浙江在建设高水平、可持续的更加完善的基层公共文化服务体系方面，还有很大的提升空间。特别是，农村文化资源分散、内容单一，各自为政、利用率低等问题较为突出。这种传统的以部门分割和行政层级为主要导向的文化资源供给体系，已经无法满足当前农民群众多样化的文化需求，也不符合公共文化服务体系“均等性、便民性、可持续性”的发展趋势。农村文化礼堂的建设，整合了各种文化资源，推动农村文化建设从设施建设向内容建设提升、从资源分割向资源整合提升，最大限度地提升全省农村文化建设的质量和水平。

B.17

重庆图书馆对视障人士服务方式、内容与机制研究

王宁远　刘晓景　易红*

摘　要：本文在对重庆图书馆百名视障人士阅读现状及阅读需求调查基础上，分析了针对视障读者开展服务内容与方式的有效性，从而在管理机制、服务机制、保障机制、宣传机制、培训机制五方面探讨公共图书馆视障人士服务机制建设的基本思路，为公共图书馆开展视障读者信息无障碍服务提供借鉴。

关键词：视障人士　服务内容　服务机制　重庆图书馆

视障人士属于社会中特殊而又不可忽视的群体，他们在知识获取和能力发展过程中一直处于劣势，导致被知识、文化边缘化而处于困难境地和弱势地位。重庆市视障人士总数29.2万人，他们亟须一种新的获取知识的方式帮助他们方便、快捷、自主地获取各种信息，让他们与社会中的其他群体一样都能享有普遍均等的信息文化与继续教育服务。作为公共文化服务体系重要组成部分的公共图书馆对此负有不可推卸的责任，同时，这也是公共图书馆服务的宗旨和职责所在。

重庆图书馆自2007年开展视障人士服务以来，不断拓展服务内容，创

* 王宁远，重庆图书馆研究馆员；刘晓景，重庆图书馆副研究馆员；易红，重庆图书馆研究馆员。

新服务方式，让视障人士通过图书馆的服务体验阅读的快乐，共享文化发展的成果，营造全社会理解、尊重、关心、帮助视障人士的浓厚氛围，促进公共文化服务均等化。

一　重庆图书馆视障人士阅读调查

为更好地做好视障读者服务工作，重庆图书馆在2013年开展了一次针对视障读者的问卷调查，选取了100名重庆图书馆视障读者，分别从阅读时间、阅读动机、阅读途径等方面调查他们的阅读现状及需求。

（一）阅读时间

根据调查结果，绝大部分视障读者每天都会有半小时以上的阅读活动，每天阅读1小时以上的占30%，每天阅读半小时至1小时的占42%，几乎不阅读的仅占19%。这一结果说明，视障读者对于知识的需求很大，进行日常阅读活动的期望和频率较高。

（二）阅读动机

不同于普通大众读者以获取信息为主的阅读动机，视障读者中消遣娱乐的阅读动机排在第一位，占调查对象的44%，其次分别是获取信息（28%）和学习知识（21%），调查结果反映出视障人群由于受生理障碍限制，社交娱乐活动稀缺，社会活动参与度低，只能以阅读作为消遣娱乐的第一选择。

（三）阅读途径

调查显示，58%的视障读者通过听书方式阅读，30%的视障读者选择网上阅读方式，仅有10%的视障读者通过盲文触摸方式阅读。目前，我国视障群体中盲文的普及率不到10%，调查结果说明，视障读者只有极少数掌握盲文阅读技巧。这在传统的纸媒体阅读条件下极大地限制了视障群体的信息知识获取渠道，因此，在公共图书馆提供的针对视障读者的服务中，利用新技术，如听书郎、扫描棒、便携一键式智能阅读器、读屏软件等设施设备，是显著提高视障读者阅读质量的重要途径。

（四）阅读需求

调查结果显示，视障读者最需要的文献资源类型依次排列为数字资源（55%）、磁带（27%）和纸质盲文图书（12%）。视障读者最希望图书馆提供的服务项目为建立有声读物数据库（40%）和增加有声读物仪器（32%）。视障读者认为，图书馆有声读物数据库的最佳使用途径是远程访问数据库（44%），其次是工作人员送数据和仪器上门（37%），最后才是自己到图书馆使用（15%）。调查结果充分说明了视障读者的阅读载体已经由纸质媒体向数字媒体逐渐过渡。建设网络数字资源，构建视障读者的特色数据库，推广专为视障读者设计的便携式移动有声阅读器，提供人性化的贴心服务，是我国公共图书馆视障读者服务的发展方向。

二　重庆图书馆开展视障人士服务的内容与方式

（一）开设阵地服务

重庆图书馆2007年开设专门的视障阅览室，设置了与馆外主干道相连的盲道和无障碍通道，配备了轮椅等设备，在门禁系统方面也有相应的设计，确保视障读者在馆内通行的安全。视障阅览室现有盲文图书1000多册、磁带4000多盒、无障碍电影及光盘1700部，拥有一键式智能阅读器、多功能数码助视器、盲文打印机、二代阳光听书郎和扫描棒等先进设备，全年免费为视障人士提供书刊文献的盲文阅读、语音阅读、网上信息交流、技能培训等多元化服务。

（二）推广视障阅读

将定点服务与流动服务相结合，与盲校、残联、盲协合作，将图书馆的服务触角延伸到视障人士身边。每月定期接送视障人士到图书馆视障阅览室上网和查阅文献；在部分盲校建立流通图书点，方便他们就近借阅书籍；针对视障人士举办专题讲座和读书活动；利用盲文刻印机免费为视障人士打印各类资料。这一系列的阅读推广活动体现的是合作、主动和开放的特性。

此外，利用智能阅读机录制最新图书；利用专门的光盘刻录工具刻录光盘；不断更新听书郎内容等服务都是吸引视障人士参与到阅读中来的有效手段。

（三）创新阅读方式

举办无障碍电影的展播，是重庆图书馆近年开展的深受视障人士欢迎的服务方式之一。重庆图书馆联系残联、盲协及盲校，定期组织视障人士来到图书馆“观看”无障碍电影，深入街道、居委会、社区免费播放无障碍电影，同时还开展面向视障人士无障碍电影的借阅服务。许多视障人士通过重庆图书馆实现了“看电影”的愿望。

（四）重视技术培训

由于视障人士普遍文化程度不高，对新设备使用的技术培训尤为重要。重庆图书馆采取的方式是小班教学，一对一辅导，由浅入深，重在实践，消除视障读者在使用现代化设备方面的障碍。

（五）搭建交流平台

视障人士由于自身条件的局限更加渴望相互间的交流，重庆图书馆常常结合“国际盲人节”“世界残疾人日”和“全国助残日”等特定日期举办主题茶话会、经典阅读会、故事大赛、朗诵比赛等文化交流活动，搭建视障人士之间的交流平台，丰富视障人士的文化生活。

三 重庆图书馆视障人士服务机制建设的基本经验

（一）管理机制

首先，在图书馆的服务架构中，必须设置独立于正常读者部门的视障人士服务单元，这个服务单元可以独立成为一个二级部门，也可以存在于二级部门之中，它拥有独立的文献和设施设备、专职的服务人员、特殊的服务规范和管理办法，独立单元的设置以使公共图书馆在服务视障人士时能够提供有效的保障。重庆图书馆在2007年新馆建成之后，在二级部门之中设立了独立的视障读者服务专区，在此之后视障人士的服务人次有了大幅度的提升，实践证明，独立单元的设置对公共图书馆提升视障人士的服务很有必要。

其次是服务规范的制定。一个地区的公共图书馆应该制定统一的视障读者服务规范，重庆图书馆根据本地区视障人士的数量、年龄结构、兴趣爱好以及本馆的财力、人力、物力制定相应的服务规范标准，该标准包括视障文献的配置数量、配置类型、视障读者阅读设备的配置数量和类型以及服务人员的配备数量等。

最后是制定了面向视障读者提供服务的管理办法。由于视障读者的阅读障碍，因此视障人士首次成为图书馆读者时，工作人员应该以盲文或者有声读物的形式告知，在日常的服务中，面对视障读者，工作人员也有面对面提示的必要，如借期提醒、磁带使用须知、光盘借阅办法等。由于阅读方式的不同和到馆的不便，面对视障人士的文献借阅期限高于正常读者3倍以上，并在延期归还时不采用经济处罚的形式，即使出现文献借阅超期和文献丢失或者污损等情况，一般采用等额的经济标准进行赔偿，或者以相同文献给予代偿。

（二）服务机制

面对视障读者的服务，重庆图书馆开始依托全媒体进行拓展和深化，而不是仅仅停留在纸质文献和有声文献的传统服务模式上，具体来讲，提供的视障人士服务主要包括纸质文献借阅，有声读物借阅，视障阅读器械借阅，数字文献提供，移动文献服务和上门服务等各类传统和拓展服务。

传统的纸质文献和视听文献借阅予以保留，但是全媒体时代的服务重点应放在帮助视障读者了解视障阅读器械的使用方面，指导视障读者利用视障设备使用网络文献，从前面的阅读调查可知，视障人士最主要的阅读趋势为视听阅读，因此，重庆图书馆的服务方式是将视听阅读作为最主要的阅读方式给予推广。

绝大多数视障人士希望提供上门服务，但是限于图书馆财力、人力和物力，只是开展了针对某一地区的上门服务，数量一般为每年两次。这些地区以盲校，残联、盲协活动室，街道活动中心为主，可以使文献利用最大化。

（三）保障机制

图书馆面对视障人士的服务保障，首先应该是经费的保障，重庆图书馆盲文文献的购置费单列于购书经费之中，比例在5%～10%之间，设备购置经费没有硬性要求，以满足视障读者的需要为准。由于到馆视障读者不多，视障设备的配置一般为2～5套，活动经费每年也有一定的比例，主要视活动内容和活动次数而定。

其次在人员保障中，重庆图书馆配备有两名专职工作人员，用于视障人士的阅读服务接待、指导设备使用、活动开展和上门服务。

最后是设施设备保障。设施设备保障也是图书馆面对视障人士服务的必要保障之一，重庆图书馆有由主干道直达视障阅览室的盲道，视障阅览室在平街层的入口处设立，以方便视障读者的行动，书架桌椅添置为视障人士的专用书架和座椅。

（四）宣传机制

重庆图书馆的视障人士服务宣传，分为两个方面：一方面是针对视障人群的宣传，主要提供本地区公共图书馆的地址和可以提供上门服务公共图书馆，以及公共图书馆面对视障人士的服务内容；另一个重要的宣传，是面对正常人士的宣传，引导他们对视障人士的关注关心和关爱，这也是重庆图书馆的社会职能之一。

（五）培训机制

重庆图书馆视障读者服务的培训机制同样分为面向视障人士的培训和面向正常人士的培训。面向视障人士的培训，重庆图书馆一般不采取大规模的集中盲人培训，通常以面对面、一对一的培训为主，这是图书馆视障人士服务与盲协盲校视障人士服务最大的不同。同时还具有可持续性，针对新设备、新形式的出现，这个培训应该是阶段式的、不断发展的。但是，盲人所需要的就业技能培训，由于有相应的社会机构提供，重庆图书馆没有提供类似的培训项目。面向工作人员的培训同样重要，新设备和新服务形式的出现，需要工作人员不断更新知识，因此，重庆图书馆也对工作人员采取行之有效的培训，这样的培训同样应该是连续的，包括外出学习，相互交流和集中培训为主。

切实解决视障读者的阅读困境，有效开展视障读者信息无障碍服务，是公共图书馆亟待解决的现实问题，图书馆需要通过积极行动，广泛争取视障读者、政府、盲校、企业等相关部门和个人的联合支持与参与，从根本上帮助视障读者全面平等地参与社会生活。

B.18

深圳培育文化类社会组织发展的经验与启示*

杨立青**

摘　要：文化类社会组织在深圳的文化发展尤其是公共文化服务中一直扮演着重要角色，这与我国的社会转型有关，也与深圳的城市特点存在内在关联。近年来，这类组织在深圳得到了较快发展，自身能力建设不断加强，服务社会水平不断提高，功能作用日渐显现。其所带来的启示是：创新文化发展理念是核心、文化管理体制改革是关键、政府大力扶持是保障、自身能力建设是根本。

关键词：文化类社会组织　文化发展　公共文化服务

"社会组织"是我国特有的用法，一般是指具有非营利性、非政府性和社会性的各种组织，包括社会团体、民办非企业单位、基金会及各类草根组织等。自党的十六届六中全会、十七大用社会组织取代民间组织等概念以来，它在政府管理实务中被广泛使用，学界也开始沿用这个概念。相应的，所谓"文化类社会组织"，主要包括文化艺术、广播电影电视、新闻出版、文物博物等领域的社会组织。20 世纪 90 年代以来，随着社会主义市场经济

* 本文系国家社科基金重点课题"农民工文化需求与城市公共文化服务体系建设研究"（批准号：12ZD023）的阶段性研究成果。

** 杨立青，深圳市社会科学院副研究员。

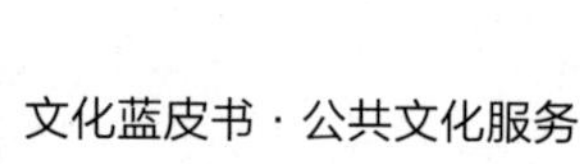

体制的建立和文化体制改革的深入，我国文化类社会组织发展迅速，并在文化管理和公共服务领域发挥着越来越大的作用。而作为我国改革开放后兴起的经济特区城市，深圳的文化类社会组织一直在文化发展尤其是公共文化服务中扮演着重要角色，其发展的经验也带给我们积极的启示。

一 深圳文化类社会组织发展的背景

改革开放以来，随着计划体制的解体和市场体制的建立，我国出现了深刻的制度转型，其主要结果之一，就是“社会”开始实现与国家、市场的分离，并成为一个相对独立的领域，各类社会组织因此也蓬勃兴起，影响日益扩展。而我国的制度转型，也推动了政府职能的转变。“西方 70 年代的行政改革给人们的启迪之一是：随着社会进步，特别是科学技术迅速发展，人们越来越深刻地认识到，在处理政府与市场、政府与社会、政府与公众的关系上，传统意义上的政府职能将发生变化，政府会把更多职能以多种形式下放给社会中那些非政府、非营利组织承担，这些组织不仅要提供公共产品与公共服务，而且要承担对社会公共事务的管理。”而包括社会组织在内的多元主体共同参与公共服务和社会管理，既契合了近年来世界性的“治理”潮流，也是落实党的十八届三中全会关于“推进国家治理体系和治理能力现代化”战略性部署的内在要求。而大力培育文化类社会组织，则是构建现代公共文化服务体系、推进国家文化治理体系和文化治理现代化的必然之举。

作为改革开放后崛起的经济特区城市，深圳 30 多年来不仅取得了经济的快速持续增长，而且社会文化事业也实现了跨越式发展。而深圳文化之所以能从薄弱的基础上起步并实现迅速发展，除了政府的高度重视和大力投入，也与深圳自身的城市社会特点有内在关联。作为新兴的现代移民城市，深圳历史短暂，文化积淀少、文化基础差一直是其文化发展的薄弱环节，其标志之一就是国办文化机构数量、规模和水平上的差强人意。因此，早在 20 世纪 80 年代，随着经济体制改革的推进，民营歌舞厅等社会办文化现象就已经在深圳等经济特区大量涌现，并自然生长为一个新的以民营企业为主体的文化市场。更重要的是，由于深圳市场经济体制确立较早，形成了一个讲究权利、法律、规则、契约的发达市场经济体系和相对强大的社会力量。市场型社会本身拥有很多资源，它不再像以往那样纵向依托政府资源的输入，而可通过横向市场行为获得足够的发展资源和自主空间。同时，深圳的人口来自全国各地，不仅使深圳具有藏艺于民、藏才于民、藏富于民的城市特点，而且陌生人社会本身也形成了互助帮扶、热心公益的传统，成为全国义工数量最多的城市。可以说，民营经济的发达、社会力量的强大以及城市人口的结构，奠定了深圳文化类社会组织发展的经济基础和社会条件，并走出了一条不同于其他城市的文化发展道路。

此外，深圳经济特区作为我国改革开放的桥头堡，自 1980 年以来不仅极大地推动了我国经济体制的深入改革以及政府与市场关系的调适，而且通过社会体制改革、文化体制改革促进了城市社会的自主发展。比如，为了进一步培育深圳的社会组织发展，使其成为提供公共服务的重要力量，2008 年深圳市民政局（民间组织管理局）在全国率先开展了社会组织登记管理体制改革，其改革核心就是从传统的“双重管理”模式转变为“直接登记管理”模式。这一改革不仅获得了当年的“地方政府创新奖”，而且受到了广东省乃至中央的高度肯定。而作为深圳相关改革的延伸和深化，2011 年出台的《关于广东省进一步培育发展和规范管理社会组织的方案》，明确规定社会组织不再需要挂靠主管单位，可直接向民政部门申请成立，显著降低了社会组织登记门槛，促进了社会组织的快速发展。而深圳在社会管理体制领域的创新性改革，既为文化类社会组织的培育创造了新的政策环境，也为公共文化服务体系建设提供了新的发展机遇。

二　深圳文化类社会组织的发展现状

（一）深圳文化类社会组织的基本情况

近年来，深圳各类文化类社会组织的发展较快，数量逐年上升，发展水平不断提高。在深圳开展社会组织登记管理体制改革后，深圳市文化局积极鼓励与支持文化类社会组织的发展，并在2010年9月颁布了《深圳市社区社会组织登记与备案管理暂行办法》。根据不完全统计，正式在市区两级文化、民政部门登记在册的文化类社会组织共有137家，而由群众自发组织但尚未在上述部门正式注册的社会文艺团体则超过一千家，并呈现数量逐年上升的趋势，说明市民参与文化建设的积极性空前高涨。而目前已正式注册的文化类社会组织，涉及语言文字、文化研究、文艺表演、器乐，摄影、书法、美术、民间博物馆等众多领域，初步形成了覆盖广泛的、门类多样、层次不同的文化类社会组织体系。

我们不妨以方兴未艾的民办博物馆为例。自1998年深圳第一个民办博物馆、全国最大的青瓷专项博物馆——玺宝楼青瓷博物馆正式开馆以来，艺术品、民俗、历史、动植物、矿物、文化体育等各种不同类型的民办博物馆陆续诞生。截至2013年底，深圳市登记在册的博物馆共29家，其中国有博物馆14家，民办博物馆15家，还有多家民办博物馆没有登记注册。仅就数量上看，民办博物馆已超过国有博物馆，并成为深圳博物馆及公共文化服务体系的重要组成部分。近年来，民间美术馆也开始在深圳出现，如作为依照国际美术馆标准建设的现代化多功能美术展馆，华·美术馆于2008年正式建成开放。在民办图书馆领域，由于还处于刚起步阶段，其数量还不多，其中有代表性的民办图书馆有2010年创建的“青番茄图书馆”以及“春风图书室”，后者由深圳市天图教育基金会和深圳狮子会共同创办，它们均以独有的服务方式成为深圳“图书馆之城”建设的重要补充。随着深圳近年来阅读风气大盛，各类自发成立的民间阅读组织可谓蔚为大观，目前较知名、影响较大的有后院读书会、三叶草故事家族、彩虹花公益小书房、深圳读书会等，据2014年调查显示，目前具备一定组织能力、长期运作的民间阅读组织有45家。同时，由于深圳社会管理体制创新所提供的政策土壤，各种文化基金会在深圳也开始走上历史舞台，如深圳市慈善会发起成立了具有公募资格的冠名基金——“民族文化传承与发展基金”；另外一个更值得关注的例子是，由深圳雅昌集团成立的雅昌艺术基金会在2012年的正式成立，成为企业倡导践行社会责任、常态化资助扶持民间文化艺术团体和个人的标志。这类基金会的出现，也意味着企业与社会实现互动与共赢局面的逐渐形成。

（二）深圳文化类社会组织的发展成效

深圳文化类社会组织近年得到了较快发展，其自我发展能力进一步加强，并广泛参与公共文化服务，社会效益逐年扩展，主要表现在以下几个方面。

——形成了相对规范的内部管理机制。相当部分的文化类社会组织不仅加强了领导班子建设，初步建立了以章程为核心的各项规章和内部管理制度，而且探索了社会组织法人治理机制和民主选举、民主决策、民主管理和民主监督机制；在人员构成方面，配备、增加专职工作人员，优化员工的年龄和知识结构；在财务会计制度方面，广泛执行非营利组织会计制度和财务审计制度，其行业自律意识和诚信观念也进一步增强。

——提高了公共文化产品生产和服务的供给能力。首先，广泛参与优秀群众文艺作品的生产提供，满足人民群众的精神文化需求。如宝安福永万福民工街舞团参加2011年中央电视台春节联欢晚会，并获得“我最喜爱的春节联欢晚会节目”特别类一等奖。其次，该类组织热衷于发展公益事业，积极承办各项社会文化活动，包括大力开展各项公益文化艺术活动，如各民间博物馆与深圳市文物艺术品收藏协会加强合作，邀请国内权威专家举办文物艺术品鉴赏讲座和开展免费文物鉴定活动；接受政府部门委托，承担统筹协调服务，如深圳市群众文化学会承担深圳市文体旅游局开展文化进社区、进校园等总协调职责；成为创设文化品牌活动项目的重要力量，如深圳市国标舞研究会所创设的常设性国际赛事——“国际标准舞、拉丁舞公开赛”，其影响日益扩大。最后，充分发挥行业协会的应有作用，成为政府管理与行业发展之间的桥梁。如深圳影视动画协会多次组织协会内部企业与政府政策制定部门进行沟通、座谈，为市政府制定《关于扶持动漫游戏产业发展的若干意见》等提供了政策依据。

（三）深圳政府部门培育文化类社会组织的政策措施

在深圳深化社会管理体制改革的2008年，深圳市委、市政府发布《关于进一步发展和规范深圳市社会组织的意见》，着眼于社会组织在社会未来发展中的定位和功用，明确提出要为社会组织的生存发展创造更好的条件以发挥其重要作用。该《意见》提出应进一步创新、完善社会组织发展的体制和机制，促进社会组织自治能力的提高。作为其中的一个重大举措，深圳市地方税务局开始制定针对社会组织的免税政策，并于2010年发出《关于第一批非营利组织免税资格认定结果的通知》。

全市各级文化部门也先后制定出台了促进文化类社会组织发展的政策措施。2004年，深圳市文化局出台了《深圳市文化局重大公益文化活动实行社会化运作试行办法》，积极在深圳读书月等重大公共文化活动中实行“公益文化活动社会化招标”，极大地调动了各类民间文艺团体参与公共文化服务的热情。为了促进民办博物馆的发展，2012年，深圳市文物局出台了《深圳市民办博物馆扶持办法》，在门票补贴和临时展览补贴方面加大了对民办博物馆日常运行的经费支持，受到了民办博物馆的欢迎。同年，为加强对包括文化类社会组织在内的文艺精品创作、公共文化活动以及其他公益性宣传文化事业的资助力度，深圳市委宣传部和市财委联合发布《深圳市文化事业建设费及宣传文化事业发展专项资金使用管理办法》，对其中的相关资助细则做出了具体的规定，此后该基金对非政府文化团体的资助金额，也由2010年的1011万元上升到2012年的2392.5万元，2012年的资助总额是2010年的两倍多。

此外，各区宣传文化部门先后出台了文化类社会组织的扶持政策，如《宝安区文艺创作扶持与获奖文艺作品奖励暂行办法》《宝安区民办博物馆资金奖励办法》《福田区公益文化活动实行社会招标试行办法》《罗湖区业余文艺社会团队扶持暂行办法》。其中，南山区不仅形成了《南山区公益文化活动实行社会招标试行办法》《南山区文化艺术活动资助实施细则》等较为完善的公益文化活动社会招标运作体系，而且对文化类社会组织的资源投入和扶持力度也是最多最大的，如南山区政府的文化购买投入，在 2012 年就达到了 1347 万元。

三 深圳培育文化类社会组织发展的经验与启示

（一）创新文化发展理念是核心

除了基于深圳的城市社会特点以及社会、文化体制改革所带来的驱动力，深圳大力培育文化类社会组织发展，还来自理念的创新。如 2003 年深圳被确定为全国文化体制综合改革试点地区后，推动了市属三大文艺院团（粤剧团、歌舞团、交响乐团）的转企改制。有论者指出，把文艺院团推向市场，并不是政府甩包袱减轻财政负担，其目的是通过市场机制增强活力。同时，要积极发挥全社会的力量，大力培植扶持民办社会表演团体，仅仅扶持几个国办院团而忽略了对社会文化资源的培育，并不利于造就文艺事业公平竞争和全面繁荣的环境。正是基于上述理念创新，深圳不仅推动了体制内文化事业单位的改革，而且促进了“体制外”文化类社会组织的发展，为深圳文化的全面繁荣创造了环境氛围和政策基础。

（二）文化管理体制改革是关键

由于深圳早期的文化积累较为薄弱，一方面不断加强体制内文化机构的发展，另一方面积极引导“体制外”社会力量参与文化建设，这就驱使深圳文化主管部门必须建立一种精简高效、协调运转的宏观文化管理体制。1989 年，深圳开始探索一种“大文化”管理模式，在全国较早建立起集文化艺术、新闻出版、广播电视三位一体的管理架构，成立深圳市文化委员会，实行小政府、大社会运作。深圳“大文化”管理体制的创建，对文化类社会组织的发展意义重大。由于政府举办的文化机构数量少、规模小，其所能提供的公共文化产品和服务严重不足，而深圳工业化、城市化的迅速发展又形成了巨大的社会文化需求，加上移民城市的“藏艺于民”特点，使得社会兴办的文艺团体在深圳蓬勃发展，深圳由此探索出一条从“政府办文化”转向“社会办文化”的新路，并形成了“政府宏观调控、事业微观搞活、社会共建共享”的改革发展格局。

（三）政府大力扶持是保障

文化类社会组织发展迅速，有力地促进了深圳公共文化服务体系的建设，但其中存在的问题也不少，比如，这类组织自身发展能力较弱，专职工作人员较少，文艺团体整体业务水平和自身管理水平有待提高；创收能力不强，日常经费紧张，活动阵地得不到保障，缺乏有效的信息来源渠道等，均制约了其生存发展能力的提升。因此，进一步深化综合性体制改革，在加强对文化类社会组织管理服务的同时，加快相关立法进程，强化政府的政策性扶持，尤其是加大政府的资金扶持力度，改善政府的资助方式，形成有效的制度性保障，是目前阶段深圳培育文化类社会组织最需要加强的环节。

（四）自身能力建设是根本

从表面上看，深圳文化类社会组织的发展大多受制于发展存在先天不足等历史原因以及资源投入不足等现实困难，但究其根本，则是由于“大政府、小社会”的长期影响，造成社会组织对政府过度的依附和依赖，完全或部分丧失了独立自主发展的地位，也丧失了向市场和社会索资源、求生存的能力。因此，一方面要按照建设有限政府、责任政府和服务政府的要求，加快政府文化职能的转变、转移步伐，把社会可以自我调节和管理的职能交给文化类社会组织，重视发挥它们的服务、管理功能，完善政府购买服务机制，加强政府资金扶持力度，拓宽其未来的发展空间。另一方面，则要推动文化类社会组织以章程为核心的制度建设，完善法人治理结构、内部管理制度和民主监督制度；加强队伍建设，强化人才保障；除积极承接政府转移职能项目外，它们还应结合自身、立足市场，准确把握市场需要和市场发展动向，扩大社会合作范围，提高获取社会资源的能力，使自身能力建设成为促进文化类社会组织可持续发展的内在驱动力。

B.19

衢州市"文化加油站"的地方实践

王建华*

摘　要：如何在财力有限的前提下，加强公共文化服务体系建设、更好地保障人民群众文化权益，是衢州市委、市政府迫切需要解决的问题。近年来，该市创新公共文化服务模式，相继推出"农家乐大篷车""流动文化馆""流动图书馆""流动博物馆"等流动文化服务品牌，年均赴基层送书10万册、送戏1000场、送电影2万场、送讲座展览1000次，受益群众达500多万人次，取得了良好的社会效益。流动"文化加油站"的推广，极大地丰富了农村群众精神文化生活，推动了"仁爱之城，最美衢州"建设，拓展了农民群众增收致富的新渠道，更是促进了新形势下文化服务方式的转变，大大提升了文化工作者的服务能力。

关键词：公共文化服务　文化加油站

衢州市地处浙江省西部，全市总面积8849平方公里，人口251万。近年来，衢州立足自身实际，创新公共文化服务模式，积极探索欠发达地区公共文化服务体系建设，相继推出"农家乐大篷车""流动文化馆""流动图书馆""流动博物馆"等流动文化服务品牌，走出了一条"小成本"实现"大收益"之路。2014年5月，全国基层公共文化服务工作现场经验交流会

* 王建华，浙江省衢州市文化广电新闻出版局局长。

在衢州召开，市委书记陈新在会上交流了“流动文化加油站”的衢州经验，中央、省、市共20多家媒体对该市“流动文化加油站”工作进行了报道。

一　实施背景

满足基层群众文化需求、繁荣基层群众文化生活、消除公共文化服务盲区是地方政府的职责所在。作为浙江省欠发达的地级市，衢州市的公共文化服务体系建设任务十分艰巨，存在供需不匹配和资源配置不均衡等问题。如何在财力有限的前提下，加强公共文化服务体系建设、更好地保障人民群众文化权益，实现“穷财政富民生、小城市大文化”的目标，成为当地党委政府迫切需要解决的问题。

（一）实施流动“文化加油站”，是建设文化强市的需要

弘扬社会主义先进文化，扎实推进社会主义文化强国建设是党和国家的重要战略。2012年，衢州市委、市政府在十年“名市建设”的基础上，明确提出了建设“文化强市”，打造“最美衢州、仁爱之城”的目标。以精神富有惠民生为出发点，坚持面向基层、服务群众，深入实施文化惠民工程，完善公共文化服务体系，用足用好公共文化资源，培育自尊自信、理性平和、积极向上的社会心态，努力让群众过上健康和谐的幸福生活。

（二）实施流动“文化加油站”，是保障群众基本文化权益的需要

衢州历史文化积淀深厚，地方文化资源丰富，城乡群众的文化热情和文化自觉性很高，但由于衢州是经济欠发达地区，地方政府财力不强，市、县、乡、村四级文化场馆设施稀少，加上衢州山区多平原少，农村人口居住相对分散，现有的文化设施服务半径难以覆盖到全部人群，难以满足群众日益增长的精神文化生活需求。基层群众对精神文化的渴求，迫切要求政府牢固树立群众观念，着眼群众需要改进工作，创新公共文化服务

形式、内容和载体，加快构建覆盖广泛、快捷高效的公共文化服务网络，把更多的公共文化资源向农村倾斜、向贫困地区倾斜、向特殊群体倾斜，把对群众的真挚情感转化为服务群众的内在动力，转化为服务群众的实际行动。

（三）实施流动“文化加油站”，是传递社会正能量的需要

当今，文化的影响比以往任何时候都更加广泛而深刻，文化要素已经渗透到经济社会发展的方方面面。农村和农民仍是我们的重要服务对象，我们需要把握方向、加强引导，创作生产高质量、高水平、高品位的文化精品，深入基层，服务群众，弘扬主旋律，传播正能量，充分发挥文化引导社会、教育人民、推动发展的重要功能，以美铸魂，提升城市品质。

二　主要做法

面对公共文化服务体系建设中存在的问题，衢州市委、市政府以高度的文化自觉，创新公共文化服务模式，搭建公共文化服务载体，逐步构建了覆盖农村、灵活机动、方便群众的流动文化服务网络。

（一）在全国率先启动农家乐大篷车巡演

2005 年在全国率先组建衢州市农家乐大篷车艺术团，开展农家乐大篷车巡演活动。一是自编自演送戏下乡。以当地群众喜闻乐见的婺剧戏种为主，将民间传说、故事演绎编排成舞台剧，通过流动演出车这个载体，把丰富多彩、健康向上的文艺演出送到农民群众家门口。二是“菜单点选 + 主题送演”。演出节目采用群众点选和主题送演相结合的方式，常年储备 300 余个文艺节目，供群众自由挑选点演，做到你点我演、供需互动。同时积极创作主题文艺节目，大张旗鼓做好政策方针宣传，如近年来编排创作了十八大主题宣传作品《最美衢州，歌舞幸福》《弘扬大爱精神，做最美衢州人》等系列文艺节目。三是政府埋单群众消费。坚持“不花农民一分钱”的零

费用、纯公益原则，演出服务由政府统一埋单，下乡演出不收取任何费用，演职员吃住行经费全部自筹解决。

（二）以点带面实施“5 + x”流动文化服务新模式

总结流动文化大篷车的成功经验，先后创新推出了以流动图书馆、流动文化馆、流动博物馆、流动电影院等为基本服务项目，以流动少年宫、流动俱乐部、“96811”流动图书馆等其他项目为补充的“5 + x”流动文化服务模式，打响了“流动文化加油站”品牌。

1. 以“四有”为标准

（1）有场所。以文化大礼堂为载体，将礼堂、讲堂、农家书屋、文化活动场所等各类文化载体纳入其中，开展节庆礼仪、乡风文明、教育培训、文体娱乐等各项活动。目前该市已建成260家农村文化礼堂。同时，积极创新载体，探索建立网络管理和服务平台。

（2）有活动。围绕“文化彩虹，精神家园”主题，将城区图书馆、文化馆、博物馆、影剧院的各类公共文化服务内容和资源，有计划地输送到农村文化礼堂里，给农民进行“文化加油”。如在《农家报》上刊登节目库，在演出前供基层选择预定；及时采购城市影院尚未下线的商业电影节目送到农村基层，让老百姓能在家门口欣赏到城市影院播放的电影。

（3）有队伍。整合各级人力资源，建立市本级流动服务队伍、市县乡村四级联络员队伍、农村文化礼堂管理员队伍和志愿者服务队伍等四支队伍。

（4）有保障。每年都将送戏、送书、送电影等文化惠民工程写入政府工作报告，并将其纳入各县（市、区）的年度综合考核。先后出台了《关于推动文化大发展大繁荣的实施意见》《关于推进文化名市建设的实施意见》等文件，将流动文化服务作为一项重要的工作来抓。通过建立“一月一汇总，一季一通报，一年一考核”制度，保障流动文化服务有序开展。全市每年统筹安排不少于1亿元资金，用于流动文化服务各项工作，重点支持流动大篷车、流动文化馆、流动图书馆、流动电影院、流动博物馆及流动科技大篷车、“96811”流动图书馆、流动少年宫等的“5 + x”文化加油站建设。

2. 以“四式”为途径

（1）公益式加油。按照“政府主导、社会参与、市场化运作”的原则，对农民提供纯公益性服务，运作上不给农民增加任何负担。同时，积极探索政府购买服务新机制，引进社会演出团体服务基层百姓。

（2）直通式加油。流动文化加油站直接送到农民家门口，减少了中间环节，充分发挥城市文化资源效用，使政府投入绩效最优化、服务供给最大化。

（3）多元式加油。把时事宣传和地方文化普及有效融合，编送“最美”系列文艺节目，传递正能量、弘扬新风气；宣传地方特色文化，给百姓加餐、为幸福加码。如团市委与文化部门互动，开展“流动青少年宫”活动，市妇联与文化部门一起开展留守儿童“文化微心愿”活动。

（4）播种式加油。流动文化加油站通过身边人讲身边事，身边事感动身边人，让更多的群众自我教育、自我管理、自我服务，做到内化于心、外化于行。

（三）继续深入推进流动文化服务工作

衢州参与起草了文化部《关于加强流动文化服务工作的意见》，完成了文化部委托的“流动文化服务体系制度设计”课题研究，并被评为文化部2014年制度设计研究优秀课题。衢州经验得到充分吸纳和体现，制定了《衢州市流动文化服务标准（试行）》《关于加强流动文化服务建设的若干意见》（衢委发〔2014〕14号）和《关于做好流动文化服务工作的实施办法》（衢市文广新发〔2014〕25号），以公共文化单位开展的流动文化服务项目为基础，以社会力量参与的流动文化服务项目为补充，制定了流动大篷车、流动文化馆、流动图书馆、流动博物馆、流动电影院、流动少年宫、“96811流动图书馆”等七大项目服务标准。该标准可作为各级文化行政部门开展流动文化服务绩效考核的依据，在全国范围内开了流动文化服务标准的先河。

三 取得的成效

通过流动"文化加油站"活动，衢州市每年赴基层送书10万册、送戏1000场、送电影2万场、送培训辅导2000次、送讲座展览1000次，受益群众达500多万人次，取得了良好的社会效益，走出了一条"小成本"实现"大收益"之路。

（一）开出欢乐撒播车，极大丰富了农村群众的精神文化生活

通过送书、送戏、送电影、送培训、送展览等流动文化服务，使农村百姓——特别是偏远山区、弱势群体的精神文化生活得到极大充实。此举也有效抵制了"黄、赌、毒"等社会丑恶现象的发生，维护了社会治安，弘扬了社会正气，深受老百姓的欢迎。

（二）开出最美播种车，推动"仁爱之城，最美衢州"建设

结合"最美人物"先进事迹，编排创作了《最美衢州，歌舞幸福》《弘扬大爱精神，做最美衢州市人》等系列文艺节目，在乡村巡回演出，取得了极好的效果。涌现出了占祖亿、徐萌仙、汪衍君等一批土生土长的农村基层最美人物，"最美现象"从盆景演变成了风景，升华成了风尚。同时促进了农村社会和谐稳定，"平安建设"群众知晓率全省第一，农村犯罪率大幅下降，"平安市"建设取得"八连冠"，中国幸福城市指数排行第四。

（三）开出致富创业车，拓展了农民群众增收致富的新渠道

流动文化加油站在提供文化服务的同时，挖掘、培育了当地的特色文化资源和文化骨干力量，使文化资源成为文化产品、文化商品，使"农民"变成了"文化商人"。如江山市大陈乡大陈村凭一首自创自唱的村歌《妈妈的那碗大陈面》，打响了当地风俗美食大陈面的招牌，不但使500余

年的制作工艺得到传承，还壮大了村集体经济，2012 年该村人均收入从 2005 年的 4000 元跃升到了 11000 元，如今的大陈村已是个名副其实的小康示范村。

（四）开出服务新风车，促进了新形势下文化服务方式的转变

衢州市全面开展流动文化加油站活动以来，各文化单位既等客上门，又外出服务，使两种服务方式并驾齐驱，大大提升了服务水平和服务效果。同时，外出流动服务，把服务送到群众家门口，是文化工作者贴近群众、接好地气、改变作风的最好切入点和最佳载体。参与流动文化加油站活动，既是送服务又是受教育，既是展示才华又是采风找灵感、积累素材，既是丰富群众文化生活又是完善健全自己，有力地促进了文化工作者的作风转变，大大提升了文化工作者的服务能力。

四　经验与启示

“流动文化加油站”从农家乐大篷车逐年发展到“5 + x”流动文化服务模式，从衢州市本级逐步扩大到全市范围，从而在全国推广。在这项工作推进过程中，我们认为必须做到“三个注重”。一是注重实际。要深刻认识自身的优势和不足，扬长避短才能走出特色之路。二是注重创新。要创新工作方式方法，才能做到“小钱办大事、没钱办好事”。三是注重推广。要深入挖掘特色工作，积极推广典型经验，真正做到“一花开后百花香”。

流动文化加油站工作，符合文化工作规律，能够满足群众精神文化需求，下一步我们将在创新上下工夫，创特色求实效，力争把流动文化加油站做得更好、更实。一是完善机制，确保服务常态化。推进标准规范建设，在载体、形式、服务内容、考核标准等方面形成全市统一的规范和制度，进一步增强服务能力，补充购置必要的流动车辆和设备器材，进一步完善政策、经费、人员、阵地、激励考核、共建共享等保障机制，进一步规范准入、管理等工作制度。二是因地制宜，丰富配送模式。要紧密依托农村文化礼堂、

农家书屋等农村现有各类文化设施，整合资源、合理利用，做好流动服务和定点配送的结合。三是创新载体，构建全方位服务管理平台。要整合全市文化资源，实现流动文化服务网上预约配送服务。由各级文化单位在约定的时间、地点向基层实行免费配送，以“你点我送”的形式，解决群众文化服务供需对接问题。要探索建立网络管理平台，由参与流动文化服务的单位在网上记录流动文化服务日志，文化管理部门对开展的流动文化服务进行过程管控。要设立文化加油服务热线电话，满足群众表达文化服务诉求的需要。要统一全市流动“文化加油站”服务人员和服务队伍标识，自觉接受群众监督，树立队伍新形象，展示良好精神风貌。四是合力共建，集聚各界力量支持参与。要整合教育、工会、报社、团委等相关各部门的力量，进一步丰富流动“文化加油站”的服务内容，扩大流动“文化加油站”的受益面。要开展完善“文化微心愿”等活动，搭建供需平台。要分类招募、量才而用，充分发挥流动“文化加油站”志愿者服务队伍的作用。要研究制定鼓励社会各界参与公共文化事业的扶持政策，让更多的企业和个人参与到公共文化服务当中来。

B.20

无锡新区公共文化服务社会化的实践报告

李建秋*

摘　要：无锡新区积极引导和鼓励社会力量参与公共文化服务，大力培育专业性文化服务运营管理企业，多元扶植文化非营利机构组织，着力提高全区公共文化服务社会化发展水平。启动和实施“全面深化公共文化服务社会化发展创新工程”，在以建设公共文化服务社会化为显著特色的现代公共文化服务体系的工作中开拓创新实践，并取得了显著成效，其实践成果荣获第四届文化部创新奖，并被文化部列入国家文化创新重点工程项目，为推动我国现代公共文化服务社会化提供了很好的借鉴和示范。

关键词：公共文化服务　社会化实践　文化运营管理

无锡高新区成立于1992年。1995年，根据江苏省政府批示精神，在无锡高新技术产业开发区、无锡新加坡工业园的基础上成立无锡新区，经过1995年、2002年、2005年区划调整，目前区域面积220平方公里，下辖六个街道，常住人口55万人。

近年来，无锡新区积极引导和鼓励社会力量参与公共文化服务，大力

* 李建秋，江苏省无锡新区党工委副书记。

培育专业性文化企业，多元扶植文化非营利组织，着力提高全区与公共文化服务社会化发展水平。在新区管委会领导下，启动和实施“全面深化公共文化服务社会化发展创新工程”，在以建设公共文化服务社会化为显著特色的现代公共文化服务体系的工作中开拓创新、实践，取得了显著成效，2012 年，无锡新区的《公共图书馆数字化建设与创新管理》荣获了第四届文化部创新奖；2014 年，无锡新区的“新兴城区现代公共文化服务社会化的标准化建设”项目，被文化部列入 2014 年国家文化创新重点工程，为国内各类新兴城区、开发区构建现代公共文化服务体系提供了借鉴和示范。

一 新区公共文化服务社会化的具体做法

（一）课题式设计

政府购买公共文化服务不能盲目，要根据基层群众对文化工作的需求和新区实际情况做课题式设计，“要什么？买什么？”只有做好这些前期功课，才能使公共文化服务社会化运作的道路不偏不倚，清晰明确。新区图书馆、新区文化馆在建设之初就进行了科学的课题式的顶层设计。无锡新区秉承的是“小政府、大社会”“小机构、大服务”的工作原则，通过服务外包最大限度地发挥“两馆”的功能和效能。新区“努力建设具有独特竞争优势的国际化创新型服务型科技新城”的发展目标对公共文化的服务外包提出了更高的要求：使“两馆”成为与新区经济社会发展水平相适应，对新区建设最有文化的国家高新区有推动，在新区具有带动性，在无锡具有引领性，在全省具有示范性，在全国具有创新性的一流场馆。

（二）社会化购买

建立以新区管委会为主导，以新区公共财政为依托，以政府面向社会购买公共文化服务为主要方式，以社会力量为公共文化服务的基本主体的社会化科学模式。通过科学、客观的课题式设计，新区管委会对两馆公共文化服务的菜单已了然于胸，清楚了解“怎么买？向谁买?”等问题同时，由社事局牵头，会同纪检、财政等部门，调研考察国内先进图书馆、文化馆的建设、管理、运营的经验，并多次组织国内的优秀专家对项目进行论证，配合招投标公司，根据两馆的国家标准、建设要求、工作属性、服务内容、任务目标、管理制度、考核细则等，制定了细致严密、科学前瞻、客观合理的两馆服务外包的招投标文件：一是《无锡新区图书馆项目服务外包合约》，内容涵盖了图书馆的 6 项服务内容和 8 个服务目标；二是《无锡新区文化馆服务外包合同》，内容涵盖了文化馆的 13 项服务内容和 7 个服务要求。

（三）项目式管理

政府购买公共文化服务无先例可循，无锡新区摸着石头过河，通过项目式的建设，把工作分解、量化，试点先行，以点带面，使公共文化领域的服务外包真正发挥社会效益。围绕“为谁买”的核心关键，在充分把握两馆发展方向的基础上，结合无锡新区的特点和实际，设置了相关的服务项目。图书馆以“馆藏虚实结合”为原则，充分利用先进的 Web2.0 技术、3G 通信技术、移动信息采集技术和物联网技术，对无锡新区图书馆进行了科学设计。在内部设计上突破了传统的藏、借、阅的三大区划，采用国际流行的布局现代、流线明晰、灵活隔断、富于变化的开放空间，为读者营造温馨舒适的阅读环境。图书馆设有传统阅读区、自由阅读区、视障阅读区、组团式阅读区、半敞开式阅读区、少儿阅读区和讨论室、视听室以及自助还书区等多项功能区，满足了不同读者的阅读需要。

由于业务门类多、服务方式多样因而文化馆的建设与图书馆相比更为复杂。无锡新区严格按照国家文化部制定的县级一级馆建设要求，通过各种渠道征询各级领导、专家意见和建议，对承包方提出严格要求，配备好各艺术门类专业人员和管理人员，实行免费开放。不但举办各类文化活动、展览、对外交流活动，开展各类文艺培训辅导班，而且同时承担文化艺术的研究工作。我们认为，把公共文化建设工作作为项目来抓，更有利于建设标准化、成本控制细节化和管理规范化。

（四）制度化考核

政府购买公共文化服务涉及的资金金额和监管难度，并不亚于政府建设工程，政府如何监管承包方的履约质量需要制度化的监管，这就解决了“谁来管”的问题。我们不做运动员，只做裁判员，成立专门的文化、纪检、财政联合考核小组制定了考核表对外包服务质量进行评分，满分为100分，从队伍建设、公共服务、管理规章、群众满意度等方面进行考评。考核评分不得低于80分，80分以下对服务外包公司提出整改要求，如整改不力则终止服务合同。通过把监管落实为可见可控的考核制度对服务外包进行监管，避免“一包了之”，服务商在制度化的监管下，唯有在提高服务质量上真正让群众满意，才不至于被淘汰。

（五）双轨制运营

无锡新区图书馆和文化馆的管理体制不同于传统的“集中式”的管理体制，而采用了国际先进的“分散式”双轨制管理，明确了“怎样管”的原则。

所谓“分散式”双轨制管理即指政府购买公共服务，通过招标将图书馆和文化馆的业务交给有着丰富运行管理经验的专业承包公司进行管理，利用专业公司人力资源和技术服务上的优势进行管理，新区管委会只派出馆长负责行政事务。承包公司按照合同全面承担人员、业务、运营、管理等工作，合同内的任务刚性考核，合同外的工作协商配合。此举保证和满足了新区图书馆、文化馆持续运行服务的需要。同时，为新区提供了专业化、个性化服务，使政府投入的公共文化服务效益最大化，将管理和运行的风险降到最低，降低政府对图书馆、文化馆每年管理运行的投入，走出了一条小政府、大服务、社会力量参与社会事务公共服务的新路子，实现社会效益、经济效益双赢。

（六）标准化建设

为了解决新区各区域之间、不同群体之间公共文化服务不均等的问题，新区管委会认真研究新兴高新技术产业区和快速城镇化地区公共文化服务的规律和特点，科学规划、合理布局，既注重中心区域功能性大型文化设施建设，提升新区文化的影响力和辐射力，同时兼顾全区基层公共文化服务设施、资源的均衡配置。为了使政府公共文化服务更合理、更规范、更有依据，无锡新区积极研究制定《无锡新区基本公共文化服务标准（暂行)》，把加强新兴产业区、快速城镇化地区、新建社区、外来务工人员集聚地区的公共文化服务作为保障重点，着力推动全区公共文化服务均等化。目前，《无锡新区基本公共文化服务标准（暂行)》通过论证调研和实践总结，已进入深化完善阶段。

（七）多元性孵化

无锡新区全面扩大公共文化服务领域开放之后，逐步形成了各种社会力量在不同层面、不同领域的多渠道参与公共文化服务的良好局面。在社会力量承接政府公共文化服务事务方面，从事图书馆设施管理和服务提供的专业机构艾迪逊公司已承接新区图书馆的管理事务，从事文化馆设施管理和服务提供的全中文化公司已承接新区文化馆的管理事务。在培育文化类非营利组织方面，无锡新区给予实实在在的引导和支持，对有一定规模、有较强能力的社会文化组织，鼓励其到民政部门正式登记为民办非营利文化组织，并鼓励通过竞标参与政府购买公共文化服务；对于群众自发自办，具有鲜明“自我表现、自我教育、自我服务”特征的文化组织，区事业局实行备案制，消除群众文化组织进入公共文化服务的门槛，并同步建立星级评定制度，对优秀群众文化团队给予一定的荣誉和奖励扶持。为此，无锡新区专门颁发了《新区文化体育特色团队培育管理办法》，从机制上保障和规范了区内民办非营利性文化组织的培育和发展，目前，区内在政府部门注册备案的机构就有 163 家，在册人员 4650 人，成为除政府文化部门和商业承包企业外的公共文化服务力量的重要补充部分，一方面发挥着文化志愿者、特色文化建设、业余团队活动、文化惠民等关键作用，培养了自身的组织，锻炼了队伍，另一方面政府文化部门通过资助、奖励和购买，承包商与其合作联手，都增强了他们发展的内力，孵化了多元的社会力量，丰富完善了新区公共文化服务体系的建设。

二 新区公共文化服务社会化的初步成效

（一）新区建设现代公共文化服务体系进入快车道

构建现代公共文化服务体系涉及方方面面的内容，关键就是构建政府与市场良性互动的关系，探索政府购买服务的多种形式，建立以需求为导向的服务提供机制，提供主体选择的市场竞争机制，逐步由单一的政府行政行为过渡到政府、市场、社会有机结合的现代公共文化服务。

新区推进现代公共文化服务社会化是根据新区特有的体制优势，针对急剧变化的发展环境，围绕破解突出矛盾和问题，立足现实、着眼长远，从实现好辖区内人民群众基本文化权益的角度，从落实长效保障制度的角度推进机制创新和制度建设。新区创新现代公共文化服务社会化的机制创新、制度建设以及较为具体的“顶层设计”，所形成的规范具有较强的可操作性和可复制性，一定意义上指示出推进公共文化服务社会化的现实路径。政府委托管理、购买服务、培育组织等十分适合当前城市大开放、大开发地区或快速城市化地区社会文化组织多元发展特点，是推进公共文化服务社会化的正确选择。

（二）新区提供现代公共文化服务品质得到新飞跃

政府购买现代公共文化服务的成败在于服务质量，公共文化体系的受众是广大的人民群众，服务质量好不好，群众说了算。新区在购买公共文化服务时特别注重承包企业提供服务的深度和广度。

新区图书馆以读者满意为一切工作的出发点和落脚点，为了满足不同读者的需求，在图书馆购置新书问题上，更多地倾听和收集读者的建议和意见，图书馆利用网络开通多种渠道的读者交流平台，把选书和购书的权利交给了读者。图书馆坚持“图书馆服务与社区服务相结合”，与各街道社区的文化站、图书馆一起开展公共文化进社区服务，为新区各社区图书馆统一建设图书馆自动化系统，并将数字资源免费推送到社区内。图书馆坚持“服务市民与服务企业结合”，开设了15条高速VPN专线，为区企业客户提供和新区图书馆内一样的专业数字资源服务。新区图书馆将实体服务与网络服务相结合、馆内服务与馆外服务相结合、普遍化服务与个性化服务相结合、静态化服务和动态化服务相结合、一般化服务与特色化服务相结合，并按照“ISO9001质量管理体系”要求，制定了《新区图书馆服务管理规范》，实现了“1+8”新区图书馆联盟的管理标准一致化。

新区文化馆在为街道、社区、企业等提供基本公共文化服务的同时，更加注重需求导向服务，采取调查问卷、座谈会、网络征询、聘请顾问等多种方式问需于民，将群众的文化需求定位为文化馆的工作目标。同时注重服务点的延伸，将各类文艺培训班开办到街道、社区、企业、中小学，与基层形成了良好的互动交流的服务模式。文化馆还非常注重将富有新区地域特色的文化传承纳入各类公益性社会文化组织的培育和建设，让新区丰富、优秀的历史人文资源“活起来”，为群众提供富有传统特色的文化服务。文化馆还非常注重人才队伍的挖掘和培养，通过一系列艺术比赛、群众文艺会演、文化交流演出等方式，发现、培养文艺骨干和团队，将文化的种子播种在新区。

（三）新区建设省而快的现代公共文化服务途径

作为新建城区，无锡新区一度在公共文化服务均等化过程中面临十分突出的矛盾和问题。一是群体之间公共文化服务差距较大。新区的中心区域，特别是科技、文化、教育及CBD高度集聚地区，拥有大量中高端人群，他们能够获得更为丰富的文化服务，而一些刚刚“进城”的农民工等外来务工人员等弱势群体，享受文化成果、参与文化活动的能力则相对较弱。二是公共文化服务机构缺失缺位。无锡新区秉承的是“小政府、大社会”“小机构、大服务”的工作原则。在城市社会经济快速发展、新兴城区体制结构快速变动过程中出现的公共文化服务不均等现象，成为无锡新区明显区别于其他地区的突出矛盾和问题。在公益性文化事业单位缺位的前提下，社会化服务外包恰好实现了新区公共文化服务提速增效所要求的时间短、成本省、见效快的目标。首先是有利于降低政府行政成本、提高服务效率。政府不是经济组织，对成本效率的考量存在传统性弊端。按照苏南地区同样规模、同样标准、同样职能的“两馆”横向比较，政府财政全年划拨运营经费在1500万~2000万元，新区“两馆”同样按照国家一级馆的工作任务、要求完成合同要约，而全年承包经费只需750万元左右，还不到其平均数的一半，充分凸显了社会化外包的优越性。其次是有利于加快政府职能尽责到位。通过公开招投标，新区两家承包商，都是具有丰富的建设、运营、管理经验的专业机构，无论在人员素质方面还是专业条件方面都能确保快速进入角色履行职能。新区图书馆多次受到上级表彰，受到媒体、社会和同行的关注。2012年《公共图书馆数字化建设与创新管理》项目荣获第四届文化部创新奖；2011年度、2012年度获得市级考核优秀单位；2013年，被评估定级为国家一级馆，2014年被评为江苏省双服务先进单位；2013年创意的文化惠民项目《千古梁孟》获得无锡市服务奖；2014年，协助新区事业局主持的项目《新兴城区（开发区）公共文化服务社会化的标准化建设》列入国家文化创新工程重点项目。短短三年时间，两家承包商已完全融入了新区的公共文化服务的大家庭，认真履行合同，全面担当新区公共文化服务的重任，快速改变了新区公共文化服务的地位和格局，也得到了新区社会各界和省部领导的认可。

（四）新区创新现代公共文化服务的实践引起了社会广泛关注

新区推进现代公共文化服务社会化，首先依照因地制宜、实事求是的原则，根据新区特有的体制优势，针对急剧变化的发展环境，破解突出矛盾和问题。其次是创新制度重在建设，不只是解决眼前问题的“权宜之计”，而是立足现实、着眼长远，从实现好辖区内各个区域、各类群体基本文化权益的角度，从落实长效保障制度的角度推进机制创新和制度建设。再次是规范有序，注重实效，在对各种社会力量参与公共文化服务的渠道、载体、平台、机制全面掌握的基础上，扎实开展公共文化服务社会化的基础研究、项目实施、机制创新和制度建设。

文化部、江苏省文化厅相关领导，国内公共文化领域的专家，都对新区公共文化服务外包的创新工作给以高度评价。《人民日报》《中国文化报》《新华日报》《经济日报》《中国电子报》和中央电视台等主流媒体相继给予报道宣传。上海、四川等数十个地区的文化部门前来考察交流，“无锡新区”模式在国内公共文化服务领域产生了示范效应。

三　新区公共文化服务社会化的积极意义

党的十八届三中全会提出构建现代公共文化服务体系，为我国公共文化服务体系建设指明了新的目标和方向，使我国的公共文化服务体系建设站在了新的起点上。现代公共文化服务体系应以政府为主导、以公共文化单位为骨干、以基层群众为主体；全社会积极参与、权职统筹协调、资源高效配置；及时应用现代科学技术成果。现代公共文化服务体系建设在理念、体制机制、内容建设、服务方式、管理模式等方面要突破传统体系。政府要适应现代公共文化服务的要求，市场经济条件下公共文化活动管理能力和评估监督能力方面需要加强。提供公共文化服务是政府的基本职责，但这并不意味着政府是公共文化服务的直接提供者。实践证明，由国家和文化事业单位包办公共文化服务，是服务方式单一、效率低下、活力不足的主要原因。创新公共文化服务体系建设，关键是调动社会力量参与公共文化建设，推动公共文化服务社会化。

李克强总理2013年7月，提出“政府可通过委托、承包、采购等方式购买公共服务”。毫无疑问，在坚持政府负责的前提下，充分发挥市场作

用，发挥各类社会组织在基本公共文化服务需求表达、服务供给与监督评价等方面的作用，把适合由社会承担的基本公共文化服务事项，以政府购买服务等方式交由社会组织承担，推动基本公共文化服务提供主体和提供方式多元化，加快建立政府主导、社会参与、公办民办并举的公共文化服务供给模式将是现代公共文化服务体系的重要特质。

无锡新区近年来积极引导和鼓励社会力量参与公共文化服务，大力培育专业性文化外部企业，扶植文化民办非企业组织，着力提高全区与公共文化服务社会化发展要求相适应的标准化、均等化、制度化、专业化、常态化发展水平。新区为认真贯彻落实党的十八届三中全会关于“构建现代公共文化服务体系”，“推动公共文化服务社会化发展”的精神，结合无锡市创建“国家公共文化服务体系建设示范区”，在新区党委、政府领导下，启动和实施“全面深化公共文化服务社会化发展创新工程”，力争在“十二五”期末，初步建成以公共文化服务社会化为显著特色的现代公共文化服务体系，为国内各类新区、开发区构建现代公共文化服务体系提供借鉴和示范。

B.21

基层文化“小网格”助推公共文化“大服务”

——张家港市网格化公共文化服务研究报告

陈世海*

摘　要：本文将张家港市网格化公共文化服务作为主要研究对象，针对张家港市公共文化服务体系建设的特点和具体实际，深入研究和探索网格化公共文化服务的实践路径，总结网格化公共文化服务在推动公共文化服务均等化，促进城乡文化一体化发展，切实保障人民群众基本文化权益等方面的具体做法和经验，归纳其内在规律，进而在理论上探索出一条可供全省乃至全国基层公共文化服务体系建设的新路子。

关键词：公共文化　文化民生

为贯彻落实党的十七届六中全会精神，江苏省张家港市率先在全国探索实施网格化公共文化服务，充分发挥基层文化设施功能作用，广泛调动基层群众参与文化建设积极性、主动性，着力增强公共文化服务针对性、有效性，促进文化管理向文化服务转变、“送文化”向“种文化”转变、专业文艺“唱主角”向群众文化“挑大梁”转变，构建城乡公共文化均等化服务体系，推动社会主义文化大发展大繁荣。

* 陈世海，江苏省张家港市文化广电新闻出版局局长。

一 “网格化”文化服务模式延伸公共文化服务圈，“文化网格”成为公共文化服务目的地

张家港市实施的“网格化公共文化服务”，就是在原市、镇、村（社区）三级服务网络的基础上，将各村（社区）按一定标准划分成为若干个“文化网格”，使这些文化网格成为政府公共文化服务和广大群众参与文化建设的基本单元，形成市、镇、村（社区）、文化网格四级公共文化服务网络，将全市境内所有区域、所有群众均纳入公共文化服务范畴，享受普惠、均等、便捷的公共文化服务，让文化网格成为群众自我娱乐、自我创造、自我服务的平台载体（参见图1）。

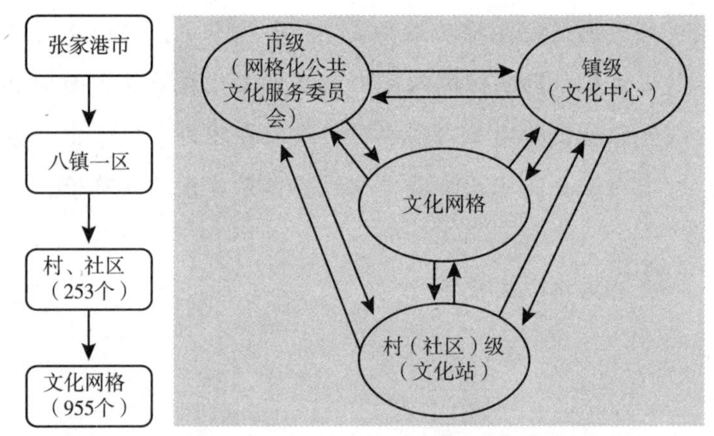

图1　张家港市网格化公共文化服务的体系模型

网格化公共文化服务是基层公共文化服务的延伸和拓展，与社会管理等领域的网格化不同，其核心要义不是“管理”而是“服务”，最终目的是切实保障人民群众的基本文化权益，全面激发人民群众的文化创造活力，实现基层公共文化服务的全民覆盖、全民共建和全民共享。

1. 完善“网格化”文化服务政策保障

张家港市出台一系列政策措施，大力发展基层公共文化服务，着力构建

较为完善的文化发展保障体系。2012～2013年，网格化公共文化服务项目连续两年被列入市委、市政府办实事项目，2014年起列为常规项目，市、镇两级财政安排专项资金扶持“网格化”公共文化服务活动开展。

2. 科学划分“文化网格”

对市域范围内“文化网格”进行科学划分，根据村、社区人口居住密集度、文化关联度和群众意愿以及属地情况、文化特点，整合辖区内企业、学校、医院、机关、武警部队等单位拥有的公共文化资源，因地制宜把全市村（社区）划分成955个“文化网格”。每个网格进行统一编号。

3. 组建网格文化员队伍

通过举荐、报名两种方式，从基层选拔热爱文化、有志愿服务精神、有一定文艺专长、有较强组织协调能力的包括新市民在内的文化志愿者担任网格文化员。网格文化员负责了解群众文化需求，发现团结文艺人才，传递文化资讯，引导组织群众成立文艺团队，开展各类特色文化活动。市、镇两级专门组织开展网格文化员培训，明确工作职责。目前，全市已有1075名网格文化员持证上岗。

4. 建立“文化网格”培育辅导机制

制定了有阵地、有网格文化员、有团队、有活动、有特色等“五有”示范网格建设标准，发挥示范引领作用，推进文化网格建设。充分发挥文化馆、图书馆、艺术中心等文化单位的辅导职能，组织群众文艺工作者和专业文艺骨干对全市文化网格实施分片包干、一对一辅导，不断提高文化网格建设水平。

二 “网格化”文化服务模式创推文化服务新举措，“文化网格”成为群众文化供需主阵地

张家港市网格化公共文化服务坚持重心下移、资源下移、服务下移，注重发挥网格文化员的引导带动作用，强调服务方式多元化、服务内容精细化，创新推出了“四大特色服务”进网格。

1. 强化资讯服务，扩大受众范围

每年编印《张家港市文化地图》，全面反映各级各类文化设施使用情况和群众性文艺团队发展状况。每季度编印一期《张家港市公共文化服务指南》，利用报纸、广播、电视、网站等媒体平台，向全社会公布各类文化信息，提供文化咨询服务，及时发布文化活动情况。实行全市网格文化服务点布点挂牌，公示服务功能、服务时间、服务项目、服务团队。率先在全国县（市）中开通“无线张家港”手机客户端，实时提供各类文化便民信息、新闻资讯。

2. 强化菜单服务，推动供需对接

通过网格文化员每家每户上门服务，及时把各类文化信息、文化资讯最大化地传递给基层群众，收集、汇总群众意见、需求，定期反馈。文化部门根据反馈情况，及时调整各网格文化重点，开展讲座、培训、阅读、演出、影视、展览等各类菜单式文化活动，实现精细化供给。自2012年起，每年推出“幸福港城”网格文化系列活动20项左右，包括“幸福网格乐翻天”才艺PK赛、“群星璀璨”群众文艺团队大比拼、“唱响中国梦”青年歌手大赛、“美丽港城我的家”新市民才艺大赛、“港城绝技”非遗技艺传承大赛等，老少兼顾、特色鲜明、遍及城乡、贯穿全年，扩展城乡居民的文化选择空间，推进文艺横向交流。

3. 强化数字服务，促进资源共享

加强数字化网格文化服务建设，率先在全国实现文化信息资源共享工程全覆盖，创新建设“文化信息共享工程服务点、党员远程教育、农家书屋、村（社区）图书室、公共电子阅览室”等“五位一体”基层综合信息服务站。实施文化数字化服务工程，建成数字图书馆、数字文化馆、数字博物馆及实体数字文化体验馆，打造张家港市数字文化服务平台，构建高效便捷的张家港公共数字文化服务网络。

4. 强化定向服务，实现个性供给

针对不同群体需求，开展定向式文化服务。成功举办两届的新市民才艺大赛，为广大新市民搭建了一个展示自我的舞台；大学生歌手大赛吸引了近千名本地大学生参加，成为假期返乡大学生中的一个文化品牌；市图书馆专门设立视障读者有声阅览室；市文化馆免费为新市民子女提供美术、书法、舞蹈、声乐表演、器乐等各类培训，累计培训超过 2000 人次。据统计，实施网格化公共文化服务以来，全市开展定向式服务 1000 多场，参与群众达 3 万人次。

三 “网格化”文化服务模式彰显文化建设新成效，“文化网格”成为公共文化建设活力源

张家港市网格化公共文化服务实施以来，受到了基层群众的广泛欢迎，产生了较大的社会影响，取得了一定成效。

1. 公共文化设施利用率进一步提高

通过《张家港市文化地图》《张家港市公共文化服务指南》等各级各类资讯宣传和网格文化员的带领，以前鲜有人问津的市图书馆外文阅览室，各文化站公共电子阅览室、特色文化展示厅等设施都得到了充分利用。市图书馆每年举办阅读活动 200 多项，并专门为全市文化网格群众开展公益讲座 30 场，吸引近 1 万名群众到馆听讲。市文化馆开设针对老年人、农民工子女的公益文艺培训课，每季举办书法展、儿童画展等，累计受益群众近万人次。乡镇文化站、特色展馆创新服务方式，在提升群众知晓率、场馆吸引力方面做出了积极努力，公共文化设施利用率进一步提高。

2. 公共文化产品供给能力进一步增强

各类网格文化活动蓬勃开展，全年全市网格化群众文化活动近 10000 场次，参与群众突破 500 万人次，仅“幸福港城”网格化公共文化服务活动就已吸引 100 多万人次参与。积极鼓励原创，网格群众自创自排文化节目更是丰富了公共文化产品供给，截至 2014 年全市各镇、文化网格新创作文艺节目超过 500 个，累计编排剧（节）目超过 3000 个。其中，杨舍镇邵巷网格特色舞蹈《推呀 · 拉呀》、乐余镇中心网格民俗舞蹈《摸壁鬼》、金港镇德丰网格小品《如此协议》在苏州市群众文化优秀作品大会演中取得了一

金二银的好成绩。乐余高中网格歌曲《游击队之歌》、锦丰永新网格器乐表演《赛马》在全省文化站长技能大赛上分别获得银奖和铜奖。

3. 群众文化艺术团队进一步壮大

在网格文化员的引导和带动下，从 2011 年底至今，全市群众文艺团队新增 300 多支，总数超过 500 支。锦丰镇联兴村网格文化员殷志斌通过走访调查，了解本文化网格内群众的喜好和文艺专长，经过三个多月的时间，组建了沙上山歌队、老年健身队、文艺宣传队等 5 支群众文化团队。塘桥镇金村庙会被列入国家级非物质文化遗产代表作名录。以往庙会演出主要外请文艺团队，建立文化网格后，组织该村村民成立了舞龙队、舞狮队、腰鼓队等 15 支群众文艺团队，现在每年农历四月初八庙会期间由该村网格群众文艺团队自办过街巡演，受到群众的欢迎和江苏省非遗专家的肯定。2013 年，时值中国（张家港）长江文化艺术节举办十周年，张家港市通过前期网格群众文艺团队 PK 赛，经过选拔融合，组成各镇（区）特色文艺团队，将斫竹歌舞、沙上婚俗、沙上秧歌、香山武术等搬上长江文化艺术节舞台，向沿江 12 省（区、市）的观众们展示了张家港的独特文化魅力。更有许多草根群众文艺团队登上了“村村演”“周周演”舞台。

4. 文化网格典型示范作用进一步发挥

网格化公共文化服务实施以来，张家港市已命名了六批 162 个示范文化网格，他们的一些经验和做法在全市推广。金港镇元丰社区文化网格发挥网格文化团队作用，开展“网格文化进企业”活动，丰富了社区企业职工的精神文化生活。杨舍镇邵巷社区一村网格韵梦艺术团，在市文化馆义务辅导员的辅导下，创排了戏曲舞蹈《桃花扇》，在全市广场舞大赛中一演成名，目前已成为杨舍地区知名的舞蹈团队，先后演出 80 余次，社会影响力不断提高。“风筝之乡”乐余镇的东林社区 2 号文化网格在社区特色文化展示厅开设“风筝课堂”，向青少年传授风筝扎制手艺，目前已在全镇 20 个文化网格推开。南丰镇永联村在居家养老中心、职工集宿中心、企业车间设立村图书馆分站，定期公布读者借阅排行榜。全市许多网格文化员兼任起了全民阅读推广人，积极助推“书香城市”建设。

5. 城乡公共文化服务实现均等

网格化公共文化服务实现了重心下移、资源下移、服务下移，通过“菜单式”服务把更多的产品、服务等优质资源送到农村，送到基层，顺应农村和基层群众的文化新需求新期待，有效促进了城乡文化一体化发展，促进了公共文化服务均等化。截至 2014 年，《张家港市公共文化服务指南》（以下简称《指南》）已出版 12 期，对全市季度群众文化活动及时公布，向市民介绍文化主阵地免费开放项目，推荐各级各类优秀文化团队和文艺作品等。同时，《指南》放置在各文化站服务大厅，便于群众阅读，“图书流动车”还直接开进各村（社区）、企业和学校，将《指南》亲自送到了群众手中。

四　网格化公共文化服务的启示与思考

网格化公共文化服务实现了观念创新、机制创新、服务创新，促进了“四个转变”：一是公共文化资源由“分散、分割”向“整合、一体”转变；二是公益性文化机构从“要我服务”向“我要服务”转变；三是文化服务方式从“单一供给”向“多元供给”“交互供给”转变；四是群众从“被动接受”向“主动参与”转变。

1. 网格化公共文化服务的立足点是以人文本

张家港市通过创立网格化公共文化服务模式，强化了公共文化服务体系中“人”的要素，抓住了公共文化体系建设“最后一公里”，使政府公共文化服务的触角进一步向基层延伸，有效促进了公共文化服务均等化，初步解决了公共文化服务体系建设中的两个重要问题，即效率和公平问题，改善了文化民生，扩大了文化民主，切实保障了人民群众的基本文化权益。正是因为坚持和体现了以人为本，网格化公共文化服务一经推开，立刻受到了人民群众，特别是基层百姓的普遍欢迎。

2. 网格化公共文化服务的核心要义是服务

社会管理领域中探索实行的网格化管理，其动机和目的主要是管理，而张家港开展的网格化公共文化服务，其核心要义则是服务，一切围绕服务，一切体现服务，一切落实在服务。网格化公共文化服务明确，政府是公共文化服务的主要提供者，公共文化服务的对象为全体社会大众。为了提高服务的针对性和有效性，张家港市建立了群众文化需求反馈机制，通过网格文化员和其他途径，及时了解人民群众对公共文化产品和公共文化服务的需求。为了使公共文化服务真正能够抵达人心，造福民众，他们积极创新服务内容、服务形式和服务手段。为了不断提升网格化公共文化服务水平，建立了网格文化服务辅导工作机制。为了发挥全市性文化活动的引领和带动作用，张家港市还建立了体系化群众文化活动带动机制。

3. 网格化公共文化服务的经验可供借鉴

随着经济社会持续快速发展，人民群众的物质生活水平日益提高，基层群众精神文化生活的个性化、多样化愿望日趋强烈。实践证明，通过网格化公共文化服务平台，有效增强了基层公共文化服务能力，提升了公共文化服务的针对性、实效性，走出了东部发达地区实施文化民生工程的新路子。其经验值得借鉴。

（1）深化基层公共文化服务，要畅通群众参与渠道，强化文化造血功能。广大群众既是文化建设的参与者，也是文化成果的享有者。在实施各类文化惠民工程的同时，尊重群众基本文化权益，发挥其主体作用，是增强基层造血功能，改变基层文化建设相对滞后的有效办法。网格化公共文化服务以文化网格为基础，设立网格文化员。他们贴近群众、服务群众，引导群众自编、自导、自演文艺节目，改变以往“政府送戏、百姓看戏”单一局面，有效激发群众文化自觉、文化自信，让文化种子扎根于基层文化的沃土，使公共文化服务真正成为民生工程。

（2）深化基层公共文化服务，要管好用好文化阵地，推动资源整合利用。随着城镇化进程的加快，村（社区）人口规模持续扩大，传统公共文化服务“先城后乡”“各自为政”的发展路径，已无法满足均等性、多样性、便利性要求。网格化公共文化服务通过“文化地图”“服务指南”标注文化点位、公布文化活动和服务项目，开展资讯服务、菜单式服务，让更多优质服务为群众所知晓、所接受、所享用，从而推动城乡之间、网格之间资源共享、合理流动。通过网格文化员的定期反馈，形成“倒逼”机制，实现公共文化设施管理、使用、服务由“低效”到“高效”的转变。

（3）深化基层公共文化服务，要培育乡土文化人才，提升基层文化活力。基层文化建设，队伍是基础，人才是关键。加强公共文化服务体系建设，需要一大批有才干、留得住、用得好的文艺人才队伍。网格化公共文化服务采取招募、推荐的方式建立网格文化员队伍。这些“草根”文化人才来自基层，了解群众所需所求、所想所乐，能够发挥“领头羊”作用，吸引民间艺人、非遗传承人、文艺爱好者参与文化建设，建立起一大批具有浓郁乡土特色的群众性文艺团队，对激发基层文化活力、丰富群众文化生活起到了有力的助推作用。

（4）深化基层公共文化服务，要科学设置服务项目，增强文化服务实效性。基层公共文化服务人员少、服务对象多、服务范围广，因而项目推动难、水平提高难。实施网格化公共文化服务，规范了服务机制，明确了职责分工，增加了服务层级，扩大了服务队伍，让基层群众真正享受到服务的便利。网格化公共文化服务实行个性化、对象化服务，将“众口难调”的文化需求进一步分众化、归类化，以定向服务、按需服务模式满足群众不同的文化需求，充分体现了精细化服务的内涵。

从张家港市的实践来看，网格化公共文化服务模式有着进一步拓展的空间。张家港市正在进一步总结经验、创新理念、完善机制、深化服务，进一步抓好文化网格的阵地建设、活动建设、队伍建设和品牌建设，进一步完善城乡公共文化均等化服务体系，积极探索我国基层公共文化服务体系建设的新路子。

B.22

运用现代信息技术服务基层群众文化

——郫县公共文化服务管理数字化探索实践

四川省成都市郫县文广局

摘　要：本文对郫县利用信息化、数字化手段加强对公共文化服务阵地的运行情况进行有效监管，对开展公共文化服务的做法和成效进行了系统的总结。

关键词：公共文化服务　服务管理系统

近年来，成都市郫县文广局按照党的十八大确定的关于推进社会主义文化大发展、大繁荣的各项战略部署，紧扣打造国家公共文化服务体系示范区工作新亮点的目标，扎根基层、立足实际，牢牢把握提升公共文化服务水平、丰富基层群众文化生活的主题，扎实推进“郫县公共文化智能服务管理系统”开发及运用工作，积极探索运用现代信息网络技术提升基层公共文化服务水平的有效路径，初步建立起了县—镇—村三级数字联动管理、服务、监督和考核体系，取得了阶段性的探索成果。

一　开展公共文化服务管理数字化探索的基本情况

郫县地处川西平原腹心，是成都市的卫星城、全国百强县，辖区面积437平方公里，辖14个镇，常住人口近100万，是享誉全国的古蜀之源、豆瓣之乡、蜀绣之乡、生态之都、大学之城，素有“银郫县”的美誉。近年来，随着城乡统筹的不断深入，郫县的公共文化服务体系建设取得了突破性进展，县文化馆、县图书馆均被评为国家一级馆，全县 14 个镇（街道）综合文化站、201 个村（社区）文化活动室标准化建设全面完成并向群众免费开放。但是，随着经济社会的不断发展和群众文化需求的不断提高，各种问题和矛盾也不断地凸显出来。

一是各级公共文化服务机构阵地虽然建立起来了，但服务能力不强，服务内容不新，服务水平不高，不能有效吸引群众参与，出现了“请客吃饭客人不来”的尴尬局面。以运行情况较好的三道堰镇和犀浦镇文化站为例，一年接待电子阅览的群众不足 4000 人次，图书借阅不足 3000 册次。

二是由于基层文化站室工作人员业务能力不足，管理水平不高，导致设备闲置、损坏甚至大量丢失，无法实现把文化站建设好、管理好、运行好的目标，政府和群众都不满意。在我们前期的摸底调查中发现，全县大多数村（社区）文化活动室开放情况较差，60% 以上的村级电子阅览室电脑被挪作他用或丢失。

三是全县 14 个镇（街道）综合文化站、201 个村（社区）文化活动室分布在 438 平方公里的广大地域空间里，而县级文化部门的公共文化管理人员仅有几个人，屈指可数的工作人员如何对分散全县的文化阵地开放情况实施有效监督，如何对他们的工作进行有效指导和考核呢？仅凭几个工作人员在百忙之中开着汽车“下乡”去随机抽查和年底的传统考核，管理效果和行政成本不言而喻。

针对上述问题，受全国各地正在推行的社会管理“大联动”智能平台建设启发，我们决定利用现代数字信息技术对县—镇—村三级文化服务功能实施整合和联动，提高对基层公共文化服务的监督、管理、服务和考核能力，实现政府投入的保值增值并满足群众多层次的文化需求。

二　推进公共文化服务管理数字化的具体做法

（一）政府主导，企业参与

在成都市文化局和县公共服务体制改革办公室指导下，制定了《关于进一步加快文化体制改革　完善基层文化服务体系的实施意见》及《乡镇综合文化站与文化企业合作开展公共文化服务试点工作方案》，将郫县公共文化智能服务管理系统开发及运用作为工作重点进行了安排部署。一是成立郫县文广局公共文化智能服务管理系统推进工作领导小组，由文广局主要负责人担任组长，分管领导担任副组长，下设办公室和技术组，由办公室负责此项工作的整体协调及业务模块梳理工作，由技术组会同合作网络公司负责系统技术研发和安装工作。二是与时空引擎网络技术公司签订了郫县公共文化智能服务管理系统研发协议书，公司研发人员作为技术组组成人员，与办公室共同开展公共文化智能服务管理系统研发工作。

（二）立足实际，注重实用

数字管理系统的研发，难点不在技术，而在于业务模块的梳理。我们始终坚持好用实用、提升效率的原则，组织各科室、文图两馆及各镇文化站业务骨干进行了反复讨论，从立足于解决实际工作问题出发，对基层公共文化服务和管理的业务模块进行了详细梳理和有机整合，在不断实践完善的过程中最终形成了公共文化智能服务管理系统目前的六大业务模块，搭建覆盖全县的文化服务共享平台。

1. 联动管理

以县级平台为中心，对全县所有镇（街道）、村（社区）文化活动站（室）开放情况实施远程实时监控，通过电子地图、网络视频监控、联网门禁系统等，实现县、镇（街道）、村（社区）三级联动。

2. 电子阅览

规范并记录用户上网行为，对违规上网行为进行即时制止，对未成年人上网限时锁屏，即时掌握阅览室运行状况，在确保安全、绿色的前提下，为群众提供法律科技文化学习、学历提升教育、职业技能培训以及健康向上的游戏娱乐软件。

3. 图书管理

对接县、镇图书馆自动化管理系统，实现图书借阅“一卡通”。

4. 政务办公

为县、镇（街道）、村（社区）三级文化管理者提供无纸化办公平台，实现即时互动与整体联动，同时具有非保密图文资料在线传递、邮件收发等功能。

5. 绩效考核

通过量化考核标准、自动生成报表及标准化打分结果，将各级文化场馆开放情况、活动开展情况、接待群众情况及其他专项考核项目等实时录入数据库，实现绩效考核的客观公正，有效防止考评的主观随意性。

6. 资源共享

建立全县所有公共文化服务组织、人才队伍、服装、道具、乐器和演出道具设备资源库，并对这些公共文化资源进行发布，管理部门既可根据各地需要实施有序调度和流转，各地也可根据需要自行联系所需资源，实现公共文化资源的共享。

（三）试点先行，稳步推进

在经过深入全面的前期调研之后，郫县文广局按照循序渐进、由点到面、逐步完善的原则，于2012年1~5月在三道堰镇综合文化站开展了先行试点。针对电子阅览室上座率不高、图书借阅量不大的突出问题，首先对电子阅览室、图书室管理进行了提档升级，优化了电脑配置，提升了网络速度，丰富了服务内容，实现了上网和图书借阅实名刷卡登记服务，未成年人到站上网和借阅时家长即可同步收到文化站发出的短信告知信息，并通过电子阅览室网络终端实现了县局对其开放情况的适时监控；随后逐步叠加了学历提升、技能培训、监控考核、信息互动等数字化服务内容，文化站彻底告别了过去那种内容单一的管理服务模式，从门可罗雀、少人问津一下变得面貌一新、人气大增，接待群众数量较上年同期增长数倍，接待省市有关部门领导指导和兄弟区市县考察十多批次。试点期满后，我们根据试点期间暴露出来的问题对系统功能再次进行了全面完善，并从6月开始逐步向其他站、室延伸覆盖。到2012年底，该系统初步实现了对县文化馆、县图书馆和所有镇文化站及部分条件具备的村文化活动室的覆盖。

（四）总结经验，不断提升

2013 年，针对系统运行过程中出现的网络不够稳定、操作界面比较粗糙、服务功能不够强大等问题，我们对该平台的建设又进行了持续完善升级。首先是更换了网络，将平台运行的基础网络由广电网络改换成了电信网络，确保其稳定运行。其次是采取服务外包的方式，委托时空公司对全县所有镇、村（社区）文化站（室）电子阅览室的上网终端进行了维修维护，解决了基层文化站因为缺乏维修力量导致电子阅览室无法正常运行的问题。再次是对郫县公共数字文化综合服务管理平台软件进行了升级，由时空公司组织专业团队对软件进行了全面升级，将 cs 架构变成了 bs 架构，以适应更多不同设备访问；将功能模块进行了调整和细化，对平台实现了网络化管理，并增加了文化数字资源对外推送平台——文化 366 网站。在不断总结经验的基础上，我们以该平台为基础，向国家文化部申报了 2013～2014 年度国家公共文化服务体系制度设计研究课题。经过一年的总结提升和完善，以"县镇村三级公共数字文化联动服务管理平台建设研究——以成都市郫县'公共数字文化综合服务管理平台'建设成果为基础"为题的课题通过开题报告、中期评审和结题报告，于 2014 年 6 月顺利通过文化部的验收，并获得优秀项目，名列全国第四。

三　将信息技术有效运用到基层文化公共服务的几点体会

（一）小投入也可以办成大事情

在人们通常的意识当中，要研发一款管理软件，实现自动化的管理，不仅需要高深的技术作为支撑，还需要海量的资金投入才能够实现。但现实并不是这样。这套智能系统总的研发经费只用了 20 万元，加上实现系统运行的必备辅助硬件及提档升级经费 52.47 万元（购买服务器、路由器、读卡器、监控中心 LED 大屏、监控探头、网络改造等），一共花去 70 余万元。

（二）最适合基层的才是最好的

目前市场上有数不清的各种软件系统，价格高不说，很多并不符合基层的实际情况与使用习惯，一旦运用起来就会遇到这样那样的问题，最终用不了多久就不了了之。因为它不是基层工作者在工作实践中为了解决实际问题自发研发的，甚至更不是根据基层工作实际研发的，所以没有实用性，当然也就提高不了工作效率。尤其是群众文化工作，面临的工作对象、所开展的工作内容，都具有很强的基层性，因此最适合基层的文化智能管理服务系统才是最好的智能系统。

（三）再智能的系统也要人控制

人们往往容易产生一个误区，我既然用了你这个自动化的智能管理系统，那我就可以一劳永逸地坐享其成了。再自动化的智能系统也需要人去控制和使用，再好的智能系统也只有人去把它用好了、用活了才能够发挥出应有的作用。从我们的探索实践中也看得出来，有的镇文化站把这套系统用好用足了，因此成效明显，而有的点位安装了并没投入实际运用，结果还是老样子。因此这套智能系统的研发和运用，从某种层面上来说，不仅不会减少我们的工作量，还会增加我们的工作难度，因为我们这套系统涵盖了基层文化工作的方方面面，你要把它用好就要迫使你把方方面面的工作都抓紧抓好抓落实。

（四）基层文化更需要数字化

随着城市化不断推进，中国不少边远农村人口构成正不断向老龄化和儿童化发展，有种观点认为，广大农村尤其是镇、村两级的公共文化场所没有必要再投入过多资金进行建设，更没有必要花钱对其进行数字化改造和提升。其实基层文化更需要插上数字化的翅膀，首先像郫县这种正处于急剧城市化阶段的特大城市近郊县，镇（街道）、村（社区）两级对公共文化服务的需求不但没有降低，反而不论对服务的数量和质量都有了更迫切和更高的要求。在互联网不断发展的时代背景下，如果我们的传统服务阵地不与时俱进地进行数字化改造和提升，便会跟不上发展的节奏，满足不了群众的需要；即使是在偏远的乡村，镇、村两级对公共文化阵地也仍然是留守者重要的精神家园和社交场所，让这些场域更好地存在和发挥作用，正是让身处偏远的相对弱势群体分享社会主义文化大发展成果的重要体现，也体现了公共文化的公益性、均等性、基本性、便利性。因此为乡村公共文化服务阵地插上信息化、数字化的翅膀，让留守乡土的人们对接上外面的世界、跟得上时代的脉搏，不但有望改变这些公共文化阵地功能弱化的现状，还有可能引导和重塑乡村的健康文化氛围。

他山之石

Outside the Box

B.23

西方发达国家公共文化服务制度的当代建构与改革态势

——以国家艺术理事会制度为例

陈 鸣*

摘 要：在二战结束以后半个世纪左右的时间里，西方国家的公共文化管理制度发生了重要的变化。本文试图从国家艺术理事会制度的角度探讨西方发达国家公共文化服务制度的当代建构与改革态势。西方学者将国家艺术理事会称为“非政府部门公共机构”或“准政府组织”，以区别于政府的文化行政部门。准确地讲，国家艺术理事会是一种政府行政系统之外的国家公共文化管理的制度形式，旨在代表国

* 陈鸣，上海大学副教授。

家从事本国公共文化的服务和管制。笔者认为，国家艺术理事会制度为我国设计和完善中国特色社会主义的公共文化服务体系提供了一种现代国家的样本。它使我国可以探索在政府的公共文化服务系统与社会民间的公共文化服务系统之间建立起第三种公共文化服务机构，进而形成以文化部、国家艺术理事会、社会民间三大系统鼎足而立的公共文化服务体系。

关键词：国家艺术理事会　公共文化服务　制度创新

第二次世界大战结束以后，为了恢复在战争中毁损的国家公共文化服务设施，弥补“看不见的手”在国家公共文化服务领域内的缺失，英美等发达国家率先采用凯恩斯主义的国家干预政策，强化了对社会经济和公共文化的国家引导和扶持的力度。与此同时，英国、加拿大、美国等国家先后创建了国家艺术理事会，建构起国家公共文化服务制度。应该看到，国家艺术理事会制度在西方发达国家的产生和成熟，不仅使公共文化服务的管理制度发生了划时代的变革，由传统的民间组织或地方政府的运作状态提升为国家文化行政机构的统筹管理，而且标志着在中央政府或联邦政府的政府行政系统之外确立了一种新型的国家公共文化管理系统，一种国家公共文化的独立管制系统。①

如果说，第二次世界大战结束以后的20多年时间里，西方发达国家的国家文化行政体制进入了国家艺术理事会的时期，除法国、意大利等个别国家外，国家艺术理事会已经成为西方发达国家公共文化服务的基础性制度形

① 一些西方学者将此类机构称为“非政府部门公共机构”（Non departmental Public Bodies），并将其定义为“不属于政府部门但在一定程度上受到政府管理，并承担一定职能的机构”。参阅〔英〕比尔·考克瑟等著《当代英国政治》（第四版），孔新峰、蒋鲲译，北京大学出版社，2009，第510～512页。

式。进入20世纪90年代，西方发达国家先后创建了文化部制度，除美国等个别国家外，国家艺术理事会制与文化部制结构性组合构成了西方发达国家的国家公共文化管理体制。本文试图以国家艺术理事会制为例，探讨西方发达国家公共文化服务制度的当代建构与改革态势。

一　国家艺术理事会制度的产生及其历史背景

西方发达国家的国家艺术理事会制度主要是在20世纪40年代中期至70年代中期的30年时间里建立起来的。根据国际艺术理事会和文化机构联盟等机构的资料统计，以下为各个国家艺术理事会的建立时间

- 1946年，英国的大不列颠艺术理事会（The Arts Council of Great Britain），现改组为英格兰艺术理事会（Arts Council England）；
- 1951年，爱尔兰的艺术理事会（Chomhairle Ealaíon）；
- 1957年，加拿大的加拿大艺术理事会（The Canada Council for the Arts）；
- 1964年，新西兰的伊丽莎白二世艺术理事会（The Queen Elizabeth Ⅱ Arts Council），现改组为创意新西兰（Creative New Zealand）；
- 1964年，丹麦的艺术基金会（Statens Kunstfond），2003年又成立丹麦艺术理事会（Kunstrådet）；
- 1965年，美国的国家艺术基金会（The National Endowment for the Arts）；
- 1965年，瑞士的瑞士文化基金会（Pro Helvetia）；
- 1965年，挪威的挪威艺术理事会（Norsk Kulturråd）；
- 1974年，瑞典的瑞典艺术理事会（ The Swedish Arts Council）；
- 1975年，澳大利亚的澳大利亚理事会（The Australia Council），现名澳大利亚艺术理事会（The Australia Council for the Arts）。①

① 目前，国际艺术理事会和文化机构联盟拥有76个国家成员，上述十个发达国家的艺术理事会均为该联盟的国家成员。http：//www. ifacca. org/membership/current_ members/，2014年11月3日浏览。

虽然，上述这些国家艺术理事会组织的名称有所不同，然而都是以理事会的组织形式从事国家公共文化基金项目的评估和分配工作。因此，我们将其统称为国家艺术理事会。

从总体上看，国家艺术理事会制度是西方发达国家公共文化服务制度现代化转型的产物，是在现代国家治理与资本主义制度的矛盾中产生和成熟起来的国家公共文化服务制度。我们至少可以从以下三个方面探讨其产生的历史背景。

1. 通过建立国家艺术理事会制度的方式构建现代国家的公共文化服务系统

20 世纪初期，资本主义经济市场垄断带来的世界性经济危机，以及帝国主义列强发起的两次世界大战，严重地损毁和破坏了欧洲国家的艺术文化设施，欧洲传统文明惨遭战火的蹂躏。为了拯救和恢复战后的艺术文化，西方发达国家，特别是欧洲国家的决策者们采取了国家干预行动，并从制度上保障和推进国家公共文化服务。例如，1945 年 6 月，英国议会决定将 1940 年成立的音乐艺术促进委员会（The Committee for the Encouragement of Music and the Arts）改组为大不列颠艺术理事会（The Arts Council of Great Britain），并授权其负责国家的公共文化资金援助，进而创建了第一个国家艺术理事会制度。又如，20 世纪 60 年代的瑞士，艺术文化被普遍地认为是私人的事务。但是，1965 年瑞士国会颁布《瑞士文化基金会法》（*Pro Helvetia Act* of 1965），并由此成立了瑞士文化基金会，授予其国家公共文化服务的使命。① 于是，瑞士建立了国家公共文化服务系统。国家艺术理事会的产生为西方发达国家建立了一种现代国家的公共文化服务系统。

2. 通过创建国家艺术理事会制度的途径谋求本国公民的文化福利

20 世纪初期，资本主义国家的市场垄断以及由此造成的两次世界大战，不仅毁坏了欧洲的传统文明，而且暴露出资本主义国家中市场垄断和社会失

① Christoph Weckerle, COUNTRY PROFILE: SwitzErland, p. 1, http://www.culturalpolicies.net/web/switzerland.php, 2014 年 11 月浏览。

业等重大的国家治理问题。因此，以英国的凯恩斯主义和美国的罗斯福新政为代表，西方发达国家的理论家和决策者纷纷探寻如何在现代文明的变革进程中消解和克服资本主义制度的弊病和顽疾，进而先后确立了从传统的自由型国家向现代的福利型国家转型的治国理念和政策措施。例如，在20世纪30年代的大萧条时期，美国有1500万失业人口，其中有近1万名艺人。为此，美国的公共事业振兴署（The Works Progress Administration）推出了一系列罗斯福新政的项目，努力使失业艺人找到相应的工作岗位。[①] 其实，在20世纪三四十年代之际，罗斯福新政也波及美国的新闻业。当时，联邦政府要求美国的报社、杂志社等新闻企业主提高员工的工资、减少工时、增加雇员，然而美国新闻业的雇主们却以“言论出版自由”为借口加以抵制，从而导致联邦政府与新闻界利益集团之间的矛盾和冲突。[②] 这场冲突实际上是现代国家的文化福利政策与资本主义的私有制之间的矛盾。1947年，美国的新闻自由委员会在《一个自由而负责的新闻界》的报告中十分敏锐地指出：“如果现代社会需要大型大众传播机构，如果这些集中强大到足以威胁民主社会，而如果民主社会不能单靠拆分这些机构来解决问题，那么这些机构就必须控制自己，否则就要受政府控制。”[③] 该报告创导的社会责任传媒理论，一定程度上缓和与化解了美国联邦政府与新闻界利益集团之间的冲突，推进了罗斯福的新政改革在美国新闻界的实施。所以，早在罗斯福新政时期，美国联邦政府就开始从现代国家公共文化福利的意义上推行保障本国艺人的就业和文化传媒人的劳工福利的政策。1964年，美国联邦议会授权创立国家艺术理事会（The National Council on the Arts），次年授权组建了国家艺术基金会（The National Foundation on the Arts），作为国家艺术理事会的日常运行机构。美国联邦国会在《国家艺术和人文基金会法》（*National*

① Mark Bauerlein：《National Endowment for the Arts：a History，1965 - 2008》，p. 1，http：//www. nea. gov/pub/eda - histoty - 1965 - 2008. pdf，2011年9月下载。

② 〔美〕玛格丽特·A. 布兰查德：《哈钦斯委员会、新闻界与责任概念》，1977年，载新闻自由委员会《一个自由而负责的新闻界》，展江等译，中国人民大学出版社，2004，附录一。

③ 新闻自由委员会：《一个自由而负责的新闻界》，展江等译，中国人民大学出版社，2004，第3页。

Foundation on the Arts and the Humanities Act）中指出，虽然没有一个政府能使伟大的艺术家和学者降生于世，然而联邦政府却适合并必须有助于创造和维持这样一种氛围，它不只是鼓励自由的思想、想象和探求，而且为这种创造性人才的释放提供物质性的便利条件。① 而联邦政府提供的公共资金必须服务于由国会定义的公共目的。② 从这个意义上说，美国的国家艺术理事会制度是建立在现代公民文化福利基础之上的。

瑞典早在20世纪30年代就开始推行福利型国家的治国战略。1974年颁布的《政府文化清单1974》（*The Government Bill on Culture of 1974*）从制度上确立了民主福利国家的文化政策，并于同年建立了瑞典艺术理事会。随后的几年时间内，高质量文化的分布和生产在瑞典各区域和城市范围内出现了实质性的增长。③因此，西方发达国家创建国家艺术理事会制度的主旨之一便是在本国的公共文化领域内推行公民文化福利的国家公共文化政策。

3. 通过创建国家艺术理事会的制度形式致力于保障国家文化主权

由于加拿大与美国相邻，历史上长期受到美国文化的冲击，因此，早在1929年，加拿大联邦政府的皇家广播委员会就曾指出："加拿大人所收听的大量广播节目来自加拿大之外。我们需要强调，继续接受这些节目将会形成一种趋势，使国内年轻一代的头脑中被装满那些非加拿大的观念和主张。因此，人们必须理解广播在促进国家统一方面的重要作用，联邦政府应该为加拿大广播提供财政补贴。"④ 创建于1936年的加拿大广播公司便是加拿大的国家公共文化设施。1951年，加拿大皇家委员会发布的《国家艺术、文字

① Mark Bauerlein, National Endowment for the Arts: a History, 1965 - 2008, p.1. http://www.nea.gov/pub/eda-histoty-1965-2008.pdf, 2011年9月下载, p.19.

② National Foundation on the Arts and the Humanities Act of 1965, http://www.neh.gov/about/history/national-foundation-arts-and-humanities-act-1965-pl-89-209. 2014年11月浏览。

③ http://www.culturalpolicies.net/web/sweden.php, 2014年11月浏览。

④ The Report of the Royal Commission on Radio Broadcasting. http://www.parl.gc.ca/HousePublications/Publication.aspx? DocId=1032284&Language=E&Mode=1&Parl=37&Ses=2&File=54, 最后访问日期2013年6月20日。

和科学发展报告》进一步明确指出，加拿大广播系统的主要目标是致力于加拿大“成功地抵制被同化为美国的一般文化模式”①。随后，加拿大联邦政府积极组建国家公共文化服务的机构和设施，例如加拿大国家图书馆（1953）、国家博物馆（1968）和加拿大广播电视委员会（1969）。加拿大艺术理事会创建于20世纪50年代。② 因此，为了抵御本国文化遭美国文化同化的危险，保障国家文化主权，加拿大联邦政府采取了加大建设国家公共文化设施的力度，并通过创建加拿大艺术理事会的制度形式建立国家公共文化服务制度。总之，以加拿大为代表，从国家文化主权的意义上设立国家艺术理事会制度是二战以后西方发达国家创建国家公共文化服务制度的时代背景之一。

二　国家艺术理事会制度的改革态势

20世纪90年代之后，西方发达国家的国家公共文化管理进入了一个体制化的时期，一个核心的标志是，除美国等个别国家以外，绝大多数西方发达国家先后建立起文化部制度，并由此带来国家艺术理事会制度的改革态势。其结果是，西方发达国家通过文化部制与国家艺术理事会制的双重系统奠定了国家公共文化管理的现代体制。

1. 文化部制度的产生导致西方发达国家公共文化管理的制度性重组，并最终确立了国家艺术理事会与文化部双重系统的国家公共文化管理体制

虽然，西方发达国家的文化部制可以追溯到1959年的法国文化部，也有一些国家是在20世纪60～80年代建立文化部的。③ 然而就总体而言，直

---

① the Royal Commission on National Development in the Arts, Letters and Sciences, http://www.collectionscanada.gc.ca/massey/h5-400-e.html，2013年6月浏览。

② John Foote, COUNTRY PROFILE: Canada, p.1, http://www.culturalpolicies.net/web/canada.php，2014年11月浏览。

③ 如丹麦的文化事务部（Kulturelle Anliggender Ministeriet，1961年成立）、意大利的文化环境部（1975年成立，现改组为遗产和文化事务部，Ministero per i Beni e le Attività Culturali）、西班牙的文化部（1977年成立）、澳大利亚的艺术、遗产和环境部（1984年成立）等。

到20世纪90年代，西方发达国家才普遍地建立了文化部制度。根据《文化政策在欧洲：基本事实和趋势的概略》等资料统计，至少有以下8个国家是在20世纪90年代建立文化部的：

- 1990年，挪威的教会和文化事务部（前身是1982年成立的文化科学事务部，现名文化部）；
- 1991年，新西兰的文化事务部，现名文化遗产部（Ministry for Culture and Heritage）；
- 1992年，英国的国家遗产部（The Department of National Heritage），现名文化媒体和体育部（The Department for Culture，Media and Sport）；
- 1993年，爱尔兰的旅游贸易部，现名艺术、体育和旅游部（The Department of Arts，Sport & Tourism）；
- 1995年，加拿大遗产部（Department of Canadian Heritage）；
- 1995年，葡萄牙的文化部（Ministério da Cultura）；
- 1997年，瑞士的联邦文化办公室（Bundesamt für Kultur）；
- 1998年，德国联邦文化体事务专员（Beauftragter Kultur und Medien）。

可以说，西方国家在20世纪90年代进入了一个创建文化部制度的时期。虽然，各国文化部制度的名称不同，管理范围也有差异，然而都是中央政府或联邦政府系统内的公共文化管理组织。应该看到，文化部制度的创建使西方发达国家的国家艺术理事会制度发生了历史性的变革。一方面，国家公共文化管理体制上由过去的单一系统拓展为双重系统——文化部系统与国家艺术理事会系统。其结果是，国家艺术理事会纳入了文化部的框架内，并成为政府系统外的国家公共文化独立管制机构。另一方面，国家公共文化管理体制上出现行政管理与服务经营的分离——文化部系统主要从事国家公共文化行政管理，而国家艺术理事会则是国家公共文化服务机构。因此，20世纪90年代以后，绝大多数西方发达国家确立了以文化部与国家艺术理事会为代表的国家公共文化管理体制。

例如，1992年，英国以国家遗产部的名称创建文化部组织，主管全国的文化、艺术和遗产。1997年，国家遗产部被改组为文化媒体和体育部。1994

年，大不列颠艺术理事会撤销，改组成立英格兰艺术理事会（The Arts Council of England）、苏格兰艺术理事会和威尔士艺术理事会。1995 年，北爱尔兰艺术理事会成立。1998 年，英国国会颁布《苏格兰法》《北爱尔兰法》和《威尔士政府法》后，苏格兰艺术理事会、北爱尔兰艺术理事会和苏格兰艺术理事会先后成为英国地区自治的艺术理事会。2003 年 2 月，英格兰艺术理事会经过一年左右的重组，其名称由“The Arts Council of England”改为“Arts Council England”，并最终成为英国的国家艺术理事会。作为英国的国家艺术理事会，英格兰艺术理事会由文化媒体和体育部（即英国的文化部）资助，并在资助协议中下达其国家公共文化服务的任务。① 因此，英格兰艺术理事会是英国的文化媒体和体育部的 44 个公共机构之一，被命名为“非政府部门公共执行机构”。

总之，20 世纪 90 年代以后，西方发达国家的国家艺术理事会的改革态势之一是，国家艺术理事会与文化部之间在国家公共文化管理层面上的制度性配置，成为文化部体制框架下的国家公共文化服务的独立管制机构。

2. 管制改革的浪潮促发西方发达国家探索国家公共文化服务的治理结构，一些西方发达国家率先制定并实施国家艺术理事会的企业化治理战略

20 世纪 80 ~ 90 年代，西方发达国家在国家行政管理领域内形成的放松管制（deregulation）思潮，开始萌发出一种管制改革（regulatory reform）的政策取向。于是，英美等发达国家兴起了一个“新公共管理”的热潮，试图超越传统的官僚制度和公共企业制度，在国家、政府的公共文化管理和服务中引入市场机制，② 积极探索适合国家情况的国家艺术理事会的治理结构，较为突出的便是国家艺术理事会的企业化治理战略。

2009 年 12 月，加拿大艺术理事会颁布《加拿大艺术理事会的治理政策》，并制定了国家艺术理事会的企业治理（corporate governance）框架。在组织结构上，加拿大艺术理事会建立了一个由 1 名主席和 1 名副主席、9

① http：//www. artscouncil. org. uk/who - we - are，2014 年 11 月浏览。

② 〔英〕简·莱恩：《新公共管理》，赵成根译中国青年出版社，2004，第 6 ~ 7 页。

名来自加拿大各地的成员组成的董事会（Board）。该董事会成员由加拿大遗产部部长推荐，总督任命，董事会每年至少召开三次会议，负责该组织的政策、计划、预算和基金分配的决定，并通过加拿大遗产部部长向国会做年度工作报告。作为加拿大艺术理事会的组织领导者，该董事会成员的责任是积极地监督加拿大艺术理事会的业务，努力确保所有影响加拿大艺术理事会的主要决策都给予适当的考虑。《加拿大艺术理事会的治理政策》指出，一个全面的企业治理政策是效率、效益和问责制的关键工具。而加拿大艺术理事会的企业治理框架的目标是：界定董事会和管理层的角色和责任；为整个组织结构提供一个一致的、连贯的和全面的问责框架；促进董事会和管理层的战略决策；提高董事会、工作人员和外部利益相关者对董事会管理团队、管理的专业化、组织的活动和程序的有机统一的信心。加拿大艺术理事会的企业治理等核心内容是：艺术理事会的董事会责任；董事会的诚信与道德；企业治理中的企业管理；财政监管；董事会与管理、治理和其他利益的关系；董事会成员的重建与有效性；董事长和行政总裁的地位。同时，该治理政策详细地规定了组织结构、核心的责任和运作原则，以及治理政策的修正等方面，并要求董事会履行诚信与道德方面的义务，承担文化企业的社会责任。①

应该看到，企业问责制是加拿大艺术理事会企业治理的基础性原则。这一企业治理原则主要是在两个向度上运作的：一方面体制内的问责制治理，加拿大艺术理事会的问责制面向拥有影响该理事会的组织权力方，表现为，加拿大艺术理事会的所有成员向董事会负责，而加拿大艺术理事会的董事会则接受加拿大国会、加拿大遗产部部长、加拿大审计长的监督和年度审查；另一方面是体制外的问责制治理，加拿大艺术理事会的问责制面向接受该理事会组织权力的影响方，表现为，加拿大艺术理事会向项目申请者与加拿大民众负责。在“2011～2016 年战略计划”中，加拿大艺术理事会明确其企

① 加拿大艺术理事会：the Canada Council for the Arts Governance Policy，2009 年 12 月，pp. 1-5，http：//www. canadacouncil. ca/NR/rdonlyres/CDC1A066 - 9490 - 4322 - 8583 - 897C5EC10F/0/gove. pdf，2011 年 10 月下载。

业治理的五个方向以下

（1）作为加拿大艺术实践的核心，加强理事会对个体或团体艺术家从业工作的承诺。

（2）扩大理事会对艺术组织增加其在全国各地从事艺术实践能力的承诺。

（3）在促进加拿大人实现艺术平等优先的愿望方面，加强理事会的领导作用。

（4）建立与其他组织的合作伙伴关系是理事会推进其任务的关键要素之一。

（5）通过强化其结构、员工和服务的方式，增强理事会支持艺术实施变革的力度。

加拿大艺术理事会指出，上述五个方向覆盖三大主题：一是有助于更大的协同作用，使现有的艺术基础设施增强可持续性和适应性；二是增加理事会在艺术的数字化社会转型方面的影响；三是推进艺术家在日常生活中有关艺术价值的公共对话。①

总之，在管制改革思潮推动下，国家艺术理事会在西方发达国家不仅承担了国家公共文化服务的使命，而且表现出企业化治理的发展态势。

3. 国家艺术理事会以“一臂之距”和同行评估的原则奠定了西方发达国家的国家公共文化服务的制度基础和运作机制

在国家公共文化服务的载体或职能上，西方发达国家的国家艺术理事会通常涉及以下范围：本国公共文化项目的评审和资助，各类艺术文化奖项的评比和颁发，国家公共文化政策咨询，公共借阅权的管理，艺术银行等。其中，最重要的职能是评审和颁发年度国家公共文化基金项目。为此，20 世纪 90 年代以后，西方发达国家的国家艺术理事会普遍确立了“一臂之距”和同行评估两大原则。例如，《澳大利亚理事会 1995 ~ 1996 年的年度报告》在回顾澳大利亚理事会的工作原则时写道：“澳大利亚理事会的工作一直遵循两个基本原则。‘一臂之距’原则是由《澳大利亚理事会法》阐明的原

① 加拿大艺术理事会：Corporate Planning Documents，http：//canadacouncil. ca/council/about – the – council/corporate – planning，2014 年 11 月浏览。

则，奠定了理事会自由地采取自主行动，并独立于政府的基础，确保其具体的资助决策远离政局变化。第二个原则是‘同行评估’（peer assessment），经艺术家和社区代表的同行评估，参照政策的优先事项来选择资助对象。根据与其他申请者的竞争，并在财政预算的范围内，给艺术家和艺术组织的申请者提供资助，从而体现出最高水准的艺术性和创新性。接受理事会资助的艺术家和艺术组织，在各自的日常业务中保持独立”。①

从历史上看，“一臂之距”是由英国著名经济学家凯恩斯倡导的。② 英格兰艺术理事会在追忆这段历史时写道：“新的艺术理事会（大不列颠艺术理事会）最终将向议会负责，并由财政部的拨款进行赠款援助。但它本身不是一个政府部门。没有任何部长指示其政策或决定应该被资助的人选。凯恩斯主张‘一臂之距’原则，以防止纳粹德国那种国家支持、政治审查的资助艺术类型。‘一臂之距’的原则意味着，艺术理事会在具体的资助决策上拥有自由度，不受政府的干预，并负责将这些决定向政府、国会和公众报告。”③ 所以，“一臂之距”的原则为西方发达国家的国家艺术理事会确立了基本的制度形式，表现为，在国会的监督和文化部长的直接领导下，在中央政府或联邦政府的行政系统外负责国家公共文化基金项目的评审和资助等事务，进而与中央政府或联邦政府的行政系统之间在组织上保持一定的距离，独立地从事国家公共文化服务。

如果说，“一臂之距”原则确立了国家艺术理事会的制度形式的话，那么，同行评估原则是奠定了国家艺术理事会从事国家公共文化服务的运作机制。虽然，我们很难考证哪个国家最先采用同行评估等原则，但是，同行评估原则是“一臂之距”原则自然和必然的产物。因为根据“一臂之距”原则组建的国家艺术理事会，其理事和评估委员会的成员自然主要是本国公共文

① 澳大利亚艺术理事会：Australia Council：annual report 1995 - 1996，p. 7，http：//www. australiacouncil. gov. au/data/assets/pdf_ file/0014/32117/Austcar. pdf，2011 年 7 月下载。

② 1941 年，凯恩斯曾任英国音乐艺术促进委员会主席。

③ http：//www. artscouncil. org. uk/about - us/history - art - council/1956 - 50，2011 年 7 月浏览。

化领域内的专家、学者，因而是专家治理型的国家公共文化服务机构，国家公共文化基金项目的年度评审必然主要由艺术文化领域内同行代表主持。所以，20 世纪 90 年代以后，西方发达国家的国家艺术理事会普遍采用了同行评估的原则。例如，加拿大艺术理事会由 11 名理事会成员组成，并通过加拿大遗产部长（即加拿大文化部）向国会报告。理事会的主席、理事和主任均由加拿大总督依据固定条款任命。① 加拿大艺术理事会很大程度上依赖于全国各地的艺术家和艺术专业人士，每年有 750 名左右的艺术专业人士参与同行评估等活动。② 又如，美国的国家艺术基金会（The National Endowment for the Arts）通常由 26 名美国公民经美国总统推荐，美国国会任命，作为国家艺术理事会（The National Council on the Arts）的代理顾问，任期六年。目前美国艺术理事会有 18 名理事，外加 6 名无投票权的国会议员，任期两年。③ 美国总统依法从本国艺术界中选取具有广泛知名度，或者对艺术有着浓厚兴趣和专业知识的人士，向国会推荐为美国艺术理事会的理事候选人。这些被推举的人选有着卓越的服务记录，或者在艺术领域取得了杰出的成就，并公平地代表着美国境内的所有地区。④ 由此可见，同行评估实际上是指由本国的艺术文化界的专业人士主持国家艺术理事会的公共文化基金项目的年度评审工作。

总之，20 世纪 90 年代以后，西方发达国家的国家艺术理事会普遍实施了“一臂之距”和同行评估的原则，进而奠定了国家公共服务的制度基础和运作机制。

可以说，国家艺术理事会制是西方发达国家在 20 世纪的现代国家治理的建设和改革进程中产生并成熟的国家公共文化服务制度形式，我们至少可以将其制度特点概括为以下三个方面。

（1）在组织性质上，国家艺术理事会是独立管制的国家文化行政机构，

---

① http：//canadacouncil. ca/council/about – the – council/governance，2014 年 11 月浏览。

② http：//canadacouncil. ca/council/overview – of – the – canada – council，2014 年 11 月浏览。

③ 美国不设文化部，所以，国家艺术理事会的 18 名理事中配置了 6 名无投票权的国会议员代表，参与国家艺术理事会的日常工作。

④ http：//arts. gov/about/national – council – arts，2014 年 11 月浏览。

通常由国会的专门法律授权而独立组建，对国会负责或通过文化部部长对国会负责。所以，国家艺术理事会以“一臂之距”的原则，在中央政府或联邦政府系统外设立国家公共文化独立管制机构的制度形式，一种“国家公共文化服务的独立管制机构”，既制约了中央政府或联邦政府在国家公共文化领域内的管理权限，又扩大了国会干预国家公共文化服务的范围，一定程度上反映出西方发达国家传统的“三权分立”国家政体原则在国家公共文化服务领域内的现代化转型的影响。

（2）在组织人员上，国家艺术理事会是专家型的国家公共文化基金机构，其理事和评估委员会的成员主要来自国内艺术文化界的专家、学者，其工作人员主要是雇员或志愿者。所以，国家艺术理事会以同行评估的原则，依托本国的艺术界和文化界的专业人士组成的专家评估机构，自主决定国家公共文化基金项目的评估工作，从而能够使之贴近国内艺术文化界的实际情况，更为直接地表达广大艺术文化工作者的声音，更为广泛地适应不同地区的公共文化需求。

（3）在组织职能上，国家艺术理事会是文化部体制框架内的国家公共文化服务机构。除美国没有设立文化部外，西方发达国家都将国家艺术理事会纳入文化部的体制框架内，其职能主要涉及向本国的艺术家、公共文化服务组织等的公共文化基金申请者提供资助，并向文化部和/或国会提供有关国家文化的政策、法律法规的决策咨询。所以，国家艺术理事会以文化行政与文化服务分离的原则，在文化部的体制框架内构成国家公共文化服务机构，主持公共文化基金项目评估、艺术文化奖项颁布等国家公共文化服务，以及协助制定国家公共文化的政策和法律法规。

B.24
美国公共文化政策探析

李怀亮　方英*

摘　要：美国的公共文化是“为公众而艺术”的文化，实行“民间主导”型公共文化服务模式，强调公共文化服务多元化、市场化和社会化的发展。美国在行政体制上没有设立统管全国文化事业的行政部门，政府不以明确施政目标推动文化艺术，而是设立多层次的中介机构支持文艺团体和艺术家等开展各种研究、教育和社会活动，努力营造平等有序的文化发展环境。在长期的文化实践中，形成了各级政府的直接资金支持、联邦政府机构的其他支持、私人捐赠和税收优惠三个层次的公共文化艺术资助体系。

关键词：美国　公共文化艺术　资助体系

和世界其他国家的公共文化政策相比较，美国的公共文化政策具有更为鲜明、突出的个性。一般认为，在大多数西方工业国家关于文化政策有两种策略。第一种是政府完全放弃文化政策，任由社会的文化生活在市场中自由发展，美国就是这一政策最好的例证。尽管从加拿大到法国等大多数西方政府都承认自由市场对决定本国文化的发展具有重要作用，但是这些国家并没有采取这一策略。第二种策略则是政府把文化政策的基础建立在本国相对传

* 李怀亮，中国传媒大学文法学部部长、教授、博士生导师；方英，中国传媒大学经济与管理学院经济系副主任、教授、硕士生导师。

统的、狭义的艺术观念和艺术价值上，国家审慎选择有限的文化活动，如戏剧或古典音乐，予以保护。① 从这个意义上来说，美国与其他西方国家的“文化”或“公共文化”政策相比，有其突出特点。

从学术界的讨论来看，在欧洲，学者们探讨公共文化政策时，基本上是围绕文化的使用价值、非使用价值，以及商品的外部性、公共产品的范畴来进行的。② 而在美国，对于公共文化政策的考量，主要不是从市场失灵或文化具有公共产品属性这样的理论逻辑出发的。美国学术界对政府制定文化政策最关切的问题是：政府制定文化政策会不会导致其对文化的“干涉”；制定文化政策是不是有可能损害公民的言论自由；政府制定文化政策的权力会不会使审查制度合法化；等等。

为了让读者对美国的公共文化政策有一个较为清晰的认识，本文拟从概念、政策框架体系、主要机构及运作机制等方面对美国公共文化政策进行深入解析。

一　公共文化理念

在美国，公共文化这一概念是从20世纪80年代才开始使用并逐渐为社会所接受的。当时，里根政府曾试图削减拨付给国家艺术基金会（NEA）的经费，甚至企图关闭它。因此，曾经接受过国家艺术基金会（NEA）资助的国家艺术管理机构和地方艺术机构以及许多非营利组织为了保护国家艺术基金会，必须经常到华盛顿游说和辩护。他们把公共文化的概念引入国家人文艺术基金会中，后来也被引入国家艺术基金会（NEA）和国家人文科学捐赠基金（NEH）中，此后公共文化的概念才变得清晰明了。

① Justin Lewis, Designing A Cultural Policy, *Journal of Arts Management, Law & Society*, Spring 1994, Vol. 24, Issue 1, p41.

② Andrej Srakar and Vesna Čopi č, Private investments, public values: a value - based approach to argumenting for public support to the arts, *Cultural Trends*, Vol. 21, No. 3, September 2012, pp. 227 - 237.

公共文化的理念体现了这样一个假设：被全社会共享的公共利益是存在的，同时也假设，在某些情况下，一些艺术实践是可以实现这些利益的。其所遵循的原则是，如果我们或我们中的大多数人一致认为 X 是一个有价值的追求目标，且在学术上也表明，艺术可以产生或有利于实现 X，那么我们在投资艺术上就存在着共同利益。艺术和其他形式的文化可以以一种公共的方式来体验，而不只仅仅是一种私人体验。与文化的私人特性相对，“公共文化”话语明确了文化具有独一无二的公共性和社会功能。①

在西方，现代主义艺术流派“为艺术而艺术”的主张非常流行。但作为公共文化的倡导者，穆尔卡希（Mulcahy）提出，公共文化的生产是为大众而艺术的——公众近用、公众参与和公共利益。② 穆尔卡希对社会理论的阐述被作为支持公共文化的理论基础。

罗伯特·D. 普特南（Robert D. Putnam）在其影响力颇深的著作 *Bowling Alone* 中有关社会资本的论述，为公共文化的合理性提供了另一种思考路径。普特南认为，艺术不仅可以提供更大的社会联系，还可以增加一个团体的社会资本。普特南提出，“艺术有利于逾越传统的社会壁垒”，并呼吁艺术家和受众在未来不仅是作为市场中的文化消费者而存在，更重要的是参与到文化创意与文化生产中去。

1. 公共文化有利于美国国家安全

文化外交是通过有目的地利用文化构建和平（如富布赖特项目和其他交流项目）和宣传（如自由欧洲电台）的方式来解决公共利益的。美国政府在第二次世界大战结束后几年内对文化外交的投资证明了这一点。

2. 公共文化有益于社会道德价值建设

道德观点使得高雅文化区别于其他形式的文化（如流行文化、商业文化），致使“高雅”艺术独享道德价值，即只认为高雅文化才应该获得公众

---

① Dustin Kidd, Public Culture in America: A Review of Cultural Policy Debates, *The Journal of Arts Management, Law, And Society*, 2012, 42: p. 11 – 21.

② Mulcahy, Kevin V., “The Rationale for Public Culture”, In *Public Policy and the Arts*, edited by Kevin V. Mulcahy and C. Richard Swaim, pp. 33 – 57. Boulder: Westview Press, 1982.

的支持。价值观点表明，文化是一种公共利益，而道德观点表明，只有高雅文化才是一种公共利益。

3. 公共文化有益于人们追求美好的生活

文化可以提高生活的质量。美国国会2000年发布的报告《艺术与公共目标》指出，基于一些公共文化的理论基础我们可以知晓，文化有提高人们生活水平的能力，同时详述了艺术可以培养创造力并且具有提供娱乐的功能。①

4. 公共文化对经济发展有巨大贡献

通过公共文化实现经济利益成为投资文化艺术项目和国家人文艺术基金会（NFAH）存在的合理性基础。对于公共文化的经济理论基础并不局限于对那些不能够在市场上生存的部门进行补贴，它还强调文化对经济繁荣所产生的作用，美国国会所发布的报告（2000）表明，文化机构不仅有助于社区的发展，还能够促进当地经济的繁荣。

5. 公共文化对教育的作用

另一种路径强调，文化的教育效益。美国国会报告指出，公共文化通过为个人提供教育和职业技能来培养高素质公民。

6. 公共文化对民主至关重要

许多有关公共文化的观点都是植根于民主原则的。一份1991年的美国国会发布的报告中指出，一个健康的艺术世界是一个民主社会的最高利益。因为艺术有助于构建民族认同感，同时对娱乐和教育也有促进作用。

7. 公共文化促进创新

对公共文化的政府补贴可以极大地促进创新。美国政府通过美国国家科学基金会设立的各种奖项来促进科技创新。而且国家人文基金会也设立奖项来促进人类学术的进步。②

---

① American Assembly, "The Arts and Public Purpose." In *The Politics of Culture: Policy Perspectives for Individuals, Institutions, and Communities*, edited by Gigi Bradford, Michael Gary, and Glenn Wallach, 64 – 70. New York: The New Press, 2000.

② *Kevin Mulcahy* 在 *The Rationale for Public Culture* 中从经济、社会、教育、道德和政治因素论述了政府支持公共文化的五个理由；Dustin Kidd 在 Public Culture in America: A Review of Cultural Policy Debates 一文中总结了公共文化的十三条合理性。限于篇幅此处不作全部介绍。

二　公共文化的运行与管理

美国实行“民间主导”型公共文化服务模式，强调公共文化服务多元化、市场化和社会化的发展。美国政府不直接控制和管理文化艺术事业，而是通过法律法规和政策来鼓励中央和地方对文化投资，营造平等有序的文化发展环境，调动各方面力量参与和推动公共文化发展。美国公共文化体制的结构是一个由政府间接与直接支持体系、非营利文化组织和私人捐赠体系所组成的复杂并且不断发展着的体系。

1. 行政体制

美国在行政体制上没有设立统管全国文化事业的行政部门，政府不以明确施政目标推动文化艺术，而是根据“一臂之距”原则，在政府和非营利文化艺术组织之间设立多层次的中介机构，这些机构的职能主要是代表政府支持文艺团体和艺术家等开展的各种研究、教育和社会活动。国家艺术基金会负责对一些非营利性活动和组织提供直接补贴，国家人文基金会（NEH）对文化人类学研究的支持、公共广播公司（CPB）提供的公共广播电视服务、美国国家新闻署（The United States Information Agency）负责的文化外交和文化交流活动等。除此之外，还成立了一系列的政策顾问性质的委员会，例如独立运作的美学与设计建议委员会（FAC）、国务院下属的文化资产顾问委员会和内政部下属的印第安艺术及工艺品协会等。还有一部分美国的文化政策是由一些除联邦政府机构之外的非政府机构负责实施的。

2. 运行机制

美国联邦政府主要通过市场机制，将公共服务输出市场化，实现政府权威与市场交换的功能优势有机结合。美国联邦政府规定了提供公共服务坚持的三个原则。一是通过市场机制作为连接非政府部门和政府部门的中介，政府确定的公共服务目标可以通过非政府行政部门的力量完成，政府行政部门不必亲自参加和干预。二是提高公共服务的生产效率。主张公共服务的供给者公平竞争，在竞争中共存，以自由的创作环境，激发创作和创意潜能，实现各种艺术形式和艺术团体在公平竞争中优胜劣汰，促进文化艺术繁荣。三是消费者对公共服务的选择权利。[①] 这种将文化艺术活动置于市场经济和民间社会中发展的发展模式，有助于实现文化资金来源多元化和文化服务主体多元化，提升公共文化服务质量和公众参与度（见图 1）。

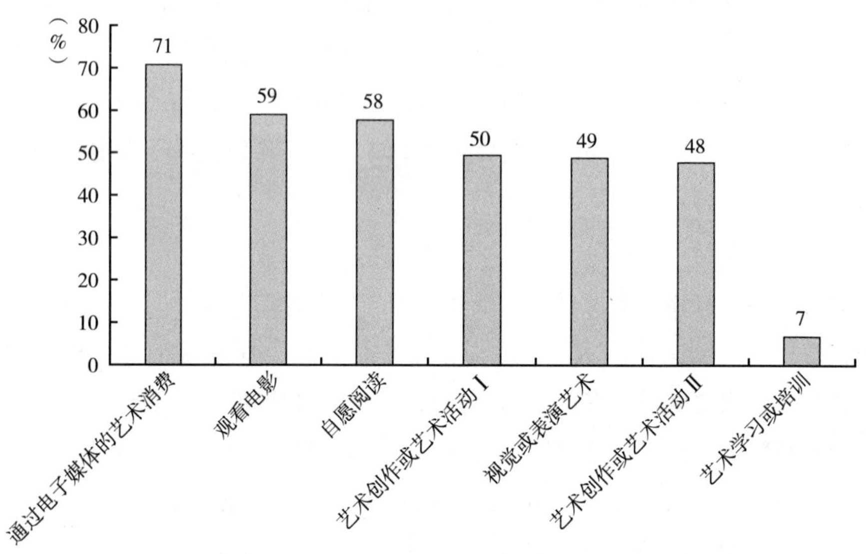

图 1　2012 年美国成年公众参与艺术活动的比例

资料来源：美国国家艺术基金会 2013 年度研究报告（*How a Nation Engages with Arts*）。

三　美国公共文化资助体制

（一）各级政府对文化艺术的直接资金支持

美国政府对公共文化艺术的各类补贴约占全国非营利艺术团体总投资的 7%。国家艺术基金会是全美最大的文化艺术赞助者，但是更大范围的公共

① 苗瑞丹：《反思与借鉴：美国公共文化政策对我国文化发展成果共享的现实启示》，《学术论坛》2013 年第 10 期。

资金来源于联邦政府、州政府和地方艺术机构。政府对非营利文化组织直接资助体系的建立使得美国公共文化体制在结构上得以完善。政府的税收机制尽管对加强非营利文化组织的公共职能起到了积极的作用，但是这种公共职能作用的发挥还是受到一定的限制，政府必须通过直接资助的方式完善公共文化职能。政府对公共文化的直接资助不是为了掌控公共文化艺术和实施特定的文化艺术政策。政府对扶持的艺术项目的选择来自艺术行业或学术领域的专家决策。资金申请者要经过同行的严格审查，以确保奖金是根据项目的艺术造诣而不是基于政府政策目标或政治偏好。在任何情况下，政府直接资助和激励措施不是为了普惠艺术活动，而是为了缩小差距、加强艺术教育、鼓励艺术创造、扶持艺术保护和传承。政府的直接资金支持与社会和个人资助互相补充，为美国公共文化艺术的发展提供了大量的资金来源。

1. 国家艺术基金会

国家艺术基金会是美国国会 1965 年设立的独立行政机构，是美国联邦政府指定的艺术资助组织，它的设立标志着美国政府对艺术领域的介入管理。作为美国文化机构的主体，独立的文化艺术部门包括三个：国家艺术基金会（NEA）、国家人文基金会（NEH）和博物馆与图书馆协会（IMLS）。这些机构每年直接获得联邦政府拨款，并资助全国的文化艺术项目。国家艺术基金旨在保护和发展优秀的文化艺术形式、促进个人和社会团体的艺术创新和创意活动，它在保护和发展舞蹈、设计、民族传统艺术、歌剧、剧院和视觉艺术等方面发挥了重大作用。众议院和参议院拨款委员会审议的给予艺术基金会的年度财政拨款额超过了内政部和环境部。2012 年，国家艺术基金会得到 1.46 亿美元拨款，其中 80% 用于艺术补贴和资助。

2. 州（地区）艺术委员会

国家艺术基金会与州（地区）艺术委员会合作，形成覆盖联邦、州（地区）层级的全国性公共文化艺术支持体系。1960 年纽约州成立了艺术委员会（NYSCA），对其他各州起了示范效应。纽约州艺术委员会是收到财政拨款最多的州政府机构，2012 年度收到的财政拨款是 3620 万美元。20 世纪

80 年代中期前，联邦政府对国家艺术基金会的拨款超过了州政府对州艺术委员会的拨款，从 1986 年开始，州政府的文化艺术拨款逐年增长，拨款额在 2001 年达到顶峰，超过了联邦政府对国家艺术基金会拨款额的 77%（见图 2）。

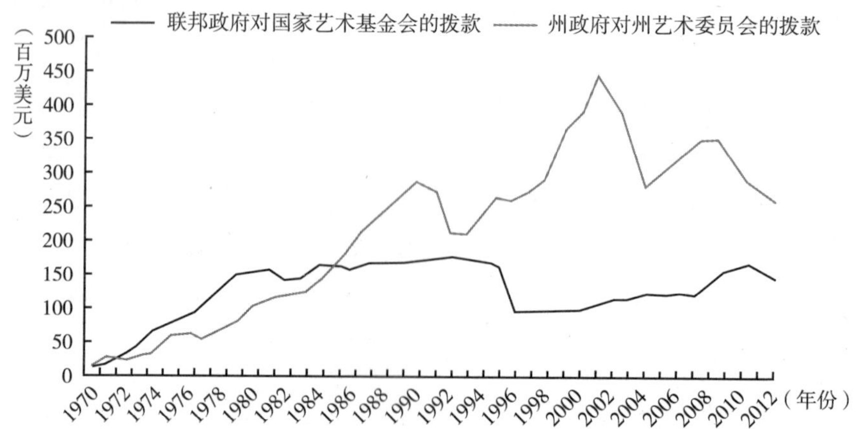

图 2　1970～2012 年国家艺术基金会与州艺术委员会收到的拨款比较

资料来源：美国国家艺术基金会研究报告（*How the United States Funds the Arts*）。

州艺术委员会主要运用国家艺术基金会合作伙伴协议拨款和州政府拨款开展当地的文化艺术活动，在收到艺术基金会的资金后需要制订详细的资金使用计划。联邦政府 90% 的艺术基金的分配基于各州人口数量，10% 的资金分配是竞争性的。2012 年州艺术委员会共收到 2.601 亿美元的州政府拨款和 3290 万美元的艺术基金拨款。国家艺术基金会还通过中西部艺术基金会、中部艺术联盟、中大西洋艺术基金会、新英格兰艺术基金会、南部艺术基金会、西部艺术联合会 6 个地区性艺术组织与州艺术委员会合作。

3. 地方艺术机构

全美共有 5000 多个地方艺术机构，分布在城市、区县、乡村。它们以理事会、委员会或市政府有关部门的形式提供服务，资金来源于国家艺术基金会、州（地区）艺术委员会、市政府财政预算和私人捐赠等多种渠道，许多规模较大的地方艺术机构的资金还来源于营业收入。2012 年国家艺术基金会为地方艺术机构提供了 37 项资助，共计 120 万美元。在联邦政府和州政府资金支持下，地方艺术机构得到了较快发展，很多城市设立了艺术委员会。早期这些地方艺术机构的预算不超过数千美元，但他们被授权开展促进社会进步的艺术活动。地方艺术机构以向地方公众提供公共文化产品为宗旨，除了管理受资助的项目外，还扶持社区文化项目（包括文化精英、艺术家和社区成员发起的文化活动），为艺术家和艺术组织提供营销、筹款、宣传等服务，资助公共文化艺术项目（在公共场所发起的艺术活动），参与当地文化旅游促进项目和经济振兴项目，组织当地文化艺术演出、节庆和艺术展示等活动。

（二）联邦政府机构对文化艺术的其他公共支持

许多联邦政府部门和机构都参与对艺术和文化的资助，有的与国家艺术基金会合作，有的独立运行，这些机构对公共艺术的支持方式不尽相同，既包括为艺术家或艺术机构提供直接的资金支持，又包括从事公共文化艺术的生产、管理、保护、保存和展示活动。

1. 直接资金支持

除了国家艺术基金会，根据 1964 年国会通过的《国家艺术与文化发展法案》，还建立了国家人文基金会（NEH），对文化艺术活动直接进行资金资助。国家人文基金会主要支持文化艺术学术研究，历史、哲学、文学、宗教、法学等领域的公共项目，2012 年度人文基金会收到联邦政府 1. 46 亿美元的财政拨款。近年来人文基金会资助的项目包括：美国公共数字图书馆建设、艾格·斯特拉文斯基（Igor Stravinsky）1923 年芭蕾舞表演的原始画面临摹、美国流行音乐纪录片创作。人文基金会还为公共电视、博物馆提供资金支持，为人类学和历史学的研究提供奖学金。博物馆与图书馆协会（IMLS）是联邦政府的另一个扶持文化保护和博物馆的独立机构，它成立于 1976 年，主要资助博物馆、动物园、植物园和图书馆。2012 年，博物馆和图书馆协会收到的财政拨款是 2. 32 亿美元（见表 1），其中 2900 万美元分配给博物馆，剩余的资金用于资助图书馆。

表1 2012年美国部分文化机构的财政拨款

单位：百万美元

机构	金额	机构	金额
史密森协会	812	教育部	25
公共广播公司	444	肯尼迪表演艺术中心	23
博物馆和图书馆协会	232	普雷西迪奥信托基金	12
国家艺术基金会	146	美国印第安人和阿拉斯加原住民文化艺术发展中心	8
国家人文基金会	146	历史保护与咨询委员会	6
国立艺术馆	128	美学与设计建议委员会	2.4

资料来源：美国国家艺术基金会研究报告（*How the United States Funds the Arts*）。

公共广播和电视是美国民众获取文化艺术信息的主要渠道。美国公共广播公司成立于1967年，它是私人的非营利机构，公司的董事会成员由总统任命。公共广播公司为地方公共电视台、广播电台、内容提供商和渠道商提供资金支持。2012年美国公共广播公司得到财政拨款4.44亿美元，70%的预算资金分配给地方电视台和广播电台，共支持了350个地方公共电视台和900多个地方公共广播电台。2012年公共广播公司共拿出2.22亿美元作为公共电视台的发展基金，6900万美元作为公共广播台的发展基金。美国公共电视台从联邦、州和地区政府部门得到的资助额与来自私人部门和机构（观众委员会、公司捐助和基金会）的捐助大致相等，而各级政府为公共广播电台仅提供了25%的资金。

除了对文化艺术项目的直接资金支持，联邦政府的一些机构还会为艺术机构提供其他资源和服务。例如，国家艺术基金会旗下的联邦艺术和人文委员会，主要负责艺术品和文物的保障赔偿，为国内外的艺术品和文物在美国博物馆的展出提供保险和保障。

2. 联邦博物馆和表演艺术中心

从1976年起，国会图书馆和美国民俗中心一直积极收集多元文化的记录。民俗文化的收集无论是在数量方面还是覆盖范围方面都取得了快速发展，收集了从19世纪末期到20世纪初期的大量民俗文化表达，有超过300万个关于民俗文化的资料档案，反映了100多年来的实地调研成果。目前民俗中心面临的主要问题是做好文化资料的数字化保存、网络访问和档案管理。

史密森协会成立于1846年，是唯一由美国政府资助的半官方性质的博物馆机构，下设19个博物馆、画廊、国立动物园和9个研究中心。董事会由最高法院的首席法官、副总统、6名国会议员和9名公民组成。2012年史密森协会来自联邦政府的拨款为8.115亿美元，来自私人捐助的资金约10亿美元。史密森协会包括赫什霍恩博物馆和雕塑园、国立肖像馆、国立美国艺术博物馆、伦威克美术馆、库珀休伊特装饰艺术与设计博物馆，以及国立印第安博物馆。2003年国会筹建国立非洲博物馆，该博物馆是史密森协会的第19个博物馆，预计2015年完工。

国立艺术馆（NGA）是世界一流的艺术博物馆，2012年度收到1.28亿美元国会财政拨款，国立艺术馆是政府机构和私人机构共同资助的典范，1941年在国家广场开幕，西馆由A. W. 梅隆教育和慈善信托基金资助建设，东馆于1978年开业运营，容纳了艺术馆的现代艺术品、一个研究中心和图书馆。雕塑公园于1999年成立，展出艺术馆的现代和当代雕塑作品。

肯尼迪表演艺术中心2012年度从国会得到约2300万美元的财政拨款，美学与设计建议委员会得到240万美元拨款。美学与设计建议委员会主要为美国政府和哥伦比亚地区政府就设计和美学提供咨询，以便维护联邦政府的利益和维护国家资本的权威性。教育部艺术委员会为肯尼迪艺术中心的儿童和青年艺术教育项目提供资助，并为关于艺术和残障人士的国际组织VSA进行补贴，2012年教育部的艺术基金共计250万美元。

3. 联邦政府与艺术相关的其他项目

许多联邦政府机构和部门将艺术作为实施其战略目标的手段和方式，相对于这些机构总的预算，用于对艺术项目的扶持资金较少。即使这样，联邦政府下属众多的与艺术相关的部门和项目也反映了美国对公共文化的多元化支持体系。

例如，美国地质调查局主要从事美国土地、资源和自然灾害的调查研究，地质调查局与航空航天局合作地球艺术项目，运用地球资源卫星技术生成彩色地球图像，除了将这些图像展示在网站上，地质调查局还将这些作品作为国会图书馆的展览项目，在国会图书馆的橱窗展出。国防部多方位地运用各种艺术表现形式以提高部队战士和他们家庭成员的士气。2012 财政年度政府为军乐队（包括空军、海军、陆军、海军陆战队和海岸警卫队）的拨款资金总计 3.88 亿美元，部队文体中心是国防部下设的机构，主要为驻扎在全世界的 270 个军事基地的官兵提供演出和娱乐服务。

空中翱翔中心是美国空军的附属机构，通过派出演出人员，为驻扎在世界各地的空军战士和他们的家属提供娱乐和演出服务。美国空军的官兵和职员每年通过选拔组成各种演出团体，这些演出团体由声乐家、歌唱家、音乐家、舞蹈家、演员、魔术师和剧作家组成。一年一度的军队艺术节由战士们发起，并由在役的官兵参与创作和演出。

美国空军、海军、陆军、海军陆战队和海岸警卫队还有各式各样的艺术收藏，记录美国战争和历史。陆军总队拥有 12000 件的艺术作品收藏，不仅包括最受欢迎的艺术家如诺尔曼·罗克韦尔的作品，而且包括普通官兵创作和捕捉的反映他们日常军队生活的作品。

美国国务院教育与文化事务局（ECA）旨在通过教育和文化交流促进美国民众和其他国家民众之间的相互理解。教育与文化事务局通过开展一系列的活动来实施它的战略目标，包括美国音乐海外推广活动（选派音乐家去 40 多个国家演出）、美国博物馆与海外博物馆的交流联系活动、美国舞蹈韵律系列活动（展示美国舞蹈的多样性）、艺术使者活动（美国各界艺术家为海外观众表演）。

服务管理总局旗下的建筑艺术项目为遍布全国的联邦政府新的建筑物提供艺术设计委托服务，自 20 世纪 70 年代该项目运行以来，已经委托美国艺术家完成了 350 座建筑物的艺术设计服务，并为联邦政府节约了一半的建筑成本。美术馆是另一个隶属于服务管理总局的机构，是全国最大、最古老的艺术收藏中心，收藏了 1850 年至今的壁画、雕塑、建筑和环境艺术设计、纸质艺术作品等，这些民间艺术作品放置在全国的联邦政府和法院建筑物里。另外，约有 2 万件小型可移动的艺术作品租借给博物馆或其他非营利机构展出。

美国住房和城市发展部（HUD）发动了可持续社区建设的倡议，通过密切联系住房和就业、鼓励创新、发展清洁能源经济等措施和手段，资助创建强有力的、可持续发展的社区。2010 年住房和城市发展部为艺术社区建设项目发放了大量奖金，包括科罗拉多州的地方事务部对非洲裔美国爵士乐和文化遗产的复兴和保护项目，致力于艺术和文化遗产保护的弗吉尼亚州雷德福的区域发展计划。2011 年住房和城市发展部为文化艺术相关项目总共投入了 1 亿美元资金。

在内政部的支持下，许多国家公园保存和收藏了大量艺术作品和工艺品，还鼓励发展艺术家居留项目。2012 年美国国家公园中心共支出了 1.09 亿美元用于文化资源管理项目，包括博物馆的维护和文化景观的保护。艺术家居留项目为作家、视觉艺术家、表演艺术家提供了与 397 座国家公园和名胜古迹游览者互动交流的机会。

国家森林服务中心开展发现森林、了解森林活动，鼓励大众保护国家森林资源，认识森林的重要价值。2011 年度，国家森林服务中心为这些活动投入了 150 万美元。

除此之外，国家艺术基金会还与其他联邦政府机构合作开展公共文化艺术活动。2011 年艺术基金会与教育部、国家科学基金会、博物馆和图书馆协会、国家各级卫生健康研究院、卫生部等 13 个机构合作，来自这 13 个合作机构的代表组建艺术和人文发展机构间工作组，工作组的使命是加强机构间合作，探索新的研究机会，提高公众对文化艺术对于人类发展重要作用的认识。

（三）私人捐赠和税收优惠

1. 个人捐赠

2011 年美国公民个人对文化、艺术和人文事业的捐赠约 130 亿美元，平均算来，人均捐赠额为 42 美元，占民间捐赠总额的 3/4，其余 1/4 的捐赠来自遗赠、基金会和公司。高收入的个人和家庭将他们收入中的较大部分捐赠给艺术、文化组织和机构。2005 年经过纳税调整后总收入为 20 万美元或以上的家庭和个人，15% 的慈善捐款用于支持艺术和文化业，而总收入较低的家庭，只有 1% ~2% 的慈善捐款投向艺术和文化业（见表 2）。税收调整后总收入超过 20 万美元的个人，对非营利机构每捐赠 1 美元能带来 33% 到 35% 的税收减免，这也意味着政府减少了 0.33 到 0.35 美元的税收收入。源于个人或家庭对文化艺术的慈善捐赠，美国政府 2010 ~2014 年总共减少了 2300 亿美元的收入。

表 2　不同收入水平的个人捐助比例（收入经纳税调整后）

单位：%

收入水平 / 捐助对象	低于 10 万美元	10 万 ~20 万美元	20 万 ~100 万美元	高于 100 万美元
艺术和文化机构	1	2	15	15
宗教组织	67	57	23	17
联合基金	9	11	11	4
致力于满足基本生活需求的组织	10	12	6	4
健康机构	3	6	5	25
教育机构	3	6	32	25
其他	7	6	8	10

资料来源：美国国家艺术基金会研究报告（*How the United States Funds the Arts*）。

对于大学和教会等非营利机构的捐助也可以减免税收，可以看出，美国的税收制度有利于非营利机构经营的多元化，而不仅仅集中于某几项特定的领域。从事艺术经营的非营利机构可以充当星探、创意产品的直接生产者、捐赠者、市场开发者、教育者、活动组织者、历史文化保护者等多种角色。许多非营利组织是非正式的，而且规模较小。

2011 年，超过 100 万家的公益慈善团体在美国联邦国内收入署（IRS）注册，这些团体涵盖了多数非营利的文化、艺术和人文机构，他们是慈善事业发展的引擎，既是捐助者又是受助者。美国税法规定，非营利机构必须具备如下条件才能享受免税政策，即为“宗教、慈善、教育、科学、文学、公共安全检测、培育国家或国际业余体育竞赛、防止虐待动物”目的而经营的非营利组织或公司，这些组织既不为私人利益而开展经营活动，也不参与或试图影响立法和政治选举。由于这些非营利组织不能为利益而经营，因此他们往往投入大量人力、物力和财力来筹款。2009 年度艺术、文化和人文组织收到的慈善捐款大约占慈善捐款总额的 10.9%。

2. 基金会和公司捐赠

美国的各种类型的基金会规模都较大，据估计，目前各类基金会的总资产额约为 5830 万亿美元，新的基金会还在不断成立，但发展速度低于 2008 年金融危机前。据统计，2009 年前十大基金会对文化艺术行业的资助占基金会总资助额的 48%。福特基金是全美最大的基金会，拥有 103 亿美元的资产，2011 年共有 508 亿美元的资金用于扶持文化艺术业。按照捐赠数额排名，设在纽约的美国艺术基金会是最大的艺术基金，2009 年共捐助了 1.11 亿美元。2011 年沃顿家庭基金会给予美国水晶桥艺术博物馆 8 亿美元的现金捐助，是迄今为止对艺术博物馆最大规模的捐助。福特、梅隆、卡耐基和其他众多的基金会支持了许多文化企业的发展，例如，在福特基金的资助下 1967 年成立了公共广播公司和美国电影协会，洛克菲勒基金资助了林肯中心（1956 年成立）和现代艺术博物馆（1929 年成立）的建立。除了上述规模较大的基金会外，美国还有各种小型的、私人或家族性质的基金会大力资助艺术的发展。美国健全的法律制度从规模、数量和形式等方面大力促进基金会的发展，一些基金会致力于扶持主流的文化艺术项目和活动，而另一些则专门支持一些非主流的前卫的项目。小规模的基金会比较灵活，善于识别机会和满足一些社区或社团的需求，并能为资金不足的文化艺术项目筹集到更大范围的资源。

公司捐赠要比通常认为的更为分散，大约 3/4 的公司捐赠来源于收入低于 5000 万美元的小公司，这部分资金的 90% 进入当地艺术机构。2010 年的数据表明，28% 的公司向艺术领域提供资金支持，这些公司将 5% 的慈善预算投向艺术和文化领域。与私人和基金会捐赠相似，公司捐赠也受公共政策的影响。1936 年以来，法律规定公司对艺术的捐赠也可享受税收减免。公司的艺术捐赠所带来的税收收益是分散和个性化的，不便于精确测算。高超的艺术界企业家将各种来源的直接和间接资助与补贴打包在一起，难以识别。自金融危机以来，公司对艺术领域的捐助额逐年下跌，公司捐赠比个人和基金会捐赠下降的幅度更大，2006～2010 年公司对艺术领域的捐助下降了 48%。

B.25

美国文化机构的非营利观念与理事会制度

高迎刚*

摘　要：美国文化机构的“非营利”观念，意指某种机构存在的目的不是为了获取利润，而是推动公益性文化活动的开展。其“理事会制度”的设计，一方面有利于调动一切力量保障其预设目标的实现，另一方面有利于保证其所有资金和资源都用于公益性目的。这些观念和制度的借鉴不只有利于推动我国现代公共文化服务体系建设，也应当成为我们在新形势下推进文化体制改革的可选途径之一，从而在整体上推进我国公共文化领域的改革和发展。

关键词：非营利　理事会制度　公益性　公共文化

党的十八届三中全会通过的《中共中央关于全面深化改革若干重大问题的决定》（下称《决定》）明确提出，推动公共图书馆、博物馆、文化馆、科技馆等组建理事会，吸纳有关方面代表、专业人士、各界群众参与管理。鼓励社会力量、社会资本参与公共文化服务体系建设，培育文化非营利组织。尽管2008年1月1日实施的《中华人民共和国企业所得税法》就已经明确了“非营利组织”免税的规定，但迄今为止，作为民事主体被认定的

* 高迎刚，国家公共文化服务体系建设专家委员会委员，山东大学教授。

文化非营利组织并不多见，[①] 非营利组织的理事会制度对地方文化部门而言还有些陌生。在许多公共文化建设相对发达的国家，非营利组织已经成为其文化机构非常普遍的组织形式，而理事会制度则是保证非营利组织的“使命”得以实现的重要保障。[②] 因而，了解这些国家非营利组织及其理事会的组成和管理方式，对于培育我国的文化非营利组织，无疑具有针对性极强的借鉴意义。本文拟对美国文化机构的非营利观念及其理事会制度做具体分析，并从中探寻我国文化机构建设可资借鉴的要素，为我国培育文化非营利组织提供一孔之见。

一 美国文化机构的非营利观念

“非营利”译自英语 nonprofit，意指某种机构存在的目的不是为了获取利润，而是某种公益性的目的，这是对存在于西方发达国家的一种不同于商业机构、更不同于政府部门的组织机构的较为准确的描述。因其如此，“非营利组织”也就成为这种机构最广为接受的汉语译名。Nonprofit 一词，除翻译为“非营利”外，还有“非赢利”“非盈利”等类似译名，但后两者都因未能准确反映 nonprofit organization 的主要特征而逐渐被淘汰。在汉语中，所谓“营利”，是指“谋求利润”，“非营利”即是指不以“谋求利润”为目的。“赢利”与“盈利”一般可以通用，但仔细分辨，二者在用法上还是

---

① 党的十八大以来，随着国家政策对构建“政社分开、权责分明、依法自治的现代社会组织体制”的强调，越来越多的社会组织被认为是文化“非营利”机构。据笔者调查，目前这类机构多半是一些非官方的民间松散组织，或者是一些半官方机构，以及一些事业单位、民办非企业单位等。这些机构与西方发达国家普遍存在的“非营利组织”在观念和制度方面都存在很大差异。

② 正如美国艺术管理学者 Tobie S. Stein 和 Jessica Bathurst 所说：非营利机构“理事会的主要任务就是保证其使命的实现，保证其所有资产和资源都用于其成立之初所说的公益性目的”（The board's main role is to make sure that the mission of the organization is carried out and that the finances and resources of the organization are used for their originally stated public purpose），参见 Tobie S. Stein & Jessica Bathurst: *Performing Arts Management*, New York, Allworth Press, 2008，中文为笔者译。

略有差别的："赢利"主要用作动词，指"获得利润"；"盈利"主要是名词，指获得的利润。由此可见，"非赢利"或"非盈利"，描述的是某个机构的经营状况，这与 nonprofit organization 的基本特征并不相干。因而将 nonprofit organization 译作"非赢利"或"非盈利"，都是不恰当的。①

关于"非营利组织"的基本特征，美国艺术管理学者 Tobie S. Stein 和 Jessica Bathurst 是这样表述的：A nonprofit organization is defined by its public purpose; if an organization is created to serve the public, that organization is eligible for nonprofit tax – exempt status from the federal government, exempting it from the bulk of taxes（非营利机构是以其公益性的经营目的为特征的；如果一个机构存在的目的就是服务于一个公益性的目的，它就有资格从联邦政府获得免税的身份，从而免除各种税收）。② 从这一表述中可以看出，非营利组织具有两个主要特征：公益性的经营目的；③ 政府赋予的"免税"身份④。这就使得非营利组织与营利性组织有了显著的差别：营利性组织的主要特征就是对利润的追求，当然它们也可能会有公益性的行为，但这并非其存在的主要目的；政府也不会对一个营利性的商业组织免税，纳税是营利性组织应尽的义务。

---

① "营利""赢利""盈利"三个概念的含义，参见《现代汉语词典》（第三版），商务印书馆，1996，第 1511 ~ 1512 页。

② Tobie S. Stein & Jessica Bathurst: *Performing Arts Management*, New York, Allworth Press, 2008，中文为笔者译。

③ 有些人习惯于将各种"非营利组织"称为"慈善组织"（charitable sector），实际上"非营利组织"涵盖的公益范围要远远超过"慈善"活动。根据美国国税局网站的说明，"非营利组织"涵盖的范围主要包括：charitable, religious, educational, scientific, literary, testing for public safety, fostering national or international amateur sports competition, and preventing cruelty to children or animals（慈善、宗教、教育、科技、文艺、公共安全测试、国家或国际业余体育比赛培训、预防针对儿童或动物的侵害等），参见美国国税局网站，http://www.irs.gov/Charities – & – Non – Profits/Charitable – Organizations/Exempt – Purposes – Internal – Revenue – Code – Section – 501（c）(3)。

④ 也有人习惯于将"非营利组织"称为"免税组织"（tax – exempt sector），以强调这些组织的免税身份。一般来说，各国的"非营利组织"都是免税的，但因为各国免税标准不一，导致"免税组织"的范围实际上要大于"非营利组织"。在我国并没有法律意义上的"免税组织"，只有税法规定的某些组织的"免税收入"。

非营利组织与营利性组织的区别当然还不止这些。美国乔治梅森大学艺术管理系前主任、华盛顿肯尼迪艺术中心 DeVos Institute 研究员 Richard Kamenitzer 教授更为具体地界定了二者的特征（见表 1）。

表 1　Not－for－profit（非营利性组织）vs. For－Profit（营利性组织）

Difference 区别	Not－for－profit 非营利组织	For－profit 营利组织
Purpose 目的	Mission（public good）使命（公益）	Profit MYM 利润
Distribution of excess revenues（overexpenses）利润分配（超过开支的部分）	Stays within the organization 留在组织内部	May be distributed to owners 分给股东们
Ownership 所属权	Public 社会	Individuals（or other entities）个人（或其他组织）
Taxes（to overnment）税收（给政府的）	Exempt 免税	Required 交税
Contributions 投（捐）资者的权益	Contributor gets "no material value" but is eligible for a reduction of taxes due government 捐资人没有任何物质性收益，但有资格要求政府减免部分税收	Investor acquires ownership 投资者获得相应股权
Governance 管理方式	Board members （usually without compensation） elected/appointed by other not-for-profit board members/government 理事会成员（通常没有报酬），被其他成员选举或者由政府任命	Owners elect board members （usually serve with compensation, in addition to their stock ownership）股东们选举产生董事会（通常是有分红之外的报酬的）

注：Richard Kamenitzer 教授曾于 2011 年和 2013 年两度来华讲学，本表摘自他在课堂上使用的 PPT 课件。

从表 1 中，我们可以非常清楚地看到，二者的共同之处首先在于，它们都是独立于政府机构之外的社会组织。从这一意义上讲，非营利组织与营利性组织都属于非政府组织（Non－government Organization，NGO）。①政府组

① 从概念划分的角度来讲，一切社会组织都可以归之于"政府组织"和"非政府组织"，非政府组织又可以分为营利组织与非营利组织。而在实际运用中，因为"非政府组织"最初是指得到联合国承认的某些国际性非官方机构，后用以泛指那些具有某种公共职能的非官方社会组织，因而目前的"非政府组织"一般都是"非营利组织"，其概念内涵反而小于"非营利组织"。参见吴东民、董西明主编的《非营利组织管理》，中国人民大学出版社，2003，第 2 页。

织都是非营利的，就这一点来说，说营利性组织是“非政府组织”是很容易理解的。那么，非营利组织与政府组织之间有哪些明显的差别呢？根据美国国税局网站的说明，非营利组织在直接参与政治活动（Political Activities）和间接游说政府官员（Lobbying or legislative activities）等方面都是受到严格限制的。就政治活动而言，非营利组织被禁止参与或者干预任何党派的竞选活动，但可以参与一些不含党派倾向的选举教育或推广活动。就游说活动而言，非营利组织被禁止参与除教育活动以外的所有可能影响立法机关或政府部门决策的活动。如果非营利组织越界从事政治活动或过多参与游说活动，则很可能被取消免税身份。[①] 由此可见，在涉及政治活动方面，非营利组织必须保持中立的立场，这使它既有别于政府部门，也有别于营利性组织。

非营利组织与营利性组织还有一个区别于政府部门的共性，那就是理事会（或董事会）制度。从大的方面看，西方国家的政府只是行政部门，在国家机关体系中还有立法部门的存在，立法部门就相当于一个独立机构的理事会，所以在政府部门中也就不会有理事会的存在了。而无论是非营利组织还是营利性组织，本质上它们是一个个独立的法律意义上的实体（legal entity），“作为法律意义上的实体，它们有别于它们的拥有者、领导者以及职员的独立身份”；“它们可以以自己的名义拥有资产，签订合约，承担债务，开展业务”，[②] 而任何一个政府部门都不能做到这一些。而要做到这一切，非营利组织与营利性组织都需要有自己的理事会（或董事会）对自己的所有行为负责。当然，非营利组织的理事会与营利性组织的董事会在人员组成和管理方式方面都存在明显差别。

---

① 参见美国国税局网站，http：//www. irs. gov/Charities - & - Non - Profits/Charitable - Organizations/Exemption - Requirements - Section - 501 （c）（3） - Organizations。

② 参见 Tobie S. Stein & Jessica Bathurst：*Performing Arts Management*，New York，Allworth Press，2008，中文为笔者所译。

二　美国文化机构的理事会制度

美国的文化机构以非营利组织居多，但也不乏营利性组织的存在，比如，鼎鼎大名的迪斯尼、好莱坞、百老汇，都是营利性组织。按照美国法律规定，所有法律意义上的实体，都需要由理事会（或董事会）来对其自身进行管理。[①] 但非营利组织与营利性组织理事会（或董事会）的存在方式差别很大。

营利性文化组织一般采取有限合伙公司（Limited Partnership）、有限责任公司（Limited Liability Company）和股份公司（Corporation）等几种形式。大型的、长期经营的营利性文化组织一般采用股份公司形式，这种大型公司一般都是由董事会负责管理的。董事会由股东大会选举产生的董事组成，董事一般都是出资人，也为他们的工作接受报酬。董事会的职责主要是决定雇用或者解雇公司包括 CEO 在内的所有高级职员、审议公司财务报告等。中小型、针对某一具体项目组成的营利性文化组织一般采用有限合伙公司和有限责任公司等形式。有限合伙公司投资人身份有两种：有限合伙人（limited partner），只管出资并依照出资多少获取相应利润，承担相应亏损风险，不负责公司经营管理；普通合伙人（general partner）负责公司经营管理，承担全部经营风险，按比例参与利润分红。与有限合伙公司类似，有限责任公司的投资人也分为两种：管理成员（managing member）和投资成员（investing member），当然管理成员也是需要投资的，但他们不像有限合伙公司中的普通合伙人那样需要承担全部经营风险，而只承担部分风险；如同有限合伙公司中的有限合伙人，有限责任公司的投资成员也只依照其出资多少获取利润或承担亏损。无论有限合伙公司还是有限责任公司，因为公司规模较小，股东人数有限，所以股东会（由普通合伙人或管理成员构成）就

---

① 理事会或董事会，在英文中都可以称作 board of directors 或 board of trustees；在汉语中，理事会一般用于非营利性机构，而董事会一般用于营利性的机构。

成为公司的管理机构，而不必要选举组成董事会行使经营管理权。

相比较而言，营利性组织董事会的人员构成和管理方式在世界范围内差别都不是很大。而作为非营利组织的核心管理机构，理事会的人员构成和管理方式则因各国法律的差异而有所不同。在这里，我们重点分析美国非营利组织理事会的人员构成和管理方式。与营利性组织的构成情况类似，并非所有公益活动的组织者都会采用公司（Corporation）的形式，只有那些使命相对宽泛、运作相对稳定的非营利组织才会采用公司的形式，也只有这类组织才会需要向州政府申请成立公司，进而向联邦政府申请“免税”资格。[①]如果某个公益活动的组织者只是打算组成一个松散的团体或进行某项具体的活动，并不想长期运作一个公益性组织，那它完全可以不采用公司的形式，当然因此也就不会被政府认定为非营利组织。在这种情况下，活动的组织者可以有两种选择：组成一个“非法人团体”（unincorporated association）或者选一个财力雄厚的非营利组织作为资助者（fiscal sponsor）。当然，这些团体或被庇护的组织都不可能从政府那里获得“免税”身份，因而也就很难获得各种资助或者捐助，其开展活动的能力也因之大打折扣。

成立非营利组织需要获得州政府的批准。以纽约州为例，组织者需要向州政府提交申请表格，申请成立一个 B 型公司（Type B corporation）。[②] 同时，还需要提供至少 3 位年满 18 周岁的组织者或管理者的姓名及住址，这些申请表中列出的组织者或管理者并不一定是公司成立后理事会的成员。因为从法律意义上讲，理事会的成员是需要在第一次公司大会上被选举或者任命的。非营利组织获准成立之后，必须尽快召开第一次正式的公司大会，制

① 美国绝大多数“非营利组织”需要向所在地州政府（或主要业务发生地）申请成立公司，进而向联邦政府申请“免税”身份，然后州政府将认可这一身份。参见 Tobie S. Stein & Jessica Bathurst, *Performing Arts Management*, New York, Allworth Press, 2008。

② 依据美国纽约州的法律，“B 型公司的成立需要是为了某个或多个非商业的目的，慈善、教育、宗教、科技、文艺、文化、预防针对儿童或动物的侵害等”，亦即“非营利组织”。参见 Tobie S. Stein & Jessica Bathurst, *Performing Arts Management*, New York, Allworth Press, 2008。

定管理公司内部事务的各种规章制度（by laws），[①] 其中包括如何选举产生理事会、任命管理人员、成立各种管理委员会的方式等。下面我们以纽约州为例，说明非营利组织理事会的人员构成及其管理公司的方式。

（一）理事会的产生方式、成员更替及任期规定

首届理事会一般是根据第一次公司大会上制定的相应规章制度，由公司大会选举或者任命产生。新成员必须由理事会选举或者任命，公司须对选举或者任命程序做出详细说明。根据法律规定，选举活动一般应每年举行一次。此外，公司还应详细规定理事会成员辞职或者被辞退的相关程序。关于理事会成员的任期，也需要公司做出明确规定，成员可以连任。根据法律规定，理事会每次换届，改选人数不得超过理事会总人数的三分之一。

（二）理事会成员需要具备的条件

纽约州法律规定，非营利组织的理事会成员须年满 18 周岁；首届理事会成员还应该对公司有资金投入（当然，这种投入是没有回报的），此后加入的理事会成员则无此规定；此外，公司还会要求理事会成员遵照所在州的法律行使自己的权利。

（三）理事会成员的人数规定及法定人数

纽约州的法律规定，非营利组织至少要有 3 名理事，而对理事会成员人数的上限并无特殊规定；但公司内部的章程可以对此做出规定。法定人数，即为使理事会议能够就某些问题做出决定所需要的出席成员人数。《纽约州非营利组织法》（*Nonprofit Corporation Law*）第 707 章规定，如非公司章程或者其获准成立的文件另行规定，否则以理事会的成员数的 1/2 作为法定人

---

① “非营利组织”的 by laws 是组织依照所在州的非营利法律制定的管理公司内部事务的各种文件。参见 Tobie S. Stein & Jessica Bathurst, *Performing Arts Management*, New York, Allworth Press, 2008。

数。但多数情况下，如果一个非营利组织的理事会成员人数在 15 人以下，法定人数一般是其成员人数的 1/3；如果理事会成员人数超过 15 人，法定人数至少 5 人，成员数每增加 10 人，法定人数增加 1 个。

（四）理事会议召开的频率、时间和方式

对理事会议召开的频率、时间和方式，公司章程须做出说明。为便于操作，多数非营利组织规定，理事会议至少每年召开一次，时间、地点临时通知。此外，公司还可以规定通过其他方式达成理事会决议，比如电话或者视频会议。

（五）理事会的职责

非营利组织理事会的主要职责就是管理公司内外事务。当然，理事会承担的主要是宏观事务的管理和监管，并不参与公司日常事务的管理。所谓宏观事务，简而言之就是指如何保证其非营利“使命”（mission）的实现，以及为此需要采取的措施。这些措施主要包括：雇用或解雇公司的首席执行官（Chief Executive Officer，CEO），或者艺术总监（Artistic Director）和行政总监（Managing Director 或 Executive Director）。[①] 组建各种专门委员会，负责提名、筹资、营销、财务、审计等各方面的事务。必要的时候直接参与筹资和审计等重要事务。

三　美国非营利文化机构的管理方式

我们这里所说的非营利文化机构，特指那些“使命相对宽泛、运作相对稳定、采用公司形式”的文化组织，而不包括那些“非法人团体”或托庇于其他“非营利组织”的文化机构。如上文所述，这些机构都是由理事

① 美国有些非营利组织设置首席执行官掌管公司一切事务，也有很多非营利组织没有首席执行官，而由艺术总监和行政总监直接向理事会报告。此外还有一些其他的组织结构方式，但其中最重要的职位还是艺术总监和行政总监。

会行使最终管理权的，但理事会并不参与公司日常事务的管理。那么，这些非营利文化机构的日常管理是如何进行的呢？本文将从组织结构和部门职能两个方面来探讨这一问题。

首先需要说明的是，并非所有的非营利文化机构都有完全一样的组织结构。一般来说，那些规模较大的机构因为资金充裕，所以可以雇佣更多的管理者和从业人员，所以组织机构也较为复杂；而那些规模相对较小的机构则只能精兵简政，因而组织机构就相对简单。

机构的大小一般是根据其年度预算的多少来确定的。大的机构如宾夕法尼亚芭蕾舞团（Pennsylvania Ballet），年预算 970 万美元左右。西雅图歌剧院（Seattle Opera），年预算 2000 万美元左右。宾夕法尼亚芭蕾舞团理事会居于整个组织结构的顶端，其下是负责行政事务的执行总监和负责艺术事务的艺术总监。两个总监都直接对理事会负责，向其汇报工作。执行总监下辖 6 个部门：教育拓展部、发展部、营销部、建设部、财务部、信息部。艺术总监下辖 5 个部门：音乐部、芭蕾部、公共事务部、创作协调部、创作部。两个总监还各有一个助理。每个部门又各有其数量不等的下属机构。西雅图歌剧院理事会居于整个组织结构的顶端，其下只有一个执行总管（有两个助理），执行总管之下只有一个行政总管（有一个助理和两个相当于助理的经理，分别协助行政总管处理公司内、外事务），行政总管之下有 7 个部门：人力资源部、财务部、发展部、市场营销部、教育部、创作部、技术部。每个部门又各有数量不等的下属机构。较小的机构如莉兹 · 莱尔曼舞蹈演出公司（Liz Lerman Dance Exchange），年预算 140 万美元左右；布鲁克林交响乐团（Brooklyn Symphony Orchestra），年预算 38000 美元左右。莉兹 · 莱尔曼舞蹈演出公司理事会居于整个组织结构的顶端，其下有四个部门领导对其负责：行政管理部主管、人力资源部主管、创始艺术总监、创作艺术总监，其中业务最多的是行政管理部主管和创作艺术总监，两者在艺术表演和项目管理方面的业务范围还有所交叉。除创始艺术总监外，其他三个部门领导有数量不等的下属机构。布鲁克林交响乐团理事会居于整个组织结构的顶端，其下只有两个没有下属机构的总监对其负责：艺术总监和行政总监。①

概括来说，美国非营利文化机构无论大小，其业务范围大都可以划分为行政和艺术两个最主要的领域，各有一个或几个主管（或总监）管理本领域内部的事务。在这些主管（或总监）之上，理事会对公司事务负全部责任：对内具有一切事务最终决定权，对外代表公司处理各种外部关系；在这些主管（或总监）之下，则视公司规模和财力确定是否设置几个下属机构。

在理事会的职能部门中，艺术总监和行政总监是美国非营利文化机构中至关重要的两个职位。纽约州法律要求，非营利机构申请成立，首届理事会成员、创始艺术总监和行政总监，都需要是该机构的投资人，当然，这种投资是没有回报的。有些机构中，艺术总监和行政总监也会是理事会成员，这种情况下，理事会就需要特别说明，如何避免他们在参与理事会事务中的主观倾向。行政总监（Managerial Director）也经常被叫做执行主管（Executive Director）、首席执行官（Chief Executive Officer）或者总裁（president），有时候一个艺术机构的行政总监也会被叫做创作主管（producing director），这种情况往往意味着他身兼艺术总监和行政总监两方面工作。在大多数非营利文化机构中，行政总监的主要职责是将艺术总监负责的团队提出的各种设想落实为具体的行动计划，并为此调动行政方面的力量，努力实现这些设想和计划。行政总监一方面直接向理事会汇报工作，一方面负责管理和监督下属行政部门的工作，是公司行政工作的真正核心。

与行政总监的称呼类似，艺术总监的称呼在不同非营利机构中也会有所不同。艺术总监（Artistic Director）通常见于舞蹈、戏剧等机构中；在交响乐团中，音乐总监通常就会成为事实上的艺术总监；在歌剧团中，总导演或总指挥（General Director）会更常见；在某些演出公司中，最常见的是执行主管（Executive Director）或者节目主管（Director of Programming）等。不

① 以上公司结构说明根据 Tobie S. Stein & Jessica Bathurst, *Performing Arts Management*, New York, Allworth Press, 2008 第 10 ~ 13 页的图表，特此说明。

管被叫做什么，他们负责的都是这些文化非营利机构中艺术方面的事务，主要职责是为整个公司提出艺术方面的构想，并为此调动公司业务方面的力量，创作或者选择每一季（通常是每年9月或10月开始，持续到次年6月）的演出作品，并负责组建创作和演出团队。在一些规模较小的非营利文化机构中，艺术总监有时也会兼做一些演出方面的组织工作。

四　美国非营利文化机构管理对我国公共文化建设的启示

正如我们所看到的，美国文化机构的非营利观念，重要的不在于这些机构能否赚钱，而在于其存在的目的，是为了推动文化领域公益性活动的开展，其理事会制度则有利于在实现其预设目标的同时，保证其所有资金和资源都用于公益性目的；其内部职能部门的构成和管理方式，目的在于调动一切资源保证其预设目标的实现。美国非营利文化机构的管理方式对我们在深化文化体制改革、构建现代公共文化服务体系建设中大力培育文化类社会组织具有借鉴意义。

从西方发达国家公共文化建设的经验看，培育文化非营利组织正是利用“政府”和“市场”之外的第三方力量，鼓励社会力量和社会资本参与公共文化建设的最佳选择之一。从前文相关分析可以看出，美国的非营利文化机构当然不是政府的组成部门，与政治活动的关系也极为遥远（法律限制“非营利组织”参与政治活动）；这些机构也不是商业机构，它们存在的目的与挣钱无关，它们关心的只是如何实现其公益性目的。正是这种“非政府”“非市场”的社会力量，有力地推动着整个社会公共文化的持续繁荣发展。因而，了解西方国家非营利组织的管理和运行方式，就不只是学习其具体的组织构成和管理形式，更重要的还在于运用这些形式，实现“鼓励社会力量、社会资本参与公共文化服务体系建设”的目的，如此，才能使我国的文化建设真正活跃起来，满足人民群众不断增长的文化需求。

推进文化体制改革与构建现代公共文化服务体系，并非是互不相干的两种工作，而应当被视为我国公共文化建设最重要的两个组成部分：文化体制改革要解决的首要是历史遗留问题，如何使计划经济时代形成的各种文化单位更好地适应社会主义市场经济体制；现代公共文化服务体系，则是一个面向未来的宏伟蓝图，旨在为全体人民提供一个能够实现其文化权益的服务体系。因此，文化体制改革的目的，并非简单地改变我国现存大量文化机构的原有身份，使之从计划体制下的事业单位变为市场体制中的经营主体；更重要的意义还在于要将这些文化机构的生存发展与我国正在建设的公共文化服务体系结合起来，使之有利于我国公共文化的整体建设。而现代公共文化服务体系的构建，也并非仅仅依靠公共图书馆、博物馆、文化馆、科技馆等公益性文化事业单位就可以完成，还需要其他社会力量和社会资本的参与，其中当然应该包括从计划经济体制中转制而来的各种文化机构。诚能如此，则正可以将对历史遗留问题的解决和新的服务体系的建构打通，从而更快更好地推进文化领域的全面改革和整体发展。

大 事 记

The Chronicle of Events

B.26

2013年公共文化服务建设大事记

1月

1月4～5日 2013年全国文化厅局长会议在北京举行。与会代表学习了刘云山、刘奇葆同志所作重要讲话精神。文化部党组书记、部长蔡武出席会议并作工作报告。

1月4日 全国宣传部长会议在北京召开。中共中央政治局常委、中央书记处书记刘云山出席会议并讲话，强调切实做好宣传思想文化工作，夺取中国特色社会主义新胜利提供强大的精神文化力量。

1月15日 中国博物馆协会与故宫博物院在北京签署了合作组建国际博物馆协会国际博物馆培训中心的协议。故宫博物院院长单霁翔和国家文物局副局长、中国博物馆协会理事长宋新潮分别代表双方在协议上签字。

1月21日 《文化部“十二五”时期公共文化服务体系建设实施纲

要》正式发布。在“十二五”时期公共文化服务体系建设主要指标中，数字资源指标增长最为突出。

2月

2月5日 文化部部长蔡武赴北京鲁迅博物馆、北京古代钱币展览馆、孔庙和国子监博物馆等全国重点文物保护单位和博物馆，检查文物安全工作，慰问干部职工。

2月6日 中共中央政治局常委、中央书记处书记刘云山主持召开调研座谈会，就如何开展党的群众路线教育实践活动再次听取专家学者的意见建议。

2月7日 文化部发布《全国公共图书馆事业发展“十二五”规划》，这是我国第一个全国性的公共图书馆事业发展五年规划。《规划》提出，到“十二五”末期，逐步建立覆盖城乡、结构合理、功能健全、实用高效的服务网络。

3月

3月1日 中央精神文明建设指导委员会在京召开纪念毛泽东等老一辈革命家为雷锋同志题词五十周年座谈会。中共中央政治局常委、中央文明委主任刘云山出席会议并讲话，强调雷锋精神是一面永不褪色的旗帜，是一座永放光芒的灯塔，是我们的宝贵财富。

国务院总理温家宝在十二届全国人大一次会议开幕会上所作的《政府工作报告》中提出“把文化改革发展纳入经济社会发展总体规划，列入各级政府效能和领导干部政绩考核体系，推动文化事业全面繁荣、文化产业快速发展”。这在参加全国两会的代表、委员中引起热烈反响。

3月20日 为做好即将开展的全国思想宣传文化系统大调研工作，文化部党组扩大会议对《文化部大调研工作方案》实施方案进行了讨论。部党组成员于3月至5月率队赴有关地方调研。

3月22日 中央文明委在京召开深入开展道德领域突出问题专项教育和治理活动电视电话会议。中共中央政治局委员、中央书记处书记、中宣部部长、中央文明委副主任刘奇葆出席会议并讲话，强调要认真学习宣传贯彻党的十八大精神，深入开展道德领域突出问题专项教育和治理活动，着力解决诚信缺失、公德失范问题，在全社会形成良好道德风尚。

4月

4月2日 “美丽台湾——台湾近现代名家经典作品展（1911～2011）”在北京中国美术馆开幕，展览集中展示了台湾140余位画家的近170幅作品。

4月2日 第46个国际儿童读书日，由国家图书馆、中国图书馆学会联合主办的“2013全国少年儿童阅读年”系列活动正式启动。

4月2日 国家图书馆馆长周和平与香港特别行政区康乐及文化事务署署长冯程淑仪，在香港中央图书馆签署了《关于在香港公共图书馆开展数字图书馆合作的协议》。根据协议，香港民众可以借助数字平台浏览国家图书馆藏有的丰富文化资源。

4月8日 中宣部、教育部、共青团中央在北京召开深化中国梦宣传教育座谈会，学习贯彻习近平总书记重要讲话精神，研究和畅谈如何深化中国梦宣传教育，凝聚全面建成小康社会、实现中华民族伟大复兴的强大力量。中共中央政治局常委、中央书记处书记刘云山出席会议并讲话。

4月10～12日 文化部副部长赵少华率调研组赴山西省考察基层公共文化设施建设、管理与使用情况。

4月16日 中共中央政治局委员、国务院副总理刘延东在故宫博物院北京西玉河综合业务基地调研时强调，要扎实做好“平安故宫”工程建设各项工作，全面提升故宫博物院的文化遗产保护、展示传播和服务观众能力，为增强中华民族凝聚力，实现中华民族伟大复兴作贡献。

4月17日 故宫博物院在北京召开新闻发布会，向媒体介绍了近日获得国务院批准的《“平安故宫”工程总体方案》，目标是2020年使故宫博物院迈进世界一流博物馆行列。

4月17日 记者从山东省人民政府新闻发布会上获悉，2013年全国“5·18国际博物馆日”主场城市活动将在山东济南举办。

4月20日 山东省首个“光明之家·视障数字阅览室”在山东省图书馆建成并开始面向全省视障读者提供服务。

4月23日 由文化部、中央文明办组织的2013年“文化志愿者基层服务年”系列活动在北京启动。文化部党组书记、部长蔡武等出席启动仪式。

第18个“世界读书日”，国家图书馆举办了“书香中国·阅读让人生更美好——4·23世界读书日优秀图书推介活动”，第八届文津图书奖获奖图书榜单同时揭晓。国家图书馆馆长周和平等出席活动。

4月27日 由中国国家博物馆与中国社会科学院考古研究所共同举办的“商邑翼翼 四方之极——殷墟文物里的晚商盛世”展览在北京中国国家博物馆正式展出。

4月30日 中国图书馆界综合性研究报告——《中国图书馆事业发展报告2012》正式出版，这是我国图书馆界第一次发布综合性蓝皮书。

5月

5月11日 为实现图书馆的共建共享，湘、鄂、赣、皖四省公共图书馆联盟签约仪式在湖北省图书馆举行，四省图书馆馆长共同签订了合作协议。

5月15日 联合国教科文组织“文化：可持续发展的关键”国际会议在浙江杭州召开。国务院副总理刘延东出席会议开幕式并致辞。

5月17~20日 中共中央政治局委员、中央书记处书记、中宣部部长刘奇葆在广东、海南调研。考察文化产业发展、社区公共服务、生态文明创建和历史文化遗产保护等情况。

5月18日 由国家文物局、山东省人民政府主办的2013年“5·18国际博物馆日”中国主场城市活动在山东博物馆启幕。

5月20日　“与时代同行——中国美术馆建馆50周年藏品大展”在北京开幕，文化部部长蔡武和中国文联副主席左中一，中国文联副主席、中国美协主席刘大为，及靳尚谊、冯远、吕章申、王明明等出席开幕式。

5月21~25日　全国政协副主席卢展工带队赴重庆调研公共文化服务体系建设。重点就公共文化服务体系建设作用发挥情况和运行管理存在的问题进行了深入调研。

5月23日　由文化部主办、中国国家博物馆承办的“李岚清艺术展”在北京中国国家博物馆开幕。

5月30日　中共中央政治局委员、中宣部部长刘奇葆同新任县委宣传部长培训班学员座谈，强调要大力开展社会主义核心价值观宣传教育。

5月30日　第五届“北京数字博物馆研讨会”在首都博物馆召开。来自北京、上海、浙江等地的200多位数字博物馆（科技馆）领域专家学者齐聚一堂，对利用高新技术特别是数字技术推动博物馆（科技馆）信息化建设、文物数字资源利用和博物馆（科技馆）提升公共服务能力等进行了深入讨论。

6月

6月2日　国家文物局发布《博物馆和文物保护单位安全防范系统要求》《文物建筑防雷技术规范》两项标准。该标准将于2013年7月1日起实施。

6月4日　由国家图书馆主办的“网络书香”全国数字阅读推广活动启动仪式在福建省图书馆举行。仪式上，数字图书馆推广工程体验区正式面向公众开放，向公众传播数字图书馆服务理念。

6月12日　文化部、财政部在北京组织召开创建国家公共文化服务体系示范项目验收评审会议，就第一批47个创建示范项目进行评审验收，嘉兴市“城乡一体化公共图书馆服务体系建设”等项目得到了评审专家的高度评价。

6月12日 国家文物局正式下发《关于推进国有博物馆对口支援民办博物馆工作的意见》，国有博物馆对口支援民办博物馆工作全面启动。

6月14日 中共中央政治局委员、中宣部部长、中央文化体制改革和发展工作领导小组组长刘奇葆出席文化体制改革工作座谈会并讲话，强调要深入学习贯彻党的十八大精神和习近平总书记一系列重要讲话精神。推动文化事业取得新进展。

按照国家公共文化服务体系示范区（项目）创建工作领导小组办公室《关于开展第一批国家公共文化服务体系示范区（项目）验收工作的通知》要求，第一批示范区验收检查工作于2013年6月开始，分两批进行，十多个验收小组以示范区验收标准为依据，检查31个创建示范区公共文化服务体系建设的整体情况。

6月27日 文化部在北京召开文化体制改革工作领导小组会议，会议深入贯彻落实中央关于深化文化体制改革的决策部署，总结党的十八大以来文化系统体制改革的新成效，部署下半年文化系统体制改革重点工作。文化部党组书记、部长、部文化体制改革工作领导小组组长蔡武在会上讲话。

6月28日 国务院副总理刘延东在中国国家博物馆出席“皮诺先生捐赠圆明园青铜鼠首兔首仪式”。

7月

7月1日 国际博物馆协会国际博物馆培训中心在故宫博物院正式揭牌成立。

7月5日 文化部在北京召开党的群众路线教育实践活动动员大会，正式在文化部系统全面启动群众路线教育实践活动。

7月7~11日 由全国人大外事委员会副主任委员，文化部原党组副书记、副部长赵少华带队的文化部检查组对黑龙江省牡丹江市创建国家公共文化服务体系示范区的情况进行了实地检查和调研。

7月10~14日 由中国图书馆学会阅读推广委员会、浙江省图书馆学会、绍兴县文广新局主办的首届全国阅读推广高峰论坛在浙江绍兴县举行。

7月20日 中国县域群众文化节的首站活动在四川省中江县拉开序幕，试水社会力量参与公共文化建设。

7月25日 浙江省全省公共文化服务体系建设提升年工作推进会在温州市永嘉县召开，2013年实现村文化室全覆盖。

7月26日 四川省召开第十二届人大常委会第四次会议上，《四川省公共图书馆条例》获得审议通过，于2013年10月1日起施行。

7月30日 由国家图书馆主办的“网络书香”全国数字阅读推广活动地市级首站在天津市泰达图书馆档案馆启动。

7月30日 国家公共文化服务体系示范区（项目）创建工作领导小组办公室在北京组织了第一批创建国家公共文化服务体系示范区验收集中评议。

8月

8月10~12日 文化部国家公共文化服务体系示范区检查组对吉林省长春市的创建工作及成效进行了实地检查。

8月13日 第二届国家公共文化服务体系建设专家委员会成立大会在北京举行。

8月14~15日 中国图书馆学会第一届全国图书馆未成年人服务论坛在昆明召开。

8月27日 第七届中华图书特殊贡献奖颁奖仪式暨第二十届北京国际图书博览会开幕式在北京举行，国务院副总理刘延东出席。

8月27日 中国特色社会主义和中国梦宣传教育系列报告会第五场在北京人民大会堂举行。文化部部长蔡武作了题为《建设社会主义文化强国 实现中华文化的伟大复兴》的专题报告。

8月开始 文化部组织开展全国美术馆馆藏精品展出季活动。

9月

9月3日 以“消费文化·品位生活”为主题的首届北京惠民文化消费季正式启动。

9月9日 国家图书馆建馆104周年纪念日，国家图书馆为此推出了一系列服务读者的新举措，进一步创新服务模式，整体提升服务能力和水平。

9月10～11日 国家公共文化服务体系示范区（项目）创建工作领导小组办公室在北京组织了第一批第二阶段创建工作集中评议。

9月26～28日 “2013欧亚经济论坛”在陕西西安举办，聚焦博物馆发展。

9月27日 2013年国家艺术院团演出季研讨会在北京召开。

9月 由国家图书馆主办的“网络资源采集与数字资源长期保存”研讨会在北京举行。

9月 为了更好地发挥博物馆服务教育的功能，故宫博物院与中国教育学会在北京签署合作协议。

10月

10月15～16日 “2013中阿丝绸之路文化之旅”系列文化活动的重点项目——“中国－阿拉伯国家博物馆馆长论坛”在北京中国国家博物馆举行。

10月16日 首都图书馆迎来建馆100周年，“城市与图书馆”学术论坛暨首都图书馆百年纪念会在北京举行。

10月16日 为期两天的“中国－阿拉伯国家博物馆馆长论坛”在北京闭幕，中阿博物馆馆长论坛通过《北京宣言》。

10月21日 文化部公共文化司、中国残联宣传文化部、文化部全国公共文化发展中心等单位的领导前往位于北京的中国盲文图书馆进行调研，并为“全国文化信息资源共享工程残疾人服务分中心”揭牌。

10 月　刘延东在山东调研时强调，大力繁荣发展文化事业和文化产业，不断满足人民群众的精神文化需求。

11月

11 月 5 日　由北京市文物局、中国博物馆协会市场推广与公共关系专业委员会主办的博物馆与文创发展交流研讨会在北京故宫博物院举办。

11 月 6 日　全国文化干部网络学院在北京成立。

11 月 6 日　中共中央政治局委员、中宣部部长刘奇葆出席第五届全国服务农民、服务基层文化建设先进集体表彰会，强调坚持文化惠民服务基层群众。

11 月 6 日　文化部、财政部在上海召开国家公共文化服务体系示范区（项目）创建工作会议，31 个城市成为首批国家公共文化服务体系示范区。

11 月 7 日　为期 3 天的“2013 年中国图书馆年会——中国图书馆学会年会·中国图书馆展览会”在上海开幕。

11 月 12 日　党的十八届三中全会审议通过《中共中央关于全面深化改革若干重大问题的决定》，提出“构建现代公共文化服务体系”。

11 月 18 日　北京园博会闭幕。中国园林博物馆自 11 月 19 日起作为公益性永久文化场所继续向公众免费开放。

11 月 19 日　“2013 亚洲图书馆馆长论坛”在云南昆明开幕，论坛通过了《亚洲图书馆昆明宣言》。

11 月 23 日　全国群众文化 2013 年度论文颁奖暨交流会在江苏省南通市举行。

12月

12 月 4 日　中共中央政治局委员、中宣部部长刘奇葆与来华参加“汉学家与中外文化交流”活动的各国汉学家座谈，希望汉学家做中华文化的积极传播者。

12 月 4 日 全国文化志愿服务工作现场经验交流会在福建省厦门市召开。

12 月 19 日 第二届中华艺文奖颁奖典礼在北京举行，刘延东与获奖者座谈时强调“把握时代脉搏、为人民奉献精品力作”。

12 月 19 日 刘奇葆出席志愿服务工作座谈会，强调大力推进志愿服务制度化。

12 月 19 日 全国文化信息资源共享工程 2013 年通讯员工作会议在江苏省常州市举行。

12 月 21 日 中国群众文化学会在深圳市宝安区举行社会文化组织与现代公共文化服务体系建设座谈会。

12 月 由文化部全国公共文化发展中心主办，文化共享工程江苏省分中心、江苏省常州市支中心共同承办的全国文化信息资源共享工程 2013 年资源建设工作会议在常州举办。

B.27

2014年公共文化服务建设大事记

1月

1月3日 全国宣传部长会议在北京召开。中共中央政治局常委、中央书记处书记刘云山出席会议并讲话。

1月4日 培育和践行社会主义核心价值观座谈会在北京召开。中共中央政治局常委、中央书记处书记刘云山出席会议并讲话。

1月3~4日 2014年全国文化厅局长会议在北京举行。文化部党组书记、部长蔡武出席全国文化厅局长会议并作题为《深化改革，勇于创新，努力开创文化改革发展新局面》的工作报告。

1月10日 财政部发布数据显示，2013年中央财政安排公共文化服务体系建设资金169.63亿元，比2012年增加16.19亿元，增长10.55%。

1月17日 刘奇葆在中宣部举办的“文化茶座”上强调，大力传承和弘扬中华文化。

2月

2月12日 文化部全国公共文化发展中心在中央文化管理干部学院举办了文化共享工程多媒体资源建设培训班，来自文化共享工程33个省级分中心、22个支中心和有关单位的115位学员参加了培训。

2月20日 文化部发布《文化部中央文明办关于开展2014年“我们的中国梦·文化志愿服务基层行”系列活动的通知》。为贯彻落实党的十八大、十八届三中全会精神，深入推进中国梦宣传教育活动，按照《文化部、中央文明办关于广泛开展基层文化志愿服务活动的意见》（文公共发〔2012〕31号）的任务要求，文化部、中央文明办将2014年确定为“文化志愿服务推进年”，围绕“我们的中国梦·文化志愿服务基层行”主题，广泛开展文化志愿服务活动。

2月28日 文化部召开文化体制改革工作领导小组会议，研究部署2014年文化系统改革工作。文化部党组书记、部长蔡武出席并发表讲话。

3月

3月5日 国务院总理李克强在十二届全国人大二次会议开幕会上作《政府工作报告》。提出要促进文化事业和文化产业健康发展。

3月14日 文化部发布《国家公共文化服务体系示范区（项目）创建工作领导小组办公室关于组织开展区域文化联动活动的通知》。

3月19日 文化部牵头成立了国家公共文化服务体系建设协调组，并在北京召开第一次全体会议，确定了六大重点任务。标志着国家层面的公共文化服务协调机制正式运转。

3月24日 由文化部、中央文明办共同组织开展的2014年“文化志愿服务推进年”系列活动在北京启动。文化部部长蔡武、副部长杨志今出席启动仪式。

3月24日 文化部发布了“中国文化志愿者”标识。该标识作为中国文化志愿者的统一标志，广泛应用于各类文化志愿服务活动。

3月24~26日 文化部在北京举办国家公共文化服务体系示范区联络员培训班。

4月

4月9日 文化部文化体制改革工作领导小组研究通过了《2014年文化系统体制改革工作要点》及其《分工实施方案》，并在文化部官方网站公开发布，对落实2014年文化系统体制改革重点工作任务进行了具体部署。

4月14日 中共中央政治局委员、中宣部部长刘奇葆出席推动媒体融合发展座谈会，强调在媒体融合发展之路上走稳走快走好。

4月17日 社会科学文献出版社在京发布“文化建设蓝皮书”《中国文化发展报告（2014）》。

4月17日 文化部制定印发了《文化部调研工作管理办法》和《文化部关于加强文化系统调研工作的意见》。

4月18日 国家文物局在北京召开新闻发布会，正式对外发布了2014年中国文化遗产日主题“让文化遗产活起来”口号以及年度工作安排。

4月22日 由文化部、中国文联、中国残联共同主办的“首届全国助残美术作品展”在北京中国盲文图书馆启动。

4月23日 由文化部公共文化司主办，文化部全国公共文化发展中心、四川省文化厅等单位承办的“大地情深”群星奖获奖作品全国巡演四川行在成都市启动。

4月24日 由文化部直属机关团委主办的文化部文化青年走基层实践活动总结汇报会暨2014年走基层活动启动会在国家图书馆举办。

4月24日 文化部办公厅关于推行使用“中国文化志愿者”标识和“文化志愿者注册服务证”有关事宜的通知。

4月28日 第十四届“相约北京”联欢活动开幕式暨庆祝中法建交50周年音乐会在北京国家大剧院举行。国务院副总理刘延东出席并观看开幕式暨庆祝中法建交50周年音乐会，文化部部长蔡武致辞并宣布第十四届“相约北京”联欢活动开幕。

5月

5月15日 推动中华文化走出去座谈会在深圳举行。中共中央政治局委员、中央书记处书记、中宣部部长刘奇葆出席会议并讲话，强调大力推动中华文化走向世界。

5月16～18日 中共中央政治局委员、中央书记处书记、中宣部部长刘奇葆在浙江调研时强调，以社会主义核心价值观引领文化改革发展。

5月19日 由文化部全国公共文化发展中心、内蒙古自治区文化厅、内蒙古包头市委、市政府共同主办的“边疆万里数字文化长廊建设试点现场工作会”在包头召开。

5月19～23日 文化部党组副书记、副部长杨志今率调研组赴内蒙古、陕西进行专题调研。实地了解贫困地区公共文化服务体系建设。

5月20日 中共中央政治局常委、中央书记处书记刘云山在陕西调研时强调，切实增强文化自信、价值观自信，更好凝聚团结奋进的精神力量。

5月20日 为贯彻落实党的十八大、十八届三中全会有关精神，加快构建现代公共文化服务体系，扩大公共文化服务的有效覆盖，提高城乡基层特别是老少边穷地区公共文化服务水平，打通公共文化服务的“最后一公里”，促进基本公共文化服务标准化、均等化，就加强流动文化服务工作提出意见。

5月22～23日 中共中央政治局常委、国务院总理李克强在内蒙古自治区赤峰市考察调研。提出要加强保护、交流和传承民族文化，推进发展公共文化服务事业，凝聚文化发展和民族团结进步的强大合力。

5月23～24日 中共中央总书记、国家主席、中央军委主席习近平在上海考察调研。强调上海要当好全国改革开放排头兵，不断提高城市核心竞争力；在考察国家对外文化贸易基地时勉励其为实施国家文化战略、推动文化事业和文化产业发展多做贡献。

5月28日 为贯彻落实党的十八届三中全会精神，根据全国宣传思想工作会议要求和中央领导指示精神，文化部、中宣部、中央编办、中央文明办、国家发展改革委、教育部、科技部、国家民委、财政部、人力资源社会保障部、质检总局、新闻出版广电总局、体育总局、国家文物局、国务院扶贫办、全国总工会、共青团中央、全国妇联、中国残联、中国科协、国家标准委等部门，成立公共文化服务体系建设协调机制，共同推动公共文化服务体系建设。

5 月 28 日 文化部制定国家公共文化服务体系建设协调组议事规则。

5 月 29 日 由文化部公共文化司、北京市文化局、房山区政府和文化部全国公共文化发展中心共同主办的“梦想起航——外来务工人员子弟关爱行动”在北京市房山区民仁学校启动。文化部副部长杨志今出席启动仪式。

5 月 30 日 文化部在浙江省衢州市召开全国基层公共文化服务工作现场经验交流会，文化部副部长杨志今，浙江省委常委、宣传部部长葛慧君出席会议并讲话。

6月

6 月 14 ~ 15 日 由文化部公共文化司主办，江苏省文化厅、苏州市人民政府、文化部全国公共文化发展中心承办的“大地情深”——群星奖获奖作品全国巡演在江苏省苏州市举行。

6 月 14 ~ 15 日 粤港澳文化合作第十五次会议在广州召开，会议签订了《粤港澳文化交流合作发展规划 2014 ~ 2018》。

6 月 14 日 由国家图书馆（国家古籍保护中心）、中国图书馆学会、北京市文化局主办，首都图书馆等单位承办的“中华古籍保护计划成果展”在首都图书馆 B 座二层展出。

6 月 18 日 太湖世界文化论坛第三届年会在上海开幕。刘延东发表主旨讲话，韩正致辞。

6 月 19 日 为期两天的太湖世界文化论坛第三届年会在沪落幕并发布《上海共识》。

6 月 19 日 文化部政策法规司在北京国家图书馆举办文化法制专家委员会委员聘任仪式。

6 月 24 ~ 27 日 中共中央政治局委员、中央书记处书记、中宣部部长刘奇葆在内蒙古调研时强调，促进基本公共文化服务标准化、均等化。

6 月 25 日 文化部召开规划工作协调会，标志着文化部“十三五”时期文化发展规划编制前期研究工作正式启动。

6月29日 刘云山在人民日报社调研时强调，充分发挥宣传舆论的积极作用，扎实推进社会主义核心价值观建设。

7月

7月7~12日 由文化部公共文化司、河北省文化厅联合主办，河北艺术职业学院承办的“春雨工程”——全国文化志愿者边疆行、“少数民族自治州文化馆舞蹈编创人员培训班”，在河北省石家庄市举办。

7月14日 由文化部与澳门基金会、国家博物馆共同举办的“澳门美术家作品展——庆祝澳门回归十五周年”展览在北京国家博物馆开幕。

7月15日 中宣部、中央文明办、中国文联印发通知，在全国开展社会主义核心价值观主题文艺活动。

7月17日 由文化部、中央文明办主办，文化部公共文化司、宁夏回族自治区文化厅、山东省文化厅、山西省文化厅、陕西省文化厅、国家图书馆等承办的2014年“春雨工程”全国文化志愿者宁夏行在银川启动。

7月22日 全国政协在北京召开“构建现代公共文化服务体系”专题协商会。中共中央政治局常委、全国政协主席俞正声主持会议并讲话。文化部部长蔡武就文化部现代公共文化服务体系建设相关工作情况进行了介绍。

7月26~27日 由文化部全国公共文化发展中心主办的全国县域构建现代公共文化服务体系研讨会在湖北省大冶市举行。

7月28~29日 文化部、财政部在京举办第二批创建国家公共文化服务体系示范区（项目）中期督查暨创建示范项目联络员培训班，安排部署第二批创建示范区（项目）中期督查和第一批示范区后续建设督查工作。

7月30日 为贯彻落实党的十八届三中全会关于“构建现代公共文化服务体系”的要求，根据中央全面深化改革领导小组有关工作部署，文化部开展公共文化服务标准化、基层综合性文化服务中心建设、公共文化机构法人治理结构等三项试点工作。

7 月 31 日 由文化部公共文化司、人事司统筹协调，中央文化管理干部学院组织实施的“公共文化空中大课堂”远程视频培训在全国 26 个省区市近 200 个接收点同时进行，近 2 万人参加了培训。

8月

8 月 11 日 财政部发布消息，中央财政对拨全国博物馆、纪念馆、美术馆等免费开放专项资金近 50 亿元。

8 月 12 日 财政部发布消息，为推进构建现代公共文化服务体系，完善基本公共文化服务设施，中央财政下拨中央补助地方文化体育与传媒事业发展专项资金 23.6 亿元。

8 月 15 日 文化部“2014 全国美术馆馆藏精品展出季”入选项目“甲午 · 甲午——百年强国梦”在广东美术馆开幕。

8 月 26 日 刘奇葆在学习贯彻习近平总书记关于媒体融合发展重要讲话精神座谈会上强调，加快推动传统媒体和新兴媒体深度融合。

8 月 26 ~ 29 日 文化部党组副书记、副部长杨志今一行在安徽调研现代公共文化服务体系建设，强调加强统筹、整合资源，推进基层公共文化服务标准化、均等化。

8 月 27 ~ 29 日 文化部部长蔡武率调研组赴四川考察现代公共文化服务体系建设以及汶川地震灾后重建、城乡统筹和城镇化进程中公共文化服务体系建设的有关情况。强调贯彻落实党的十八届三中全会精神，大力推进基层公共文化服务标准化、均等化。

9月

9 月 1 日 国家公共文化服务体系建设协调组在京召开第二次全体会议。

9 月 10 日 由中国文化部、阿拉伯国家联盟秘书处主办，中国国家博物馆、中国对外文化集团公司承办的中阿文化部长论坛在北京举办。

9月10日 国家典籍博物馆正式开馆，首展“国家图书馆馆藏精品大展”。文化部副部长杨志今出席并宣布开馆。

9月11日 中国文化馆协会在北京成立。文化部部长蔡武出席成立大会并讲话，文化部副部长杨志今主持会议。

9月23日 “丹青中国梦——庆祝中华人民共和国成立65周年美术作品展”，在北京中国美术馆拉开帷幕。

9月23～24日 文化部直属机关工会和中国教科文卫体工会在北京中央文化管理干部学院共同举办全国文化系统民主管理工作培训班。

文化部党组印发《中共文化部党组关于中共文化部党校恢复办学的通知》，决定恢复中共文化部党校办学，并于2014年秋季开始举办中央党校中央国家机关分校文化部直属班。

10月

10月9～10日 文化部在北京举办了第二批国家公共文化服务体系示范区创建城市市长研讨班。

10月10～12日 2014年中国图书馆年会在北京召开。

10月10日 文化部部长蔡武到北京中央文化管理干部学院，与参加第二批国家公共文化服务体系示范区创建城市市长研讨班的学员们进行交流。

10月13日 “中国阿拉伯国家图书馆馆长论坛”在北京中国国家图书馆举行。论坛通过了《中国阿拉伯国家图书馆馆长论坛公报（2014年10月13日北京倡议）》。

10月14日 2014年“春雨工程”——全国文化志愿者边疆行（广西钦州）暨第六届“魅力北部湾”群众文化活动启动仪式文艺演出在钦州学院举行。

10月15日 中共中央总书记、国家主席、中央军委主席习近平在京主持召开文艺工作座谈会并发表重要讲话。强调坚持以人民为中心的创作导向，创作更多无愧于时代的优秀作品。

10 月 15 日 中共文化部党校 2014 年秋季处级干部进修班开学典礼在京举行，这也标志着文化部党校正式恢复办学。

10 月 15 ~ 17 日 文化部副部长项兆伦率督查组对福建省国家公共文化服务体系示范区（项目）创建工作开展中期督查。

10 月 16 日 文化部党组书记、部长蔡武主持召开会议，传达学习近平总书记在文艺工作座谈会上的重要讲话精神，研究部署贯彻落实工作。

10 月 18 日 刘奇葆主持召开学习贯彻习近平总书记在文艺工作座谈会上的重要讲话精神工作会议，强调认真学习宣传贯彻习近平总书记在文艺工作座谈会上的重要讲话精神。

10 月 20 日 文化部在京召开第四季度例行新闻发布会，重点发布了文化部繁荣艺术创作和推进公共文化服务体系建设相关工作。

10 月 20 ~ 22 日 文化部国家公共文化服务体系示范区（项目）创建督查组在湖南省岳阳市开展督查工作。

10 月 27 日 文化部党组成员、中纪委驻文化部纪检组组长王铁率文化部、财政部督查组对上海和江苏的国家公共文化服务体系示范区（项目）创建工作进行了实地督查。

10 月 28 日 由文化部公共文化司举办的群众文艺工作座谈会在北京召开。

10 月 28 ~ 31 日 文化部副部长杨志今率督查组对青海和甘肃国家公共文化服务体系示范区（项目）创建工作进行了实地督查。

11月

11 月 3 日 文化部部长助理刘玉珠率文化部、财政部督查组，对云南省第二批国家公共文化服务体系示范区（项目）创建工作开展中期督查。

11 月 4 日 中国文化传媒集团、重庆市北碚区文化馆等 6 家单位承担的 2012 年国家文化创新工程重点项目——“文化馆公共数字文化服务模式创新与示范”课题通过验收。

11月5日 由文化部全国公共文化发展中心主办、静乐县文化中心承办的“基层文化干部培训班”在山西省静乐县举办。

11月7日 由联合国教科文组织亚太地区非物质文化遗产国际培训中心主办的“非物质文化遗产保护经验交流会”在北京中国国家博物馆举行。

11月12日 国家主席习近平在人民大会堂同美国总统奥巴马举行会谈，就中美关系及共同关心的重大国际和地区问题坦诚、深入交换意见。双方续签了《中华人民共和国文化部与美国博物馆图书馆服务署关于支持建立文化交流合作伙伴关系的谅解备忘录》。

11月13日 国家主席习近平同墨西哥总统培尼亚共同出席在国家博物馆举行的“玛雅：美的语言”文化展开幕式。

11月14日 文化部公共文化司在北京举办群众文艺工作专家座谈会。

11月17~19日 文化部副部长丁伟率文化部、财政部督查组，对贵州省贵阳市国家公共文化服务体系示范区（项目）创建工作开展中期督查。

11月18日 中宣部、文化部、国家新闻出版广电总局、中国文联、中国作协印发《〈关于在文艺界广泛开展“深入生活、扎根人民”主题实践活动的意见〉的通知》。

11月23日 中国博物馆协会第六届会员代表大会暨“2014博物馆及相关产品与技术博览会”在厦门国际会展中心举办。

12月

12月2日 中央全面深化改革领导小组第七次会议在北京召开，会议审议了《关于加快构建现代公共文化服务体系的意见》。

12月5日 文化部“深入生活、扎根人民”主题实践活动暨2015年元旦、春节期间“文化下乡”活动在北京启动。

12月16日 国家文物局向中国国家博物馆划拨文物仪式在北京举行。

12月18日 文化部、人力资源和社会保障部在北京人民大会堂举行全国文化先进单位、全国文化系统先进集体、先进工作者和劳动模范表彰活动。

12 月 19～21 日 首届中国文化馆年会在浙江省宁波市举行。

12 月 19 日 全国公共文化服务体系建设工作会议在浙江省宁波市召开。

12 月 26 日 文化部在北京召开 2014 年年终工作总结会，总结全年文化部系统工作，明确明年工作的总体思路和重点任务。

12 月 29 日 文化部召开干部大会。中共中央组织部副部长潘立刚在会上宣布了中央决定：雒树刚同志任文化部部长、党组书记；蔡武同志不再担任中宣部副部长、文化部部长、党组书记职务。

B.28
后　记

本书以“构建现代公共文化服务体系”为主题，以理论创新和实践创新为主线，系统呈现了2012年以来我国公共文化服务发展的主要历程、重点工作和理论成果。全书由“总报告”“宏观视野”“地方实践”“他山之石”“大事记”等五部分组成。“总报告”展现了近年来我国构建现代公共文化服务体系的重大成就，并提出了未来发展方向和工作任务。“宏观视野”汇集了专家学者对构建现代公共文化服务体系中重点问题的深度思考和政策建议。“地方实践”介绍了各地构建现代公共文化服务体系的探索和实践。“他山之石”介绍了构建现代公共文化服务体系过程中可资借鉴的国际经验。“大事记”记录了2013年、2014年两年构建现代公共文化服务体系的重要事件。

文化部党组书记、部长雒树刚同志和党组副书记、副部长杨志今同志对本书高度重视，雒树刚同志为本书撰写了序言。文化部公共文化司、国家公共文化服务体系建设专家委员会对本书编写给予了有力指导和帮助。中央文化管理干部学院和首都师范大学文化研究院具体承担了本书的编写组织工作。

为本书提供稿件的各地政府和文化厅局以及专家学者、社会科学文献出版社等单位和个人，都为本书的编辑出版付出了辛勤劳动，在此一并致谢。

Contents

Ⓑ I General Report

B. 1 New Progress in the Construction of Public Cultural Service System in China

Li Guoxin, Wu zhinan, Luo Yunchuan, Jin Wugang Ye Xiaoxin, Feng Jia, Liu Liang and Chen Wei / 001

Ⓑ II Macro Perspective

B. 2 Understandings on Modern Public Cultural Service System

Kuai Dashen / 037

Abstract: How to understand the modernity of 'Modern Public Cultural Service System'? How to understand 'the standardization and equalization of basic public cultural service'? How to understand 'the socialization of public cultural service development'? How to understand 'to form an legal entity management structure in public cultural service domain'? How to understand the 'rule of law' foundation of modern public cultural service system? These five questions are fundamental in understanding the rich content and basic characteristics of Modern Public Cultural Service System. This paper tries to apply the above questions with the real status of China's public cultural development and present some basic understandings towards them.

Keywords: Public Culture; Equalization; Socialization; Rule of Law

B. 3 The Strategy Orientation of Modern Public Cultural Service System

Tao Dongfeng, *Jiang Lu* / 048

Abstract: The main objective of this article is to identify policy strategy, detail policy target and offer advices to policy implementation in building "Modern Public Cultural Service System" . Firstly, we construct the analytical framework of public policy to make the concept of Public Cultural Policy clear, which help elaborate the government responsibility and policy target in this area. Secondly, by analyzing historical background of policy making, this article summarized four strategic objectives in building "Modern Public Cultural Service System", including Value Objective, Justice Objective, Efficiency and Law Objective. In the end, we proposed several suggestions to related programs and projects in this area.

Keywords: Public Cultural Service; Cultural Strategy

B. 4 Several Thoughts on Activating Tools of Building Modern Public Cultural Service System

Wang Liesheng / 070

Abstract: For Constructing modern public cultural service system, it is necessary to fully consider "service-oriented government transition", "socialism with Chinese characteristics", "society with rule of law" and "deep integration of science and technology and culture which lead to social ontological transformation" and other cultural governance demands. We need to identify the configuration of tools from two aspects-validity and reliability. With social transformation and context change, using tools dominantly by traditional administrative authority, has been unable to meet the actual needs of cultural policy called "modern public cultural service system". The best solution to avoid mismatches and reach to right configuration depends on "contract operation".

Keywords: Modern Public Cultural Service System; Tool Configuration; Contract Operation

B. 5 The Construction of Public Cultural Service System: Connotation and Model

Geng Da, *Fu Caiwu* / 087

Abstract: The construction of public cultural service system consists of public culture, public services and public cultural service system. The development and evolution of these three basic notions reflect the "down" and "focus" of the national cultural horizon and the deepening understanding of culture . In the process, strategy and policy of supporting system construction should adjust according to the different development phases, in different historical stages, there are different targets pattern and reform strategies. At present, Chinese society is in the midst of a comprehensive reform, should be in accordance with the requirements of modernity, implementing the culture operation model of "government guide, market operation, society participation and sharing" .

Keywords: Public Cultural Service System; Cultural Rights

B. 6 Research Report on Equal Public Cultural Services in China

Wei Pengju / 100

Abstract: Equal public cultural service index is a comprehensive measure of the equalization degree of public cultural service domain in China nowadays. Whether regional or between urban and rural areas, the degree of equalization of public cultural services in China has gradually increased. Overall regional equalization level, however, is not high, and the effect of equalization in urban and rural areas also need to be improved. To improve equal public cultural services in China, approaches such as adjusting the concept, reforming system, increasing investment, adapting scientific management and strengthening the performance could be considered.

Keywords: Public Cultural Services; Equalization Index

B. 7 Research on China's Protection Standards of Basic Public Cultural Services *Ruan Ke* / 118

Abstract: There is always a natural conflict between government's limited financial ability and people's endless cultural demand. To achieve an equalized standardization of public cultural service at all levels of official departments, rigid constraints with clear and specific protection guidelines for basic public cultural service are required. The development of national-level protection standards is the prerequisite for promoting equalized standardization of public cultural service as it clarifies the corresponding service responsibilities of various official departments. This will further facilitate the establishment of institutionalized and standardized constraints, which will help achieve the best performance of public cultural services in an organized manner.

Keywords: Basic Public Cultural Services; Standardization; Equalization; Protection Standards

B. 8 Minimum Guarantee, Unconventional Means
—*Report of 2014 Poor Areas Public Cultural Service System Construction*
Liu Yang, Tang Renwu, Long Xicheng, Li Chuan and Li Chong / 130

Abstract: Since the "reform and open", the alleviation of poverty has achieved a great success. Public cultural service system construction in poor areas, however, remains unsatisfactory and that, restricts sustainable development of the area. This report analyses achievements and problems, and thereby proposing that reaching or closing poor areas public cultural service system construction to national average for targeted measures that the government pushes minimum guarantee and unconventional means, before market failure and cultural consumption lag.

Keywords: Poor Areas; Public Cultural Service System; Poverty Relief and Development

B. 9 Actively Guide and Encourage Social Forces to Participate in the Public Cultural Services

Wu Licai, Wang Qian, Jia Xiaofen and Zhuang Feineng / 146

Abstract: In the process of guiding and encouraging social forces to participate in public cultural service, a closed network of cooperation service is established among the government, public sectors and social forces. Such a connection is going along the ideas and requirements of modern cultural governance. Given the respective roles and the various connection modes between government and social forces, the latter participate in public cultural service in various manners, *i. e.* as a provider of policy guidance, taking a public-private partnership approach or as a independent participant, *etc.*

Although China is undergoing the process of social transformation, restrictions such as immature transformation of government functions and civil society development, the hinderance brought about by the existing institutional mechanisms, policies, and technical inadequacy. Under the promotion of the theory of governance and development, some western developed countries have started the research and practice of involving social forces in public cultural service. Currently, China is under the construction of a modern system for public cultural service. , We should make a reference to those well-established systems in foreign countries to promote socialization of public cultural service in China.

Keywords: Public Cultural Services; Social Forces to Participate in; Cultural Governance

B. 10 Construction of Public Cultural Service Demand Oriented Theory and Mechanism *Bi Xulong* / 164

Abstract: Popularity is the essence of public cultural service in China, which has embodied the mass line and viewpoint of the communist party, the concept of service-oriented promoted by the government, and people's interests in public culture. For the sake of constructing a modern system for public cultural service in China, we need be aware of problems such as supply and demand, the value of social facilities, and the directions of service provided. There is a need to perfect the system of public cultural service and establish a public feedback mechanism. To accelerate the progress of constructing a feedback mechanism for public cultural service, we have to response to demand of the public and make reference to the guide of core values.

Keywords: Public Culture; Popularity; Demand Feedback

B. 11 Innovative Practice of Public Digital Culture and Future Development

Li Hong, Zhang Xinhong and Luo Yunchuan / 176

Abstract: Public digital culture is significant in constructing a modern public cultural service system. In recent years, prominent progress has been achieved on developing public digital culture platforms and channels of distribution, as well as the supply of product resource and services innovation. Combined with the trend of information technology, the development of public digital culture needs to be further enhanced through cultural construction of top-level design, open platform, innovative resources supply model, extensive community of cooperation and developing new forms of public digital cultural service.

Keywords: Public Culture; Public Digital Culture; Modern Public Cultural Service System

B. 12 On the Legislation of Public Cultural Servicesin China

Lv Fang, Cheng Ming / 192

Abstract: The legislation of public cultural service in today's China has been hindered by problems such as incompleteness of legal system, the diminished role of law and departmentalization that takes place during the course of legislation. In reference to the foreign and local legislation, this paper proposes various basic issues that the system of public cultural service should encompass. It will further elaborate the value and content that should be included in the law on the protection of public cultural service.

Keywords: Public Cultural Services; Public Service; Legislation

B. 13 On the Development of Voluntary Service for Cultural Undertakings in China

Li Zhen / 211

Abstract: People working voluntarily for China's cultural undertakings are volunteers who have their own charateristics. As China's economy develops, volunteering for cultural undertakings in China emerges as a product to meet the ever growing cultural needs of people. Having its root in China's traditional values of "being kind" and "helping others", the notion of volunteering embodies also the essence of volunteerism, namely, dedication, fraternity, mutual-aid and advancement. Volunteering In China performs in the development of China. On the one hand, it serves as an effective way to encourage various cultural activities held by the public and thus initiating their self-expression, self-education and self-service; and on the other, it is greatly needed given the huge demand of cultural activities in China. This paper intends to attract more attention from scholars in the area and provoke thoughts on the subject. As a volunteer and researcher of voluntary services for cultural undertakings in China, in this paper I review and summarize the root, development and features of cultural volunteering in China. I have also mades everal suggestions regarding the further development of volunteer service in the country.

Keywords: Culture Volunteers; Voluntary Service

B Ⅲ Local Practice

B. 14 Practice and Thinking of Extensively Carrying out Cultural Volunteers Service in Liaoning Province

Tong Zhao, *Kang Erping and Wang Xiaowen* / 223

Abstract: Since 2012, "Culture Volunteers Going to Grassroots", "Culture Volunteers Service Years in Grassroots" and other series of culture volunteers service activities have been carried out extensively by the Ministry of Culture of Liaoning Province. This series of activities introduces a number of outstanding cultural volunteer service teams and brand cultural volunteer service activities. It has gradually established and improved the mechanisms on organization, management, reinforcement and security, etc. , Regulations on daily service management have also been implemented through this activies series and have achieved remarkable results. Based on previous experiences, a new concept of cultural volunteer service has been established. , which offers a practical and theoretical reference for the further development of cultural volunteers service in the province.

Keywords: Liaoning; Cultural Volunteers Service

B. 15 Practice of Constructing Modern Public Cultural Services System in Anhui

—*The Construction Project of Peasant Culture Park*

Department of Culture, *Anhui Province* / 232

Abstract: The construction project of Peasant Culture Park in Anhui

Province has demonstrated the spirit promoted by the Third Plenary Session of the 18th Central Committee of the Communist Party of China (CPC). This project is also an innovation initiative that combines public cultural service resources from villages in Anhui. In 2013 -2014, 100 villages in the province participated in a pilot work, during which a joint meeting mechanism and the system of labor division among leaders were established. In addition standard operating manual and a declaration on enhancing standardized construction of village-level public cultural services have also been implemented. This paper, therefore, aims to provide an indepth exploration for the construction of village-level public cultural service system.

Keywords: Public Cultural Services System; Peasant Cultural Park

B. 16 Zhejiang Vigorously Promotes the Construction of Rural Cultural Halls and Builds the Spiritual Home of Rural Residents in the New Era

Mao Bingcong, *Liang Gui* / 241

Abstract: Since 2013, the government of Zhejiang Province has focused on the objective of "cultural halls, spiritual homes", creatively deploying and carrying out the construction of rural cultural halls. By making full use of existing facilities, adopting scientific planning, integrating resources and adjusting measures to local conditions, the government has established more than 3400 rural cultural complexes that combine the function of moral education, recreation and universal education, *etc.* Afterall, the government of Zhejiang strives to build a spiritual home for rural residents in the new era.

Keywords: Cultural Halls; Rural Culture; Spiritual Home

B. 17 Study on the Service Mode, Content and Mechanism for Visually Impaired Readers of Chongqing Library

Wang Ningyuan, Liu Xiaojing and Yi Hong / 250

Abstract: Based on the research on the current reading situation and demand of over a hundred visually impaired readers from Chongqing Library, this paper analyzes the effectiveness of the service mode and content for this group of readers. This study also probes into the basic thoughts of constructing service mechanism for the visually impaired from five perspectives, namely, management, service, security, promotion and staff training of public libraries. It is the aim of this paper to provide a reference on how to carry out accessibility service for visually impaired readers In public libraries.

Keywords: Visually Impaired Readers; Service Content; Service Mechanism; Chongqing Library

B. 18 Experience and Enlightenment of the Development of Cultural Social Organizations in Shenzhen *Yang Liqing* / 257

Abstract: Cultural organizations have been playing an important role in the cultural development and especially the public cultural service of Shenzhen, Cultrual transformation as such is closely related to that of the society in China, and also to the distinctive features of the city of Shenzhen. Recently, cultural organizations in Shenzhen have undergone a rapid development, which has been demonstrated in the improvement of their self-constructing ability, service leve land the increasing prominence of their functional roles. The progress of culture organizations in Shenzhen, therefore, has enlighted us in four ways on the cultural development of the city: i) innovating ideas are of the main core for the development; ii) reforming cultural management system is crucial; iii) obtaining the government's support is a gurantee, and iv) self-constructing ability provides the fundament for the development.

Keywords: Cultural Social Organizations; Eultural Development; Public Cultural Services

B. 19 Local Practice of "Cultural Station" in Quzhou City

Wang Jianhua / 265

Abstract: To strengthen the construction of public cultural service system, to better protect people's cultural rights and interests, are the most concerns of the municipal government of Quzhou. In recent years, the city's public cultural service has been innovative and launched mobile cultural services, such as, "*Nongjiale* Caravan", "Floating Culture Museum", "mobile library", and "mobile museum", *etc.* The municipal government also pays annual visit to grass-roots level to send 10 million copies of books 1000 performances of Chinese operas, 20000 sessions of films, and 1000 exhibitions and lectures, *etc.* This series of mobile cultural services have benefited over 500 million people and achieved satisfactory social benefits. On promoting the mobile "Cultural Station", the spiritual and cultural life of people in the rural area has been greatly enriched. The municipal government further promotes the construction of "A city of love, the best is Quzhou", a project which has opened up new channels for farmers to make a living and facilitateda transformation of the current cultural service mode through the enhancement of service capabilities of cultural workers.

Keywords: Public Cultural Service; Cultural Station

B. 20 Practice Report on the Socialization of Public Cultural Service In Wuxi New District

Li Jianqiu / 273

Abstract: The government of Wuxi New District, hereafter, WND, actively encourages and guides social forces to participate in public cultural services and promotes the establishment of professional cultural service enterprises. WND also fosters cultural non-governmental organizations (NGOs) in multiple ways so as to improve the socialization level of public cultural service in Wuxi. The district government has further implemented an innovation project named "Comprehensive Socialization of Public Cultural Service" (*Quanmian Shenhua Gonggong Wenhua Fuwu Shehuihua Fazhan Chuangxin Gongcheng*) . In carrying out modern public cultural service, WND seeks innovation and establishes a distinct feature of socialization for the service. The effort of WND has been rewarded with remarkable achievements. It is listed as a national key cultural innovation projects by the Ministry of Culture, from which it has also obtained the Fourth Innovation Award. WND, therefore, has provided a good example in promoting China's socialization of modern public cultural service.

Keywords: Public Cultural Service; Socialization Practice; Cultural Management

B. 21 A Study on the Grid System of Public Cultural Service in Zhangjiagang City *Chen Shihai* / 283

Abstract: Taking the grid system of public cultural service in Zhangjiagang City as the research subject, this paperi llustrates the structure of the system and examines its practice in the city. This study also delves into how the grid system promotes equliazation of public culture service, how it facilitates the simultaneous development between urban and rural areas and protects the rights of people. It is the aim of this paper to offer a new perspective for the development of public culture service systems in China.

Keywords: Public Culture; Cultural People's Livelihood

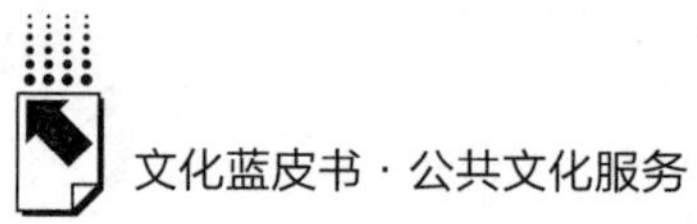

B. 22 Study on the Digital Management of Public Cultural Service in the Pi County, Sichuan

Cultural Bureau, Picounty, Sichuan Province / 292

Abstract: Department of Culture, the Pi County of Sichuan the paper reviews on the effective results that the digital management has brought to the operation of public cultural service in the Pi County, Sichuan.

Keywords: Public Cultural Service; Service Management System

B IV Outside the Box

B. 23 The Modern Construction and Reform of the Public Cultural Service System in the Western Developed Countries

—*The National Art Board System as an Example*

Chen Ming / 299

Abstract: After the end of the Second World War, the public cultural management system in western countries has changed a great. This paper attempts to discuss the contemporary construction and reform of the public cultural service system in the western developed countries from the perspective of the National Arts Council system. Western scholars called the National Council of art as "Non Departmental Public Bodies" or "quasi governmental organization", to distinguish it from the government's cultural administration. Accurately speaking, the National Arts Council in the form of a national public cultural management system other than an administrative system designed to represent the country in the service and control their public culture. The author believes that the system of the National Arts Council provides a sample of the modern welfare oriented country for the design and improvement of the public cultural service system of Chinese characteristic socialism. It makes our country to explore between the government's public cultural service system and civil society of public cultural service system to establish the third kind of public cultural services, and formed by the Ministry of culture, the National Arts Council, the folk society tripartite balance of forces of the public cultural service system.

Keywords: the National Arts Council; Public Cultural Services; Institutional Innovation

B. 24 Study on Policy of Public Culture and Arts in the United States *Li Huailiang, Fang Ying* / 313

Abstract: Public culture and arts in U. S. are truly for the public. The folk and public dominant management mode emphasizes the diversification, marketization and socialization of public cultural services. The U. S. arts system has no single benefactor, no overarching arbiter or agency, no Ministry of Culture. Direct public support from government is not used to impose arts policy. Many multi-level intermediaries are established to support artists and art institutions to advance art research, education and other social activities and to create an equal and orderly cultural development environment. In the long cultural practice, three types of financial support for the arts have developed, including direct public funds awarded by state, regional, and local governments, funding from federal departments and agencies other than the NEA, private sector contributions and tax incentives.

Keywords: U. S. ; Public Culture and Arts; Funding System

B. 25 Concept of Nonprofit and Board of Directors in US and Their Reference to China *Gao Yinggang* / 329

Abstract: The "nonprofit" concept of cultural organizations in US, means an cultural organization created to serve the public, not to earn profit. And their "board of directors" system's main role is to make sure that the mission of the organization is carried out, and that the finances and resources of the organization are to used for their originally stated public purpose. The reference of these concept and system is not only to promote the construction of our modern public cultural service system, but also to be one of the available ways for the reform of the cultural system, thus to promote the reform and development of China's public cultural field.

Keywords: Nonprofit; Board of Directors Sgstem; Public Purpose; Public Culture

皮书起源

“皮书”起源于十七、十八世纪的英国，主要指官方或社会组织正式发表的重要文件或报告，多以“白皮书”命名。在中国，“皮书”这一概念被社会广泛接受，并被成功运作、发展成为一种全新的出版形态，则源于中国社会科学院社会科学文献出版社。

皮书定义

皮书是对中国与世界发展状况和热点问题进行年度监测，以专业的角度、专家的视野和实证研究方法，针对某一领域或区域现状与发展态势展开分析和预测，具备原创性、实证性、专业性、连续性、前沿性、时效性等特点的公开出版物，由一系列权威研究报告组成。

皮书作者

皮书系列的作者以中国社会科学院、著名高校、地方社会科学院的研究人员为主，多为国内一流研究机构的权威专家学者，他们的看法和观点代表了学界对中国与世界的现实和未来最高水平的解读与分析。

皮书荣誉

皮书系列已成为社会科学文献出版社的著名图书品牌和中国社会科学院的知名学术品牌。2011 年，皮书系列正式列入“十二五”国家重点出版规划项目；2012~2015 年，重点皮书列入中国社会科学院承担的国家哲学社会科学创新工程项目；2016 年，46 种院外皮书使用“中国社会科学院创新工程学术出版项目”标识。

中国皮书网

www.pishu.cn

发布皮书研创资讯，传播皮书精彩内容

引领皮书出版潮流，打造皮书服务平台

栏目设置：

- □ 资讯：皮书动态、皮书观点、皮书数据、皮书报道、皮书发布、电子期刊
- □ 标准：皮书评价、皮书研究、皮书规范
- □ 服务：最新皮书、皮书书目、重点推荐、在线购书
- □ 链接：皮书数据库、皮书博客、皮书微博、在线书城
- □ 搜索：资讯、图书、研究动态、皮书专家、研创团队

中国皮书网依托皮书系列“权威、前沿、原创”的优质内容资源，通过文字、图片、音频、视频等多种元素，在皮书研创者、使用者之间搭建了一个成果展示、资源共享的互动平台。

自 2005 年 12 月正式上线以来，中国皮书网的 IP 访问量、PV 浏览量与日俱增，受到海内外研究者、公务人员、商务人士以及专业读者的广泛关注。

2008 年、2011 年中国皮书网均在全国新闻出版业网站荣誉评选中获得“最具商业价值网站”称号；2012 年，获得“出版业网站百强”称号。

2014 年，中国皮书网与皮书数据库实现资源共享，端口合一，将提供更丰富的内容，更全面的服务。

法律声明

“皮书系列”（含蓝皮书、绿皮书、黄皮书）之品牌由社会科学文献出版社最早使用并持续至今，现已被中国图书市场所熟知。“皮书系列”的LOGO（）与“经济蓝皮书”“社会蓝皮书”均已在中华人民共和国国家工商行政管理总局商标局登记注册。“皮书系列”图书的注册商标专用权及封面设计、版式设计的著作权均为社会科学文献出版社所有。未经社会科学文献出版社书面授权许可，任何使用与“皮书系列”图书注册商标、封面设计、版式设计相同或者近似的文字、图形或其组合的行为均系侵权行为。

经作者授权，本书的专有出版权及信息网络传播权为社会科学文献出版社享有。未经社会科学文献出版社书面授权许可，任何就本书内容的复制、发行或以数字形式进行网络传播的行为均系侵权行为。

社会科学文献出版社将通过法律途径追究上述侵权行为的法律责任，维护自身合法权益。

欢迎社会各界人士对侵犯社会科学文献出版社上述权利的侵权行为进行举报。电话：010－59367121，电子邮箱：fawubu@ssap.cn。

社会科学文献出版社

子库介绍
Sub-Database Introduction

中国经济发展数据库

涵盖宏观经济、农业经济、工业经济、产业经济、财政金融、交通旅游、商业贸易、劳动经济、企业经济、房地产经济、城市经济、区域经济等领域，为用户实时了解经济运行态势、把握经济发展规律、洞察经济形势、做出经济决策提供参考和依据。

中国社会发展数据库

全面整合国内外有关中国社会发展的统计数据、深度分析报告、专家解读和热点资讯构建而成的专业学术数据库。涉及宗教、社会、人口、政治、外交、法律、文化、教育、体育、文学艺术、医药卫生、资源环境等多个领域。

中国行业发展数据库

以中国国民经济行业分类为依据，跟踪分析国民经济各行业市场运行状况和政策导向，提供行业发展最前沿的资讯，为用户投资、从业及各种经济决策提供理论基础和实践指导。内容涵盖农业，能源与矿产业，交通运输业，制造业，金融业，房地产业，租赁和商务服务业，科学研究，环境和公共设施管理，居民服务业，教育，卫生和社会保障，文化、体育和娱乐业等 100 余个行业。

中国区域发展数据库

以特定区域内的经济、社会、文化、法治、资源环境等领域的现状与发展情况进行分析和预测。涵盖中部、西部、东北、西北等地区，长三角、珠三角、黄三角、京津冀、环渤海、合肥经济圈、长株潭城市群、关中—天水经济区、海峡经济区等区域经济体和城市圈，北京、上海、浙江、河南、陕西等 34 个省份及中国台湾地区。

中国文化传媒数据库

包括文化事业、文化产业、宗教、群众文化、图书馆事业、博物馆事业、档案事业、语言文字、文学、历史地理、新闻传播、广播电视、出版事业、艺术、电影、娱乐等多个子库。

世界经济与国际政治数据库

以皮书系列中涉及世界经济与国际政治的研究成果为基础，全面整合国内外有关世界经济与国际政治的统计数据、深度分析报告、专家解读和热点资讯构建而成的专业学术数据库。包括世界经济、世界政治、世界文化、国际社会、国际关系、国际组织、区域发展、国别发展等多个子库。